高等院校体育学类重点教材

体育赛事学

TIYU SAISHI XUE

张瑞林　主编

北京体育大学出版社

策划编辑：赵海宁
责任编辑：李光源
责任校对：郝　彤
版式设计：沐凡文化

图书在版编目（CIP）数据

体育赛事学 / 张瑞林主编. -- 北京 : 北京体育大学出版社, 2024. 12. -- ISBN 978-7-5644-4250-7

Ⅰ. G808.22

中国国家版本馆CIP数据核字第2024SP1541号

体育赛事学
TIYU SAISHI XUE
张瑞林　主编

出版发行：北京体育大学出版社
地　　址：北京市海淀区农大南路1号院2号楼2层办公B-212
邮　　编：100084
网　　址：http：//cbs.bsu.edu.cn
发 行 部：010-62989320
邮 购 部：北京体育大学出版社读者服务部 010-62989432
印　　刷：北京科信印刷有限公司
开　　本：787mm × 1092mm　　1/16
成品尺寸：185mm × 260mm
印　　张：26.25
字　　数：638千字
版　　次：2024年12月第1版
印　　次：2024年12月第1次印刷
定　　价：68.00元

前言

伴随我国社会不断进步、文明不断发展，体育事业逐步进入高质量发展的历史新阶段。体育赛事作为全民健身、竞技体育、青少年体育乃至体育产业等领域的核心内容，也必将顺应时代发展需要迎来全面变革。《体育赛事学》教材的编写初衷便是为了更好地回应时代发展的需要，为培养高质量的体育赛事改革、体育赛事运作、体育赛事实践的多类型、多层次、复合型人才提供智力支撑。本教材在编写过程中不断整合体育赛事相关理论、衔接体育赛事改革实际、兼顾体育赛事运作实践，适合高校体育专业学生、教师使用，也能够为体育行政管理者、体育行业管理者、体育社团管理者、体育俱乐部经营者等实践主体提供践行指导。概括来看，本教材具有以下几方面特点：

一、坚持教材的课程思政导向

本教材高度重视对体育赛事活动的思政要素挖掘，在编写过程中紧密围绕关键体育赛事知识引入思政要素，引导读者深入思考体育赛事运作管理过程中的思政价值与意义，通过思政理念的滴灌式教育帮助读者了解奥林匹克精神、领会中华体育精神，通过对体育赛事思政的剖析帮助读者树立高尚的爱国主义情操、强化读者严格的纪律规则意识，以及培养读者不畏艰难、顽强拼搏的奋斗观念。

二、突出体育赛事运作管理理论性

体育赛事学是由体育管理、运动竞赛、运动训练等学科交叉发展而来的一门综合性学科。第一至五章构成本教材基础理论。第一章介绍体育赛事学的学科定位、学科背景、学科特点；第二章阐述体育赛事的历史渊源、基本属性、内涵特征，讨论体育赛事的主要类型与影响范畴，以及体育赛事研究相关跨学科领域；第三章关注体育赛事的组织管理方法、运作管理主体类型等，在理论层面归纳体育赛事运作管理的主要体制机制；第四章详述体育赛事相关制度，包括竞赛规则、竞赛规程、竞赛日程、竞赛方法以及竞赛运作管理制度中“积分—序次—资格”的内在逻辑；第五章融合构建我国体育事业改革理论，揭示“双轨制”格局规律，讨论传统型举国体制向新型举国体制转型的基本趋势，为国家体育赛事战略改革奠定基础。

三、讲好中国体育赛事改革故事

讲好中国体育赛事改革故事是体育赛事学的重要任务，基于理论视角观察中国改革实际、发展中国体育赛事改革专项理论是本教材的一个重点，这部分内容集中于第六至十二章，包括两个部分。①传统型举国体制理论部分。第六章首先归纳国内外体育组织对我国体育赛事系统的影响，阐释确立传统型举国体制的主导地位、应对奥林匹克国际竞争的战略初衷，并介绍战略背后国际、国内各类体育组织章程、权利责任与功能，以及各体育组织间的竞争合作关系。②新型举国体制转型变革部分。第七至十二章详细阐述传统型举国体制向新型举国体制转型改革的“条条块块”格局。其中，“条条改革”包括竞技体育赛事、群众体育赛事活动、青少年和学校体育赛事、职业体育赛事改革，“块块改革”包括体育赛事公共服务建设、体育赛事产业结构优化。

四、兼顾体育赛事运作实践

本教材在重视体育赛事运作管理理论性、聚焦我国体育赛事改革宏观问题的同时，也兼顾对微观层面体育赛事运作管理的践行指导，为广大体育赛事运作者、管理者、经营者提供支持，这部分内容集中于第十三至十七章。其中，第十三章介绍体育赛事系统的科技赋能，第十四章概述体育赛事风险管理与绿色治理，第十五章概括体育赛事的运作管理流程，第十六章讲解体育赛事中常见的编排方法，第十七章阐释体育赛事人力资源、财务、媒体和后勤四大专项管理问题。

本教材的编委会组成如下。主编：张瑞林。副主编：闫静、黄晓灵、梁枢。编写人员（按姓氏笔画为序）：刘伟（湖南财政经济学院）、闫静（云南师范大学）、江广金（南昌大学）、李凤新（内蒙古师范大学）、张瑞林（北京师范大学）、范尧（东北师范大学）、金涛（安徽师范大学）、郝晓岑（首都体育学院）、段嘉琦（山东大学）、姜付高（曲阜师范大学）、贺新奇（江西师范大学）、高刚（新疆师范大学）、黄晓灵（西南大学）、梁枢（暨南大学）、傅建（扬州大学）、温搏（韩山师范学院）。本教材由张瑞林统稿。

本教材在编写和出版过程中得到北京体育大学出版社大力支持，吸收了体育管理、体育赛事运营等领域许多专家、学者的宝贵建议，参考借鉴了大量已有成熟、珍贵的文献成果和资料，使体育赛事学教材呈现出基础性、可读性和实用性等特点，在此，向大家表示诚挚感谢。对书中存在的问题和不足，恳请大家批评指正。

编者

2024年9月

目录

第一章

绪论

本章概要

- 体育赛事学的学科属性
- 体育赛事学的形成与发展
- 体育赛事学的内容结构
- 体育赛事管理的职能
- 体育赛事管理的原理

教学目标

- 了解体育赛事学的学科性质、内容结构及研究对象和方法体系
- 掌握并学会运用体育赛事管理的原理
- 掌握体育赛事学的方法体系并能正确运用各种方法

相关网站

- 国研网（https://www.drcnet.com.cn）
- 中国体育科学学会（http://csss.kejie.org.cn/）

推荐书目

- 风笑天．社会科学研究方法[M]．北京：中国人民大学出版社，2024.
- 王家宏，熊焰，石岩．体育竞赛学[M]．北京：高等教育出版社，2019.
- 田麦久．运动训练学[M]．2版．北京：高等教育出版社，2017.

体育赛事学是一门反映人类体育活动核心本质的综合学科，是解读体育赛事这一社会现象发展规律、现实问题的复杂理论。一方面，体育赛事学是由多个体育学理论交织发展而来，具有稳定的理论背景与基础；另一方面，体育赛事学适配不同的社会体制或文化情境，发展出各具特点的理论表达。本章重点阐释体育赛事学的基本属性、内涵、特征，帮助读者明晰体育赛事学本质并更好理解后续章节的相关内容。

第一节 体育赛事学的学科属性与内容结构

随着体育赛事的不断发展，相关学科不断融合、汇聚于体育赛事领域，形成了体育赛事学这一学科。体育赛事学既是体育学学科的纵深发展，又嵌入了管理学、运筹学、经济学、传播学等学科知识。本节从学科定位、学科背景、学科特点三个方面介绍体育赛事学的学科性质，为本书后续章节的展开论述奠定基础。

一、体育赛事学的学科性质

（一）体育赛事学的学科定位

体育赛事是体育事业可持续发展的核心。体育赛事从最初的身体游戏发展成为具有政治、经济、文化等价值功能的特殊事件，是人类文明可持续发展的重要驱动力。体育赛事学就是研究体育赛事的一门学问，尤其关注体育赛事运作管理过程中发生、潜存的各种理论、实践问题，是体育学学科发展的重要方向。体育赛事是体育赛事学的核心研究对象，精准定位于体育管理学、运动竞赛学、运动训练学等相关学科方向的交叉节点，是深入探究我国体育赛事体系建设、体育赛事体制改革、体育赛事运营操作等理论、实践问题的学科基础。

1. 体育赛事学是由体育管理学发展而来

体育管理学是从管理学视角围绕“体育”这一社会现象展开研究的体育学学科门类。相对而言，体育管理学关注的是体育管理实践的普适性问题，从管理原理、管理职能、战略管理、组织管理、标准化管理等视角研究“体育”。体育赛事是体育的核心内容，同样适用于体育管理学原理。但是，体育赛事不同于一般意义的体育活动，“竞技”属性决定了体育赛事更具社会性、系统性和游戏性。本书在体育管理学的普适性基础上，集中关注体育赛事系统的组织结构、运转机制和发展动力问题。

2. 体育赛事学兼容运动竞赛学的“赛训一体”制胜理论

体育赛事学研究的是体育赛事，而体育赛事的内核又是竞赛。竞赛不仅仅是运动员（队）的比赛组织与运筹，更涉及比赛之外各运动员（队）为竞赛备战而长期开展的运动训练活动。可以说，竞赛组织、竞赛备战是体育赛事运作管理的两大构成。其中，竞赛备战需要运动员（队）长期系统的运动训练来支撑。为此，体育赛事学虽然发展于体育管理学，但是同时也遵循运动竞赛学的“赛训一体”原理。本书第三章中专门讨论了单次体育赛事的运动员（队）制胜策略，分析了科学训练对于运动员（队）科学训练方案制定、比赛能力增强、竞技状态提升的重要意义。

3. 体育赛事学衔接运动训练学的项群训练理论

体育赛事学同样关注竞赛的备战周期。其中，运动竞赛学涉及的赛前训练理论仅适用于体育赛事学的单场竞赛和单次体育赛事。体育赛事学不仅讨论单场竞赛和单次体育赛事的赛前备战，也关注如何系统训练备战周期更长的系列体育赛事。例如，我国备战奥运会是四年一个周期，该周期为配合训练需要系统备战一系列体育赛事，筛选人才、调整状态、提高竞技能力，并将运动员（队）最优能力和最佳状态调整到奥运会举办的时间节点。长周期的系列体育赛事备战涉及运动训练的项群训练理论，能够解决单个、若干个备战周期的运动训练问题。我国奥运重点项目布局、分类化训练模式等都是遵循项群训练理论建设的。本书第四章中讨论了不同运动项群的竞赛规则特征，为不同项群构建适合的制胜策略提供依据，体现了体育赛事学与运动训练学的衔接关系。

细节了解

项群训练理论

4. 体育赛事学涉及体育竞赛学的单项竞赛编排方法

体育赛事离不开竞赛编排，编排方法是体育赛事管理与运作的重要手段。不同于体育竞赛学聚焦单项体育（尤其是体育竞赛学关注各个单项运动的竞赛规则、组织程序、裁判法、常用赛制等，相对具体，虽有参考借鉴价值，但并不完全适用于体育赛事学的初衷），体育赛事学侧重于对各个单项运动竞赛制度进行概括式介绍，并不落脚于单项运动（以避免各单项运动竞赛制度之间存在过高比例的重叠内容），按照相近原则围绕项群讨论竞赛制度或编排方法的相关问题。

（二）体育赛事学的学科背景

体育赛事学从体育管理学发展而来，并逐步与运动竞赛学等学科知识融合。其中，体育管理学对体育赛事学的影响表现在普适性管理学理论的结合运用；运动竞赛学相关内容与体育赛事学的竞赛训练备战模式存有联系；另外，运动训练学的项群训练理论也是体育赛事学讨论我国传统型举国体制的奥运备战策略的重要理论基础。因此，体育管理学、运动竞赛学、运动训练学是推动体育赛事学萌芽、发展的主要学科背景。

1. 体育管理学的演变过程

20世纪50年代，体育管理学在美国被正式列为大学课程。1955年，美国学者查尔斯·布切尔编著出版了《体育与竞赛运动计划的行政管理》。1966年，俄亥俄州大学将体育管理学作为研究生专业课程。20世纪60年代初，苏联和东欧社会主义国家也相继在体育大学、院系中建设各自的体育管理学体系，一批专著、教材相继问世。同期，日本体育管理学开始萌芽，1949年竹之下臧出版《学校体育管理法》，1953年宫细虎彦出版《体育管理》。进入20世纪80年代，体育管理学学科开始转型，出现体育行政管理、学校体育管理、业余体育训练管理、职业体育管理等分支。我国体育管理学也在此阶段开始发展，1982年，原国家体委将体育管理列为新兴重点建设学科。同年，武汉体育学院开设体育管理课程，并于1985年牵头组织编写了体育管理学教材。世纪之交，全球体育事业蓬勃发展。据统计，2010年美国开设体育管理专业的高等学校增加至200多所。

2. 运动竞赛学的演变过程

运动竞赛学是体育赛事学的有机构成，是本书通过管理学视角分析体育赛事的基础。20世纪80年代初，中国体育科学学会运动训练学学会组织撰写了我国第一部《运动训练学》，将“比赛和赛前训练”列为专章。运动训练与运动竞赛之间存在天然联系，不能割裂地看待运动竞赛，亦不能割裂地分析运动训练。随着运动训练学的发展和竞赛实践的不断进步，体育赛事与运动训练的衔接节点变得更加突出。1990年，我国首部《运动竞赛学》出版，单次体育赛事制胜规律研究备受关注，不同单项或项群竞赛的时空结构、规则特征、组织过程等成为当时的前沿研究问题。

3. 运动训练学项群训练理论的演变过程

我国竞技体育长期采用“超常规”策略针对优势项目进行集中、强化式训练，将最优资源配置给精英运动员，短时间内最大限度地提高我国竞技体育水平，其背后遵循的便是运动训练学的项群训练理论。自运动训练学建立以来，德国、苏联等国家一直坚持延续“一般训练学”和“专项训练学”的理论体系。田麦久在1984年提出建立“分类训练学”，相继发表《项群训练理论的构思与命名》《项群训练理论的建立与应用》；1998年正式出版《项群训练理论》；2000年出版《运动训练学》，将项群训练理论列为其中的重要一章。体育赛事学讨论的传统型举国体制“超常规”运动训练策略，与我国竞技体育分类化竞技训练模式高度相关，是基于运动训练学的项群训练理论发展而来的。

（三）体育赛事学的学科特点

1. 历史性

体育赛事学回顾我国体育事业改革的历史脉络，探究我国体育事业发展路径，系统论述我国体育事业改革决策、政策调整的内在逻辑与动机。我国体育事业的每一次改革都是长期改革过程中的一次承上启下的重要事件，需要站在体育赛事运作管理历史的视角进行系统、全面的审视。

2. 社会性

体育赛事学强调将体育赛事纳入社会大系统加以考察。一方面，体育赛事运作管理依赖于外部社会系统输入所需的人力资源、信息资源、资金资源等；另一方面，体育赛事运作管理也是支撑外部社会系统发展的重要基础。体育赛事系统与社会系统之间形成双向互动关系，最终表现为不同类型体育竞赛组织之间的多层次、多类型社会互动关系，具有典型的社会属性。

3. 综合性

体育赛事运作管理过程高度复杂，在城市、乡村、社区、行业、学校等不同领域开展的体育赛事竞赛的形式规格均不相同，由政府、社会组织、市场等不同主体组织开展的体育赛事的类型同样也是千差万别。因此，解读不同类型体育赛事的体制与机制问题，需要综合不同视角、结合不同理论、明晰不同竞赛层次、针对不同竞赛组织等进行分析，蕴含了综合性特征。

4. 适用性

体育赛事学贴合实际阐述了体育赛事的组织管理方法，系统介绍了体育赛事科技赋能、体育赛事风险管控、体育赛事绿色环保、体育赛事项目流程、体育赛事编排方法、体育赛事专项管理等内容，满足了一线体育教师、体育社会指导员、职业俱乐部管理者等体育工作者的实践需求。

二、体育赛事学的内容结构

体育赛事学学科定位于体育管理、运动竞赛、运动训练等学科的交叉节点，并基于该节点系统整合相关知识理论，形成本书内容的“三—六—五”结构，具体为：理论基础的“三轴”、国家战略的“六边”和管理践行的“五点”（图1–1）。

（一）体育赛事学理论基础的“三轴”结构

体育赛事学的理论基础可概括为“三轴”结构。

（1）体育赛事层次轴：分别从单场竞赛层次、单次体育赛事层次、体育赛事调控层次考察体育赛事的运作、管理机制。

（2）体育赛事制度轴：结合不同层次，系统阐述竞赛规则与规程、循环/淘汰/复活/混合赛制、积分/序次/资格制度等基本内涵、功能价值与存在不足。

（3）国情改革轴：综合前两轴理论，归纳论述我国体育赛事的改革实践，聚焦研究“双轨制”、传统型举国体制、新型举国体制等理论问题。

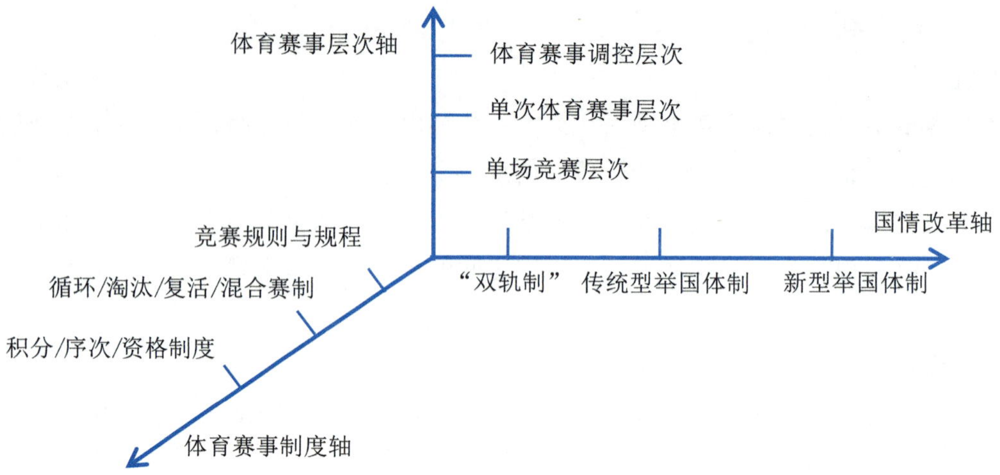

图1-1　体育赛事学理论基础的“三轴”结构

（二）体育赛事学国家战略的“六边”结构

体育赛事学系统论述了我国体育赛事改革实践，可概括为“六边”结构（图1-2），本书中相关内容集中体现在第六至十二章。其中，竞技体育赛事、群众体育赛事活动、青少年和学校体育赛事、职业体育赛事涉及我国举国体制四个方面的“条条改革”；体育赛事公共服务体系建设、体育赛事消费市场升级涉及我国举国体制两个方面的“块块改革”，是国家体育赛事系统改革与发展的动力系统。

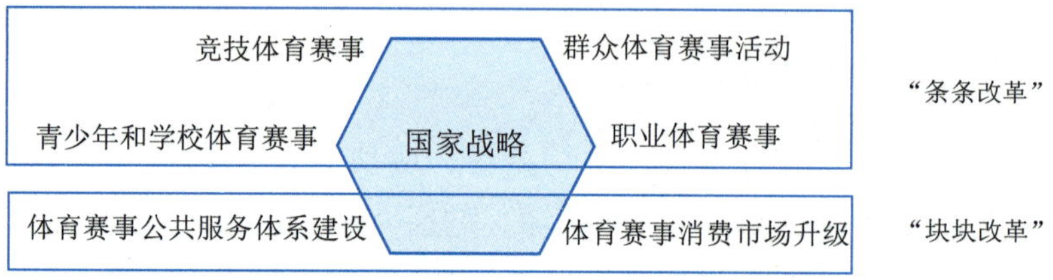

图1-2　体育赛事学国家战略的“六边”结构

（三）体育赛事学管理践行的“五点”结构

体育赛事学回归体育赛事运作与管理实践，从“五点”结构阐述体育赛事、竞赛的操作性常识，本书中相关内容集中体现在第十三至十七章。

（1）体育赛事科技赋能、数字化应用：重点介绍了体育赛事的数字科技应用现状及其有效提升体育赛事运营效率的价值。

（2）体育赛事风险管理与绿色治理：重点介绍了体育赛事对生态的消极影响，阐述了体育赛事生态风险规避方法和环保手段。

（3）体育赛事项目的管理流程控制：基于项目管理理论分别讨论了体育赛事申办、计划、组织、实施、评估五大环节的实操知识。

（4）体育赛事赛制编排：具体阐述了竞赛项目分类和竞赛编排的共性原则，详细介绍了常见竞赛方法和编排程序。

（5）体育赛事专项管理：具体阐述了人力资源管理、财务管理、后勤保障等体育赛事专项管理内容。

第二节 体育赛事学的研究对象、方法体系与理论基础

学科之间普遍存在学科差异性，具体体现在不同学科的研究对象、方法体系和理论基础。体育赛事学聚焦体育赛事作为核心研究对象，围绕体育赛事的价值、功能和问题形成特定方法体系，进而衍生发展出不同的赛事理论，这也是决定体育赛事学独特学科属性的根本原因。

一、体育赛事学的研究对象

体育赛事是体育赛事学的核心研究对象，包括理论研究对象、实践研究对象和操作研究对象三类。

（1）理论研究对象：概括阐述体育赛事系统的层次结构、组织构成、协调激励机制等。

（2）实践研究对象：从理论视角审视我国体育赛事系统改革实践。

（3）操作研究对象：回归微观层次体育赛事运作管理的方法与流程，关注体育赛事的具体组织办法和运营方式。

二、体育赛事学的方法体系

（一）理论构建的方法

体育赛事类型多样、规模各异，资源投入方式千差万别，造成了体育赛事运作管理的过程非常复杂。为此，需要从体育赛事运作管理的复杂现象和动态过程中提炼归纳出一套相对普适、稳定的“解释框架”，用来概括、整合体育赛事运作管理的基本知识与相关理论。

（二）历史叙事的方法

本书运用历史叙事的方法对我国体育赛事系统改革实践进行研究，聚焦“条条改革”格局中竞技体育赛事、群众体育赛事活动、青少年和学校体育赛事、职业体育赛事四条线索，回顾我国体育赛事“双轨制”改革历程，帮助读者理论联系实际，更好地理解我国体育事业改革与发展的来龙去脉。

（三）比较研究的方法

本书“历史叙事”在回顾我国体育赛事系统改革四条线索的同时，充分运用比较研究的方法对这些线索相互交叉、相互重叠的部分进行比较，在不同章节有侧重地进行讨论分析。其中，我国职业体育改革的相关部分更是充分比较了国际成熟职业体育赛事运作运营经验。

（四）量化研究的方法

体育赛事运作与管理涉及微观层面相关主体的行为、态度，例如举办地居民的态度、参赛运动员的参赛动机等，这些都能够加以量化研究。本书同样关注到，当前体育赛事管理的量化研究问题是体育管理学与传播学、社会学、心理学、组织行为学的重叠环节。

三、体育赛事学的理论基础

体育赛事学是围绕“竞赛”，统筹整合体育管理学、运动竞赛学等学科理论形成的复合型体育学科新门类。

（1）“体育赛事层次轴”的理论基础组合：以单次体育赛事为对象，针对“体育赛事调控层次”，运用运筹学、战略管理学、组织管理学、市场营销学等理论，结合竞赛制胜理论、运动训练学的赛前训练理论等构建复合型理论基础。

（2）“国情改革轴”的理论实践创新：基于整合而成的体育赛事理论基础，充分结合我国体育事业“双轨制”改革过程中行政管理模式、公共服务模式、市场转型方式等实践问题，构建我国体育赛事系统改革的理论体系。

（3）“体育赛事制度轴”实践中的理论知识：体育赛事是围绕赛事制度展开管理、实践活动。体育赛事制度轴是赛事管理践行的核心，实施践行过程中隐含着相关理论痕迹。例如，体育赛事运作科技应用涉及“数字赋能理论”，风险管理涉及行政管理“监管理论”，体育赛事项目的管理流程控制包含“项目管理”，等等。

第三节 体育赛事管理的职能与基本原理

如何在体育赛事运作、管理的复杂环境中使用合理的管理方式达成预期目标，涉及体育赛事管理基本职能与管理原理，是管理职能、管理原理在体育赛事领域的延伸应用。

一、体育赛事管理的职能

明确体育赛事管理的职能是体育赛事能够高效运转的前提。概括来看，体育赛事管理的职能包括计划、组织、领导、控制和创新五大职能。

（一）体育赛事管理的计划职能

计划职能是体育赛事管理的首要职能，有利于明确决策目标、加强团队凝聚协作，包括决策目标、目标分解、目标分析、资源预算、计划实施细则五个环节。

1. 决策目标

在管理学范畴，决策是计划制订的逻辑起点和行动指南，是为解决特定问题而从多种解决方案中作出抉择的过程。科学决策能够为体育赛事运作、管理提供明确目标，协调体育赛事管理的内、外部主体关系，保证体育赛事资源的高效运用，避免体育赛事系统产生内在损耗。

2. 目标分解

体育赛事运作者、管理者需要综合考虑资源基础与环境条件，围绕决策目标分解目标。横向上，需要将决策目标分解到不同体育赛事部门或体育赛事项目，形成对体育赛事部门、体育赛事项目的具体目标要求；纵向上，需要将决策目标划分为长期目标和阶段目标，明确体育赛事运作、管理的进度要求。

3. 目标分析

针对赛前、赛中、赛后各阶段的具体任务目标，分析体育赛事系统是否拥有足够的资源基础支撑各阶段任务目标的达成，进而有力促进体育赛事系列目标的递进式实现。

4. 资源预算

将体育赛事系统的各类“资源基础”有效分配到体育赛事管理的各个部门，匹配各项任务目标的关键指标，全面统筹协调，为后续体育赛事系统留下权变余地，通过人力、财力、技术等资源有效支撑决策目标的实现。

5. 计划实施细则

用文字、数字、图表等方法将计划实施的过程、步骤、方法、措施、指标进度以及必要的辅助性计划形成文件，并下达执行。

（二）体育赛事管理的组织职能

体育赛事管理的组织是指在决策目标导向下，根据管理原理划分出不同的体育赛事管理层级和管理部门，对各层级、各部门主管人员进行授权，明确不同层级、不同部门间的权责关系，将体育赛事系统的运作权限、管理任务、匹配资源有序落实到体育赛事管理系统对应的不同层级岗位或不同部门。

1. 体育赛事系统常见的组织结构类型

组织结构是指组织要素的空间位置、聚集状态、联系方式以及各要素间的互动关系，共同构成组织管理体制。组织结构类型主要包括直线型组织结构、矩阵型组织结构和事业部制组织结构。

（1）直线型组织结构。直线型组织结构是体育赛事系统的基本结构。这种结构的特点是组织中各种职务按照垂直系统直线排列，各级主管人员对下属拥有直接管理权限；优点是权力结构简单明了、责任分工明确、行动统一；缺点是对权力“塔尖”的领导依赖性过高，领导决策可能存在不合理的情况。

（2）矩阵型组织结构。矩阵型组织结构又称规划矩阵结构，是按照职能或项目组建的柔性化组织类型。例如，大型体育赛事风险管理部门涉及竞赛、后勤、安保等方面，往往由多个体育赛事部门共同抽调人员组成。这种结构的特点是一名成员往往隶属两个甚至两个以上部门，多头管理模式打破单一领导原则；优点是各职能部门之间的横向联系得到加强，体育赛事系统更加机动、适应性更强；缺点是其具有扁平化的双重领导特征，易产生多头管理带来的决策不统一问题，若管理不当易滋生纠纷与矛盾。

（3）事业部制组织结构。事业部制组织结构又称部门化结构或分权结构，特点是按照“集中决策，分散管理”原则，能够将体育赛事系统划分为若干事业部。例如，大型体育赛事往往由各单项体育赛事组成。每一个单项体育联合会或协会会成立相应的单项体育赛事委员会，与事业部相似，是相对独立的体育赛事管理实体。这种结构的优点是各个单项竞赛的管理主体可以分担综合体育赛事运作主体的决策压力，帮助其摆脱琐碎事务；缺点是各个单项竞赛的管理主体之间存在职权重叠，管理成本相对较高。

2. 体育赛事系统的组织设计

体育赛事系统的组织设计是指为实现体育赛事系统的决策目标，对体育赛事系统内部门、组织内的权责边界进行划定，对系统内不同部门、组织间的沟通方式、管理规范、奖惩机制进行规定，确保系统顺畅运转。具体来说，体育赛事系统组织设计程序包括以下内容。

（1）确定方针。根据体育赛事系统目标，结合体育赛事系统资源基础、内外部环境特点，确定体育赛事组织结构设计的基本原则。

（2）职能分工。综合分析完成各项任务目标的所需岗位，明确关键管理岗位的任务职责，设计体育赛事系统运转流程，将系统总体决策目标尽可能分解并落实到人。

（3）部门划分。将职责相似岗位进行合并，并对员工进行分组，形成体育赛事系统内部的若干管理部门。

（4）协调方式。体育赛事系统的各管理部门之间需要充分沟通协调，以保证体育赛事系统的顺畅运转，为此需要建立起合理的纵向、横向部门协调机制。

（5）管理规范。建立体育赛事系统的程序化运转规则和管理规范，确保各部门能够按照管理规范要求开展工作。这对于保障体育赛事系统的可持续运转具有重要意义。

（6）奖惩机制设计。合理的奖惩机制是体育赛事系统正常运转的重要条件，能够有效激发体育赛事运作相关工作人员的工作积极性，有效制止部门或员工触犯、违反体育赛事管理相关文件要求。

（7）修正机制。体育赛事系统内外部环境发生变化、决策目标发生变动时，需要紧急协调各部门决策新目标并协同调整任务目标。

（三）体育赛事管理的领导职能

体育赛事系统是一个庞大而复杂的工程，在运转过程中往往存在员工“怠工”现象。体育赛事管理的领导职能体现在指挥、引导和鼓励下属为实现目标而努力[1]，具有以下作用。

1. 引领作用

体育赛事系统的运作者向下属传达体育赛事系统的发展方向，结合各部门、相关工作人员的任务责任，将体育赛事系统的发展愿景传达清楚，让员工能够从自身的责任出发，深刻理解目标价值及其对自身成长的重要性。

2. 沟通作用

体育赛事系统的运作者需要克服信息不对称的局限性所带来的挑战，敏锐判断体育赛事系统发展方向是否与战略目标相一致。一旦发生偏离，运作者需要及时与相关组织部门进行沟通，调整体育赛事系统的发展策略与轨道。

3. 激励作用

体育赛事系统面临内外部环境带来的不确定干扰与风险，易造成系统内各部门、员工士气低迷、系统运作效率骤降，需要体育赛事系统的运作者及各级管理者采用相关激励手

[1] 周三多，陈传明，刘子馨，等．管理学——原理与方法[M]．7版．上海：复旦大学出版社，2018：284.

段提振士气。行为科学对“激励”有着明确的界定：激励是指能够对个体行动目标产生强化功能的一种外部刺激，有利于破除负面消极影响，促使目标达成。

4. 协调作用

体育赛事系统各部门间因利益产生矛盾，需要体育赛事系统的运作者通过有效的领导行为缓解矛盾双方的纠纷关系，将双方对立立场进行平衡，并使双方在体育赛事总体目标导向下达成共识、形成统一立场。

（四）体育赛事管理的控制职能

控制是体育赛事管理的重要职能，是对体育赛事各项任务的监督与调控。任务完成情况未达预期或者偏离既定目标轨迹时，需要体育赛事系统的运作者强化体育赛事管理的控制职能，调整体育赛事发展策略并实施纠偏。体育赛事控制过程包括以下几个方面。

1. 确定控制标准

控制标准包括定量、定性两类。定量标准是物质性标准，例如体育赛事管理的经费投入、物资投入等；定性标准往往依靠体育赛事系统的运作者的经验和主观判断。

2. 衡量实际成效

衡量实际成效是指对体育赛事各项任务完成情况与目标进行比较、评价，协同相关部门论证偏差问题，并针对产生偏差的关键原因制定纠偏方案。

3. 实施纠偏行动

充分沟通相关部门，介入体育赛事运作、管理的偏差环节，实施纠偏方案，促使体育赛事相关任务回归计划预期，保证体育赛事运作、管理总体目标的达成。

（五）体育赛事管理的创新职能

上述职能是体育赛事管理的“维持性职能”，即保证体育赛事按照决策目标和既定计划平稳推进。但是，体育赛事系统在外部变化的社会系统中存在高度不确定性，需要体育赛事系统的运作者运筹帷幄，根据内外部环境变化作出创新性决策，并重新布局体育赛事系统，以迎合外部机遇或回避突发危机，实现体育赛事系统运转的最大效益。

二、体育赛事管理的基本原理

体育赛事系统内外部环境存在大量不确定因素，体育赛事系统的运作者需要把握基本的管理规律来应对体育赛事系统的各种不确定性。管理原理形成于人类各类管理活动中，同样适用于体育赛事系统。

（一）体育赛事管理的系统原理

管理活动是保证体育赛事系统持续发展的重要手段。系统是指由若干相互联系、相互作用的要素在一定环境中构成的具有特定功能的有机整体[1]。科学合理的管理手段能够大大提升系统运转效率，产生“系统整体大于系统各局部之和”的效果；若管理方式不科学、不合理，则可能出现“系统各局部之和小于系统整体”的情况。其中减少的部分是由系统内部自我矛盾、自我冲突产生的内耗导致的。体育赛事运作管理过程中，遵循系统原理能够降低体育赛事系统内耗，提高生产运转效率。

（二）体育赛事管理的人本原理

人类社会任何管理活动都是“人”在管理、“人”被管理，体育赛事运作、管理亦然。运动员、教练员、裁判员是组成单场竞赛的核心要素。单场竞赛是否精彩激烈由观众评价检验。因此，体育赛事管理需遵循“以人为本”的原理，始终以“人”的发展为根本目标。体育赛事相关利益主体能够获得相应的精神、物质激励，体育赛事系统才能持续发展。

（三）体育赛事管理的责任原理

体育赛事管理的责任原理要求体育赛事系统内各职能部门、组织单位、个人必须在限定的时间、空间条件下完成相应工作任务，承担相应工作责任。责任是体育赛事系统内部组织、岗位发挥作用、达成目标的基础。

（四）体育赛事管理的效益原理

效益是体育赛事管理（或运作）的重要目标，既包括社会效益，也包括经济效益。所谓效益，是指在社会活动中劳动的消耗同取得符合社会需要的劳动成果的对比关系，即有效产出与其投入之间的一种比例关系。体育赛事系统运作同样存在消耗与报偿的投入产出关系。利益报偿是决定体育赛事系统能否实现持续发展的决定因素，得不偿失是体育赛事管理活动停滞的重要因素。因此，体育赛事管理需要合理运用效益原理，正确处理体育赛事系统中整体效益与局部效益、长期效益与短期效益的关系。

（五）体育赛事管理的动态原理

体育赛事系统所处的内外部环境存在高度不确定性，体育赛事系统的运作者需要充分考察内、外部环境变化权宜行事[2]。一方面，体育赛事管理须尊重客观事实、从实际出发，不能凭运作者的主观臆断进行决策，需要不断校准计划目标、调整行动指南；另一方面，体育赛事管理的动态过程也是体育赛事系统内部结构不断调整的过程。值得注意的是，体育赛事系统的运作者在做决策时要避免“一刀切”，为组织动态调整留出空间。

[1] 周三多，陈传明，刘子馨，等. 管理学——原理与方法[M]. 7版. 上海：复旦大学出版社，2018：82.
[2] 张文昌. 现代管理学：原理卷[M]. 济南：山东人民出版社，2004：50–54.

◎ 复习题

1. 简述体育赛事学的内容结构。
2. 体育赛事学的研究对象是什么？
3. 简述体育赛事学的方法体系。
4. 体育赛事管理的职能有哪些？
5. 体育赛事管理的原理有哪些？

第二章

体育赛事概述

本章概要

- 体育赛事的起源与发展
- 现代体育赛事的主要类型
- 体育赛事的综合影响
- 体育赛事的跨学科融合

教学目标

- 了解体育赛事的起源与发展
- 掌握体育赛事的概念结构
- 熟知现代体育赛事的主要类型
- 掌握现代体育赛事的综合影响
- 了解体育赛事的跨学科研究

相关网站

- 体育资讯网（https://www.sportinfo.net.cn/）
- 新华网（http://www.news.cn/）
- 国家体育总局网站（https://www.sport.gov.cn/）

推荐书目

- 姚颂平．体育赛事原理和市场[M]．北京：北京体育大学出版社，2015.
- 张春萍．体育赛事管理教程[M]．北京：经济管理出版社，2016.
- 郝勤，张新．体育赛事简史[M]．北京：人民体育出版社，2013.
- 田麦久．运动训练学[M]．2版．北京：高等教育出版社，2017.

体育赛事是体育赛事学的研究对象。体育赛事内涵是决定体育赛事学区别于体育管理学、体育社会学、运动训练学的核心概念，也是体育赛事学顺应时代发展实现可持续演化的基础。本章分别从体育赛事的起源与发展，体育赛事的基本内涵、概念结构与特征，现代体育赛事的主要类型与综合影响，体育赛事研究的跨学科融合等角度出发诠释什么是体育赛事，以便读者更加直观了解体育赛事学的本质。

第一节 体育赛事的起源与发展

体育赛事并非当代人类社会的特殊产物，而是在人类社会萌芽伊始便已出现，并伴随社会发展逐步发展成熟。读者只有掌握体育赛事的历史渊源和不同历史阶段的呈现形态，才能够更加直观地了解何为体育赛事。

一、古代体育赛事的发展雏形

（一）体育赛事的开端——祭祀与军事活动

原始氏族社会时期，人类的身体活动形式可以被称为“体育”的萌芽，也为体育赛事的形成提供了条件。几乎所有运动项目均能够在人类社会的战争、祭祀、狩猎、生产生活中找到缩影。早期原始社会人们认知能力有限，对大自然有着强烈的畏惧感，迷信神权、宗教活动变成远古居民重要的精神支柱和团结契机。原始宗教活动中，舞蹈被视为部落居民与神灵沟通、向神明祈福的重要手段，出现“求雨”“驱疫”“求子”等巫术仪式，东巴教舞蹈、藏传佛教舞蹈、萨满教舞蹈等均带有原始部落的宗教痕迹，与巫术存在着密切联系。后来，伴随着社会的发展，具有宗教祭祀特点的“体育舞蹈”融入文化、艺术、军事之中，展现出不同民族、地区独特的文化特点和民俗特色。古今中外，概莫能外。例如，据《成吉思汗石文》记载，那达慕大会“祭敖包”便带有典型的蒙古族特点。相传成吉思汗为检阅自己部队，每年7、8月召集各部落首领一同组织那达慕，诵佛念经祈盼团结凝聚、庆祝丰收。起初，那达慕举行时组织有射箭、赛马或摔跤等民族特色比赛，后来又增加了赛布鲁、套马、武术等项目。又如，古希腊居民信仰众神，日常生活中有大量祭祀活动、宗教集会，居民们会通过唱歌、舞蹈等向希腊神明表达敬意。荷马史诗《伊利亚特》中记载，“阿基琉斯挽留，要他们坐下，举行大规模集会，从他的船里搬出竞赛的奖品，有大锅、三脚鼎、骏马、骡子和颈脖粗壮的犍牛，连同束腰秀美的女子和灰铁”，说明古希腊已经产生了竞技赛会。当时的竞技活动包括战车、拳击、摔跤、赛跑、持械比武、掷铁饼、射箭和标枪等。这种集会也是古希腊乃至现代奥林匹克运动会的起源。

后来，宗教祭祀活动中的体育赛事活动内涵发生转变，军事活动属性逐步突出。古希腊军事体育较为典型。公元前9～公元前8世纪，希腊氏族社会土崩瓦解，城邦制奴隶社会逐步形成。200多个城邦各自为政，城邦间战争不断。为应对战争，各城邦不断加强居民的军事体育训练，培养能征善战的士兵以御强敌。长期连绵不断的战争使希腊居民备感倦怠、深恶痛绝，非常渴望获得休养生息的和平机会。公元前884年，斯巴达王和伊利斯王签订了《神圣休战条约》，将军事训练与体育竞赛逐步融合，演变出象征和平的奥林匹克运动会。古希腊居民希望在奥林匹克运动会举办期间，能够以神的名义休战，达到减少战争、摆脱灾难的目的。可见，体育赛事源于古代宗教祭祀和军事活动，表达出世界人民对健康、和平的真切向往。奥林匹克运动对现代体育赛事的形成与发展产生了巨大的促进作用，为现代体育赛事的形成奠定了基础。

（二）体育赛事的萌芽——体育游戏

游戏最早是未成年人的一种重要教育手段，通过游戏的趣味性可以帮助未成年人掌握知识与技能。游戏在发展过程中逐渐与各种生产、生活场景、动作相融合，包括打猎、捕鱼、采集等生存技能，进而演变成为未成年人的比赛游戏。具有趣味性的比赛游戏是未成年人的生存教学工具，能够有效调动未成年人的学习积极性。这一应用标志着体育赛事从传统宗教、军事的神圣价值层面向世俗世界的游戏化体育竞赛形态转变。

我国传统社会一直有关于民间体育游戏的记载。先秦时期，《史记·苏秦列传》提到的“其民无不吹竽鼓瑟，弹琴击筑，斗鸡走狗，六博蹋鞠者”，均是当时民间常见的体育游戏。汉魏六朝时期，民间体育游戏得到发展，如汉代桓宽《盐铁论·国疾第二十八》记载“里有俗，乡有场，康庄驰逐，穷巷踏鞠”。唐宋时期，政治稳定、经济繁荣，民间蹴鞠、拔河、戏水等体育游戏发展如火如荼，更有百姓将表演游戏娱乐项目作为谋生手艺。宋代《东京梦华录》中提到，在正月十五元宵节时，开封府的老百姓“集御街两廊下”，观看击丸、蹴鞠、踏索、爬竿一类的“奇术异能”。直到元明清时期，伴随文化的交流与融合，尤其在19世纪西方文化的全球强势输出下，我国民间游戏受到明显冲击而逐步衰退。

国内外很多传统的体育游戏形式、内容非常相近。例如，很多学者论证认为我国西安出土的“石球”与北京民间踢石球游戏非常接近，与我国古代宫廷的踢石球游戏存在很大关联，甚至与《战国策·齐策》《史记·苏秦列传》等记载的齐国民间“蹴鞠”也很相近[1][2]。另外，我国苗族的“打毽子”与法国的羽毛球（feather ball）、英国等国的毽子板球（battledore and shuttlecock）、印度的“浦那”（poona）等运动项目在运动形式、内容上都非常相近，被视为现代羽毛球项目的起源。

（三）体育赛事功能的强化——竞技属性

为迎合人们内在“取胜”“对抗”的本能，契合“超越自我”“战胜对手”的竞争动机，激发体育赛事“竞技”属性，促使“民间体育游戏”转化为“体育竞赛”。古希腊文明“慕强崇胜”的观念很强，基于体育游戏逐步形成了相对完整的“竞赛制度”。相较于体育游戏，体育竞赛是以运动规则为尺度，以获得胜利、赢得奖赏为目的的一种竞技性体育活动。古希腊奥运会前，竞赛规则多通过口头约定方式确定，竞赛评判规范性较为薄弱。古希腊奥运会举办期间，开始以文字形式记录规则，正式化的体育赛事组织由此萌生。不论是奥林匹克运动项目还是我国民族体育竞赛，“竞技属性”逐步融入相应赛制。

（1）奥运会单项体育赛事“竞技属性”提升。古希腊时期的奥林匹克赛会、皮提亚赛会、尼米亚赛会和地峡赛会四大赛会已形成严格的参赛资格、比赛时间、项目设置、参赛奖励等竞赛规则。古希腊各城邦参赛运动员必须提前10个月进行体能训练，并在规定时间内报到，经裁判认定后才可参赛。

（2）我国民间游戏增加“竞技属性”。春秋战国时期赛马是王公贵族的重要休闲娱乐方式，“田忌赛马”典故可见一斑，后来发展成民间赛马运动。另外，我国“赛龙舟”比赛起源于“端午龙舟竞渡”，《隋书·卷三十一》中记载“习以相传，为竞渡之戏，其迅楫齐驰，棹歌乱响，喧振水陆，观者如云，诸郡率然，而南郡、襄阳尤甚”，表明“龙舟竞渡”植根我国民间，逐渐成为具有民族影响力的竞技体育赛事。我国传统的民俗游戏不断增强“竞”与“赛”的属性，进而发展出具有规则体系的体育赛事形态。

二、现代体育赛事发展转型的重要节点——1984年洛杉矶奥运会

1984年洛杉矶奥运会之前，体育赛事一般由举办国政府出资，几乎没有市场开发。由于奥运会成本巨大、收益甚微，奥运“陷阱”效应不断提升，慢慢出现无国申办的局面。由于1972年慕尼黑奥运会恐怖袭击事件、1976年蒙特利尔奥运会巨额亏损等前车之鉴，1978年，洛杉矶获得第23届奥运会承办权被普遍看衰。在此舆论背景下，美国联邦政府、加利福尼亚州政府、洛杉矶市政府均表态不会向洛杉矶奥组委提供任何资金支持。但是，在外部形势欠佳、内部缺乏支持背景下，洛杉矶奥运会首次采用了由民间承办、私人筹办

[1] 杨林，刘少英．古代蹴鞠与现代足球的历史演进探究——兼谈民族传统体育的现代化[J]．体育文化导刊，2007（11）：94–96.

[2] 张永军，张树军，王京龙．世界足球起源研究——临淄蹴鞠发展及其传播推阐[J]．中国体育科技，2007（4）：36–42.

的模式并大获全胜，巧妙运用奥运会无形资产开创奥运会盈利先河，实现盈利2.5亿美元，将奥运“陷阱”转变为诱人的奥运“馅饼”。洛杉矶奥运会商业模式全面改变了传统体育赛事运营模式，标志着现代体育赛事时代的开启。

（一）私人商业集团承办

洛杉矶市民投票反对办赛，导致洛杉矶市政府拒绝与国际奥林匹克委员会（简称国际奥委会）、美国奥林匹克委员会（简称美国奥委会）签订共同主办运动会的合同，并在1978年修改洛杉矶城市章程，决定“城市将不直接或间接拨款或支付城市基金举办1984年奥运会”。国际奥委会最终经过多轮谈判后选择妥协，违反《奥林匹克宪章》第四条“举办城市承担经济责任”，协商同意将第23届奥运会交给私人商业集团承办，这是现代奥运会史上的重要转折点。历经两个月筛选，最终确定由42岁的尤伯罗斯担任23届奥运会奥组委主席。尤伯罗斯向国际奥委会提出要求，组建“私人委员会”完全控制奥运会的所有权。国际奥委会处于被动局面，最终同意放权。在完全商业化运作模式下，洛杉矶奥运会通过电视转播权出售、商业赞助、门票收益等方式实现了盈利。

（二）洛杉矶奥运会的盈利模式

1. 调整商业赞助策略

洛杉矶奥运会之前的历届奥运会均有企业赞助，但是赞助额度非常有限。例如，1980年莫斯科奥运会总共有381家赞助企业，总赞助金额仅有900万美元。尤伯罗斯敏锐地发现，大批跨国企业赞助奥运会收益巨大，但是赞助费用甚少。基于“谁多受益、谁多付钱”原则，尤伯罗斯决定将奥运赞助商数量限制在30家，并提出奥运赞助商必要条件是：30家赞助商企业必须是各自行业中最具影响力的国际公司、400万美元赞助费用是申请成为奥运赞助商的最低标准，出价最高者获得赞助商身份与相关权益。例如，饮料行业赛道中奥运会需要遴选出价最高的行业领头企业作为赞助商，可口可乐、百事可乐、七喜等企业纷纷出价竞争唯一的饮料行业奥运赞助商席位。最终，可口可乐以1260万美金获得赞助商资格[1]。美国通用公司、富士、阿迪达斯、麦当劳等也通过竞争成为奥运赞助商。另外，尤伯罗斯按照同样逻辑限定了供应商和纪念品营销商，只允许64家供应商企业为奥运会提供所需物资和相关服务；同时只向65家纪念品营销商发放奥运会纪念品营销许可证。

2. 提高电视转播权交易价值，激活奥运会营商环境

尤伯罗斯将竞争关系引入了电视转播权出售环节。为了获得洛杉矶奥运会的电视转播权，美国四家广播公司ABC（美国广播公司）、CBS（哥伦比亚广播公司）、NBC（全国广播公司）和ESPN（电视网）展开了激烈竞争。最终，ABC以2.25亿美元胜出，获得了该届奥运会的电视转播权，这在当时是有史以来成交价格最高的电视转播权交易案例。ABC在获

[1] 任海. 现代奥运会商业化的过程[J]. 体育文史，1992（4）：17-19.

得奥运会电视转播权之后，更加关注利用电视转播提高收视率和市场份额，不断创新技术提升奥运会电视转播服务质量。洛杉矶奥运会采用录播和延播相结合的方式，将长达2小时的奥运会开幕式完全呈现给电视观众，提升了奥运会的全球影响力[1]。电视转播权的市场化开发切实将奥运“陷阱”转变为奥运“馅饼”，全面盘活了洛杉矶奥运会的整体营商环境。

3. 全面压缩奥运会办赛成本

洛杉矶奥运会着力控制办赛成本，提出将洛杉矶奥运会打造成为最省钱的一届奥运会，做到“节省每一分钱”[2]。洛杉矶奥运会并未新建奥运村，而是通过借用大学生宿舍解决运动员的住宿问题；也并未投入巨资大规模新建场馆，采取翻修旧体育场馆或者借用大学体育场地场馆的方式予以补充；另外，办赛期间洛杉矶奥组委全面启动志愿者服务制度，广泛招募奥运会“志愿者”，节省人力资源成本[3]。在旧场馆翻修资金上，尤伯罗斯利用奥运影响获得外部支持，劝说麦当劳老板出资新建游泳馆，额外赞助了400万美元[4]。

（三）国际奥委会全面吸收洛杉矶奥运会经验，介入奥运商业模式

洛杉矶奥运会的商业运营模式直接改变了奥林匹克运动的发展轨迹，标志着现代体育赛事发展新阶段的开始。尤其是国际奥委会全面吸收洛杉矶奥运会经验，从国际奥委会层面启动了奥运会商业运营的整体性、长期性设计。

1. 制定赞助商制度：TOP计划实施

细节了解

奥林匹克全球合作伙伴计划

1985年，在洛杉矶奥运会经验的启发下，国际奥委会提出“奥林匹克全球合作伙伴计划”（The Olympic Partner Program，TOP），在某类行业领域遴选出唯一一家企业，有权力将奥运会五环标志用于自身商业开发活动，合作伙伴企业需要向国际奥委会提供赞助。1985年至2008年，TOP计划共计更迭6代版本，国际奥委会共获得23.9亿美元。

2. 掌握电视转播权销售，全面介入奥运会营销

1988年汉城（现称首尔）奥运会期间，国际奥委会全面介入奥运会商业运作，对奥运会营销体系进行了长期性的规划设计，重点解决奥运会电视转播权问题。尤其在汉城奥运会电视转播权谈判上，国际奥委会不再放权给主办国，而是自己独立运作，并对汉城奥运会电视转播权的收益分配进行调整。1995年，国际奥委会实行了长期电视转播权销售计划，并于当年年底与美国NBC公司签订合作协议，达成了2004年至2008年的奥运会电视转播权交易协议，为此，NBC需向国际奥委会支付23亿美元。

[1] 郭岩．现代奥林匹克体育的发展与奥运会电视转播[J]．中小企业管理与科技（中旬刊），2016（10）：124–125.

[2] 赵长杰．奥林匹克进展：从雅典到雅典[M]．北京：北京体育大学出版社，2004：233，225–226.

[3] 王晓燕，韩振勇．从“奥运陷阱”到“奥运馅饼”——奥运会无形资产开发研究[J]．企业研究，2006（8）：51–53.

[4] 田雨普．奥运营销的回顾与展望[J]．体育学刊，2006（3）：16–19.

三、现代体育赛事主要的演变形式

当代社会中，体育赛事社会价值和市场价值不断被释放，相继形成三种相对特殊的现代形式，即市场商品、外交载体和特殊事件。

（一）市场商品

1984年洛杉矶奥运会上，尤伯罗斯全面商业开发奥林匹克运动会，以5000美元投资获得2.5亿美元盈利，改变了社会对于体育竞赛的认知，商业营销成为体育赛事运作的重要内容。体育赛事不再是一种简单的体育活动，而是逐步演化为具有市场外部性特征的商品，同时吸引了越来越多的市场主体进入体育赛事市场，以体育赛事服务为龙头带动体育产业的聚合与发展。

（二）外交载体

体育赛事是国家间交流的重要纽带。我国最早制定奥运战略的初衷便是通过参加奥运会来打开外交局面。国际体育赛事现已演变成为国家间的交流合作平台，也为各国政府交流提供轻松、有趣的环境。在举办国、举办城形象方面，国际大型体育赛事成为展示国家人文魅力和城市形象的窗口。

（三）特殊事件

伴随体育赛事影响力的不断提升，学界开始通过“特殊事件”（special event）视角考察体育赛事，认为体育赛事是具有特殊性的社会活动或事件。瓦特（Watt）认为：事件是任何发生的不同于任何存在的事情，或者发生的有重要意义的事情[1]。艾伦（Allen）等认为：术语特殊事件是用来描述特别仪式、表达、表演或庆典的，是一种有意识、有计划组织策划而成的，以标志性特殊场合或带有特定社会文化痕迹的社会活动[2]。由于体育赛事文化内涵非常丰富，一批学者将体育赛事的根本属性界定为特殊事件。王守恒等认为，体育赛事是一种提供竞赛产品和相关服务产品的特殊事件[3]。黄海燕等认为，大型体育赛事是以提供单一体育运动项目竞赛产品和相关服务为目的的特殊事件[4]。综合来看，本书认为：体育赛事是在特定时间限定周期内举办一次或几次，同时必然会有特定的赛会主题，有具体的办赛目的和目标，并且存在相关社会、文化、休闲元素的特殊事件。

[1] WATT D C. Event management in leisure and tourism[M]. Harlow：Addison Wesley Longman，1998.

[2] ALLEN J，HARRIS R，JAGO L. Festival & special event management[M]. Hoboken，NJ：John Wiley & Sons，2022.

[3] 王守恒，叶庆晖. 体育赛事的界定及分类[J]. 首都体育学院学报，2005（2）：1-3.

[4] 黄海燕，张林. 体育赛事的基本理论研究——论体育赛事的历史沿革、定义、分类及特征[J]. 武汉体育学院学报，2011，45（2）：22-27.

【案例2-1】

汉城奥运会的营收

1984年洛杉矶奥运会是首次民间承办的运动会，既无政府补贴，又不能增加纳税人的负担，加之当时美国法律禁止发行彩票，意味着所有的资金需要组委会自筹。尤伯罗斯作为筹委会主席，在体育赛事筹备期间，除了节约成本外，还通过与企业集团签订资助协议、出售电视广播权等方式进行商业化运作来增加收入，最终实现盈利2.5亿美元。但洛杉矶奥运会电视转播权销售的TOP计划的成功，使美国奥委会感到心理不平衡，他们认为资金成功运作的奥运会没拿政府1分钱，反而让国际奥委会占便宜，于是提出今后奥运会电视转播合同签订后，美国国家奥委会应该从美国电视台支付的转播费中提取10%。

在汉城奥运会中，由于时差的问题，各电视台降低了竞拍的价格，导致奥运会电视转播权收入增幅降低。故此国际奥委会意识到按“单届”出售奥运会电视转播权具有很多不确定因素，于是转变为“集中出售”，即把几届奥运会的电视转播权捆绑在一起出售给传媒机构。国际奥委会为了增加收入，又将奥运会电视转播权拆分为独家转播、直播、录播、采访报道、体育赛事集锦等。同时，在国际奥委会的要求下，奥运会电视转播权收入的分配方式也作出了调整，40%留给奥运会组委会用于电视转播技术服务，剩下的60%属于国际奥委会。最终，汉城奥运会组委会通过企业赞助、出售电视转播权等方式，实现了盈利3亿美元，开创了官方举办奥运会的盈利纪录。

思考题

你认为科技创新对于电视转播权分配有什么影响？

【案例2-2】

体育不分国界，小球转动大球

中华人民共和国成立后，美国对中国采取封锁、孤立的政策。尼克松就任美国总统后，为摆脱越南战争的困境，改变彼时苏攻美守的局势，开始谋求对华关系的改善。1971年3月底在日本名古屋举行的第31届世界乒乓球锦标赛期间，美国乒乓球代表团向中国代表团表示希望比赛结束后访问中国。但此时，外交部和国家体委认为邀请美国队访华的机会尚不成熟，并联合起草了“关于不邀请美国乒乓球队访华”的报告。1971年4月6日，在比赛接近尾声时，毛主席嘱告外交部以电话通知在日本的中国乒乓球代表团负责人，正式邀请美国代表团访华。1971年4月14日，周总理在人民大会堂会见了美国、加拿大、哥伦比亚等乒乓球代表团；1972年2月21日，尼克松总统到达北京，成为第一个访华的美国在任总统。1972年2月28日，中美联合发表《联合公报》，标志着中美关系开始走向正常化。

“乒乓外交”表明体育具有极强的“嵌入”能力，能够超越政治文化、意识形态和社会制度等的差异。同时，体育精神的“平等”“公平”“正义”原则为国与国间的交流营造良好的对话环境，开创了以人民间的友谊推动国家间交流与和解的新模式。

［改编自：王海林，朱玥颖．“小球转动大球”，富有传奇色彩的“乒乓外交”是怎么发生的？[EB/OL].（2021-04-24）[2024-10-10]. https://baijiahao. baidu. com/s?id=1697910944740285452&wfr=spider&for=pc. ］

思考题

1. 新时代体育对于外交的作用是什么？
2. 新时代如何通过体育赛事进行国际交流？

第二节 体育赛事的基本内涵、概念结构与特征

体育赛事伴随人类社会漫长发展历程逐步成熟完善。本书视角覆盖现代体育赛事，与本书后续章节中论述分析的体育赛事属性相一致。为此，本节站在现代历史阶段的立场，对体育赛事的基本内涵、概念结构与特征进行分析，显得非常必必要。

一、体育赛事的概念辨析

（一）体育赛事与体育、体育游戏的概念比较

1. 体育赛事之于体育的内涵

（1）体育的内涵。

体育赛事是体育的下位概念。从东西方语言学比较来看，中文“体育”一词可对应英文中的“sports”（体育运动）和“physical education”（体育教育）。那么，理解体育分别可

以从体育运动和体育教育两方面理解。

第一，关于体育运动的定义。1992年版《欧洲体育宪章》中提出：体育运动是随意或有组织参与的，旨在表现或改善身体健康和心理健康，构建社会关系或在各级比赛中取得成绩的一切形式的身体活动。2003年，联合国体育促进发展与和平部门工作组认为：体育运动是促进身体健康、心理健康和社会互动的各种形态的身体活动，包括玩耍、娱乐、有组织的、随意的或比赛性的运动及土著运动和游戏。可见，体育运动是一个相对宽泛的概念。

第二，关于体育教育的定义。“体育教育”的概念最早可追溯至欧洲的“身体训练”（physical training），是体育运动宽泛内容的重要组成，19世纪下半叶传入中国。当时国内的基督教会学校指导学生进行“体操项目”身体训练活动，逐步形成体育教育（physical education）的概念。伴随我国体育事业不断发展，体育教育通常被认定为学校体育工作的体育教学、训练、锻炼活动，以增强体质、训练体能、传授技能、社会适应为目标；而体育运动在中国语境下更多带有“竞技体育”特征，以突破生理心理极限、提高运动成绩为核心目标。杨桦认为：体育是实践形式身体活动，以促进人的身、心和谐与全面发展为直接目的，既以促进人类社会发展为间接目的，又需要依托历史阶段的社会支持[1]。

（2）体育赛事与体育的联系和区别。

①联系。体育赛事是体育的下位概念，与上文所述体育的内涵一脉相承，同样应当以身体活动为基本实践形态，以促进人的全面发展为直接目标，以发展社会为目的。

②区别。作为体育的下位概念，体育赛事依赖身体活动的特定形式，但与玩耍、娱乐、随意性的身体活动形式相区别，具有规则性、争胜性等特征（图2–1）。

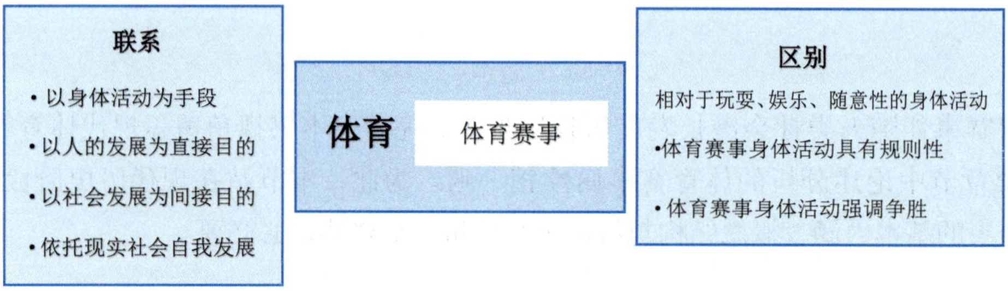

图2–1　体育赛事与体育的联系和区别

2. 体育赛事之于体育游戏的内涵

（1）体育游戏的内涵。

①以身体活动为手段。体育游戏是在游戏发展过程中派生出的一个分支，融合体力发展、智力发展、身心娱乐为一体[2]，既是游戏的组成部分，又与跑、跳、投等基础运动技能

[1] 杨桦．体育的概念、特征及功能——新时代体育学基本理论元问题新探[J]．体育科学，2021，41（12）：3–9.

[2] 刘福林．体育游戏[M]．北京：北京体育大学出版社，1997：5.

有着密切联系[1]。

②综合设计编排。围绕身体活动融合音乐韵律、故事角色。体育游戏是以身体活动为重要手段，同时强调内在的趣味性、教育性元素，融合背景音乐或虚构相应的故事角色，符合儿童心理特征，激发儿童体育学习兴趣。

③身体活动编排具有规则性。体育游戏中的身体动作同样遵循规则性原则。不同于竞赛规则，一方面，体育游戏规则更贴近生活劳动、故事情境的模拟化规则；另一方面，体育游戏有利于通过技能迁移帮助幼儿理解不同的动作组合，为后期的体育运动奠定基础。

④符合儿童身心特点的运动负荷。体育游戏的主要目的在于帮助儿童增强体质，因此它的运动负荷相对偏低，以有氧运动为主。

（2）体育赛事与体育游戏的联系和区别。

Luschen提出“play-game-sport”模式[2]，其适合解释体育游戏、体育赛事的区别。“play-game-sport”模式中，“play”可以理解为体育游戏，身体活动结构性相对较低，以培养参与者运动兴趣为主，竞争性、运动负荷有限；“game”则转变为一种兼顾趣味、竞争性的有结构性规则的竞赛；而“sports”更加倾向于竞技体育属性，运动趣味所占比例相对下降、突破自我与战胜对手的竞争性比重相对提升，所承担的运动负荷大幅提升。个体一开始通过玩（play）产生运动兴趣，随着兴趣不断提升逐步开始参与更具系统规则的体育比赛（game）。兴趣与胜负欲深度融合让参与者产生更强烈的求胜心，比赛对抗竞争性大幅提升，竞技体育更倾向竞赛（sports）[3]。为在竞赛中获得更好成绩，个体会不断加强科学化、系统化体育训练以突破自身的生理、心理极限。

因此，体育赛事与体育游戏既有联系，也有区别（图2-2）。

①联系：体育赛事、体育游戏表现为具有结构化规则的身体活动。

②区别：第一，结构化规则不同。体育赛事与体育游戏的结构化规则并不相同，体育赛事依赖单项竞赛规则，体育游戏基于生活劳动、故事情境编制结构化规则；第二，体育赛事参与者竞争性更强，具备接受系统化、持续化科学训练的习惯，而体育游戏参与者往往不会承担更多体育训练任务，更多是出于本能、兴趣参加游戏。

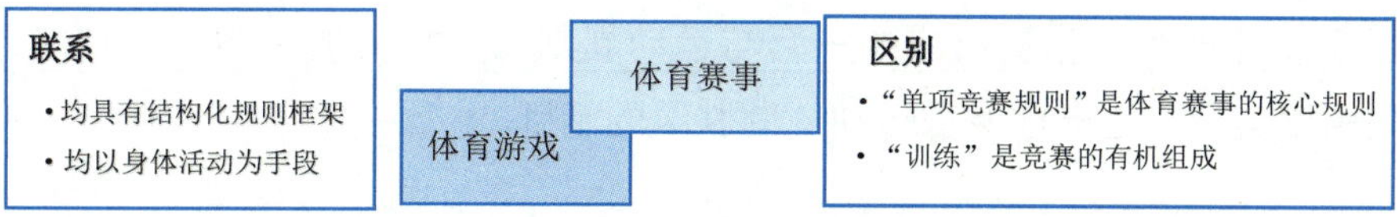

图2-2　体育赛事与体育游戏的联系和区别

[1]　蔡锡元，李淑芳．体育游戏[M]．北京：人民体育出版社，2000.

[2]　杨升平，丛湖平．试论体育竞赛组织及其演化与分类——游戏与组织的理论框架及历史与现实的案例分析[J]．体育科学，2018，38（5）：88-96.

[3]　GUNTHER LUSCHEN. Cooperation，association，and contest [J]. J Conflict Resolut，1970：14，21-34.

（二）体育赛事的概念界定与特征归纳

将体育赛事分别与体育、体育游戏两个概念进行比较，可以清晰掌握体育赛事的价值与功能，比较发现体育赛事的基本定位与特殊功能。综合来看，体育赛事是指运动员（队）历经系统科学运动训练，提升竞技水平状态，并在统一竞赛规则下采用结构化身体活动行为，展开智力、体力、体能的竞争与对抗，并以突破个人极限、战胜对手、获得胜利为根本目的的一类具有显著经济、社会、文化影响力的特殊事件。

1. 竞赛规则是体育赛事的核心制度

体育赛事往往包含单个或多个单项竞赛。竞赛规则是开展体育赛事的核心制度，竞赛规程、日程、办法等相关制度均围绕竞赛规则开展。《体育大辞典》对竞赛规则的解释是：为进行运动竞赛而制定的统一规范和准则[1]。马明彩提出，竞赛规则是运动竞赛过程中运动员和裁判员必须遵循的技术规范和行为规范准则，具有制约、协调和促进的功能，包括裁判员的名称和职责、比赛通则、评定成绩和决定名次方法、对犯规运动员（队）处罚、场地器材和设备规格以及各种评分和记录表格[2]。

2. 以结构化运动技能为手段

除了少数智力型竞赛或赛事，大部分竞赛活动均是以“结构化运动技能”为手段开展的竞争对抗。人类的结构化运动技能遵循一定的形成规律。冯红静引述文献提出，人的运动技能形成包括反射、基本运动技能、过渡性运动技能、专项运动技能[3]。克拉克（Clark）等认为，人的运动技能发展分为反射时期、预先适应时期、基本运动技能时期、专项运动技能时期、技能熟练时期[4]。其中，反射往往由人的本能或者内在兴趣驱动；基本运动技能和专项运动技能是竞赛中典型的结构化运动技能。

（1）基础运动技能。基础运动技能源于动作发展（motor develoment，MD）理论，是所有复杂动作的基础[5]，是以人类运动基因（所谓本能）为基础，经后天训练后，在时空、时序维度上建立起人体行为的系列条件反射，是支撑人类日常生活、工作、运动的基础性运动能力[6]，包括跑、跳、位移、游泳、滑行、灵巧动手等。

（2）专项运动技能。专项运动技能是在基础运动技能的基础上，在具体专项规则限制约束下，通过系统性训练、竞赛形成的一套与运动规则高度相关的专项运动技能模式，与单项竞赛规则高度契合，是支撑专项运动“制胜”的基础。

[1] 陈荫生，陈安槐．体育大词典[M]．上海：上海辞书出版社，2000：14.

[2] 刘淑英．运动竞赛规则的本质特征、演变机制与发展趋势[D]．苏州：苏州大学，2008.

[3] 冯红静．对美国学校体育教学的研究[D]．北京：北京体育大学，2012.

[4] CLARK J E，METCALFE J S. The mountain of motor development：a metaphor[M]//CLARK J E，HUMPHREY J. Motor development：research and reviews. Reston，VA：NASPE Publications，2002.

[5] 冯红静．对美国学校体育教学的研究[D]．北京：北京体育大学，2012.

[6] 段博文．基础运动技能的理论阐释与多视角思考[J]．中国学校体育，2013（3）：46-48.

3. 良性竞争体验是拉动训练和提升技能的内驱力

相比体育游戏，体育赛事以竞赛规则为核心内容，娱乐性、情境化的游戏属性大幅降低，而通过竞争获得“制胜”的情感喜悦则成为人们持续参与体育赛事的重要动机，这种“制胜”的情感喜悦便是良性竞争体验。为在体育赛事中突破自我、战胜对手，参赛者往往具有更加强烈的动力开展运动训练，并持续改善运动技能，谋求在体育赛事中持续获得胜利，以持续维持良性竞争体验，与儿童、青少年依赖本能兴趣参与体育游戏的内区动力存在典型差别。

4. 体育赛事以服务人的全面发展为直接目标，以促进社会进步为间接目标

体育赛事是由人发起、由人实施、由人参与的以人为本的社会文化活动。人既是体育赛事的主体，又是体育赛事的客体，体育赛事对于人的健康成长和持续发展有着无可比拟的价值。可以说，体育赛事同样是以服务人的全面发展为直接目标，进而促进社会的进步。

二、体育赛事的概念结构

体育赛事是一项高度复杂的系统工程。广义层面体育赛事的概念结构相对丰富，是包括体育赛事事件、运动竞赛、运动训练三个层次的复合概念，三者相互联系、相互区别（图2–3）。

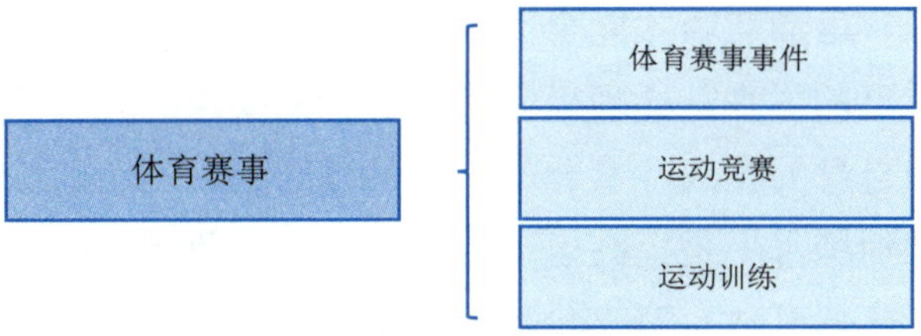

图2–3　体育赛事的概念结构

（一）体育赛事事件的概念和内涵

体育赛事事件是一项典型的特殊事件，是在特定时间周期内举办，具有特定赛会主题和办赛目标，存在相关社会、文化、休闲元素的一类社会综合活动。结合叶庆晖给出的定义，体育赛事事件可理解为是一种具有项目属性的特殊事件，其规模与形式均受到所处文化环境、民风民俗的影响，综合相关资源生产竞赛产品、服务，也对社会、生态、政治、经济等产生影响[1]。根据邢尊明的研究，体育赛事事件是指以运动项目为核心内容，以比赛为基本形式，为实现娱乐、经济、社会等多元价值而有目的、有意识地组织举行的特定社会大型活动[2]。结合罗奇（Roche）的理解，现代体育赛事事件包含大量文化、商业、体育竞赛元素，具有广泛吸引力和国际化传播特征，通过体育赛事载体将传统与现代、个体与集

[1]　叶庆晖．体育赛事运作研究[D]．北京：北京体育大学，2003.

[2]　邢尊明．我国大型体育赛事优化管理理论与实证研究[D]．福州：福建师范大学，2008.

体等社会特征综合呈现出来[1]。

（二）运动竞赛的概念和内涵

黄海燕等认为，体育赛事的概念是从“运动竞赛”演变而来的[2]。运动竞赛是区别于其他演唱会、博览会的特殊事件。王嵘海等提出，运动竞赛要素包括统一的竞赛规则、公平合理的竞赛方法，需要参赛者付出体能、运用智慧、变换技战术展开竞争[3]。史国生等提出，体育竞赛以体育运动项目为主要内容，裁判根据规则主持、组织竞赛，竞技较量是运动竞赛的核心概念[4]。田麦久认为，运动竞赛是指在裁判员主持下，运动员个体或运动队按照统一规则展开竞技较量的过程[5]。另外，刘健和等著的《运动竞赛学》认为：运动竞赛是人类的一种特殊实践活动，具有明确竞技目的性，具备完善的竞赛规则、竞赛方法以及决定胜负的竞赛法律依据[6]。综合来看，本书认为：运动竞赛作为体育赛事的内核概念，竞赛规则与竞赛方法是运动竞赛的构成，更加偏重人与人、队与队之间的竞争与对抗，其中也包括竞赛受社会、经济、文化、政治影响的外延属性，但是相比体育赛事事件重要性有所下降。

（三）运动训练的概念和内涵

运动训练是体育赛事运转的基础。逻辑关系上，运动竞赛是运动训练的上位概念。正是由于竞争和对抗特征，运动竞赛才能全面调动参赛者积极地参与运动训练环节。为更好超越对手或不断突破自己的生理、心理极限，参赛者需要通过各种手段、方法、技术来提高自身运动能力，加强自身的技战术素养等。某种程度上，运动训练的质量决定了运动竞赛的价值，高水平运动训练水平是提高运动竞赛对抗、竞争程度的基础，只有拥有较高水平竞争对抗才能更进一步提高体育赛事价值。德国学者哈雷（Harre）认为，运动训练是为达到更高的运动成绩而做的准备[7]。我国早期教材也提出，运动训练是指在教练员指导下，全面发展运动员身体，为不断提高专项运动成绩而专门组织的一种教育过程[8]。

[1] ROCHE M. Mega-events and modernity：Olympics and Expos in the growth of global culture[M]. London：Routledge，2000：1.

[2] 黄海燕，张林. 体育赛事的基本理论研究——论体育赛事的历史沿革、定义、分类及特征[J]. 武汉体育学院学报，2011，45（2）：22-27.

[3] 王嵘海，刘爱华. 球类竞赛理论与方法[M]. 北京：中国农业科学技术出版社，2005：1-2.

[4] 史国生，邹国忠. 体育竞赛组织与管理[M]. 南京：南京师范大学出版社，2008：33.

[5] 田麦久. 运动训练学词解[M]. 北京：北京体育大学运动训练学教研室，1999：2.

[6] 刘建和，等. 运动竞赛学[M]. 成都：四川教育出版社，1990：7.

[7] HARRE D. Trainingslehr stark[M]. Berlin：bearbeitete Aufgabe，1979：17.

[8] 田麦久，田烈，高玉花. 运动训练理论核心概念的界定及认知的深化[J]. 天津体育学院学报，2020，35（5）：497-505.

第三节 现代体育赛事的主要类型与综合影响

1984年洛杉矶奥运会首次实现奥运会“扭亏为盈”，标志着现代体育赛事新纪元的开启。那么，现代体育赛事存在哪些类型？如何评价现代体育赛事的社会影响？这是本节关注的焦点。

一、现代体育赛事的主要类型

（一）我国官方版本的体育赛事类型

我国官方版本的体育赛事分类具有较强的行政特点，分类的目的在于限定特定人群，便于行政管理。结合相关文献发现，《运动竞赛学》（原国家体委训练竞赛综合司1990年版）和《全国体育运动单项竞赛制度（试行）》（1989年发布）是我国官方层面对体育赛事进行分类的教材或文件。虽然两套政策距今时间较久，但是我国单项体育赛事的类型划分总体是基于上述两套政策展开调整的。

1.《运动竞赛学》（1990年版）的体育赛事综合划分

根据《运动竞赛学》（1990年版），体育赛事分类包括以下维度。

（1）根据比赛所含单项数量的不同，体育赛事可以分为单项比赛和综合比赛。单项比赛主要指围绕单个运动项目开展的竞赛，为提高对抗激烈性主要采取锦标赛（如世界田径锦标赛）或杯赛（如世界男子足球世界杯）形式。综合比赛是指由多个单项运动项目构成、在同一个时间阶段内统筹组织开展的比赛，如奥运会等。

（2）根据人群的不同人口统计学变量进行划分。

①按照参赛者年龄，可将体育赛事划分为儿童体育赛事、少年体育赛事、青年体育赛事、成年人体育赛事。

②按照参赛者职业，可以将体育赛事划分为职工体育赛事、农民体育赛事、学生体育赛事、军队体育赛事等。

2.《全国体育运动单项竞赛制度（试行）》（1989年发布）的竞技体育赛事划分

《全国体育运动单项竞赛制度（试行）》（1989年发布）是我国竞技体育赛事系统性分类

的重要依据，其中将竞赛分为正式竞赛和辅助竞赛。

（1）正式竞赛。正式竞赛划分为4类。①锦标赛。集体项目按规定的名次，单项按规定报名标准和名额组织的比赛。单项比赛计团体总分。②冠军赛。按规定的报名标准组织的单项比赛。只计单项名次，不计团体总分。③联赛（球类项目）。按名次分等级，实行升降级的比赛。④经原国家体委批准以其他名称组织的单项最高水平的比赛。

（2）辅助竞赛。辅助竞赛划分为7类。①达标赛、分区赛。为参加上一级比赛而组织的选拔性质的比赛。②邀请赛。根据运动队伍的训练和技术发展需要，由承办单位邀请一些单位参加的多边比赛。③调赛。为了检验训练质量，提高技术战术水平，一、二类项目由国家抽调部分单位、部分人员参加的或组织部分重点小项的比赛。④协作区赛。以大区域形成传统的若干省、自治区、直辖市为参加单位，协商确定并轮流承办的比赛。⑤杯赛。由厂矿、企业等赞助经费，用厂名或产品名称等冠名的各种比赛。⑥通讯赛。按全国统一的竞赛规程，由各省、自治区、直辖市分别组织的比赛。⑦集训赛。采取边训练、边比赛的办法，练战结合，检查训练效果的比赛。其他辅助竞赛的名称不限。

（二）学术话语下的体育赛事类型

休闲学、旅游学等学科按研究需要将体育赛事类型划分为大型体育赛事和小型体育赛事两类。

1. 大型体育赛事的类别

“大型体育赛事”是国内外学术重点研究对象，对应英文名称包括Large-scale Sports Event、Major Event、Mega-Event、Hallmark Event。不同英文表达存在着内涵上的差异。

（1）大型体育赛事的Large-scale Sports Event、Major Event类型。国外学界认为Large-scale Sports Event和Major Event内涵高度接近。Large-scale Sports Event和Major Event特点包括：①在全球或者特定区位内产生较大影响，如奥运会、亚运会、全运会（全称为中华人民共和国全国运动会）等。②能够吸引较大规模的参赛者和观赛者前往比赛现场，同时电视、网络转播影响力突出。③政府需要为大型体育赛事提供不同程度却必不可少的支持。④大型体育赛事规模效应巨大，对举办地产生诸多影响。

（2）大型体育赛事的Mega-Event类型。Mega-Event更多强调参与人数的规模。特拉维斯（Travis）认为，参赛人数规模是衡量Mega-Event的重要标准，大型体育赛事的参与者应不少于50万，且主要是现场观赛旅游者[1]。施皮林（Spilling)认为，Mega-Events能够吸引10万人以上现场观众，需要大量投资支撑[2]。鲁尼（Rooney）认为，Mega-Event应当具有五大特征，即悠久历史底蕴、神秘文化色彩、被世界各国媒体关注、能够拥有文化展览、通

[1] TRAVIS A S，CROIZE J C. The role and impact of mega-events and attractions on tourism development in Europe：a micro perspective[C]//AIEST：Proceedings of the 37th congress of AIEST. 1987，28：59-78.

[2] SPILLING O R. Mega event as strategy for regional development ：the case of the 1994 Lillehammer Winter Olympics[J]. Entrepreneurship & Regional Development，1996，8（4）：321-344.

常在某些有特殊历史纪念意义的地方举办。盖茨（Getz）认为，Mega-Event是有计划持续一段时间的事件，对举办地产生显著影响，包括旅游者数量、旅客消费、举办地形象提升、基础设施改善等[1]。黄海燕总结相关概念，认为Mega-Event应当遵循两个基本条件，即充分的国际影响力和特定周期的循环举办[2]。

（3）大型体育赛事的Hallmark-Event类型。Hallmark Event强调体育赛事的举办地固定、举办周期性特点[3]，即植根特定城市或乡镇社区，利用当地基础设施定期举办的一类影响力较高的体育赛事类型。Mega-Event举办地则定期更换。另外，Hallmark-Event还具有以下特征：①往往是单项体育赛事，如温布尔顿网球公开赛、广州马拉松等。②体育赛事文化与举办地城市文化之间高度交织在一起，体育赛事品牌已成为城市文化的重要组成部分，具有独一无二的辨识度[4]。③基础设施往往反复利用，且场馆本身建筑风格已成为影响体育赛事品牌和城市形象的重要因素，不会像Mega-Event那样需要申办国或者举办国投入新建。

2. 小型体育赛事的类别

由于大型体育赛事消极影响较为突出，学术界开始关注小型体育赛事。小型体育赛事英文表达包括Small-scale Sports Event 和Minor Event。格拉顿（Gratton）曾以经济效益作为依据对体育赛事进行分类，认为小型体育赛事的经济效益相对有限[5]。威尔逊（Wilson）同样对体育赛事进行分类，认为小型体育赛事多为国内参赛者，往往会在固定的地理区位周期化举办[6]。王守恒认为，中小型体育赛事是相对大型体育赛事提出的概念，办赛规模、办赛水平和综合影响都相比大型体育赛事有所减弱[7]。

本书结合相关文献认为，小型体育赛事除规模较小、影响较窄以及在特定区域周期性举办的基本内涵外，还具备以下特点。

（1）聚焦于社区（community）。大型体育赛事往往以城市为单位进行申办，小型体育赛事则更多聚焦于社区层面。国外相关文献认为，community包括两层含义：一是特定人群的聚集，强调以某个社会联系、社会关系为纽带，以同质人口为主体的人群生活共同体，往往这批人会生活在相近的地理区位；二是地理空间，是居民从事生产、赖以生活的有限空间，在层次上低于城市，与街道、乡镇等概念相近。

---

[1] GETZ D. Special events：defining the product[J]. Tourism management，1989，10（2）：125-137.

[2] 黄海燕. 体育赛事综合影响的事前评估研究[D]. 上海：上海体育学院，2009.

[3] SHULTIS J，JOHNSTON M，TWYNAM D. Social impacts of a hallmark event：development and description of a case study in Thunder Bay Ontario[C]//Quality management in urban tourism：balancing business and environment. B. C. Canda：University of Victoria，1994：166-177.

[4] GETZ D. Event management & event tourism[M]. 2nd. New York：Cognizant Communication Corporation，2005.

[5] GRATTON C，DOBSON N，SHIBLI S. The economic importance of major sports events：a case-study of six events[J]. Managing Leisure，2000，5（1）：17-28.

[6] WILSON R. The economic impact of local sport events：significant，limited or otherwise? A case study of four swimming events[J]. Managing Leisure，2006，11：57-70.

[7] 同[5]。

（2）居民既是小型体育赛事的观赛者，又是参与者。在依托社区开展的小型体育赛事中，当地居民既可以是社区体育赛事的忠实观众，也同样有资格参与当地中小型体育赛事。

二、现代体育赛事的综合影响

1984年洛杉矶奥运会后，现代体育赛事蓬勃发展。由于体育赛事门类、层次、规模、主题、周期等各不相同，现代体育赛事综合影响的评价备受体育赛事运作主体和体育赛事管理学者的关注。本书结合现代体育赛事综合影响的重要问题、理论基础、现实影响和评价视角四个方面展开讨论。

（一）重要问题：举办大型体育赛事是“利大于弊”还是“弊大于利”一直备受关注

大型体育赛事的积极影响（positive impact）和消极影响（negative impact）一直是体育赛事综合影响效应的重要问题。叶庆晖分别从社会文化、自然与环境、政治、旅游与经济四个维度系统分析大型体育赛事的积极影响与消极影响[1]。本书在此基础上选择从社会文化、自然环境和旅游经济三个维度归纳文献中较为常见的影响指标（表2-1），介绍大型体育赛事的积极影响和消极影响。

表2-1　大型体育赛事常见的影响指标

维度	积极影响	消极影响
社会文化	经历共享；树立城市自豪感；提高城市形象；促进居民生活质量改善；居民生活幸福感提升	交通堵塞；犯罪率升高；礼仪丧失；传统文化被冲击破坏；物质浪费；外来者恶劣行为
自然环境	城市更新与环保政策制定；环保意识提高	环境污染；产生垃圾；遗产破坏；噪声干扰
旅游经济	外来旅游者增多；收入提高；税收提高；就业率提高	运营成本过高；不公平分配；基础设施浪费；通货膨胀

（二）理论基础：社会交换理论与三重底线法

1. 居民感知视角下的体育赛事利弊权衡：社会交换理论的引入

为评价体育赛事影响的利与弊，体育赛事管理领域引入了社会交换理论（Social Exchange Theory，SET）。美国学者霍曼斯（Homans）最早提出了SET[2]，这是评价体育赛事影响利弊的重要基础理论，其有两大特征。

（1）居民感知视角。主流文献倾向采用居民感知视角应用SET。举办地居民能够直观感受体育赛事为当地带来的影响，通过比较可以判断体育赛事的利弊关系，为当地政府决策是否投入办赛提供依据。

（2）体育赛事影响的利弊判断。SET认为，社会交换的本质是衡量投入和回报之间的关

[1]　叶庆晖．体育赛事运作研究[D]．北京：北京体育大学，2003．

[2]　HOMANS G C. Social behavior as exchange[J]. American Journal of Sociology，1958，63（6）：597-606.

系。根据SET，当居民感知到的收益大于成本时，倾向于支持体育赛事举办[1]。

近年来一批学者采用SET展开体育赛事研究。里贝罗（Ribeiro）等研究里约奥运会发现：里约奥运会显著提升了城市形象和居民社区自豪感，改善了城市公共基础设施；但是存在社会冲突加剧、经济成本增加等消极影响[2]。施洛茨（Scholtz）等分析金伯利钻石杯滑板赛事发现，当地居民最初能够敏锐感知到体育赛事带来的积极影响，但随着时间的推移，积极影响感知呈减弱趋势[3]。段艳玲等分析2018武汉马拉松综合影响性发现，武汉居民认为，体育赛事的心理、社会、环境影响对居民生活质量有着重要影响，但是体育赛事经济影响却不明显[4]。

2. 利弊判断在哪些维度、范畴上存在差别：三重底线法与社会交换理论的结合

SET提供了体育赛事影响的利弊判断机制，但是关注指标相对分散，导致体育赛事影响研究的理论体系较为松散。学界引入三重底线法（Trible Bottom Line， TBL）。1998年，英国Sustain Ability董事长埃尔金顿（Elkington）认为，企业的可持续发展必须同时实现经济繁荣、环境保护和社会福祉三方面要求[5]，后融合企业可持续发展、企业责任理论提出TBL。企业可持续发展是企业经济效益贡献、社会文化贡献、环境保护责任贡献的综合结果，TBL成为企业绩效评价的重要工具[6]，后又成为旅游管理学科重要理论，适用于旅游景区或项目的可持续发展评价[7]。TBL与SET结合，体育赛事影响包括经济积极影响、社会文化积极影响、生态环境积极影响、经济消极影响、社会文化消极影响、生态环境消极影响六个方面。

（三）现实影响：经济、社会文化、环境三大理论维度的现实写照

1. 经济影响概述

（1）带动GDP增长。奥运会经济效益备受关注。据统计，1988年汉城奥运会经济影响估测为26亿美元；1992年巴塞罗那奥运会直接经济影响为96亿美元[8]；1996年亚特兰大奥

[1] KIM C，KAPLANIDOU K. The effect of sport involvement on support for mega sport events：why does it matter[J]. Sustainability，2019，11（20）：5687.

[2] RIBEIRO T，CORREIA A，BISCAIA R. The social impact of the 2016 Rio Olympic Games：comparison of residents’ pre-and post-event perceptions[J]. Sport Business and Management-an International Journal，2021，11（2）：201-221.

[3] SCHOLTZ M，SLABBERT E，SAAYMAN M. I like you. I like you not. Dynamic social impact perceptions of an international sporting event[J]. Event Management，2019，23（1）：149-164.

[4] DUAN Y L，MASTROMARTINO B，NAURIGHT J，et al. How do perceptions of non-mega sport events impact quality of life and support for the event among local residents?[J]. Sport in Society，2021，24（10）：1742-1762.

[5] ElKINGTON J L. Partnerships from cannibals with Forks：The triple bottom line of 21st-century business[J]. Environmental Quality Management，1998，8（1）：37-51.

[6] SLAPER T F，HALL T J. The triple bottom line：what is it and how does it work?[J]. Indiana Business Review，2011，86（1）：4-8.

[7] GIMENEZ C，SIERRA V，RODON J. Sustainable operations：their impact on the triple bottom line[J]. International Journal of Production Economics，2012，140（1）：149-159.

[8] 同[7]。

运会为佐治亚州GDP贡献51亿美元。1984年洛杉矶奥运会结束后，现代体育赛事经济效益被不断开发，促进了举办地的经济腾飞[1]。

（2）创造就业岗位。体育赛事经济围绕竞赛聚合了大量就业岗位。据统计，2008年北京奥运会期间累计新增就业岗位194万个，其中建筑业新增就业岗位22.5万个，制造业新增就业岗位37.3万个，高新技术产业新增就业岗位32.1万个，旅游业新增就业岗位11万个，文化体育产业新增就业岗位8万个。社会服务业新增就业岗位14.7万个，餐饮、住宿、交通、旅游、娱乐等行业也创造了大量就业岗位。

（3）提高税收。2000年悉尼奥运会为政府创造了大量税收，参赛运动员必须在澳大利亚进行纳税申报，所获奖金、赞助和广告等收入都需纳税。美国NBA球员同样需要缴纳高昂税款，包括联邦所得税、州所得税、市所得税、社会保险税和医疗保险税等。2023年，上海市共举办了118项体育赛事，税收达到4.25亿元。

2. 社会文化影响概述

（1）促进跨文化交流。体育赛事是优秀文化传播的重要平台。体育赛事举办期间，通过现场或者媒体传播，展示当地传统服饰、食物、音乐等文化。国家层面，奥运会甚至有着国家、民族间暂时休战的调停功能。普通体育赛事也能够在广泛人群间传播团队合作、公平竞争和勇敢奋斗等积极的价值观念。

（2）改善人们生活质量。体育赛事已经成为改善人们生活质量的重要渠道，有助于激发人们的锻炼积极性、提高身体健康水平、改善邻里关系、减少疾病发生；体育赛事能够增加人们的社会活动机会，如通过志愿活动参与体育赛事、作为观众观看体育赛事等。

（3）存在社会安全隐患。体育赛事作为参与人数众多的特殊事件，面临交通堵塞、犯罪行为增加等问题。1972年慕尼黑奥运会上，11名以色列运动员被“黑色九月”恐怖组织成员杀害；2013年4月15日，美国波士顿马拉松在终点处发生爆炸案，导致3人死亡、260多人受伤；2021年，第四届黄河石林山地马拉松百公里越野赛遭遇自然灾害，因准备工作不足导致21名参赛人员遇难、8人受伤。

3. 环境影响概述

体育赛事与自然环境的关系高度密切。20世纪80年代，国际奥委会开始注重环保问题。1992年，国际奥委会、各单项体育协会及各国家奥委会（National Olympic Committee，NOC）在联合国环境和发展大会上签署《地球宣言》；1994年，环境保护正式列入《奥林匹克宪章》；1999年，奥林匹克环境保护方面的纲领性文件——《奥林匹克运动21世纪议程》获得通过，把体育作为参与全球治理的重要力量，促进体育赛事绿色可持续发展成为奥林匹克运动的目标之一。我国也十分重视体育赛事的环境保护，2019年相继颁布《大型活动碳中和实施指南（试行）》《北

细节了解

我国生态保护战略的发展

[1] 付磊，范力. 奥运会对主办地的经济影响[J]. 改革与理论，2002（10）：5-8.

京2022年冬奥会和冬残奥会低碳管理工作方案》。

结合文献，大型体育赛事对环境的影响主要表现在以下几个方面。

（1）环境污染。大型体育赛事不具备高碳排放特点。但是体育赛事产业链条较长，依附于体育赛事经济的企业存在碳排放超标的情况。据统计，2008年北京奥运会普通观众交通、饮食碳排放量高达98万吨。

（2）能源和水的消耗。体育赛事消耗大量电力，保证场馆照明、音响及大屏幕、空调、供暖设备等设备使用；观众、运动员、工作人员通勤交通消耗大量燃油和电力；体育赛事产生很高比例的水资源消耗，包括场馆用水、观众用水、运动员和工作人员用水、餐饮服务用水及草坪和植被的灌溉用水等。

（四）综合影响评价的视角：体育赛事影响的时间序列变化

体育赛事的综合影响往往会随着时间的改变而发生变化，大致可归纳为以下两类具有时间序列意义的影响评价视角。

1. 体育赛事的短期、长期影响评价

体育赛事影响会随着时间长短而有所不同。施皮林认为，体育赛事给主办城市带来的长期积极影响包括国际知名度、经济持续增长、基础设施改善等[1]。短期效应往往是在体育赛事举办期间，由于举办城市从外部涌入大批体育赛事旅游者进行直接消费、与当地居民产生直接性社会互动而产生的经济、社会文化乃至环境影响。

2. 体育赛事的事前、事中与事后影响评价

体育赛事的举办是一个较长周期的阶段过程，大致包括事前、事中和事后三个阶段。盖茨提出：体育赛事影响的评估会伴随着体育赛事发展，在事前、事中、事后发生相应的变化[2]。

（1）事前阶段。评估者往往会根据各种媒体宣传的方式，间接性预测评价体育赛事的潜在影响。由于政府为更好地举办比赛，往往会对宣传信息进行加工，影响评价偏向积极。

（2）事中阶段。评估者处于体育赛事运转阶段，会通过直接经验对体育赛事影响加以评价，往往会更加客观。

（3）事后阶段。评估者采用回忆方式对事前影响的“间接感知”与事中影响的“直接评价”进行比较并综合评价。

---

[1]SPILLING O R. Mega event as strategy for regional development：the case of the 1994 Lillehammer Winter Olympics[J]. Entrepreneurship & Regional Development，1996，8（4）：321–344.

[2] GETZ D. Event Management & Event Tourism[M]. Cognizant Communication Corporation，New York. 1997：331–352.

第四节 体育赛事研究的跨学科融合

体育赛事所蕴含的无可比拟的社会价值、文化功能被学者持续关注，各领域学科透过不同视角来研究体育赛事。本节重点介绍战略管理、旅游管理和社会学三个视角。

一、体育赛事与战略管理

战略管理源于企业战略规划，是对企业战略实施加以监督、分析与控制的过程。早期战略管理思想起源于20世纪30年代末至60年代末，管理学家切斯特·巴纳德在1938年出版的《经理人员的职能》一书中提出战略管理的构想，被视为开创了战略管理的先河。著名管理学家艾尔弗雷德·D. 钱德勒在1962年所著的《战略与结构：工业企业史的考证》一书中分析了“环境—战略—组织”结构间的相互关系，揭开了现代管理研究的序幕。自1984年洛杉矶奥运会成功举办以来，体育赛事的市场价值不断得到开发，成为重要的市场产品，并与企业战略管理逐步融合。

（一）企业（俱乐部）的战略管理研究

（1）体育赛事运营、赞助企业的战略管理研究。高立梅基于工商管理视角，运用战略管理理论，以LN体育公司品牌建设战略为对象，提出了公司战略发展的三个步骤，明确了赞助专项体育赛事、开展特色体育赛事活动是LN公司的重要战略构成，也是LN公司适应内外部竞争环境、有效结合自身实际情况开展战略发展、谋求核心竞争力的重要举措[1]。刘赓以北京山地穿越户外科技有限公司为研究对象，运用战略管理理论分析该企业的内外部环境，讨论其所组织的各类群众商业性户外越野赛事产品的竞争优势与劣势，以及其所面临的挑战与困难，提出适合的竞争战略路径[2]。

（2）职业体育俱乐部的战略管理。职业体育俱乐部是基于企业运营模式培养运动员，并组织运动员建队参加职业体育赛事以谋求经济收益的企业类型。职业体育俱乐部的战略管

[1] 高立梅. LN体育用品公司品牌发展战略研究[D]. 西安：西安理工大学，2007.

[2] 刘赓. 北京山地穿越户外科技有限公司战略管理研究[D]. 北京：北京交通大学，2016.

理问题也是关注热点。魏婧仪以战略管理理论的波特“五力模型”为基础，分别从潜在进入者、现有企业、替代品、供应商议价能力、购买方议价能力几大方面讨论了X电子竞技俱乐部所面临的机会与挑战，分析了X俱乐部自身的优势与劣势，提出了以差别化战略为主、专一化战略为辅的发展建议[1]。

（二）体育赛事运营的战略管理研究

体育赛事运营过程高度复杂，借助战略管理思想非常必要。沈佳等认为，体育赛事运营需要运用战略思想，从复杂内、外环境中准确定位，围绕战略目标设计合理的战略规划，有效配置资源实施决策[2]。丛湖平等从迈克尔·波特的《竞争战略》《竞争优势》中引出竞争优势理论，充分思考商业体育赛事举办城市的竞争优势，以现实问题为导向，在明晰商业体育赛事产品特性的基础上，以制度、技术创新为动力源，以有形、无形生产要素的耦合效应为基本逻辑，深入探讨了体育赛事系统性动态循环机制，提出了体育赛事产业核心竞争力提升理论框架[3]。

二、体育赛事与旅游管理

19世纪后期，欧美经济发达国家迅猛发展，居民对于休闲、娱乐、健身、度假等的需求不断增加，为体育旅游、赛事旅游发展奠定基础。近年间，伴随户外休闲运动的热度提升，体育与旅游两门相对独立的学科逐步融合。1999年，乔伊·斯坦德文（Joy Standeven）和保罗·德·克诺普（Paul De Knop）联合出版了《体育旅游》（*Sport Tourism*），2002年Turco等编写了《体育旅游》，均标志着体育旅游学科逐步发展。体育赛事成为体育旅游学科的重要研究对象，衍生了赛事旅游这一细分领域，肖锋等提出，赛事旅游是指由于到异地参与或观看比赛引发的集赛事与旅游活动于一体的行为[4]。吉布森（Gibson）认为，体育旅游是一种全新的旅游方式，通过赛事吸引人们离开所生活的社区，前往参加比赛或观看赛事，以及与体育运动相关的景点[5]。

（一）体育（赛事）旅游者的感知与行为

体育旅游者行为是国际旅游管理学界的重要关注焦点。吉布森将体育旅游分为观赏型体育旅游（event sport tourism）、参与型体育旅游（active sport tourism）和怀旧型体育旅游（nostalgia sport tourism），其中，观赏型体育旅游、参与型体育旅游是我国学界现阶段关注的重点。观赏型体育旅游是指个体离开所居住的城市或者区域，前往赛场现场观看竞赛表

[1] 魏婧仪．X电子竞技俱乐部发展战略研究[D]．南昌：江西师范大学，2021.
[2] 沈佳，姚颂平．大型体育赛事的战略管理研究[J]．上海体育学院学报，2008，32（6）：19-23.
[3] 丛湖平，罗建英．体育商业赛事区域核心竞争力——一个假设理论构架的提出[J]．体育科学，2007（10）：75-79.
[4] 肖锋，沈建华，刘静．举办大型体育赛事对城市旅游的影响[J]．沈阳体育学院学报，2004（6）：769-771.
[5] GIBSON H J．Active sport tourism：who participates?[J]．Leisure Studies，1998，17（2）：155-170.

演的旅游类型；参与型体育旅游则是指个体离开居住地，前往业余体育赛事举办地亲自参赛，并且在参赛前后或比赛间隙在举办场地周边进行旅游消费的旅游类型。

1. 观赏型体育（赛事）旅游者的行为与态度

（1）观赛动机。“观赛”是观赏型体育（赛事）旅游者的基本行为，能否激发更多体育爱好者前往比赛地观赛成为推动赛事经济发展的重要内容[1]。“观赛动机”[2][3]是目前观赏型体育（赛事）旅游者行为研究的重要指标。1987年始，国内外学者不断探索编制测量“观赛动机”的评价量表，例如，斯隆（Sloan）、贝茨（Bates）等[4][5]编制并修订了《SNAPS观赛动机问卷》，沃恩（Wann）[6]开发了《FANS球迷观赛动机问卷》等。当然，不同问卷的关注点或观测维度均不相同。例如，杨铁黎等编制的《篮球观众观赛动机量表》包括7个维度：支持型、消遣型、兴趣型、学习型、偶像型、感受型、参与型[7]。米尔恩（Milne）等编制的《MSC观赛动机问卷》包括12个维度：寻求刺激、缓解压力、情绪宣泄、归属感、技能学习、审美、自尊、自我实现、品位提升、社交活动、间接性成就感、竞争[8]。

（2）重访意愿。重访行为（Revisit Intention）最初源于营销学，用于评价消费者的重购意愿，后来逐步发展为评价旅游者的重游意愿。萨托（Sato）等将重游意愿定义为游客自发二次参与某项活动的可能性[9]。陈海波指出，重游意愿是旅游者在游览过某地后，愿意重返或者推荐他人前往的主观行为[10]。在此基础之上，体育旅游领域学者又将“重游意愿”的概念引入体育赛事管理领域，称为体育（赛事）旅游者的重访意愿。重访意愿是指观赛者愿意未来再次旅游前往观赏该项体育赛事，或者推荐、建议他人未来前往观看该项体育赛

[1] 张磊，李树旺，杨献南，等. 体育产业背景下体育观众观赛动机模型的构建与验证[J]. 北京体育大学学报，2016，39（3）：9-16.

[2] 石勇. 体育赛事中现场观众对体验营销的认知行为分析——基于中国职业篮球联赛（CBA）的研究[J]. 西安体育学院学报，2014，31（6）：694-699.

[3] 金青云. 体育传播媒介、体育观赏与体育再消费意识的关系探索——以延边地区足球观众为例[J]. 北京体育大学学报，2014，37（5）：28-35.

[4] SLOAN L R，BATES S，DAVIS W，et al. Sports Need for Achievement and Power Scale （SNAPS）[C]// MPA. 59th Annual Meeting Midwestern Psychological Association，Chicago，IL. 1987：215-222.

[5] SLOAN L R. The motives of sports fans[M]// SLOAN L R. Sports，games，and play：Social and psychological viewpoints[J]. 2nd. Hove，UK：Psychology Press，1989.

[6] WANN D L. Preliminary validation of the sport fan motivation scale[J]. Journal of Sport and Social issues，1995，19（4）：377-396.

[7] 杨铁黎，张建华，何丽娟. 北京东莞两地区职业篮球市场观众特征的分析[J]. 广州体育学院学报，2001（2）：18-21.

[8] MILNE G R，MCDONALD M A. Sport Marketing：Managing the Exchange Process[M]. Sudbury，MA：Jones and Bartlett Publishers，1999：21-38.

[9] SATO M，JORDAN J S，FUNK D C. The role of physically active leisure for enhancing quality of life[J]. Leisure sciences，2014，36（3）：293-313.

[10] 陈海波. 旅游地吸引力的游客感知差异及其对重游意愿的影响——以海南国际旅游岛为例[J]. 北京第二外国语学院学报，2012，34（9）：73-77.

事[1]。这是衡量体育赛事市场价值的重要指标。

2. 参与型体育（赛事）旅游者的行为与态度

参与型体育（赛事）旅游者往往是业余比赛的参赛者。体育旅游领域学者通常会研究参与型体育（赛事）旅游者的重访意愿。这里的重访意愿是指参赛者有意向未来再次参加此项比赛或者推荐其他人一同参加此项比赛。我国近年来也开始研究参与型体育（赛事）旅游者的“重赛意愿”。例如，王宁以中国国际公路自行车赛参赛车手为研究对象，认为全面提升服务质量是提高车手“再次参赛”意愿的重要因素[2]；杜鹏等分析了运动依恋、地方依恋、体育赛事质量感知和社群依恋等多个潜变量对城市马拉松赛事重复参赛意愿的影响[3]。

（二）体育赛事与旅游行业的融合性发展研究

随着体育产业升级，体育产业和旅游产业融合性政策相继出台，推进两个行业资源有效互补，一批体育、旅游学界学者围绕“体旅融合”做了大量研究，体育赛事与旅游产业融合问题备受关注。例如，张懿瑶以内蒙古那达慕为案例，讨论我国民间体育赛事与旅游业融合机制，认为创造性推进那达慕与内蒙古旅游资源、民俗文化融合具有重要意义，需要加强体育赛事传播效力，提升旅游品牌影响力，促进消费升级[4]。

细节了解

我国旅游管理专业的起源

三、体育赛事与社会学

体育赛事研究与社会学融合范围广泛，包括战略管理领域、旅游管理领域的大量研究很大程度地涉及了社会学的指标、理论、方法。1989年托尼斯·凡勃仑（Thorstein Veblen）在《有闲阶级论》谈到有闲阶层形成过程，并将有闲阶层的体育社会活动视为一种该阶层特殊的社会现象加以研究；韦伯在《新教伦理与资本主义精神》中以英国清教徒为对象，讨论了体育运动与社会变迁的关系。伴随体育活动在人类社会中的地位不断提高，体育社会学也逐步发展起来。1964年，国际体育社会学委员会（International Committee for the Sociology of Sports，ICSS）成立，并于1994年更名为国际体育社会学学会（International Sociology of Sport Association，ISSA）。1966年，美国健康、体育教育和休闲联合会（American Alliance for Health，Physical Education and Recreation，AAHPER）成立；1968年，全美首届

[1]　史瑞应．体育赛事旅游特殊性对游客重游意愿的影响研究——基于结构方程模型的实证分析[J]．价格理论与实践，2022（2）：192-195.

[2]　王宁．环中国国际公路自行车赛赛事服务质量对参赛车手行为意向的影响研究[D]．北京：北京体育大学，2021.

[3]　杜鹏，邓万金．资深马拉松跑者重复参赛意愿的影响路径——基于赛事依恋的中介效应分析[J]．体育学研究，2020，34（6）：10-18.

[4]　张懿瑶．民族民间体育赛事与旅游业的融合研究[D]．西安：西安体育学院，2018.

大型体育社会学会议在威斯康星大学召开。体育与性别、体育与种族等一系列社会问题相继成为学界关注的重点。其中，体育赛事也成为体育社会学研究的焦点，重点包括以下几个方面。

（一）体育赛事与性别问题

20世纪70年代，在女性解放运动的影响下，女性打破束缚获得了参与体育竞赛的宝贵机会，性别问题也发展成为体育社会学的重要问题。梅斯纳（Messner）发表了《体育和女性主导：女性运动员作为斗争性意识形态》，关注竞赛性别差异堪称经典[1]。进而，女性公平竞赛、体育赛事中性别意识重构、传媒对于竞赛过程中性别气质的影响、男性竞赛主导地位抗争等成为新的研究热点[2]。20世纪90年代，我国也开始关注女性竞赛问题。董进霞研究提出，中国传统文化蕴含儒家、道教、佛教思想，产生显著的伦理道德和等级观念，对于中国女性参与体育竞赛存在很大影响。肖金柱等从社会学角度分析了中国女性长期形成的优良品质，进而讨论了中国女子竞技体育快速发展背后的社会学原因[3]。熊欢认为，经济能力、教育背景、家庭角色以及传统文化等显著影响中国女性体育参与行为[4]。杨雪、陈丽基于身体理论，采用内容分析法讨论了不同项目女运动员在传统媒体构建下的身体叙事差异[5]。

细节了解

女性的奥林匹克起源

（二）我国乡村体育赛事的社会学研究

伴随着我国乡村振兴战略的不断推进，乡村一级的基层体育赛事组织运营工作成为研究热点，国内学界开始关注乡村体育赛事的建设和发展，其中不乏战略管理、旅游管理、组织行为等领域的研究。其中，社会学视角下展开中国乡村体育赛事的相关研究成为当前的前沿问题。郑少雄从赛龙舟、“村BA”等乡村体育赛事“爆火”说起，认为我国体育人类学方向的社会学研究相对薄弱，但是潜力巨大。未来，我国学者应当突破进化论框架与理论素养相对不足的局限，从族群视角探究民族传统体育问题，深入研究体育赛事等社会现象发生过程中的交往、交流、交融产物，具备更充分的跨文化比较视野，展开扎实的民族志积累[6]。王智慧以“村BA”为对象展开研究，认为以“村BA”为代表的乡村体育赛事是应对中国乡村空心化、老龄化问题的重要手段，也是激活乡村

[1] MESSSNER M. Sports and male domination：the female athletes as contested ideology terrain[J]. Sociology of Sport Journal，1988（5）：197-211.

[2] 杨雪. 我国竞技体育中的女性解放研究[D]. 上海：上海体育学院，2016.

[3] 肖金柱，李晓明，钟小燕. 从社会学角度探析中国女子竞技体育快速发展的根由[J]. 体育与科学，2008（5）：63-65.

[4] 熊欢. 中国城市中产阶层妇女的体育参与研究[J]. 北京体育大学学报，2008（8）：1042-1044.

[5] 杨雪，陈丽. “消费”与“遗忘”：体育传媒建构下女运动员身体叙述的两极化研究[J]. 成都体育学院学报，2021，47（2）：116-121.

[6] 郑少雄. 从赛龙舟、“村BA”到巴黎奥运会——中国体育人类学的两条脉络[J]. 社会学评论，2024，12（4）：54-77.

活力的重要能量，具有两方面社会学特征：第一，通过嵌入与脱域的社会学范式，借助体育赛事实现中国乡村的社区动员；第二，通过共识与博弈的社会学方式，重新构建乡村竞技的新秩序[1]。

◎ 复习题

1. 现代体育赛事主要的演变形式有哪些？
2. 什么是体育赛事？它有哪些特征？
3. 论述：现代体育赛事的综合影响有哪些？

[1] 王智慧. 错落的喧嚣："村BA"的社群动员与乡土竞技新秩序[J]. 社会学评论，2024，12（4）：78-107.

第三章

体育赛事运作管理的基础理论

本章概要

- 体育赛事系统的基本结构
- 体育赛事系统的利益相关群体
- 体育赛事系统调控机制
- 体育赛事调控的相关体育竞赛组织
- 体育赛事系统运作流程

教学目标

- 掌握运作管理的概念、内涵及其特征
- 了解体育赛事系统的基本结构
- 熟知体育赛事系统的利益相关群体
- 掌握单次体育赛事层次的体育赛事生产模式
- 了解体育赛事系统运转的相关制度及机制

相关网站

- 国家体育总局竞技体育司网站（https://www.sport.gov.cn/jts/）
- 体育大生意官网（http://www.sportsmoney.cn/）
- 华奥星空网（https://www.sports.cn/）

推荐书目

- 刘清早. 体育赛事运作管理实务[M]. 北京：人民体育出版社，2011.
- 王守恒，叶庆晖. 体育赛事管理[M]. 北京：高等教育出版社，2007.

- 周三多，陈传明，刘子馨，等. 管理学：原理与方法[M]. 7版. 上海：复旦大学出版社，2018.
- 曹可强，刘清早. 体育赛事运作[M]. 北京：高等教育出版社，2015.

本章是在上一章的基础上对体育赛事概念进行更加多维度、多层次的理论解读，帮助读者避开不同类型赛事特殊性干扰，更加深刻理解体育赛事运作管理的本质；帮助读者理解体育赛事这一社会活动的运转体系结构，明确体育赛事体系与所处社会生态的互动关系，进而结合管理学分析体育赛事运作背后“投入—产出”逻辑，以及体育赛事运作管理者应当采取什么运作思路，更好调动体育赛事内、外部资源流动整合，实现体育赛事的良性运转。

第一节 运作管理概述

体育赛事的利益相关者众多，在政治、经济、文化等因素综合影响下，以及自身资源基础的限制和约束下，需要充分运用运作管理的手段来推动体育赛事正常运转。

一、运作管理的基本内涵与相关概念

（一）运作管理的概念界定

运作与管理内涵相近、各有侧重。海泽（Heizer）等提出运作管理（operations management）的概念，认为运作管理是向组织输入资源，运用组织制度整合资源、生产输出产品或服务的动态过程[1]。罗宾斯（Robbins）等认为，运作管理是一种资源“转换”，需要通过设计、运作、控制等方式将各种未加工的原材料进行生产，并“转换”商品服务销售给消费者[2]。综合来看，运作管理是指依托特定组织系统、基于自身资源基础、围绕组织的战略目标进

[1] HEIZER J，RENDER B. Principles of operations management[M]. New York：Pearson Education，2004.

[2] Robbins S P，Coulter M. Management[M]. 8th. Upper Saddle River，NJ：Pearson Prentice Hall，2005.

行组织体制机制的设计与优化，持续输出符合外部要求的商品或服务（图3–1）。

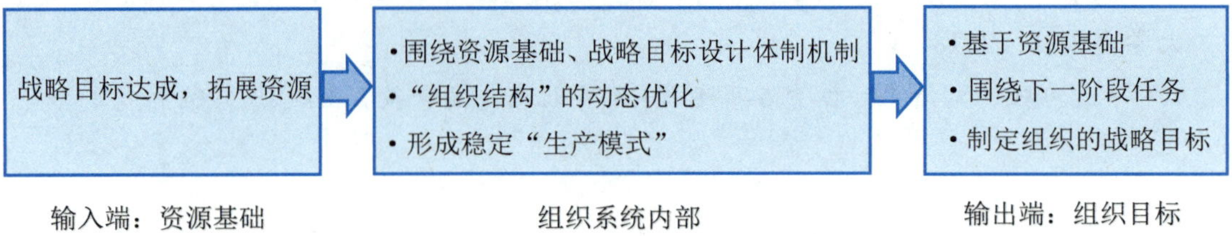

图3–1　运作管理的概念内涵示意图

（二）运作管理与相关概念的内涵辨析

运作管理作为一个浓缩化的复合概念，存在不少与之内涵相近的概念。本书重点介绍运作管理与组织、系统、制度、体制、机制和资源调度之间的内涵联系或区别（图3–2）。

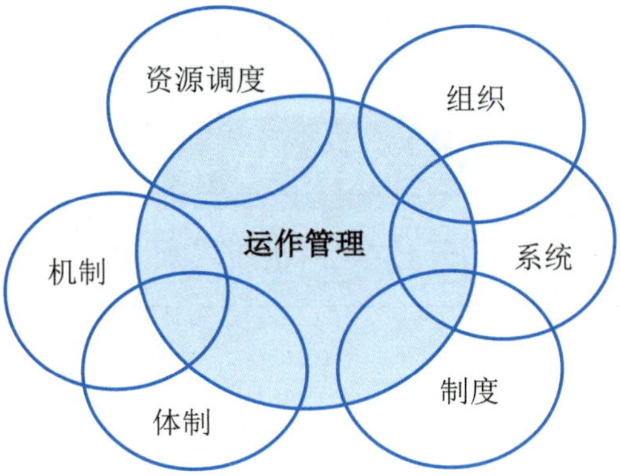

图3–2　运作管理与相关概念

1. 运作管理与组织

广义上，组织是指由各类要素按照一定方式相互联结而成的集合系统。狭义上，组织是指人们为实现一定目标互相协作结合而成的集体或团体，如行政组织、社团组织等。管理学范畴内，组织是指具有明确目标导向、完善组织结构的社会实体，以及具有能够协调内、外部关系的有机制度。运作管理依赖于“组织”概念，是指决策者对其所辖组织采取的一系列管理方法和手段的过程。调控、协调、控制等运作职能不能离开“组织”单独实施。

2. 运作管理与系统

系统由相互作用、相互依赖的若干部分结合而成，是具有特定功能的有机整体，同时也是更大系统的有机组成。运作管理所依赖的组织系统内部可以由若干次一级组织构成，同时也是更高一级系统组织的有机组成。围绕组织系统，内外部环境及错综复杂的组织互动关系，共同影响组织的建设与发展。

3. 运作管理与制度

运作管理需要按照组织系统的制度规定开展产品或服务的生产。制度或称为“建制”，涉及社会学、政治学及经济学，泛指组织或系统运转的规则。以此类推，运作管理便是组织系统顺应内外部环境的一套完整制度，用以规范、约束、激励组织系统内部人员行为或组织行动，是组织系统体制、机制的总称。

4. 运作管理与体制

体制指的是国家机关、企事业单位的机构设置和管理权限划分及其相应关系的制度[1]，是组织系统权力分工与布局。运作管理必须依托组织系统的体制架构，在体制架构的多个下级部门、组织、团队的协作分工下开展工作。

5. 运作管理与机制

“机制”一词最早起源于希腊文，是指以一定的运作方式将各部分联系起来，使其协调运行并发挥作用[2]。组织系统内，次一级组织或部门按照不同规则、程序进行协调、沟通、协作方式总称为“机制”，构成组织系统“运作管理”各种方式手段。某种程度上，运作管理也是采用不同机制协调组织系统不同部门关系、实现组织目标的过程。

细节了解

中国行政管理体制改革的五个特点

6. 运作管理与资源调度

内外部环境条件发生变化都会改变组织的战略目标，进而造成组织系统内部体制结构、管理机制相应发生变化。不同的体制结构、管理机制，标志着组织资源的配置方式发生巨大改变。体育赛事系统的运作者为更好地转变体制机制，适应系统战略的目标调整，往往会采用资源调度的方式顺应体制、机制的调整。因此，运作管理本身也是一种资源调度的过程。

二、组织运作主体的类型

企业组织运作视角下，组织运作主体包括运作管理主体和生产销售主体，二者共同支撑企业组织生产。其中，运作管理主体负责设计企业运转的体制与机制，并协调企业内外部各种社会关系；生产销售主体则是企业内部负责整合资源生产产品，并将产品服务进行销售的部门或员工。

（一）运作管理主体

运作管理主体身兼体制机制设计和体制机制实施两项职责。一方面，运作管理主体是组织规则的设计者、制定者，是决策制定组织战略目标的关键主体；另一方面，运作管理

[1] 王晓微. 中国体育产业管理体制改革研究[D]. 长春：吉林大学，2014.

[2] 刘佳丽. 自然垄断行业政府监管机制、体制、制度功能耦合研究[D]. 长春：吉林大学，2013.

主体又是实施组织制度、践行体制机制的关键主体。

（二）生产销售主体

“生产销售主体”是“运作管理主体”的约束、控制、激励对象。企业内部，各类“生产销售主体”按照企业制度规定，在既定的体制机制框架中相互协同、形成一套生产链，按照特定工艺流程、行业标准整合系统外部输入的各类异质资源，根据外部环境的产品服务需求进行产品服务。

三、运作管理的特征

（一）“组织目标—体制机制”动态协同

（1）组织目标是体制机制优化的前提。组织系统始终围绕既定战略目标运转。为达成战略目标，运作管理主体需要综合评估内外部环境，设计适合的体制机制。体制机制既需要与资源基础相匹配，又需要明确战略目标。

（2）体制机制优化是组织目标达成的保障。运作管理主体不参与企业生产销售实践，更多致力于职能调控与资源调度。体制机制优化能够有效调节组织内外部关系，提高生产销售效率，促成组织目标。

（3）战略目标达成是组织良性循环的契机。战略目标达成意味着组织系统输出的产品、服务得到市场和社会的认可，系统处于良性循环的发展状态，有利于企业吸收更多外部异质资源，为下一轮组织系统战略发展奠定资源基础。

（二）组织目标内部优化、外部校准特征

（1）资源基础是组织目标优化的内部条件。组织目标不宜设置过高，否则会超出自身资源基础的承受范围；也不能设置过低，否则会无法有效发挥目标的引领作用，不利于企业的发展壮大。

（2）外部环境是组织目标调整校准的外部条件。外部环境变化是运作管理者制定组织目标的重要依据，如何制定符合外部市场需求、规避同质竞争的组织战略目标对于企业的可持续发展至关重要，运作管理者需要不断甄别外部环境变化以对组织目标实施校准。

（三）生产模式动态稳定

为应对内外部环境的不确定性，组织结构与运行机制需要保持一定的灵活性。但是，组织结构与运转的灵活性是相对的，总体上组织生产模式需要保持稳定，实现组织系统与内部部门、外部社会相对稳健的合作协同关系，这是持续有效生产、销售产品的基础。换而言之，组织内部体制、机制不宜过度调整、频繁改进，否则会影响组织内部生产的效率。

第二节 体育赛事运作管理的理论基础

体育赛事是一项开放而复杂的系统，需要依托科学化的运作管理实现竞赛系统高效运转。体育赛事运作管理与企业组织运作管理的内在机理非常接近，也能够通过基本构成、主体类型、体制机制、生产模式四个部分来理解体育赛事系统运作管理的理论问题。

一、体育赛事系统的基本结构与总体特征

（一）体育赛事系统的基本结构

1. 体育赛事调控层次

体育赛事调控层次由各级体育行政部门、体育联合会、体育单项协会等竞赛组织构成，各竞赛组织共同制定竞赛制度，统筹安排、协调不同单项、不同规模、不同层级、不同类型的体育赛事，形成高度协调的体育赛事调控网络。例如，奥林匹克运动会是由国际奥委会统筹管理，国际奥委会投票选定奥运正式项目，不同国际单项体育联合会下辖的单项锦标赛、巡回赛、世界杯等衔接奥运会，形成以国际奥委会为中心的全球体育赛事系统。

2. 单次体育赛事层次

单次体育赛事是一次相对独立的特殊事件，是在特定时间、特定地点开展的一次完整的体育赛事活动，具有详备的竞赛规程、竞赛日程和竞赛细则，既是体育赛事宏观层次的最小单位，又由一系列单场竞赛构成。单场竞赛的利益相关主体——运动员、裁判员、教练员等同样是单次体育赛事的核心利益主体，同时嵌入赞助商、媒体等利益主体。

3. 单场竞赛层次

单场竞赛是指由运动员、教练员、裁判员根据特定单项的竞赛规则，在特定单项的体育比赛场地展开的时间、空间、体力、心理、情绪等多维度竞争与对抗，其是构成单次体育赛事的基础。每一场竞赛的胜负决定了运动员、运动队能否获得积分，也是决定他们能否参与更高级别比赛的关键因素。

体育赛事系统的基本结构如图3–3所示。

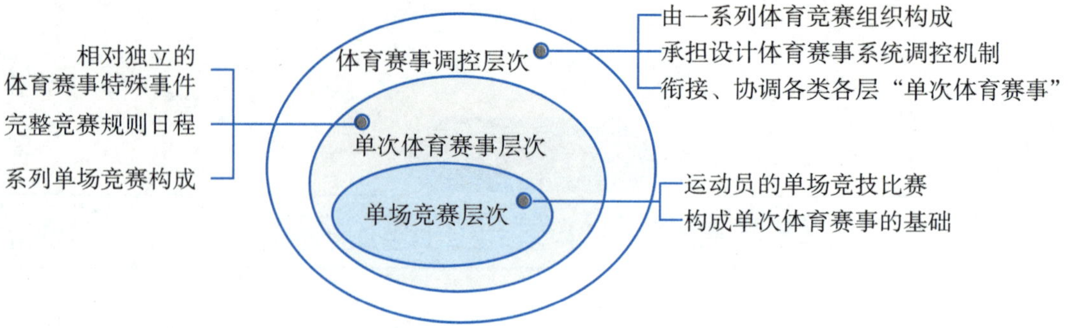

图3-3 体育赛事系统的基本结构

（二）体育赛事运作的基本特征

1. 功能多重特征

体育赛事运作功能包括三个方面。

（1）带动全民健身。体育赛事运作的首要目标便是带动全民健身，通过全民健身实现全民健康。

（2）提升竞技水平。体育赛事也是人才选拔的重要渠道。通过体育赛事运作，人才经过层层选拔最终可以代表国家或地区在国际国内赛场实现争金夺银的目标。

（3）促进经济发展。不论是欧美职业体育赛事基本模式，还是我国新型举国体制改革趋势，都反映了体育赛事具有巨大的市场经济效益，更好地释放体育赛事经济效益也是体育赛事运作的重要目标。

2. 目标阶段特征

体育赛事系统目标的达成并非一蹴而就，受到系统自身发展水平的限制，具有阶段性特征。例如，欧洲足球最早可追溯到工业革命后，工人为了娱乐休闲而在休息时间聚在一起踢球，体现了全民健身的目标属性；随着参与人数增加，松散化的足球活动逐步走向组织化、系统化，形成一批相对稳定的足球运动队定期举行比赛，表明大众体育赛事竞技水平得到了提升。随后，常年相互比赛的运动队进一步整合、协同推进足球赛事的经营，转化为足球俱乐部，联合打造小规模足球联赛，之后经历百年发展形成了现在的欧洲职业足球运作体系，反映了“经济效应提升”的目标。

3. 纵横统筹特征

体育赛事系统是一个“纵向有层次、横向有单项”的网络化系统，决策者能够通过有效手段对系统进行纵向、横向统筹管理。纵向上，系统按照不同路径向更高级别体育赛事逐层输送优秀运动员；横向上，不同单项竞赛的竞赛规则、积分方式、席位资格等存在巨大差别。

4. 赛训一体特征

系列单场竞赛组成单次体育赛事，系列单次体育赛事层层嵌套组成体育赛事调控层次。

单场竞赛是构成体育赛事系统的核心产品，层次越高，单场竞赛的价值越高。为获得更高层次单场竞赛的参与资格，运动员、教练员须充分根据竞赛规则、规程、日程等制定制胜策略，系统制定训练方案，持续提高训练水平，体现赛训一体特征。

5. 管理风险特征

体育赛事面临高度不确定性，存在较高的风险特征，其中包括：以恶劣天气条件、自然灾害为代表的环境灾害风险；以运动员意外受伤、公共卫生危机为主的群体健康风险；以组织管理不善、资源配置失衡为代表的管理风险；以通信技术故障、内部数据泄露、黑客恶性攻击等为代表的网络安全风险；以恐怖袭击、踩踏事件、冲突事件等为代表的意外事故风险；以政治动荡、外交关系破裂为代表的政治风险；等等。此外，还包括体育行政部门、体育社会组织在运作体育赛事的过程中存在的合同契约、知识产权、赞助协议等法律风险，以及赛场暴力、裁判争议与兴奋剂丑闻等负面事件风险等，需要加强赛事风险的综合监管。

6. 运作权变特征

体育赛事运作面临巨大不确定性挑战，体育赛事计划、组织、领导、控制的基本职能无法有效解决很多突如其来的问题与挑战。为此，体育赛事系统的运营并非简单化的运营与管理问题，需要敏锐发现问题、审时度势，找到最佳解决方案，动态实施权变方法解决现实问题，保证体育赛事运作不会偏离既定的战略目标。

二、体育赛事系统的利益相关群体

（一）体育赛事调控层次的利益相关群体

1. 体育社会组织

体育社会组织是由民间自发形成的体育竞赛组织类型，不具备任何官方背景，享有系列大型体育赛事、单项体育赛事的所有权，是体育赛事运作的核心利益主体，是设计、调整体育赛事系统运转机制的重要角色。

2. 体育行政组织

很多国家和地区通过国家行政力量组建体育行政机构，采用集权化管理模式参与全球或地区体育赛事运作的调控活动。例如，国家体育总局充分利用2008年、2022年北京两次举办奥运会的契机，积极参与到国际奥委会、国际单项体育组织的体育赛事运行系统之中。

3. 体育商业组织

大量体育商业组织同样会影响体育赛事的整体运作和调控。例如，2023年9月6日，国际奥委会主席托马斯·巴赫宣布重磅消息，国际奥委会成立了全新的电子竞技委员会，其背后便有大量的电子竞技商业组织介入其中。

（二）单次体育赛事层次的利益相关群体

1. 体育赛事所有权人

所有权是物权中最重要的权利类型，具有绝对性、排他性、永久性三大特征。体育赛事所有权人是指依照相关法律法规，拥有体育赛事占有、使用、收益和处置四项基本权利的主体。这个主体既可以是举办地政府，也可以是特定的体育竞赛组织。其有权决定体育赛事的定位、竞赛规则、体育赛事举办地点与时间、体育赛事发展方向等重大问题。

2. 体育赛事举办机构

体育赛事举办机构是直接负责某项体育赛事组织运营的具体工作机构。伴随社会分工的细化，体育赛事所有权和经营管理权逐渐分离。体育赛事所有权人会选择适合的体育赛事举办机构承担具体的办赛任务。根据体育赛事的定位属性差异，体育赛事举办机构主要包括举办地政府、体育社会组织和商业体育赛事运营机构等。

3. 体育赛事举办地政府

体育赛事大多是由举办地政府发起或者投资举办。体育赛事自身的公共性、外部性有助于树立城市形象、拓展城市口碑、改善营商环境、拉动市场投资，但大型体育赛事也因投入成本巨大、直接营利效果不佳而备受争议。为此，大部分体育赛事依然被视为公益性事件，举办地政府在全球范围依然是体育赛事运作的重要角色。

4. 媒体

媒体介入让体育赛事更具社会价值。在全媒体时代，体育赛事在传播学领域具备“媒体事件”的价值与意义，体育赛事符号与媒体传播的高度融合极大拓展了体育赛事的社会影响，也促进了体育赛事无形价值的开发。对于单次竞赛而言，吸引更多观众是体育赛事运作的重要方向，这意味着媒体是单次竞赛的重要主体类型。

5. 体育赛事观众

体育赛事观众是指观赏体育竞赛，享受和消费体育竞赛这一精神文化产品的群体。体育赛事观众是检验体育赛事系统生产的竞赛表演服务产品是否合格达标的利益相关群体。观众的观赛动机非常复杂，主要有追求健康、寻求刺激、宣泄攻击、休闲娱乐、寻求成就五类。只有不断满足观众观赛需求，体育赛事影响才能够持久，观众也更可能转化为更具黏性的体育赛事消费者。

6. 赞助商

赞助商与被赞助体育赛事的所有权人围绕体育赛事的品牌利益、目标市场利益和范围经济利益展开合作[1]。赞助商为提升体育赛事品牌或平台的影响力，与体育赛事所有权人进行谈判并给予体育赛事赞助经费，支持体育赛事的举办与相关市场开发，与体育赛事所有权人合作共赢。

[1] 梁华伟．体育赛事组织与管理[M]．上海：上海交通大学出版社，2019.

7. 志愿者

志愿者又称志愿工作者，是指不以获得物质报偿为目的，为改善社会服务和促进社会进步而提供服务的主体，具有自愿性、无偿性、公益性和组织性等特点。

（三）单场竞赛层次的利益相关群体

1. 运动员

运动员是指具备专门运动技能，能够在特定单项规则的限制下，与竞争对手展开角逐并努力争胜的专业人员。运动员的竞技能力、制胜素养决定了其自身的价值，也是单次体育赛事、单场竞赛乃至整个体育赛事系统价值高低的关键因素。

2. 教练员

教练员是指导运动员科学训练、提升竞赛能力的专业从业人员。随着时代的发展，现代体育教练员对于运动员能否获得充分的制胜能力至关重要，他们不仅要统筹好运动员（队）的训练比赛活动，还要协调好运动队内的各种关系，凝聚团队精神。

3. 裁判员

裁判员是体育竞赛中依据竞赛规则，评定运动员（队）成绩、胜负和名次的专业人员。裁判员是单场竞赛的规则执行者，是比赛公平公正开展的重要保证，其工作职责主要包括组织单项竞赛、执行竞赛规则。

三、单次体育赛事层次的体育赛事生产模式

单次体育赛事是体育赛事系统生产、服务的最小单位，由组织运营主体和竞技对抗主体两类主体共同承担生产任务，从外部引入各类资源，通过内部资源整合转化为体育赛事产品服务，为观众提供观赛服务并实现价值（图3–4）。

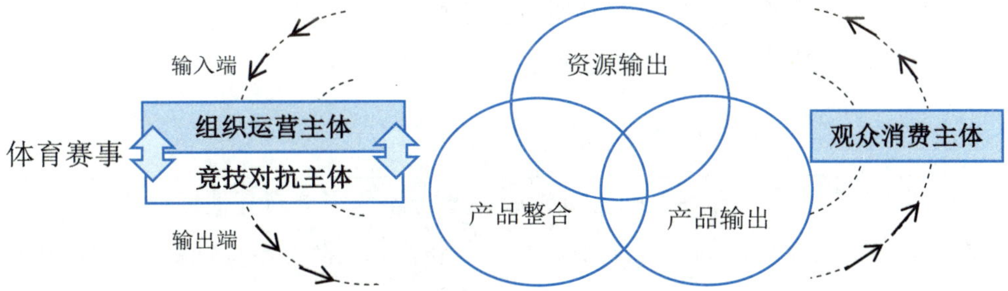

图3–4　单次体育赛事的生产模式构成

（一）单次体育赛事生产模式的主体类型、资源基础

单次体育赛事的生产主体可以归纳为组织运营主体、竞技对抗主体和观众消费主体（表3–1），三者对于单次体育赛事的运营具有较高价值。

表3-1 单次体育赛事的生产主体类型和功能价值

生产主体类型	功能价值
组织运营主体	由竞赛所有权人、举办机构、媒体等构成，输送体育赛事运营相关资源
竞技对抗主体	由运动员、教练员构成，是竞赛、赛事组织开展的核心资源
观众消费主体	是检验单次体育赛事中各单场竞赛产品是否优质的外部重要主体

（二）单次体育赛事生产模式的运转流程

1. 资源输入：竞赛主体输入异质资源

单次体育赛事运转需要充分的资源基础，由不同利益相关者共同输入给竞赛系统，包括两个方面。

（1）对体育赛事有基本支撑作用的资源类型，包括人力资源（运动员、裁判员、教练员等）、后勤、信息技术、财政等。

（2）对整个体育赛事价值提升有着重要助推作用的资源类型，包括赞助、媒体、公关、广告营销等。

2. 产品整合：异质资源协同整合

体育赛事系统是半开放系统，组织运营主体与竞技对抗主体作为体育赛事生产的两大主体类型，分别向系统输送相关资源，并按照竞赛规程协同合作，共同推进资源整合与产品生产。

3. 产品输出：体育赛事产品的价值兑现

围绕系列单场竞赛整合资源，生产单次体育赛事的竞赛产品或服务。体育赛事IP、运动员IP、良好观赛体验、竞赛对抗程度等是体育赛事产品是否得到高质量整合的表现，也需要消费主体认可。消费主体通过观赛得到身心愉悦的良好体验，进一步引发体育赛事消费行为，体育赛事产品输出得到价值兑现。

（三）单次体育赛事中运动员（队）的制胜策略

运动员（队）是单次体育赛事的有机构成，参与体育赛事与其他运动员（队）进行竞争对抗，努力争得更高排名。为在竞争中取胜，各运动员（队）参赛前需要制定相应的制胜策略。

1. 运动员制胜策略的基本内涵

制胜是指制服敌人、取得胜利[1]。策略是指根据形势发展而制定的行动方针和斗争方

[1] 张峰．克敌制胜：武术变易不居的源动力[J]．北京体育大学学报，2017，40（8）：126-132.

式[1]。以此推演，运动员（队）参赛的制胜规律应当理解为：在竞赛规则、赛程、细则的条件框架内，运动员（队）系统分析比赛内外部情报形成一套有针对性的训练备战方案，以利于充分调动各方备战积极性，通过克制竞争对手获得单场竞赛的胜利。

2. 运动员（队）制胜策略的主要内容

（1）基于竞赛日程持续优化竞赛状态。运动员与教练员根据自身竞技状态制订训练计划，提前一个周期进行竞技状态的调整，以保证在单次竞赛的时间阶段调整出良好的竞技状态。训练计划包括体能、心理等各个方面。在比赛中，通过教练员的科学调动，运动员努力将最佳竞技状态调整至关键场次。

（2）基于竞赛情报制订专门性训练计划。①基于竞赛规则情报的强化训练策略。各单项体育组织一般会定期调整竞赛规则，如国际乒联2002年开始施行发球无遮掩的规定，对技术动作成形的运动员产生了较大冲击。因此，运动队需要尽早掌握了解竞赛规则，针对规则调整提前制定专项训练方案。②基于竞争对手情报的技战术选择与强化训练。掌握竞争对手信息对于制定己方竞赛策略至关重要。同场对抗型竞赛中要预判竞争对手的竞技状态、技战术特点、伤病情况等，进而制定针对性的技战术综合训练方案。非对抗表演类项目要了解竞争对手的动作完成能力、基本水平标准、不同动作难度的成功率等，进而制定自己的对应策略。

（3）基于赛中观察的策略调整与优化。单次竞赛举行期间，教练员要充分观察竞争对手前几轮比赛情况，通过录像分析竞争对手的竞技状态、技战术使用情况等，对前期制定的技战术方案进行调整，临时增加专项练习以提高获胜概率。

（4）基于比赛经验总结制定下一备战周期的训练方案。单次竞赛的比赛结束后，教练员、运动员需要总结比赛中出现的问题，明确下一阶段训练周期的主要训练任务和目标，围绕比赛中出现的技战术、体能、心理等方面的短板进行有针对性的集中训练。

四、体育赛事调控层次的组织构成、制度保障与控制激励

（一）体育赛事调控层次的相关体育竞赛组织

体育赛事调控层次由国际体育组织、国家地区体育组织、各级基层单项体育组织构成，负责体育赛事系统中各个层次的体育赛事制度设计。这些组织既有社会组织，也有行政组织，还有商业组织。不同类型、不同层次的竞赛组织是全球体育赛事系统的主要构成，覆盖体育赛事系统的各个层次（图3-5）。

[1] 王占康. 湖南省普通高校体育教育专业学生基本功大赛成绩影响因素分析及制胜策略研究[D]. 湘潭：湖南科技大学，2021.

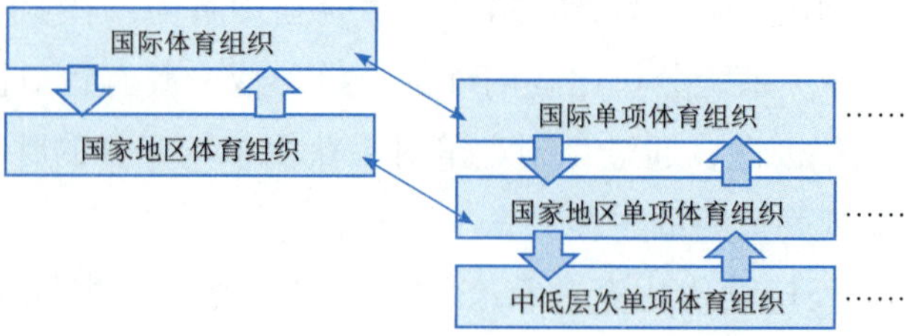

图3-5 体育赛事调控层次的主要体育竞赛组织与总体架构

1. 国际体育组织

国际体育组织又称国际体育团体或国际体育机构，是两个或两个以上国家为实现统一的体育发展目标，协同推进相关国际体育事务，共同缔结协议组建而成，具备正式规章制度并设有常设机构，包含以下几种。

（1）政府间国际体育组织：由若干主权国家共同设立的具有政府背景的国际体育组织，如联合国教科文组织政府间体育运动委员会。

（2）非政府国际体育组织：由不同国家的个人和体育民间团体等共同组成的国际体育机构，如国际奥委会、国际单项体育联合会等。

（3）混合型国际体育组织：由各国官方和其他国际体育组织、个人等共同设立的国际体育组织，兼顾政府背景和民间特征，如国际体育运动理事会。

2. 国家地区体育组织

国家地区体育组织是一个国家或地区最高的体育行政或权力机构（例如，我国的国家体育总局是国家层面最高级别的体育行政机构），或者由国际奥委会认定、承认的“国家奥委会”，负责特定国家或地区奥林匹克运动推广和相关奥林匹克赛事活动组织的合法代表机构，也是代表该国家或地区组建运动代表队参加国际奥林匹克运动会等相关体育赛事的唯一代表。

3. 单项体育组织

单项体育组织是单项运动项目的管理组织，包括国际、国家地区、基层单项体育类联合会或协会，具有以下特点。

（1）国际体育单项体育组织主要负责一项或几项运动项目，并统筹协调该单项的国家地区单项体育组织，属于非官方民间机构，如国际游泳联合会等。

（2）国家地区单项体育组织是根据国家或地区的体育政策方针、法律法规，负责运动项目开展，由官方组建或民间组建而成的体育组织类型。例如，中国网球协会是具有独立法人资格的全国性、公益性体育组织，是中华全国体育总会的团体会员，是中国奥林匹克委员会承认的全国专业运动协会。

（3）基层单项体育组织是在国家地区单项体育组织统筹下，由各地方或地区基层协会组建的相应层次的单项体育组织，如广东省篮球协会、山东省篮球协会等。

（二）体育赛事系统运转的相关制度

体育赛事系统是由各层、各类的综合性体育赛事、单项体育赛事层层套叠而成的网络化系统，需要稳定、健全的竞赛制度保证体育赛事系统的正常运转，大致包括以下类型。

1. 单场竞赛的竞赛规则

单场竞赛是指按照特定的单项竞赛规则开展的某一场运动员（队）之间的比赛，并按照不同项群特征、比赛计分规则进行胜负的判定或者优劣的排序。单场竞赛是单次体育赛事的基本单元，是整个体育赛事竞争制度设计、安排的基础。

2. 单次体育赛事的竞赛日程

单次体育赛事是在固定地点、特定时间节点内，由水平相当、资格相近的运动员（队）参加的单次体育赛事。各运动员（队）需要根据单次体育赛事的比赛日程与细则，相互匹配或者分组匹配到同一场比赛之中，开展对抗或竞争，以获得相应的比赛积分和资格。获得积分是为了获得下一阶段参赛或晋级资格，而获得参赛或晋级资格的目的又是在更高级别体育赛事或下一阶段比赛获得胜利而拿到更多积分。

3. 系列体育赛事的积分资格制

系列单项体育赛事是指由单项体育协会、单项体育联合会或其他体育组织机构统筹安排，在特定时间周期内的不同时间节点上，选择固定地点或者多个地点举办的系列性单项竞赛。系列体育赛事依然需要通过积分和资格加以调控。运动员（队）在各单项目的单项竞赛中获得相应积分，累积后形成系列单项总积分，转化为运动员（队）参加更高级别单项体育赛事的参赛资格。

4. 综合体育赛会的混合赛制

综合体育赛会往往是由一定级别的体育社会组织统筹协调各个单项体育联合会、单项体育协会共同组织。综合体育赛会在一定时间周期内固定或非固定选择举办地，制定综合体育赛会参赛的“积分—资格”制度衔接各个不同系列体育赛事的积分制度。因为综合体育赛会涉及不同单项，单项项群的竞赛规则差异巨大，所以综合体育赛会的赛制结构也相对复杂。

（三）体育赛事系统调控的相关机制

在体育赛事系统运转过程中，需要充分运用相关调控机制协调体育赛事系统中不同体育竞赛组织之间纵向、横向的各类关系。这些机制包括资源调度、积分协调、资格控制和价值激励四类机制。

1. 资源调度机制

在体育赛事调控层次，“上一级”“中一级”和“下一级”体育竞赛组织之间形成相互衔接的嵌套关系。对于每一个具体的体育竞赛组织，都相对处于体育赛事系统的特定位置，相对其他竞赛组织而言，可以是“上一级”或者是“中一级”抑或是“下一级”体育竞赛组织。为便于讨论，本书直接界定了“上一级”“中一级”“下一级”三个层次体育竞赛组织（图3-6），来讨论纵向层次间体育竞赛组织之间的资源调度关系，重点解释“中一级”体育竞赛组织如何响应“上一级”体育竞赛组织制度导向，制定相应备战制胜策略、运用资源调度手段影响“下一级”体育竞赛组织的备战布局与备战行动。

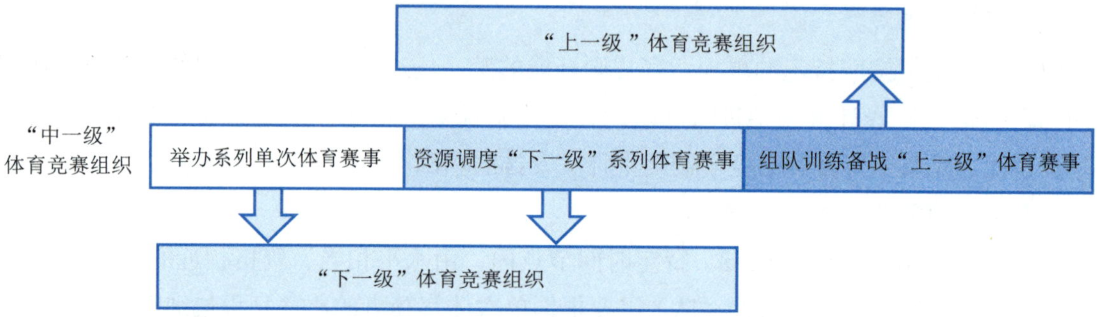

图3-6　体育赛事调控层次中竞赛组织的纵向权力结构与资源调度机制

（1）竞赛组织的三重职能。针对“中一级”体育竞赛组织而言，相对“上一级”体育竞赛组织，“下一级”体育竞赛组织同时承担着三项职能。①组建运动队备战“上一级”体育赛事。竞赛的根本特征是其内在“竞争属性”。“中一级”体育竞赛组织根本行动目标便是根据上一级竞赛组织的竞赛体制，选拔出最优运动员组建运动队备战上一级体育赛事，并制定最优制胜策略展开训练和备战工作。②面向“下一级”体育竞赛组织举办系列单次体育赛事。为更好选拔优秀运动员组建运动队，“中一级”体育竞赛组织会根据上一级体育赛事赛制设计出面向“下一级”体育竞赛组织的系列单项体育赛事。通过单项体育赛事的激励效应调动“下一级”体育竞赛组织按照相应的竞赛赛制展开备战。③“下一级”体育竞赛组织会按照“中一级”体育赛事的赛制要求展开备战。为在“中一级”体育竞赛活动中战胜自己的同级别竞争对手，“下一级”体育竞赛组织会按照“中一级”体育赛制要求重新调整策略，对重点参赛项目展开布局，围绕重点优势项目选拔人才，调整训练方案，展开训练备战。

（2）“中一级”体育竞赛组织的资源调度方式。为更好应对“上一级”竞赛规则开展备战工作，“中一级”体育竞赛组织同样借助办赛方式进行资源调度，实现对“下一级”体育竞赛组织备战工作的激励。通过举办体育赛事进行资源调度的方式包括以下两大类。

①比赛项目布局。“中一级”体育竞赛组织会充分考虑自己所处的内、外部环境，制定备战制胜策略，集中布局自身可能获得胜利的优势项目。围绕自身优势项目，“中一级”体育竞赛组织面向“下一级”体育竞赛组织举办体育竞赛。竞赛设项方面会更加偏重自身优势项目，并在相应名次的积分计算方式上向优势项目倾斜，以进一步调动“下一级”竞赛组织将资源向“中一级”竞赛组织的制胜策略靠拢。

②资格名额分配。对于很多高层次体育赛事，往往会采用分区赛方式展开角逐。例如，足球世界杯预选赛会分别在欧洲区、南美区、中北美及加勒比地区、亚洲区、非洲区、大洋洲区6个大区进行，争夺世界杯正赛的32个参赛资格名额。国际足球联合会往往会根据不

同分区的竞争水平，在一定分配标准基础上根据实际情况分配不同分区的晋级名额。2018年俄罗斯足球世界杯的预选赛分配名额是：东道主1个、欧洲13个、非洲5个、亚洲4.5个、大洋洲0.5个、南美洲4.5个、中北美及加勒比海地区3.5个。2026年世界杯决赛阶段的球队数量将从32支增加到48支，相比之前的世界杯预选赛，这意味着各分区晋级名额发生了改变。

2. 积分协调机制

体育赛事系统需要一套高度积分制度来综合协调体育赛事调控层次中的各类体育竞赛组织关系，尤其通过积分计分实现不同层次、不同类型单场竞赛、单次体育赛事、系列体育赛事和综合体育赛会的积分转换。往往，积分制基于单次体育赛事设置赋值，根据单次体育赛事竞争排名给相应运动队、代表队、运动员赋分。例如，篮球比赛的最小参赛队伍是篮球队，则最小计分以运动队作为基本单位；乒乓球、网球等个人比赛是以个人名义报名参赛，则积分以个人作为基本单位。伴随积分增多，积分制将是运动员（队）排名的重要依据，各类精神、物质激励也与积分、排名相挂钩。积分制度的调整，本身就是对整个体育赛事系统利益格局的调整，其已成为协调各体育组织机构关系的重要手段。

3. 资格控制机制

体育赛事系统是一个半开放系统，运动员是体育赛事系统的核心资源。因此，体育赛事系统往往通过相关资格控制机制“控制”运动员，避免优秀运动员外流。这种资格控制机制可概括为以下三点。

（1）基于注册制的运动员参赛资格。运动员在某体育运动协会注册后才有资格报名参加该协会举办的系列体育赛事，并通过竞赛成绩获得相应积分。注册后运动员参赛行为受到控制，不能违反注册制度相关条款私自代表其他运动队参加其他协会组织的体育赛事。

（2）基于合同制的运动员参赛资格。职业体育领域，职业俱乐部通过与运动员签订合同的方式控制运动员。运动员作为俱乐部资源，代表俱乐部参加联赛。同时，俱乐部签约球员也需要在俱乐部所在联赛的主管组织——体育协会完成注册。运动员、俱乐部、联赛共同享有运动员产权。

（3）基于积分制的运动员（队）晋级资格。竞赛系统中，运动员（队）通过竞赛获得积分，积分达到一定水平后获得相应的排名，运动员（队）由此拥有了参加更高级别体育赛事的资格。不同竞赛组织的积分互认、换算使运动员（队）通过下一级体育赛事获得积分，并且依赖此积分获得上一级体育赛事的晋级资格。

4. 价值激励机制

运动员（队）持续在体育赛事系统内参与竞争、获得积分排名后，一方面为体育赛事系统创造巨大价值；另一方面，体育赛事系统针对不同运动员（队）的竞赛积分排名给予精神、物质层面奖励，通过“价值兑现”的方式让积分制度、资格制度更具影响力。

第三节
单次体育赛事的申办、筹办、遗产开发与训练备战

单次体育赛事生产模式由体育赛事运营主体和竞技对抗主体构成。体育赛事运营主体视角下，单次体育赛事包括申办评估、筹办运营和遗产开发三个阶段；竞技对抗主体视角下，单次体育赛事运作管理涉及竞技对抗主体的训练与备战。

一、单次体育赛事的“申办评估—筹办运营—遗产开发”周期

单次体育赛事周期大致可分为申办评估、筹办运营、遗产开发三个阶段（图3-7）。其中，申办评估和筹办运营相互衔接，涉及体育赛事运作管理的事前、事中两个阶段，构成体育赛事系统的生产模式，决定资源基础能否有效整合并产出优质产品。另外，遗产开发处于体育赛事的事后阶段，是充分释放体育赛事品牌价值、提升场馆利用率的阶段。

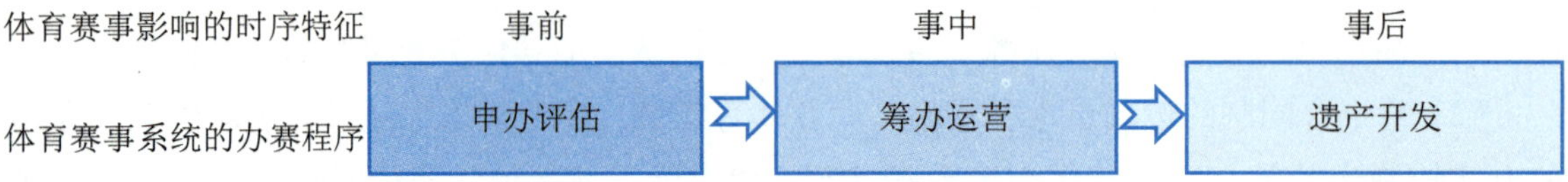

图3-7　体育赛事系统的办赛程序

（一）体育赛事的申办与评估

任何单次体育赛事均需要由下一级体育赛事运作管理者向上一级体育赛事运作管理者（产权所有者）申办。上一级体育赛事运作管理者（产权所有者）通过论证后，决定体育赛事举办权的归属。不论是奥运会、亚运会还是全国运动会[1]，抑或是群众性商业体育赛事[2]，都需要由申办主体向相关体育组织或政府提交申办申请。申办的本质是将体育赛事运作管理者的体育赛事所有权划分出体育赛事举办权，并通过申办过程按照特定条件让渡给主办方或承办方。

[1] 赵犇，武晓敏. 大型体育赛事申办热潮的政治文化解读[J]. 体育成人教育学刊，2016，32（4）：7-10.

[2] 王凯. 商业性体育赛事承办权交易价格形成机制研究[D]. 上海：上海体育学院，2015.

1. 体育赛事申办的主要类型

（1）征询申办。体育赛事的征询申办是指：某社会体育组织当有计划举办特定体育赛事时，对能够承担该项体育赛事的“举办方”提前征询意向；或者在该项体育赛事突然遇到不可抗拒因素，原定的举办方无法按照预期正常办赛的情况下，社会体育组织临时采用征询方式邀请合适的举办方进入体育赛事申办程序。例如，2002年世界杯足球赛，日本是在接到当时国际足联主席阿维兰热先生的征询后开始履行申办程序的。

（2）购置申办。此类方式需要申办方通过出资购置承办权。体育赛事的承办权属性包括：①一次性支付。即承办方向享有体育赛事产权的机构一次性支付体育赛事举办的许可费用，此类体育赛事往往具有固定的举办周期，举办地点不固定。②多次性支付。承办方与享有体育赛事产权的机构签订协议联合在特定地区连续举办特定的体育赛事，并在约定的时间阶段内每年定期向体育赛事产权机构支付一定的许可办赛费用，协议到期后双方协商是否再续约。③长期性合作。承办方向享有体育赛事产权的机构一次性支付体育赛事举办的许可费用，该项体育赛事将长期由承办方组织运营，且不再更换区位。

（3）竞争申办。例如，奥运会和我国全运会目前均采用竞争申办的方式。申办方需要首先完成自我评估，评估通过后决定是否加入竞争申请程序，向体育赛事运作管理者（产权所有者）提交申请材料。体育赛事运作管理者（产权所有者）对申办材料综合审查后，现场评估确定举办权归属。

2. 体育赛事申办的评估程序

（1）申办意向阶段。申办方不论是起初根据自身需要产生的体育赛事申办意向，还是由体育赛事产权机构通过征询方式激发的申办意向，均需要综合考虑未来办赛给举办地带来的经济、社会文化、生态等方面的影响，考察相关利益群体（包括政府、居民、市场主体等）是否支持办赛。通过论证，若申办方认为自己办赛利大于弊，倾向决策申办该项体育赛事，随即进入申办准备阶段。

（2）申办论证阶段。申办方确定进入申办程序后需要集中力量进行论证，向体育赛事产权所有者提交申报材料，系统说明体育赛事举办方案。申报材料包括体育赛事规格，体育赛事选址，人、财、物等资源渠道，成本控制方案，合伙人资质能力等。申办材料审核通过后，体育赛事产权机构将结合现场评估对几家申办方进行比较。

（3）申报确定阶段。申办材料提交后，体育赛事产权机构将开展综合考察，内容包括审查申办材料、结合申办材料组织专家委员前往现场进行考察、组织申办方的答辩和投票环节等。评估确定合适申办方后，随即签订比赛承办的合同协议。承办方根据合同要求，按照体育赛事产权机构的总体要求推进该项体育赛事的筹办工作。

（二）体育赛事的筹办与运营

1. 体育赛事筹备计划的制订

体育赛事筹备计划是举办体育赛事的纲领与前提，是指导体育赛事运作管理的基本思想。计划是对体育赛事实施过程及行为的理论规划，旨在指明体育赛事基本发展方向，明确阶段任务，减少各种非确定性因素的干扰[1]。一般会采用流程图制订计划，通过流程图展示办赛过程中各项任务、对应负责人、时间计划等，能够为体育赛事运作者提供清晰的工作路线（图3-8）。

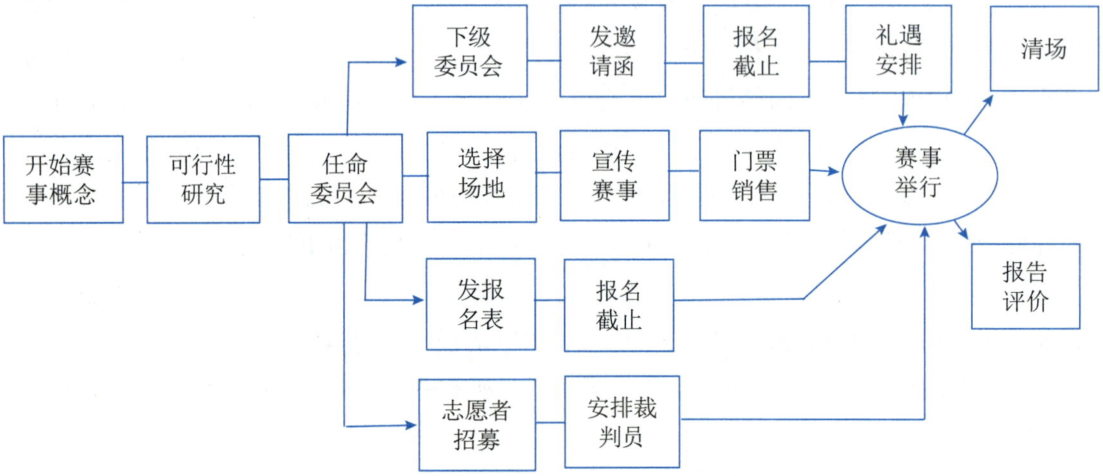

图3-8 体育赛事筹备计划的主要内容与逻辑梗概

（参考：秦椿林．体育项目管理[M]．北京：高等教育出版社，2005：119）

体育赛事计划能够在时间序列、任务分工上全面展现举办体育赛事的基本内容。“开始赛事概念”和“可行性研究”在申办阶段基本完成；申办成功后，申办方变为主办方，正式开始体育赛事筹办的计划设计。体育赛事筹备计划设计包括以下步骤。

（1）任命委员会。充分考虑该项体育赛事的利益相关主体，通过征询的方式确定体育赛事委员会名单，并对委员会委员进行任命，明确不同委员在体育赛事筹办期间的职责。

（2）任务清单。委员会成立后，要对体育赛事筹备的任务进行明确，包括以下内容。①嘉宾接待。为更好地接待开闭幕式嘉宾、代表团成员，需要提前联系各下级委员会，并在报名截止后确定最终参与人员名单，针对相关人员需求，结合赛务实际安排食宿、交通。②场馆票务。竞赛开始后会有大批观众进场观赛，其中进场过程非常复杂且容易存有安全隐患，需要提前做好统筹计划。另外，观众进场过程的票务工作往往也要提前做好计划。大型体育比赛中，一般应做到“一人一票一位一条线路”，即一名观众只对应一个观赛席、出售一张票，观众赛前入席的入场线路和出场线路要统一管理。另外，一般也会将体育赛事宣传工作交由场馆票务任务线的工作人员承担。③竞赛管理。提前向下一级体育协会或

[1] 秦椿林．体育项目管理[M]．北京：高等教育出版社，2005：115.

运动训练单位发布体育赛事通知和竞赛方法与章程，要求各单位根据要求进行报名，并在报名截止后统计各单项的报名信息，为后期的竞赛编排提前做好工作。④人力资源。委员会要根据上述各项任务的具体计划，初步编制志愿者招募计划和裁判员征调计划，保证各项任务能够配置充足的专业管理人员和服务人员。

2. 体育赛事的组织实施

体育赛事的组织实施包括投入预估与部门设置、权责划定与资源配给、时间进度与动态控制三个阶段。

（1）投入预估与部门设置。盘点系列体育赛事任务的规格标准，估量完成既定任务所需的资金、技术、时间等资源的投入总量和浮动范围，进而进行部门设置。

（2）权责划定与资源配给。部门设置完成后，组委会要针对具体的体育赛事筹办任务进行部门的职能划分，做到权责统一和责任到人，并配给相应的资源。

（3）时间进度与动态控制。体育赛事筹备期间，组委会需要针对各部门的任务要求，确定部门任务完成的时间进度。一般情况下，体育赛事筹办工作的动态控制会使用“甘特图”（Gantt chart），展示各项任务的责任机构、时间完成节点（图3–9）。当责任部门无法按期完成责任任务时，组委会会通过各种手段加以控制调整。

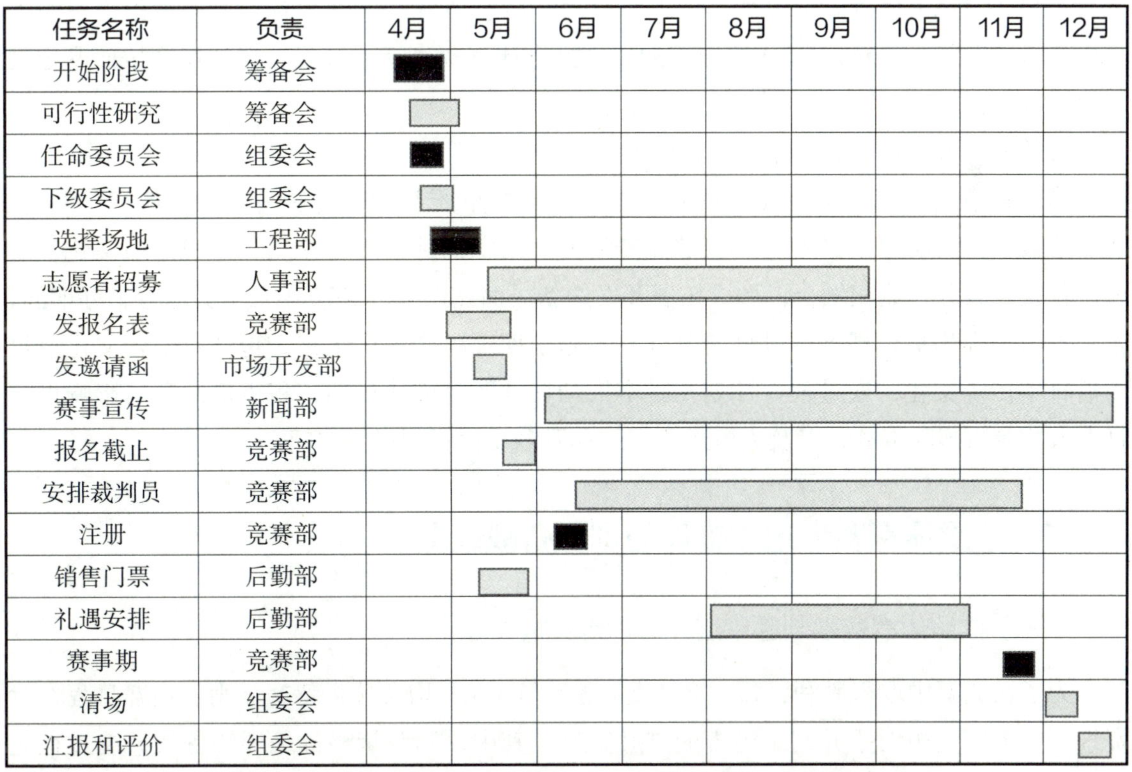

图3–9　体育赛事运作“任务分工—进度控制图”（甘特图）

（参考：秦椿林. 体育项目管理[M]. 北京：高等教育出版社，2005：119）

3. 体育赛事收尾总结

体育赛事运作管理者完成筹办任务后，容易忽略体育赛事收尾总结的重要性。体育赛事收尾阶段需要妥善处理与相关利益主体的长久关系。一方面，对于反复型体育赛事而言，应充分回顾体育赛事在申办、筹办过程中的工作处理情况与出现的系列问题，对发生的问题进行经验总结，为未来体育赛事筹办提供经验借鉴；另一方面，针对大型体育赛事，要注重与体育赛事主要的利益相关群体深入沟通，通过对体育赛事的无形资产进行市场开发，持续释放体育赛事的经济、社会价值。

（三）体育赛事遗产的开发

体育赛事遗产的概念最早可以追溯到1951年。2002年专门组织奥运遗产研讨会，达成了奥运遗产开发共识，国际奥委会在《奥运遗产指南》中提出："理解奥运遗产最好的办法就是将其视为奥运会的持续结果和效益。"如何做好大型体育赛事的遗产开发是体育赛事组织运营者面临的重要任务[1]，大致包括以下两方面做法。

1. 体育赛事遗产的长期规划

对于大型体育赛事，赛后主办方应当与相关利益主体进行系统论证，做好大型体育赛事的配套建设与可行运营。伦敦奥运会在赛前便启动了赛后遗产的长期规划，并由奥运交付管理局（ODA）负责。伦敦奥运举办完成后，所有体育赛事资源管理权限由伦敦奥组委（LOCOG）转交给ODA。ODA按照长期规划推进体育赛事遗产开发，保证遗产按照既定规划使用50年。

2. 体育赛事遗产的融合拓展

体育赛事场馆等有形、无形资源是竞赛组织的重要基础，赛后转化为"遗产"形态。赛后阶段，体育赛事遗产不一定按照竞赛筹办、组织的标准进行使用，可通过与文化、旅游、餐饮等服务行业相融合，形成拓展开发的新局面。例如，2020年东京奥运会举办期间，东京奥组委提出奥运遗产的延展与延伸，实施了四项融合拓展策略，包括：融合文化节目传播日本传统文化，通过教育计划在日本推动奥林匹克文化传播，积极借助奥运影响推进日本人才参与国际事务，以及为奥运遗产的赛后多元化管理提供空间。

二、单次体育赛事运作管理的训练备战任务

（一）依照体育赛事制胜策略完善训练备战方案

为了在竞赛中取得胜利，每一名（支）运动员（队）均会分析竞赛规则、竞赛日程、竞赛细则，考察竞争对手并制定己方的制胜策略。其中，制胜策略依托训练备战系统过程完

[1] 王兴一. 我国大型体育赛事遗产"活化"策略研究[J]. 技术经济与管理研究，2019（12）：119-124.

成，能够帮助运动员（队）运用恰当的技战术策略，呈现良好竞技状态。

（二）训练备战的体育赛事制胜功能

1. 提升运动员（队）比赛能力

比赛能力是指运动员（队）在竞争对抗过程中表现出的综合能力，包括三个方面的内容。

（1）比赛认知能力。训练备战的首要任务是帮助运动员深刻理解竞赛，清晰认识到自身主项的竞赛规律，包括：①比赛节奏。比赛节奏的控制是运动员制胜能力的关键。例如，同场对抗项群中需要明确竞赛对抗中的进攻节奏、防守节奏；隔网对抗项群中如何掌握相持稳定—凶狠搏杀的比赛节奏。②比赛阶段。同一单场竞赛，不同比赛阶段的竞赛策略都存在差别，在临赛、起赛、赛中和终场的不同阶段中，比赛节奏、体能分配、技战术运用、心态调整都有所不同。③比赛机会。竞技比赛具有高度不确定性和偶然性，一旦遇到突发问题，应及时调整心态、调整技战术运用，把握来之不易的比赛机遇，需经过系统训练。

（2）竞技基本能力。竞技基本能力是指运动员经历系统运动训练，所掌握特定单项竞赛参与的基本竞技能力，也是运动员应对竞赛的综合能力。这种综合能力需要经过长期的基本功训练和系统性竞赛经验积累，包括心理、技战术、体能等各方面。其中，技战术、体能等方面构成的竞技能力是比赛能力的基本功。

（3）竞赛适应能力。竞赛场地和训练环境存在巨大差别，很多运动员的日常训练水平很高，但是在竞赛中很难发挥。因此，训练备战的另外一项重要任务就是提升运动员的竞赛适应能力，主要有：①情绪控制能力。运动员进入竞赛场地应能够尽量保持与训练同样或相近的情绪状态，并且能够持续保持竞赛情绪稳定；②抵抗干扰能力。竞赛环境往往是开放性空间，会存在大量观众观赛，与日常训练没有观众的情况完全不同。面对观众观赛，运动员容易受到外部干扰，需要通过专项训练来提高抗干扰能力。

（4）临场调节能力。临场调节能力一方面取决于运动员自身心理天赋，另一方面也需要系统的后期培养。在训练中可长期围绕竞赛实际模拟高压竞赛情境，引导运动员在高强度对抗中保持平稳心态，逐步转化为应对赛场突发事件的能力。

2. 改进运动员（队）的战术策略

竞赛战术是由运动员（队）战术观念、思想、意识、知识、形式和行动等构成，是运动员（队）综合运用竞技能力、各类运动技能面对竞争，谋求胜利的战术谋略，也是体育赛事制胜策略的重要组成。

（1）赛前制定详备的战术方案进行集中训练。赛前教练员、运动员需要充分研究、制定备战的战术方案，包括：明确的制胜目标、预测竞争对手的战术意图（包括进攻、防守和心理等）、结合竞赛规律明确己方的战术原则、明确己方的战术行动或战术分工、预测可能的战术变化、为适应竞赛不确定性做好专门的训练安排等。

（2）影响战术方案有效性的因素。战术方案是教练员、运动员应对未来不确定性竞赛而做的预测性方案，其有效性受到诸多因素的影响，包括竞赛情报的收集、全局性战术运用的统筹计划和关键场次战术运用的专项计划、竞赛环境（器材条件、场地特点、气候天气、观众因素等）的适应、竞赛规则变化与调整等。

3. 调整运动员（队）竞技状态

竞技状态是运动员（队）为适应更高水平竞赛强度，为获得运动成绩提升，通过训练达到最佳的备战状态。为获得最优的竞技状态，教练员需要根据日常训练情况为运动员做好运动负荷的调整，实施有效的康复与心理疏导，有条件的可安排适宜的模拟竞赛场景等，帮助运动员找到最佳竞技状态，并在比赛期间达到最优状态。

（三）训练备战的主要方式

1. 赛前训练方案的制定与实施

为迎接即将来临的单次体育赛事，教练员须专门制定赛前训练方案，核心任务是让运动员找到良好的赛前竞赛状态。制定赛前训练方案的注意事项如下。

（1）赛前训练时长控制。①依据项目特征控制时长。不同运动项目的赛前训练时长各不相同，一般来讲以无氧代谢为主的速度和爆发力项目，赛前训练时间往往要求较短，以有氧代谢为主的耐力型项目则相对较长，介乎两者之间的混合代谢项目时间长度则适中。②依据运动员气质特征控制时长。需要充分考虑运动员的性格特征，例如，胆汁质气质类型运动员的兴奋度较高，竞赛状态进入较快，赛前训练时长可酌情减少；黏稠质气质类型运动员相对沉稳内敛，需要经过一段时间训练慢慢找到竞赛状态，需要增加赛前训练的时长。③与赛前训练的运动负荷相协调。赛前训练如果采用大强度负荷的训练内容，运动员往往会较早进入竞赛状态，对应的赛前训练时长可酌情减少。

（2）“赛前训练内容”优化。赛前训练内容包括：技术稳定性巩固、战术针对性强化、心理战斗意识提升。①技术稳定性巩固。赛前训练阶段不再学习新的技术技能，以技能复习强化为主，同时大幅降低分解练习的比例，更多地采用“成套”技能练习。②战术针对性强化。赛前训练的战术训练将围绕“实战”展开，针对性很强地突出己方优势、克服竞争对手弱点、掩盖己方不足。③心理战斗意识提升。赛前心理准备是赛前训练的重要内容，根本目的就是提升运动员的战斗意识。从神经特点来看，战斗意识是由运动员大脑皮质逐步形成与竞赛任务相匹配的神经兴奋程度，能够结合比赛进程和竞争对手灵活调整，包括比赛动机训练、心理调节训练、心理适应训练、自我认知训练等内容。

2. 教练员临场决策与指导干预

临场指挥能力是衡量教练员水平高低的重要标志，是帮助运动员加强临场应变、微调制胜策略的关键。教练员需要拥有强大的决策能力、抗压能力、充分的执教经验和敏锐的判断能力，帮助运动员调整心态、调整战术、找回状态。

◎ 复习题

1. 什么是运作管理？它有哪些特征？
2. 体育赛事系统的基本结构是什么？
3. 体育赛事系统的利益相关群体有哪些？
4. 简述单次体育赛事层次的体育赛事生产模式。
5. 体育赛事系统运作的相关制度有哪些？

第四章

体育赛事制度

本章概要

- 单场竞赛的竞赛规则
- 单次体育赛事的竞赛规程、竞赛日程与竞赛方法
- 体育赛事系统的运作管理制度

教学目标

- 了解竞赛规则的定义、功能、构成、制定依据和原则
- 掌握不同项群的竞赛规则及其特征
- 了解积分制的概念、分类及不同体育赛事的积分价值配重
- 掌握体育赛事资格制的概念及资格获取办法

相关网站

- 国家体育总局政策法规司网站（https://www.sport.gov.cn/zfs/）
- 国务院政策文件库（https://www.gov.cn/zhengce/zhengcewenjianku/）
- 国家体育总局决策咨询研究项目成果库（http://www.sport.org.cn/zfs-data/）
- 国家体育总局体育科学研究所（https://www.ciss.cn/）
- 中国政府网（https://www.gov.cn/）

推荐书目

- 杨桦，等．中国体育发展方式改革研究[M]．北京：高等教育出版社，2016.
- 刘青，等．体育强国建设进程中的体育体制改革[M]．北京：人民体育出版社，2015.

●易剑东，郑志强，詹新寰，等. 中国体育产业政策研究：总览与观点[M]. 北京：社会科学文献出版社，2016.

●刘红建，尤传豹，郭修金. 体育政策概论[M]. 北京：人民体育出版社，2022.

本章从管理制度视角逐层解读体育赛事管理者的基本运作思路，分别从单场竞赛分析竞赛规则的基本内涵、功能特征；从单次赛事视角详述竞赛规程、竞赛日程与竞赛方法的内在属性；进而从宏观视角出发讨论体育赛事系统的核心运作管理制度——“积分—序次—资格”。另外，本章第二节侧重介绍竞赛规程、竞赛日程与竞赛方法的概念，与第十六章侧重体育赛事编排方法应用操作存有区别。

第一节　单场竞赛的竞赛规则

单场竞赛是构成单次体育赛事系统的最小单元，竞赛规则是单场竞赛运作的基本法则。本节重点介绍竞赛规则的内涵特点，进而结合不同项群的制胜特征对单场竞赛规则特征进行分析。

一、竞赛规则概述

竞赛规则是为了保证竞赛有序开展而制定的规范性法则，运动员（队）必须在竞赛规则的框架下开展竞赛与对抗，同时，它也是裁判员执裁的基本依据。一般情况下，全球各单项体育组织均会以本项目的国际单项体育联合会发布的《单项竞赛规则》为准，组织开展各类单项竞赛活动。

（一）竞赛规则的定义

竞赛规则是竞赛参与者必须遵守的竞赛相关准则，是竞赛技术规范、行为准则的总称。

竞赛规则的制定有利于运动项目的发展，确保竞赛的公平、公正、有序，是社会普遍认同并能够共同遵守的基本规范与准则[1]。

（二）竞赛规则的功能

1. 制约功能

制约功能是指参赛人员在竞赛规则的限定下，遵守既定的技战术规范和竞赛行为准则。若出现违反规则的竞赛行为，将会按照罚则受到一定程度的处罚。

2. 促进功能

竞赛规则有利于彰显体育精神、推动运动项目发展。参赛人员在同一规则制约下，按照统一规则开展竞争对抗。运动员（队）根据不同项群制胜特点，不断在竞赛规则框架内寻求技战术的突破，带动项目发展。

3. 协调功能

正式比赛中，单场竞赛涉及运动员、教练员、裁判员等核心主体。竞赛规则会对每一场单程竞赛的核心主体行为提出规范性要求，限定并协调彼此间的职责关系，保障竞赛秩序。尤其当竞赛出现争议、矛盾时，依然需要以竞赛规则为依据进行协调。

（三）竞赛规则的构成

1. 构成性规则

构成性规则规定运动员（队）参加单场竞赛的基本制胜目标，以及运动员（队）达成制胜目标时可以采用的具体方式和手段。

2. 规范性规则

规范性规则规定了比赛的场地空间标准、基本的项目器械标准，以及不同单项小项的场地器械标准等。

3. 技术性规则

技术性规则是针对竞赛过程中潜藏的长期未暴露问题而专门设置的准则，是以问题为导向的规则补充。

（四）竞赛规则的制定依据

1. 群体规范的行为习惯

竞赛规则具有群体规范属性，是专门针对运动员、教练员、裁判员和竞赛组织管理者设计的群体规范，为竞赛过程中各方主体进行社会互动提供规范性要求。

2. 体育竞赛的客观条件

竞赛规则的制定需要遵循客观条件，根据竞赛环境、技术进步等外部环境变化而不断

[1] 刘淑英．运动竞赛规则的本质特征、演变机制与发展趋势[D]．苏州：苏州大学，2008.

调整[1]。例如，很多比赛成绩认定与外部比赛环境的关系十分密切，此类单项体育组织会设置比赛举办地海拔、比赛时的风速等标准，并将其作为成绩的认定条件，以贴合比赛客观实际。

（五）竞赛规则的制定原则

1. 公平原则

公平原则是竞赛规则设计的核心原则，确保参赛者在公平的竞赛限制条件下展开角逐。竞争过程中，参赛者在竞争过程中难免违反竞赛规则，裁判员是履行竞赛规则、维护竞赛公平的重要角色。

2. 发展原则

竞赛规则制定需要考虑运动项目的发展。通过优化竞赛规则，引导各级各类训练单位在竞赛规则框架内开展竞赛训练活动，激励运动员和教练团队探索与运用先进技战术。例如，篮球项目“三秒区”规则几经修改，为内线球员开展进攻留出足够时间，推动内线球员结合“三秒区”规则加强进攻技战术与防守策略的改变。

3. 人本原则

激烈竞赛存在较高的人身伤害风险，竞赛规则制定应遵循人本原则，为人身伤害行为提供处置依据。例如，足球比赛过程中球员因激烈对抗发生脑震荡的情况时有发生，严重损害球员健康，损害联赛联盟、俱乐部利益。为此，国际足球联合会在足球规则中设置了“脑震荡替换”条款，规定比赛上场球员出现或疑似出现脑震荡的情况，可以被替换下场并且不计入常规轮换次数。

4. 合理原则

规则的制定需紧密贴合竞赛的客观条件和规律，引导比赛朝着公平、有序的方向发展。2024年印度尼西亚举行亚洲青年羽毛球锦标赛，在比赛过程中发生运动员猝死，引发了社会各界对羽毛球竞赛规则中“未经裁判允许不得进场”的质疑。竞赛规则趋于合理是保证体育赛事系统持续发展的保证。

细节了解

人本原理

二、不同项群的竞赛规则特征

（一）技能主导类项群竞赛规则的特征

技能主导类项群强调“技能制胜”，竞赛规则倾向限定单项运动技能结构与标准，包括：表现难美性、表现准确性、隔网对抗性、同场对抗性、格斗对抗性五类项群。

---

[1] 刘淑英. 运动竞赛规则制定的理论依据及目标定位[J]. 北京体育大学学报，2009，32（7）：124-126.

1. 表现难美性项群的竞赛规则特征

表现难美性项群包括竞技体操、跳水、花样游泳、健美操等，制胜因素可概括为“难、美、新、稳”。“难”用于衡量成套动作价值，体现技术挑战高度；“美”展现艺术表现与审美追求；“新”和“稳”是技术完成的基本规格、标准。单场竞赛中，表现难美性项群的竞赛更多聚焦技术动作“难、美、新、稳”的完成情况，包括裁判员人数设置、资格资质、评分标准、计分算法等，通过竞赛规则降低裁判打分的主观影响。

2. 表现准确性项群的竞赛规则特征

表现准确性项群包括射箭、射击、弓弩等，制胜因素包括：“快、准、稳”。“快”强调运动员技术动作精练、高效、连贯一致，及运动员对竞赛突发情况的快速反应；“准”是指运动员竞赛过程中对技术的精确运用，并准确无误命中目标；“稳”是指运动员在高压竞赛中保持心态平和、有效抵御干扰，确保技术发挥稳定[1]。此类项群竞赛规则会对使用器械（例如枪械、弓箭等）、竞赛射程、击发时间、击发的箭支或子弹数量进行规定，以命中环数的多少决定胜负。

3. 隔网对抗性项群的竞赛规则特征

隔网对抗性项群包括排球、羽毛球、乒乓球、网球等，通过击打出球的速度、力量、旋转、准确、弧线、落点等时空特征获取优势并得分[2]。此类项群竞赛规则相近，大致会对竞赛形式进行概述，包括：借助球网将双方运动员隔开，用规则允许的球拍或身体部位将不同性质的球击向对方球台或场地。不同单项竞赛规则会对场地、器械的使用标准进行说明；对竞赛主动得分、被动失分、无效得分的各种情况进行规定。

4. 同场对抗性项群的竞赛规则特征

同场对抗性项群包括足球、篮球、手球、橄榄球等，制胜因素包括：对抗、快速、整体、多变、准确、平衡。此类项群竞赛规则相近，大致会对竞赛形式进行概述，包括：竞赛双方运动员在同一场地内，通过团队配合徒手或持相同器械争夺球的控制权，将球击入目标位置获得相应分数，并以累计分数的高低判定胜负。不同单项的竞赛规则会对场地器械的使用标准、犯规情况和球权归属、竞赛有效得分、无效得分等情况进行约定。

5. 格斗对抗性项群的竞赛规则特征

格斗对抗性项群包括击剑、拳击、摔跤、柔道、跆拳道等，此类项群竞赛规则相近，大致会对竞赛形式进行概述，包括：双方运动员一对一同场竞技，双方采用统一的竞赛规则攻击对手有效击打部位，通过有效击打“点数”或者是否“击倒”对手判定胜负。不同单项会对各单项的场地器械、比赛方式、间歇时长等进行具体规定。

---

[1] 赵雪寅．赵雪寅备战第32届东京奥运会射箭选拔赛赛前训练研究[D]．曲阜：曲阜师范大学，2023.

[2] 高玉花．技战能主导类隔网对抗性项群的竞技特征及训练要求[J]．中国体育教练员，2016，24（4）：10-13.

（二）体能主导类项群竞赛规则的特征

体能主导类项群强调“体能制胜”。相较于技能主导项群，体能主导项群的竞赛规则关于运动技能结构、标准的要求相对简单，包括快速力量性、速度性和耐力性三类项群。

1. 快速力量性项群的竞赛规则特征

快速力量性项群包括跳跃、投掷、举重等项目，具有非周期特征，制胜因素主要取决于运动员能否充分运用其速度和爆发力获得更优成绩。快速力量性项群的竞赛规则主要围绕“快速力量”最优发挥、限制条件展开。跳跃项目包括跳高、跳远，竞赛规则在远度、高度两个维度对速度、力量、爆发等进行规定；投掷项目涉及不同重量器械的形状、重量、材质等；举重项目会对不同重量级别运动员的竞赛要求进行限定。

2. 速度性项群的竞赛规则特征

速度性项群主要是以运动员通过相同距离的用时长短衡量胜负，径赛项目属于速度项群范畴。此类项群规则一般对竞赛距离、器械装备标准、竞赛场馆标准、竞赛方式等进行规定。例如，跨栏项目会对栏高、栏间距等进行规定，最终以最少用时作为制胜标准。

3. 耐力性项群的竞赛规则特征

耐力性项群包含项目众多，如竞走、中长距离跑、中长距离游泳、越野等，体能素质是核心制胜因素。此类项群的比赛形式与速度性项群相近，也是在固定距离范围内以用时长短评价胜负。不同之处在于耐力性项群的运动员供能方式存在差别，更多以糖酵解供能或有氧供能为主要方式。

第二节　单次体育赛事的竞赛规程、竞赛日程与竞赛方法

单次体育赛事由系列单场竞赛构成，结构相近却存有差别。一般而言，体育赛事主办方会通过竞赛规程、竞赛日程和竞赛方法来实现体育赛事的组织与运转。

一、竞赛规程

（一）竞赛规程的定义

竞赛规程是为举办某单次体育赛事而专门制定的文件，对体育赛事组织者、裁判员、

志愿者及各参赛单位、运动员等提出总体要求，体育赛事利益相关者需共同遵守竞赛规程。竞赛规程对于单次体育赛事而言具有极高权威性，是单次体育赛事正常运转的重要保证，既包含竞赛规则，也是竞赛日程编制、竞赛方法组合的依据[1]。一般情况下，单次体育赛事规模越大、层级越高，竞赛规程的发布时间会相应提前，给各方面留出充足的准备时间。

（二）竞赛规程的功能

1. 引导作用

竞赛规程对体育事业发展具有引导作用。竞赛规程包括比赛宗旨、办法和措施。主办方会通过设计规程进行布局，通过体育赛事引导整个竞赛训练格局的改变，引领体育事业发展。例如，国家体育总局会通过全国运动会的竞赛日程调动各省、自治区、直辖市的运动训练单位调整竞赛训练方向，以利于针对重点方向协同备战奥运。

2. 发展作用

竞赛规程能够在特定历史阶段引导运动单项的技战术优化。例如，20世纪60年代欧洲乒乓球运动快速发展，对我国乒乓球霸主地位提出挑战。为了适应欧洲横拍打法，我国该阶段各乒乓球单项比赛的竞赛规程均要求参赛代表队必须包含一名横拍打法球员，以促进我国横拍打法的进步。

3. 控制作用

竞赛规程严格限定参赛基本条件，包括运动员资格、参赛方法及裁判选拔标准。首先，竞赛规程能够引导基层竞技训练单位按照规程导向，制定选材和训练方案。其次，竞赛规程规定裁判选拔标准，确保裁判员征调选拔过程透明。最后，竞赛规程详尽规划报到、离开及参赛时间，为教练、运动员、裁判员及体育赛事团队等工作的开展提供依据。

（三）竞赛规程的制定原则

1. 目标原则

竞赛规程以目标为导向。体育赛事是为了奥运备战、选拔竞技体育后备人才，还是为了推动全民健身、促进全民健康等，需要在对应的竞赛规程中作出明确说明。在明确目标导向下，设计竞赛规程的各项条款。

2. 系统原则

竞赛规程需紧密围绕体育赛事目标、规划、时间安排及现实条件。规程设计需要提前掌握体育赛事运行所需的资源总量、性质、类型，再对各方主体的权利、责任与分工进行明确规定。高质量竞赛规程蕴含体育赛事系统运转的总体结构和基本流程。

3. 公平原则

公平是体育赛事的核心要求，因此竞赛规程编制必须遵循公平性原则。竞赛规程制定

[1] 刘建，吴刚. 论竞赛规程[J]. 成都体育学院学报，1991（3）：39-42.

过程中，首先应保证全体参赛人员能够在相同条件、统一标准下报名参赛，且不同类型的参赛队伍在参赛期间能够获得同等待遇。另外，规程编制需把相关要求、条件、标准交代清晰，避免产生表述歧义，造成纠纷、争议。

4. 稳定原则

竞赛规程一经公布，非必要不得轻易更改，以保证主办方的公信力。若规程存在明显问题或漏洞，应由体育赛事主办方及时论证，发布补充说明或配套文件解决问题、弥补漏洞。若体育赛事举办期间，竞赛过程中发现与规程存在明显矛盾的问题，对体育赛事举办工作产生实质影响，则需启动应急举措由更高级别的权威机构进行处置，并在未来体育赛事规程中及时作出调整。

二、竞赛日程

（一）竞赛日程的定义

竞赛日程是运动员、裁判员、后勤保障及观众等主体参与单次体育赛事的具体时间安排和相关流程的基本文件，是依据竞赛规程制订的一类相对具体的行动计划。

（二）竞赛日程的功能

首先，竞赛日程明确了运动员的比赛时间、地点。其次，竞赛日程是裁判员的工作引导，指导裁判员根据日程安排提前做好裁判组织、筹备工作，保障比赛顺利进行。最后，竞赛日程是观众的观赛指南，观众可以根据竞赛日程的安排选择观看比赛的场次。

（三）竞赛日程的制定依据

1. 参照竞赛规程

竞赛日程要服从竞赛规程的安排，竞赛规程规定的竞赛队伍、竞赛场次等会影响竞赛日程安排。若竞赛时间较为充裕，竞赛日程安排跨度可以较大；若竞赛时间紧张，竞赛日程安排可紧凑一些。

2. 遵循客观条件

竞赛日程需要符合体育赛事举办的实际条件。制定竞赛日程过程中，需要充分考虑影响体育赛事进程的客观因素。例如，竞赛安排地点是否合适、竞赛组织规格是否与预算相契合。

3. 符合项目特点

竞赛日程制定还需考虑项目特点。例如，田径赛事短跑项目的每组竞赛用时较短，可酌情考虑多组别同一时段比赛；长跑项目每组用时较长，可考虑进行合组竞赛。

4. 响应各类需求

运动员参赛和观众观赛的实际需求往往是制定竞赛日程的重要依据。一方面，竞赛日程应考虑运动员竞赛与休息的时间间隔，尽可能保证运动员的体能恢复；另一方面，竞赛日程也要考虑到观众观赛偏好和闲暇时间，如果将热门比赛集中在观众闲暇时间，可以提高体育赛事的收视率。

三、竞赛方法

竞赛方法与竞赛日程一样，是竞赛规程的重要内容[1]，是单场竞赛的一种排列组合，并按照相应的方法决出运动员（队）的胜负。不同单项往往有几套固定、常用的竞赛方法。这些常用的竞赛方法之间往往存在相近的内容元素，只是不同单项的元素排列组合方式存有不同。为了更好地解释竞赛方法，尽量将不同单项竞赛方法的共性内容提炼出来，本书采用王蒲对竞赛方法的分类[2]，即分为竞争性竞赛方法和对抗性竞赛方法。

（一）竞争性竞赛的主要竞赛方法

1. 竞争性竞赛的内涵与制胜特征

（1）竞争性竞赛的内涵。竞争性竞赛方法是竞争性竞赛相对常用的竞赛方法，与竞争性竞赛的项群特征相契合。竞争性竞赛一般包括技能主导类的表现难美性项群、表现准确性项群；以及体能主导类的快速力量性项群、速度性项群、耐力性项群（图4–1），是以运动的时空参数作为胜负优劣的评价标准。

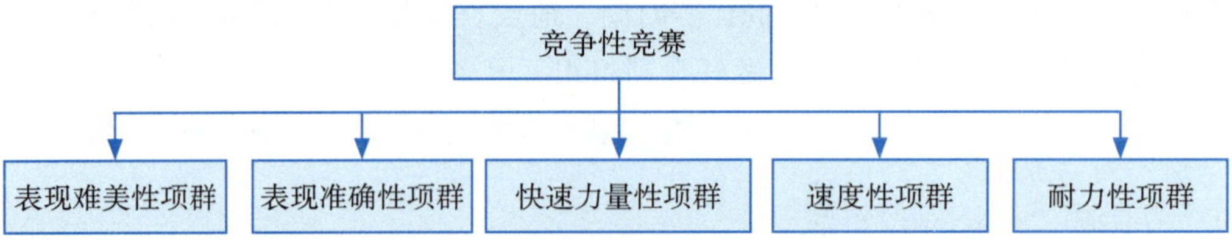

图4–1　竞争性竞赛涉及的主要项群

（2）竞争性竞赛的制胜特征。①时间制胜特征：包括“取小时间”制胜（如径赛项目）和“取大时间”制胜（如自由飞行项目）。②距离制胜特征：包括“取最大距离”制胜（如跳远、投掷等）和“取最小距离”制胜（如射击、射箭等，靶点距离靶标中心越近则得分越高）。③重量制胜特征：主要是“最重重量”制胜，如举重。④分数制胜特征：包括取较大分数制胜（如体操、跳水）和取较小分数制胜（如障碍赛马）。

2. 竞争性竞赛的常见竞赛方法

竞争性竞赛方法包括轮竞制和并竞制两类（图4–2）。

[1]　王蒲．对抗性竞赛方法研究的理论思考[J]．北京体育师范学院学报，1999（1）：47–51.

[2]　王蒲，麻雪田．运动竞赛项目的竞赛方法学分类研究[J]．体方科学，1998（2）：46–51.

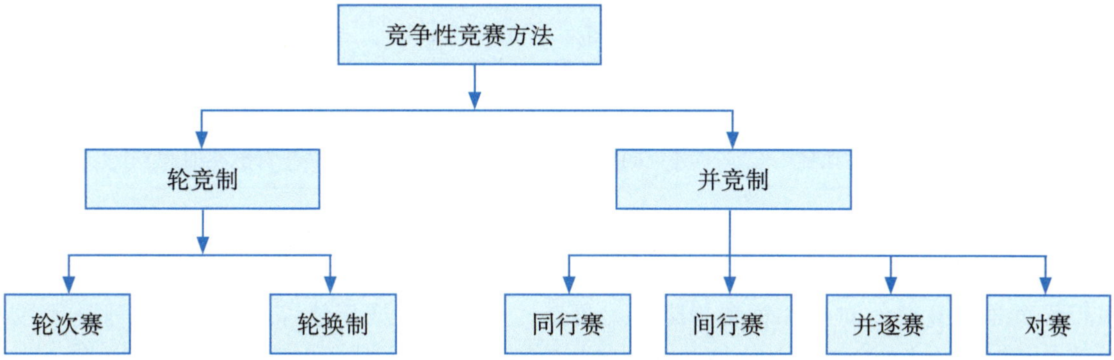

图4-2　竞争性竞赛方法的分类

（1）轮竞制允许参赛者在不同时限内展开较量，以争夺时空参数优势，主要包括轮次赛和轮换赛两种形式。

①轮次赛是指参赛者依次出场，一次性完成一个完整较量过程，取得一个有实质性比较价值的时空参数，如跳远、铅球、举重等。每一轮比赛就是一个轮次赛，参赛者通过一轮比赛获得一个具体的成绩，用来比较不同参赛者之间的优劣。

②轮换赛是指参赛者反复依次出场，多次完成一个完整的较量过程，以取得一个实质性比较价值的时空参数。例如，飞碟射击、高尔夫等。每一轮比赛可能包含多个回合，每个回合得分累计形成最终成绩，用来比较不同参赛者竞技水平的差别。

（2）并竞制是指参赛者同时多方出场，在同一时限内展开较量，争夺某一时空参数优势，包括：同行赛、间行赛、并逐赛和对赛四种形式。

①同行赛。参赛者在规定时刻同时出发，展开较量。例如，田径项目中的径赛、游泳、滑冰等项目。

②间行赛。参赛各方在延续的时限内按规定的时间间隔顺序出发展开较量。例如，现代五项的越野跑、越野滑雪等项目。

③并逐赛。参赛各方同时登场竞技，在规定的时限内展开较量。例如，步枪射击、健美、航模等项目。

④对赛。参赛者两两“配对”出场，在同一时限内展开相互间的较量。“对赛”是并竞制的一种特殊表现形式。

（二）对抗性竞赛的主要竞赛方法

1. 对抗性竞赛的内涵与特征

（1）对抗性竞赛的内涵。对抗性竞赛方法是对抗性竞赛常用的竞赛方法，与对抗性竞赛的项群特征相契合，包括隔网对抗性项群、同场对抗性项群和格斗对抗性项群，是在同一场地空间内采用适合的方式战胜压制对手并获得相应时空参数、谋求胜利的竞赛类型（图4-3）。

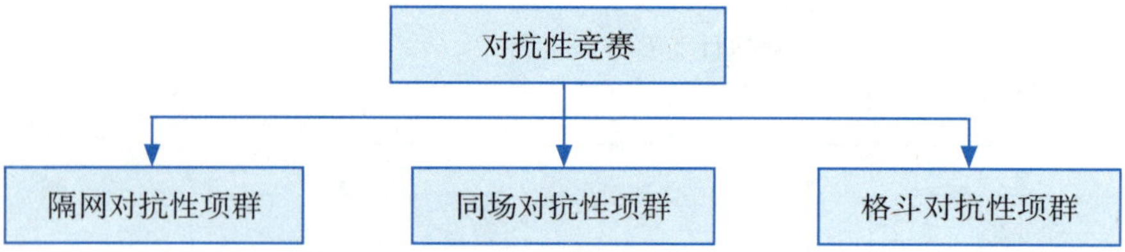

图4-3 对抗性竞赛方法的主要分类

（2）对抗性竞赛的制胜特征。对抗性竞赛强调比赛双方在同一时空内开展竞争与对抗。相较于竞争性竞赛，对抗性竞赛规则更为复杂，需要个人或集体综合运用多种竞技手段，通过竞技目标达成的次数（进球数、有效得分等）评判胜负。

2. 对抗性竞赛的常见竞赛方法

对抗性竞赛的方法包括淘汰制、循环制、补救制和混合制四类。其中，循环制、淘汰制是两个类型的竞赛方法。补救制是在循环制、淘汰制基础之上，给予运动员（队）更多比赛机会的补充性赛制；混合制则是混合使用上述赛制。

（1）淘汰制。淘汰制是将所有参赛者按照特定秩序进行排列后，由相邻两名参赛者进行比赛。败者将失去继续比赛资格，胜者保留下一轮比赛资格。经过若干轮次比赛，唯一一名未被淘汰的参赛者被认定为“冠军”。

①优点：淘汰制组织形式易被理解，适合用于较大规模参与人数的单次体育赛事。

②缺点：淘汰赛只能给予每名参赛者一次参赛机会，越靠近后几轮淘汰人数越多；同时，淘汰赛偶然性很高，造成很多优秀运动员可能在前几轮便被早早淘汰，降低了半决赛、决赛质量。可以综合运用种子编排、定位抽签、轮空等方式弥补淘汰赛的缺陷。

（2）循环制。循环制是指将运动员（队）按照特定方式进行分组，在同一分组内两两之间轮流进行比赛的一种竞赛方法。相较于淘汰赛，每名参赛者仅与少数对手进行比赛，可能会因为偶然性而失去晋级机会，无法展现真实水平。相比之下，循环赛让同组参赛者拥有充足的比赛场次、机会，降低了比赛的偶然性。循环赛又能够划分为同组循环赛和分组（分区）循环赛两类。

①同组循环赛的优缺点。同组循环赛是将所有参赛者放置于一个大组进行循环比赛。优点：所有运动员（队）能够拥有更多的比赛机会，能够展现出自身真实水平，降低了竞赛的不确定性；循环赛能够最大限度地利用多片场地同时开展比赛。缺点：循环赛会大大延长竞赛日程，使得体育赛事的组织成本大大提高。

②分组（分区）循环赛的优缺点。分组循环赛是将所有参赛者进行分组，进而在不同组别内再进行同组循环的比赛。若按照地区分组则变为分区循环赛。优点：分组循环场次少于同组循环，办赛成本有所下降。缺点：给予运动员相对充分的比赛机会，一定程度降低了竞赛偶然性。

（3）补救制。参赛者遭到淘汰、失去晋级机会时，可运用补救制安排失去资格的参赛者进行比赛，争取复活机会。补救制包括以下具体竞赛形式。

①双淘汰制。双淘汰制是指参赛者在两次参赛机会中均失败才被认定为淘汰出局。相较于普通淘汰制的在一次参赛机会中失败随即认定淘汰，双淘汰制拥有多重机会。双淘汰制比赛分为胜者组、败者组，胜者组的失败方降入败者组，败者组再次失败则被淘汰。优点：双淘汰制给参赛者更多机会，避免强队过早出局，提升决赛的精彩程度。缺点：双淘汰制组织复杂、赛程拖延较长。

②佩奇制。佩奇制是包含淘汰制与双淘汰制特征的一种综合化竞赛赛制，要求参赛运动员（队）按照循环赛或瑞士制方式进行角逐并产生1，2，3，4名。然后再在1，2名之间和3，4名之间分别进行比赛。其中，3，4名比赛的负者获得第四名；1，2名比赛的负者与3，4名比赛的胜者再进行一次比赛，负者获得第三名，胜者与1，2名比赛的胜者再进行决赛。决赛胜者为比赛的第一名，负者则为比赛的第二名。

后来，在佩奇制基础上通过进一步发生演化，形成较为复杂的双佩奇制和分组佩奇制。

双佩奇制是在分组单循环的基础上采用佩奇制的一种比赛赛制。例如，共有16支运动队分为两组进行比赛，A组最终决出前四名分别为A1、A2、A3、A4；B组最终决出前四名分别为B1、B2、B3、B4。根据双佩奇制要求，下一轮会根据两组排名形成4个组，包括：由A1和B2构成的P1组、由B1和A2构成的P2组、由A3和B4构成的P3组、由B3和A4构成的P4组。进而各组之间进行对决，P1组、P2组之间的胜利者进入P7组进行半决赛；P7组胜者直接进入决赛，P7组败者将等待第二次半决赛机会。比赛同时，P3组胜者与P1组败者进入P5组角逐，即1/4决赛，P4组（B3、A4）的胜者与P2组的败者进入P6组，同样是1/4决赛。其中，P5组胜者与P6组胜者共同进入P8组，即半决赛，胜者再与P7组败者争夺决赛资格。实力较强的运动员（队）更愿意打佩奇制，在发挥失常遭遇失败后还拥有晋级的机会。

分组佩奇制是指两个小组第一名进行交锋，胜者直接进入决赛；两个小组的第二名进行争夺，胜者与两个小组第一名之间的负者再赛一场，争夺决赛位置。最终两名（支）进入决赛的运动员（队）决出本次比赛的冠亚军。

③瑞士制。瑞士制是一种赛制，最早出现在1895年在瑞士苏黎世举办的国际象棋比赛中，也被称为积分循环制，广泛应用于各种棋类比赛，如国际象棋、中国象棋、围棋、五子棋、军棋等。瑞士制的赛制规则包括多个轮次的比赛，每轮比赛的对阵由抽签决定，以保证比赛的公平性和随机性。这种赛制的特点是避免“种子”一开始就交锋，通过多轮次的比赛来决定最终的名次。在每轮次结束后，根据成绩编排下一轮的比赛，直到所有比赛结束。瑞士制优点在于增加比赛不确定性，使得每一场比赛至关重要，提高比赛紧张感和观赏性。

第三节 体育赛事系统运作管理制度

体育赛事系统是由一系列单次体育赛事通过一套总体调控制度组成的整体。如何调动广大参赛主体备战积极性？这需要一套体育赛事系统运作管理制度进行调控。本节在上述研究基础上，概述体育赛事系统的运作管理制度，重点揭示“积分—序次—资格”制度的内在规律。某种程度上，“积分—序次—资格”制度与竞赛规则、竞赛规程、竞赛方法相互融合，构成了体育赛事系统运作管理制度。

一、体育赛事系统运作管理制度概述

体育赛事系统是由一系列单次体育赛事按照特定布局、特定机制衔接构建（图4-4），可以分为单场竞赛、单次体育赛事、体育赛事系统三个层次。体育赛事系统由各类运作管理主体构成，包括各级、各类体育行政部门和体育社会组织等。体育赛事系统运作管理制度则是为达成系统总体目标，协调各运作管理主体关系而制定的政策、文件、规范、准则等，包括单场竞赛的竞赛规则、单次体育赛事的竞赛规程与办法等。

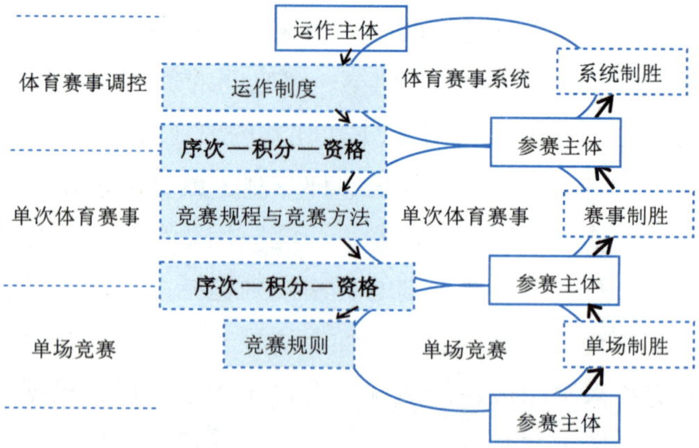

图4-4 体育赛事系统运作管理制度的构成与功能定位

运作管理制度能够协调各层级的相关利益者，其中“序次—积分—资格”制度是运作管理制度的核心，是赋予体育赛事系统调控功能的关键。

参赛主体会针对运作管理制度制定适合自己的制胜策略，以期竞争获得相应积分、序次和资格，晋级下一比赛阶段，或者获得资格参与更高级别的竞赛，谋求更高级别体育赛事的积分、序次和资格。总体来说，体育赛事系统运作管理制度包括以下特征。

（一）“积分—序次—资格”是体育赛事系竞赛方运作管理制度的核心

“积分—序次—资格”制度与竞赛规则、竞赛规程、竞赛日程以及竞赛方法等一同构成体育赛事系统的运作管理制度。竞赛规则、竞赛规程、竞赛日程以及竞赛方法等是公开发布的政策性文件，是协调体育赛事组织、管理的行动纲领。积分计算、序次排定和资格认定则是体育赛事运作管理的制度核心，也是不同单次体育赛事制度纵横关系的黏合剂。

1. 横向结构：积分制是体育赛事系统项目布局的基础

体育赛事运作管理主体视角下，积分制是体育赛事系统调控、运作的重要制度工具。横向结构上，能够通过总体积分调整项目布局。例如，为更好地应对奥运正式项目发展，我国全运会对重点项目、潜力项目奖励更高积分，激励各省、市、区围绕积分目标布局重点优势项目。抑或是，我国为了更好地开展群众体育赛事活动，近几届全运会均开设群众组别并奖励相应积分、纳入团体排名计算方式，以激励地方加大对群众体育的投入。

2. 纵向结构：积分制贯穿单场竞赛、单次体育赛事和系列体育赛事

积分制贯穿于体育赛事系统各个层次。从单场竞赛胜、负开始进行竞赛积分计算。按照特定的竞赛方法，对系列单场竞赛胜负进行积分换算，得出单次体育赛事的赛事积分。对于体育赛事系统而言，各层次、各单项的系列单次体育赛事积分，按照特定方式能够进一步计算获得体育赛事的系统积分。一般而言，不同竞赛组织之间的积分制度存在差别，但相应存在不同积分制度的衔接、换算方式，共同支撑体育赛事系统的积分制度。

3. 积分制度是确认竞赛序次与竞赛资格的工具

积分制、序次制、资格制相互衔接对应。单场竞赛胜、负会对应相应积分，累计形成的体育赛事积分，是确定参赛主体次序排位的依据。获得序次排位后，参赛者能够根据更高级别的体育赛事系统制度，将本次单次体育赛事的排位次序转化为体育赛事系统的系统积分。单次体育赛事积分与体育赛事系统积分是两种积分模式，但又存在换算衔接机制。参赛者参加系列体育赛事，持续获得不同赛事排位序次，进而转化为系统积分，达到一定积分标准，获得更高级别单次体育赛事的参赛资格。

（二）“积分—序次—资格”是“单场竞赛—单次体育赛事—体育赛事系统制胜”的激励动能

“积分—序次—资格”制度有效激励参赛主体优化自身制胜策略，调动竞技状态，合理运用技战术在单场竞赛中获得积分。为了在体育赛事系统中走得更远，参赛者需要制定最优的制胜策略，针对竞争对手布局重点场次，最终取得单场竞赛胜利，获得更高积分。“积分—序次—资格”制度是调动各类参赛主体积极参赛的内在动力。

（三）“积分—序次—资格”制度蕴含了体育赛事运作管理者的战略意图

体育赛事运作管理的重要目的便是通过“积分—序次—资格”对体育赛事系统的横向、

纵向结构加以调控。"积分—序次—资格"是体育赛事制度的调控手段，对其如何加以运用蕴含着体育赛事运作管理者深层次的战略意图。例如，我国体育赛事系统的运作者能够通过"积分—序次—资格"的调整优化，分阶段、分步骤推动体育赛事重心从奥运备战向群众体育赛事活动转变。

二、积分制概述

（一）积分制的概念界定

积分制是体育竞赛中广泛采用的制度，核心是通过累积的竞赛积分换算参赛者排位序次、晋级资格。积分制度中，积分的计算方式与体育赛事档次、运动员成绩、参赛场次等因素有密切联系。我国竞技体育赛事通常对前八名采取9，8，7，6，5，4，3，2，1分制的积分奖励方式，第八届全运会后改为采取13，11，10，9，8，7，6，5分制的积分奖励方式。不同竞赛类型的积分制度存在差别且形式多样。

（二）积分制的分类

1. 单次体育赛事积分和系列体育赛事积分

（1）单次体育赛事积分。单次体育赛事积分是依据单次体育赛事的竞赛规程、竞赛方法，对单场竞赛的胜、负进行积分转换，根据累计积分进行赛事序次的排位[1]。

（2）系列体育赛事积分。系列体育赛事是由一系列内涵相近的单次体育赛事构成。单次体育赛事获得序次排位后，参赛主体获得对应系列体育赛事的积分。系列体育赛事积分可进一步累计叠加形成系列体育赛事序次排位。

2. 时间序列性积分

系列体育赛事积分可以按照时间特征进一步分类，包括赛季系列积分、年度系列积分和运动生涯系列积分等。赛季系列积分是运动员在某一个赛季累计获得的系统积分；年度系列积分是运动员在某一年份累计获得的系统积分；运动生涯积分是运动员在整个运动生涯中累计获得的系统积分。

3. 一次性积分和多次性积分

体育赛事积分可以分为一次性积分和多次性积分。一次性积分是体育赛事运作者一次性对体育赛事成绩进行积分计算与认定的方式；多次性积分是体育赛事运作者按照特定程序或方法，对体育赛事积分进行多次累计式计算得出综合积分的一类方式。

[1] 王蒲．运动竞赛方法研究[M]．北京：人民体育出版社，2001.

（三）不同体育赛事的积分价值配重

1. 积分价值配重的内涵

体育赛事规模、类别、层次差别较大，其社会价值也不尽相同。因此，体育赛事运作管理者需要综合对不同体育赛事的积分进行价值配重。体育赛事影响力的不同，标志着其拥有的价值配重也需要相应发生改变。积分价值配重是积分体育赛事发展的产物，又分为正向配重和负向配重[1]。

2. 不同体育赛事的积分价值配重

（1）羽毛球国际赛事的积分价值配重。世界羽联赛事分类共有12类，前三类进行赛事等级划分，包括三类等级。①世界羽联赛事：第一等级体育赛事，包括奥运会和世锦赛。②世界羽联世界巡回赛：第二等级体育赛事，又可细分为6个级别，如中国公开赛（超级1000赛事）、香港公开赛（超级500赛事）等；③洲际巡回赛：第三等级体育赛事，是指全球五大洲羽毛球联合会举办的相关赛事。不同等级体育赛事拥有积分的不同价值配重。

（2）击剑国际赛事的积分价值配重。击剑国际赛事同样形成系统化积分体系，不同国际赛事和序次排名相应具备不同价值配重的积分（表4–1）[2]。

表4–1 击剑不同国际赛事积分的价值配重表

比赛名次	第1名	第2名	第3至4名	第5至8名	第9至16名	第17至32名	第33至64名
世界杯A级赛	32	26	20	14	8	4	2
世界杯大奖赛	64	52	40	28	16	8	4
世界锦标赛	96	78	60	42	24	12	6
奥运会	96	78	60	42	24	12	6
洲际锦标赛	64	52	40	28	16	—	—

三、序次制概述

（一）序次制的分类与内涵

序次制包括单次体育赛事序次和系列体育赛事序次两类。

1. 单次体育赛事序次

单次体育赛事的排位序次由裁判员依据竞赛准则，对该项体育赛事中系列单场竞赛的胜负进行积分赋值，并计算得出系列单场竞赛的综合积分，进而根据综合积分的多少进行该项体育赛事的序次排序。单次体育赛事中的序次排位能够反映运动员（队）的竞技能力和竞技水平的高低。

[1] 郑三粮．2018，世界羽联亮出了不少新招[J]．羽毛球，2018（1）：62–67．
[2] 杨涛．击剑积分赛制下的国际竞赛特征及参赛优化[J]．北京体育大学学报，2009，32（8）：140–144．

2. 系列体育赛事序次

系列体育赛事由一系列属性相近的单次体育赛事构成。按照系列体育赛事的运作主体统筹，将各单次体育赛事序次排位进行转化，累计后形成系统积分，并按照规定标准累积计算出系列体育赛事的综合积分，进而对各运动员（队）在系列体育赛事中的成绩进行序次排位。

（二）序次制的功能

序次制依托于积分制，对单次体育赛事和系列体育赛事的参赛者进行竞技表现的序次排位，彰显参赛者与体育赛事的社会价值，与相关物质、精神激励机制挂钩，具有以下功能。

1. 优胜劣汰功能

序次制是评价体育赛事参赛者竞技水平、竞赛表现的重要工具。科学的竞赛规则能够合理评判运动员竞技水平，淘汰相对偏弱的参赛者，并从众多参赛者中筛选出优胜者。

2. 彰显人本精神

序次制本质上契合于体育竞赛内在的竞争属性。竞争属性是广大参赛者积极训练、备战各级体育赛事的内在动力。参与系列体育赛事，运动竞争属性的外部表现便是参赛者对排位序次的追求。

四、资格制概述

（一）资格制（席位制）的概念

资格制是指体育赛事系统基于积分制、序次制，对参赛者能否晋级、能否参加更高级别体育赛事资格的规定。在以奥运会为代表的系列体育赛事中，资格制又被称为席位制，与其他类型赛事普遍称谓的“参赛资格”内涵相近。本书以“资格制”命名，在奥运参赛资格的相关制度中被称为“席位制”。1996年亚特兰大奥运会前，大部分单项采取预赛制，部分项目采取席位制。发展至今，2024年巴黎奥运会大部分单项均已采用席位制。

（二）资格（席位）的获取办法

在我国，各个单项“参赛资格”分配机制略有不同。大部分项目“参赛资格”分配机制依赖于一个奥运备战周期内的系列体育赛事，参赛运动员（队）经历周期内的系列体育赛事（包括国际、国内的相关单项、综合体育赛事）获得一定积分或序次后，进行综合评价是否拥有代表各省参加全运会、代表中国参加奥运资格赛、正赛的资格。各级、各类参赛资格（席位）的获取办法可以概括为：①设置参赛最低成绩标准。②达标（资格）的项目分配。本文以第十四届全运会射击项目资格获取方法为例。

1. 设置小项的最低参赛成绩标准

第十四届全运会射击项目参赛资格的获取条件是：2019—2021年参赛者在国家体育总局主办并指定的全国射击比赛中参赛项目达到表4-2中的最低成绩。

表4-2 第十四届全运会射击项目及最低成绩标准统计

男子项目	最低成绩	女子项目	最低成绩
50米步枪3种姿势	1145 环	50米步枪3种姿势	1143 环
10米气步枪	609 环	10米气步枪	609.5 环
25米手枪速射	558 环	25米手枪速射	560 环
10米气手枪	560 环	10米气手枪	558 环
飞碟多向	106 中	飞碟多向	105 中
飞碟双向	105 中	飞碟双向	105 中

2. 不同小项的参赛资格名额（席位）分配

第十四届全运会射击比赛包括19个小项。赛事组织者结合近年来各小项夺金夺牌的成绩，综合我国该小项运动员竞技水平、状态，确定该小项的参赛最低成绩和参赛席位。一般情况下，重点小项是国家奥运争金的重点项目，优秀运动员数量较多，可能在一定标准下降低最低成绩、配置更多的参赛席位，通过全运会选拔优秀运动员参加奥运会；当小项的人才储备数量较小、夺金夺牌实力不足时，则可能提高最低成绩、减少该小项的参赛席位数量。第十四届全运会中男子50米步枪3种姿势全国共设置了30个参赛席位。各省、自治区、直辖市运动员需要在2019年、2020年、2021年举行的指定比赛上获得相应成绩或序次，才能够获得参加全运会各小项决赛资格。例如，运动员在2021年全国射击锦标赛中获得男子10步枪个人项目前8名，可获得1个参赛席位或资格；运动员入选东京奥运会中国体育代表团，但未在资格赛获得资格，可代表所在单位获得1个奖励资格；承办单位可以获得步枪、手枪、飞碟项目各1个资格；等等。

◎ 复习题

1. 什么是竞赛规则？它有哪些功能？
2. 竞赛规则的制定原则是什么？依据是什么？
3. 简述不同项群的竞赛规则特征。
4. 什么是体育赛事系统的运作管理制度？

第五章

我国体育赛事制度的建设背景、核心概念与改革框架

本章概要

- 我国体育赛事系统的基本内涵
- 我国体育赛事系统的外部环境
- 我国体育赛事系统的“双轨制”改革
- 我国体育赛事系统改革的战略目标
- 我国体育赛事系统的战略布局

教学目标

- 了解我国体育赛事系统的外部环境
- 熟知我国体育赛事“双轨制”改革的历程
- 了解传统型举国体制与新型举国体制的区别与联系
- 理解我国体育赛事系统改革的战略目标、战略布局与战略动力

相关网站

- 国家体育总局网站（https://www.sport.gov.cn/）
- 中华全国体育总会网站（https://www.sport.org.cn/）
- 中国奥委会官方网站（http://www.olympic.cn/）
- 美国奥委会网站（https://www.usopc.org/）

推荐书目

- 查萍，毛振明．论新的“举国体制”：中国竞技体育回归教育并在教育系统中可持续发展的必要与可能[M]．北京：北京体育大学出版社，2017.
- 李静波．当代中国竞技体育举国体制历史沿革研究[M]．北京：当代中国出版社，2020.
- 梁晓龙，鲍明晓，张林．举国体制[M]．北京：人民体育出版社，2006.
- 杨改生，史友宽．中国体育体制改革与发展研究[M]．开封：河南大学出版社，2014.

体育赛事运作管理理论具有普适性，能与不同国家、民族的政治、经济、文化相融合，构成具有国别、民族特质的体育赛事系统。中华人民共和国成立后，我国逐步建设了完整的体育赛事系统，并保持螺旋发展的改革状态。如何看待我国体育赛事系统的运作改革问题？体育赛事系统改革对于我国体育事业发展具有怎样的意义？本章在体育赛事运作管理的基础上，结合我国改革实践，讨论我国体育赛事系统改革的重要问题，为后续章节奠定基础。

第一节 我国体育赛事系统的基本内涵与外部环境

中华人民共和国成立后，我国围绕奥运战略建立了一套应对全球体育赛事竞争的体育赛事系统，集中应对体育赛事的国际竞争。我国体育赛事系统是一个以主权国家为边界、与全球体育赛事系统相互影响的复杂组织系统。

一、我国体育赛事系统的基本内涵

我国体育赛事系统是半开放型组织系统，具有明确的系统目标、体制机制和资源基础，具有相对固定的体育赛事生产模式，并伴有阶段性动态演化的特点。

（一）我国体育赛事系统的目标

长期以来，我国体育赛事系统更多以奥运战略的竞技体育优先发展为主导目标。伴随国家的发展，全民健身逐渐成为我国体育赛事系统的重要目标方向，竞技体育优先发展格局逐渐向多元化发展格局转变。

（二）我国体育赛事系统的根本体制

为了实现奥运战略目标，我国体育赛事系统确立“举国体制”，利用行政管理的制度优势，举全国之力优先发展竞技体育。2008年北京奥运会结束，我国体育赛事系统开始从传统型举国体制向新型举国体制过渡。

（三）我国体育赛事系统的内在机制

我国体育赛事系统处于传统型举国体制向新型举国体制过渡的阶段，运行机制存在混合特点。一方面，传统型举国体制依然占主导地位，行政管理机制仍发挥主要作用；另一方面，新型举国体制逐步发展，社会组织管理机制、市场运营机制逐步完善。

（四）我国体育赛事系统的资源基础

我国体育赛事系统处于过渡阶段，系统供能方式多元化，因此资源基础的基本属性也存在差别。其中，各层次、各单项的资源渠道依然是国家行政拨款、公共财政占据重要比重。伴随新型举国体制发展，捐助、资助、投资在内的各种社会、市场资金来源渠道不断扩展。

（五）我国体育赛事系统的“生产”模式

体育赛事“生产”是指为社会、市场提供高质量的竞赛服务。我国体育赛事系统呈现多元化生产模式，涵盖竞技体育赛事、群众体育赛事、青少年学校体育赛事、职业体育赛事四类生产模式。

二、我国体育赛事系统的外部环境——全球体育赛事系统

为应对全球体育赛事竞争环境，我国逐步建立起完善的体育赛事系统，以应对全球体育竞赛竞争。中国体育赛事系统与全球体育赛事系统之间存在着多维度、多领域的互动关系，或者说全球体育赛事系统构成了中国体育赛事系统的直接外部环境。为了更好地在全球体育赛事系统中抢占话语权，我国一方面优先发展竞技体育备战国际体育赛事，另一方面积极申办各级、各类国际体育赛事。

（一）国际竞技体育赛事举国备战

中华人民共和国成立后，我国确立举国体制，充分运用行政管理的体制优势，调动全国的竞赛训练资源展开奥运备战。一方面，竞技体育备战工作需要对标国际体育赛事系统的相关体育赛事制度，包括奥委会确认的奥运会正式项目，以及国际单项体育联合会的竞

赛规则、竞赛方法等。另一方面，我国体育赛事运作者需要对标国际竞赛制度，确定“奥运争光”的重点优势项目，统筹制定符合我国实际情况、满足我国实际利益的体育赛事制度，最大限度地实现奥运、亚运、国际单项、全运会等国际、国内高端体育赛事的冲金夺银目标。

（二）依托世界体育名城建设申办、筹办各级各类国际体育赛事

进入21世纪，中国与全球体育赛事系统的互动关系进一步深化，国内一批城市相继申办各级各类国际体育赛事，建设“国际体育名城”“国际体育赛事名城”，增强我国在全球体育赛事系统中的话语权。2003年，北京借助2008年北京奥运会筹备之机提出建设“国际体育中心城市”；2010年，广州借举办亚运会之机提出国际体育名城建设目标；2012年，南京借成功举办第十届全运会、筹办第二届亚洲青年运动会和第二届夏季青年奥林匹克运动会之机提出2020年建成“世界体育名城”；同期，上海基于雄厚体育产业基础提出2025年建成“全球著名体育城市”；2018年，成都提出2035年建成国内一流的“国际（体育）赛事名城”；2020年，深圳提出2025年建成“国际体育赛事城市”、2035年建成国际著名体育城市。依托“国际体育名城”建设，一批国际综合性运动会、单项锦标赛、职业巡回赛等成功申办并落户中国。北京市成功申办、筹办2008年北京奥运会和2022年北京冬奥会，成就“双奥之城”荣誉最为典型。

第二节 我国体育赛事的“双轨制”改革与举国体制转型

我国体育赛事系统处于制度变革过渡阶段，传统型、新型举国体制共同发挥作用，构成中国体育事业发展变革“双轨”格局。“双轨”发展变革过程中，我国传统型、新型举国体制的内涵是什么？相互联系又如何？值得深入研究。

一、我国体育赛事“双轨制”发展格局的形成背景

（一）体育赛事运作举国体制雏形的形成

中华人民共和国成立之初，受到以美国为首的西方国家的孤立和封锁。1952年，我国

参加芬兰赫尔辛基奥运会受到国际奥委会不公待遇，未能以独立国家体育组织身份参加，仅观看奥运会闭幕式[1]。为了维护民族尊严，我国效仿、借鉴苏联及东欧社会主义国家经验，逐步建立起中国体育事业发展的制度根基——“举国体制”。“举国体制”集中表现为行政管理模式，充分利用政府公权力将有限的资源集中到优势项目的精英运动员培养中。值得注意的是，该阶段仅是举国体制发展的雏形，这一称谓直到20世纪80年代初才有书面记载，2002年《中共中央 国务院关于进一步加强和改进新时期体育工作的意见》颁布时才首次由官方提出。

（二）体育赛事系统“双轨制”发展格局的确立

1980年，原国家体委主任王猛提出“充分运用竞赛推动体育运动的发展”，为建立竞技体育赛事运作体制奠定基础，强化国家奥运战略政治任务，确立传统型举国体制的竞技体育优先发展地位。1978年，党的十一届三中全会确定把全党工作重点转移到社会主义现代化建设上来，各行各业开始探索与社会主义市场经济相适应的发展道路。1984年发布的《国家体委关于深化体育体制改革的意见》中提出，“建立和社会主义市场经济相适应的竞赛体制，推动体育竞赛的社会化、制度化和多样化”。一方面，传统型举国体制行政化管理成为中国体育赛事运作的主导力量；另一方面，新型举国体制改革已经启动，体育赛事社会化、市场化运作的探索之路基本确立。两股力量同时作用于中国体育赛事系统，标志着中国体育赛事系统“双轨”发展改革格局的确立。

二、传统型举国体制与新型举国体制内涵的界定

制度是体制与机制的集合，既涉及国家机关、企事业单位机构设置、隶属关系、权限划分等的体制问题，又关联不同部门机构间的协调、沟通、激励、罚则、控制等机制问题。因此，体育制度可理解为：体育行政部门、体育企事业单位等体育竞赛组织根据体育事业发展目标，对体育事业组织运作体制、系统内外部协调运营机制进行科学设计和有效实施的政策、文件与办法[2]。举国体制又是体育体制的重要组成部分，是中国特色社会主义体育赛事制度的集中体现，是中国体育赛事体系运作制度的总称。20世纪80年代，中国体育赛事系统基本确立“双轨制”改革思路，形成传统型举国体制一轨、新型举国体制一轨的“双轨”发展格局。值得注意的是，当时传统型举国体制、新型举国体制均为后期概括称谓，前期并未出现“举国体制”的名词表述。

（一）传统型举国体制的内涵

传统型举国体制是以国家奥运战略为导向，以体育行政力量为支撑的体育赛事系统。

[1] 王勇. 中国竞技体育管理举国体制研究[D]. 长春：吉林大学，2006.

[2] 郝勤. 论中国体育“举国体制”的概念、特点与功能[J]. 成都体育学院学报，2004（1）：7-11.

传统型举国体制的确立是面临国家成立初期国力贫乏的客观选择，将有限资源集中用于竞技体育领域发展，采用超常规策略优先培养少数顶尖优秀运动员备战奥运会是传统型举国体制的本质。鲍明晓认为：竞技体育举国体制是以奥运会等国际重大体育赛事取得优异成绩为目标，以政府为主导，以体育系统为主体，以整合优化体育资源配置为手段，动员、组织社会力量广泛参与，在国家层面形成目标一致、结构合理、管理有序、效率优先、利益兼顾的竞技体育组织管理体制[1]。随着传统型举国体制的不断发展，其逐渐成为我国体育赛事系统的制度基石。

（二）新型举国体制的内涵

伴随国力提升，“竞技体育优先发展”格局不再适合中国特色社会主义市场经济建设的基本趋势。如何建立起一套符合中国特色社会主义市场经济的体育赛事运作制度成为中国体育事业改革的重要任务。自20世纪80年代中后期，新型举国体制的改革工作便已经启动，但是由于竞技体育承担着争金夺银的政治任务，以及传统型举国体制强大的路径依赖效力和一定程度的排他性，新型举国体制深化改革的进程受到一定程度阻碍。尤其是在2008年北京奥运会、2022年北京冬奥会的申办、筹办、备战周期，新型举国体制更多的是局部性、阶段性的改革。回顾过往，新型举国体制是在不影响奥运战略的前提下，选择具有较高社会市场基础的项目（足球、篮球、排球、乒乓球、羽毛球、网球、围棋）作为试点，分阶段、分步骤推进改革。概括来说，新型举国体制是在保持行政管理制度优势的基础上，以职业体育赛事改革为契机，以群众体育公共服务升级为基本面，以体育消费升级为动力，循序渐进、分类柔性地推动体育赛事体系向社会主义市场化方向转化而逐步形成的一套管理制度。

三、传统型举国体制与新型举国体制的区别与联系

我国体育事业“双轨制”发展格局确立之后，传统型举国体制、新型举国体制便已经形成，共同支撑着我国体育事业的建设与发展。其中，传统型举国体制“一轨”长期占据主导地位，行政管理是体育赛事运作的基本支撑。同时，新型举国体制“一轨”逐步酝酿萌芽，并伴随时间推移逐步发展起来，体育赛事的社会、市场运作份额提升，但是总体仍处弱势地位。两种类型的举国体制同时存在、相互融合，代表中国体育事业从当前状态逐步向未来方向过渡、发展的中间状态。为便于理解，学界才在后期用传统型举国体制和新型举国体制的概念表述加以区分。在概念层面上，传统型举国体制与新型举国体制之间既存在区别，又具有典型联系。

[1] 鲍明晓．关于竞技体育举国体制的几个理论问题[J]．体育文化导刊，2008（12）：1-2.

（一）传统型举国体制与新型举国体制的区别

传统型举国体制与新型举国体制的区别可从系统目标、体制结构、机制类别、资源基础四个方面来概括（表5-1）。

表5-1 传统型举国体制与新型举国体制的区别

体制类型	系统目标	体制结构	机制类别	资源基础
传统型举国体制	竞技体育发展	行政科层体制	行政管理机制	公共财政支持
新型举国体制	全民健身促进 竞技体育发展 体育赛事消费升级	体育法治 社会管理体制 市场管理体制 行政调控监管	公共服务机制 市场运作机制	政府购买支持 政府引导基金 政府投资基金 市场投资资金

1. 系统目标区别

传统型举国体制的战略目标是优先发展竞技体育。新型举国体制的战略目标并不局限于竞技体育发展的单一维度，而是逐步扩展到全民健身、体育赛事消费等领域。新型举国体制同时具备全民健身、竞技体育和体育赛事消费等多元化战略目标。

2. 体制结构区别

传统型举国体制高度依赖行政系统的行政科层体制；新型举国体制强调多元共治的善治格局。①体育法治。体育法治不断完善，厘清体育赛事运作过程中行政、社会、市场力量的权责边界。②社会管理体制。社会体育组织将承担我国体育赛事运作的更多戏份，中华全国体育总会及各类体育社会组织加强协作，社会管理体制逐步形成。③市场管理体制。伴随职业体育赛事发展、体育产业不断升级，各类体育市场主体孵化成长，市场管理体制将成为我国体育赛事运作制度的重要构成。④行政调控监管。竞技体育赛事、群众体育赛事活动的大量操作性事务将由体育社会组织、体育市场主体承担；体育行政部门回归宏观调控，负责体育赛事运作的制度建设，并承担体育赛事监管职责。

3. 机制类别区别

传统型举国体制高度依赖行政科层体制，行政管理是传统型举国体制高效运转的主导体制。新型举国体制的运作体制发生改变，行政管理不再是唯一的主导性机制，通过“放管服”在公共服务框架内有机融入社会管理、市场管理的相关机制。同时，行政管理机制聚焦于宏观调控与监管环节。

4. 资源基础区别

传统型举国体制依赖政府公共财政。新型举国体制的资源渠道更加多元，输入资源的类型更加多样，包括政府购买支持、政府引导基金、政府投资基金、市场投资资金等。

（二）传统型举国体制与新型举国体制的联系

1. 发展初级阶段与发展高级阶段的联系

传统型举国体制采用“超常规”策略，高效、优先发展竞技体育，群众体育、学校体育、体育产业发展相对滞后，是国家体育事业发展初级阶段。伴随国力增强、人民体育需求扩展，国家由点及面引入社会、市场力量发展新型举国体制，逐步消化“超常规”策略引发的负面影响，向体育事业高级阶段迈进。

2. 包含与被包含的联系

新型举国体制是由传统型举国体制发展而来的。因此，新型举国体制蕴含着传统型举国体制的基因，在国际体育赛事承办、国内顶级体育赛事主办、制定全国体育赛事管理制度等方面，仍保持传统型举国体制优势。因此，新型举国体制的改革并非替换传统型举国体制，而是在传统型举国体制的基础上有机融入、衔接其他体制、机制与资源。

3. 此消彼长、螺旋发展的内在关系

我国体育事业“双轨制”一直处于传统型举国体制主导的超常规发展状态。但是，新型举国体制改革不断深化，在两个重要历史阶段试图改变超常规格局。第一个阶段是1993年至2000年，其间国家启动了职业体育改革；第二个阶段是2008年至2022年北京冬奥会结束，国家启动了体育社会组织实体化改革，放开群众商业体育赛事。2022年北京冬奥会后，新型举国体制改革得到进一步深化，传统型举国体制完全主导地位将得到进一步调整。

4. 路径依赖效应与改革限制的关系

传统型举国体制的效率优势明显，为中国竞技体育奥运争光计划的实施提供强力支撑。但是，传统型举国体制的非常规策略却隐含着公平性欠缺的风险。尤其伴随国力增长、居民体育参与的内在需求蓬勃发展，传统型举国体制的行政管理属性与其高度行业自治的特点融合，形成了封闭式壁垒和强大的路径依赖[1]，具有较为明显的排他性。因此，传统型举国体制与外部社会一定程度上存在脱节的情况，且对外部资本、法律等力量具有隔绝、排斥的现象，也因此与新型举国体制强调的多元治理结构存在矛盾，一定程度上会阻碍传统型举国体制的改革深化。

细节了解

奥运争光计划

【案例5-1】

苏联辉煌奥运战绩的成因

“苏联——世界的体育奇迹。”20世纪50年代初到90年代初，整个世界都在这样评价苏联的体育成绩。这一时期，苏联运动员在许多项目上都代表着世界顶尖水平，如滑冰、冰球、国际象棋、体操和田径。苏联从成立到解体共参加了9届夏季奥运会

[1]　鲍明晓. 关于竞技体育举国体制的几个理论问题[J]. 体育文化导刊，2008（12）：1-2.

和9届冬季奥运会，1952年赫尔辛基奥运会是苏联首次亮相奥运会赛场，主要目的是通过体育成绩体现苏联社会制度和意识形态的优越性，通过总计22枚金牌、30枚银牌和19枚铜牌的卓越成绩正式开始了苏联奥运鏖战之旅。此后在墨尔本、罗马、慕尼黑、蒙特利尔、汉城、巴塞罗那等奥运会上，苏联体育成绩多次超过美国，这也说明了苏联奥运战略卓有成效。

构建竞技体育举国体制。苏联在1922年成立初期就高度重视竞技体育举国体制。1930年，苏联组建了苏联体育运动委员会（以下简称苏联体委），负责全苏体育各项工作；1952年，苏联体委设立苏联奥委会，负责奥运会后备人才培养、精英运动员训练和奥运会备战等工作。可以说，苏联体委的主要职责就是在世界大赛和奥运会赛场上争金夺银，并以此为最高目标，为此形成了保障这一目标实现的供给体系和运行机制——举国体制。更有苏联国家安全委员会协助苏联奥委会收集竞争对手的情报和内部信息，参与奥运备战的保密和监控工作，介入奥运赛事的食宿检查和安保工作。

组建后备人才梯队。20世纪50年代，苏联的奥运战略就已经开始关注后备人才梯队的建设问题，形成了运动员三级训练网，即初级是普通少年体育学校、寄宿体育学校和奥运后备人才体育学校；中级是高级体校和奥林匹克训练中心；高级是国家集训队。在儿童体校、少年体校、专项体校、寄宿体校等，具有天赋的青少年逐步向上级单位输送，奠定了苏联竞技体育后备人才的基础。

设定战略性重点竞技项目。苏联和美国在国际赛场上的对抗更是社会制度和意识形态的竞争，为此苏联更是设定了重点竞技项目，并在项目布局上采取了国际分工合作和国内协作的方式。在国际分工上，苏联利用盟国优势确定训练重点，国内方面利用联邦共和国的传统项目确定训练重点，使国际盟国和国内加盟国都有训练重点，从而一定程度上削弱了美国的优势。

引入军纪训练元素。苏联竞技运动信仰主要表现在Spartakiad，又称斯巴达。苏联以斯巴达的方式挖掘运动员潜力、激发运动员斗志，凭借独特的信仰塑造运动员的竞争素养。可以说，苏联竞技成绩的登顶离不开“从难、从严、从实战出发”的军纪训练思想，也因军纪元素锻炼出精英运动员的拼搏血性。

[资料来源：胡亦海．苏联奥运“遗绩”解析与现实启迪[J]．中国体育教练员，2023，31（2）：4–11.]

思考题

你认为我国竞技体育举国体制与苏联竞技体育举国体制有什么区别？

【案例5-2】

新型举国体制下的壁球项目发展

4月21日，2024年全国壁球公开赛暨亚洲团体锦标赛国家集训队选拔赛在大连结束。通过本次比赛，选拔了2男3女共5名运动员进入壁球国家集训队，备战将于6月在大连进行的亚洲团体锦标赛。小球中心壁球部部长王鼎表示，国家队将采取集中训练和分散训练相结合的方式，强化竞争机制，调动地方积极性，利用好高校和俱乐部资源，让运动员保持相对长时间的系统训练。未来国家队教练组和专家组也会去到地方和高校、俱乐部，在做好训练的同时进行教练员、裁判员培训，将备战训练和项目普及提高结合起来。

目前小球中心壁球部正在着手进行全国范围内的壁球行业调研，为项目发展摸清家底、厘清思路，积极探索新型举国体制下的人才培养模式，继续加强专业队人才培养，吸引网球、羽毛球、田径及其他项目选手跨项壁球，拓宽选材面。其次要调动俱乐部发掘、培养人才的积极性，制定评定标准，规范行业发展，推动项目普及。在学校方面，用好清华大学、北京大学等名校开展壁球运动形成的示范效应，带动更多学校行动起来，吸引青少年参与壁球运动，从中发现更多人才。

在原有的全国公开赛、全国冠军赛、全国锦标赛、全国青少年锦标赛的基础上，今年计划推出大中学生比赛，条件成熟时推出俱乐部联赛，探索设立区域性比赛、城市比赛，采用更灵活的赛制，同时设立运动员积分，以积分为参赛基础，保证每一场比赛的精彩程度。

未来将为更多壁球爱好者搭建互相交流、共同促进的平台，让更多人认识壁球、爱上壁球，从中发现更多好苗子，促进壁球项目的普及提高。

[资料来源：完善赛事体系　做好青训工作　为壁球项目培养更多人才[N]. 中国体育报，2024-04-23（4）.]

思考题

“新型举国体制通过系统整合社会资源，既着力构建高水平人才培养体系，又全方位推动壁球运动普及与产业可持续发展。”请结合案例谈一谈你对这句话的理解。

第三节

我国体育赛事系统改革的战略目标、战略布局与战略动力

中华人民共和国成立以来，我国逐步建立起庞大的体育赛事系统，其中蕴含着国家体育事业清晰的战略意图和布局。尤其在“双轨制”发展格局之下，我国体育赛事系统同时蕴含传统型举国体制和新型举国体制两套制度。二者相互交织、有序转化，共同支撑着我国体育赛事系统的可持续发展。那么，“双轨制”发展格局下，我国体育赛事系统蕴含着什么样的战略目标、战略布局和战略动力？本节对于本书后续章节的更深刻研读具有提纲挈领的概述（图 5–1）。

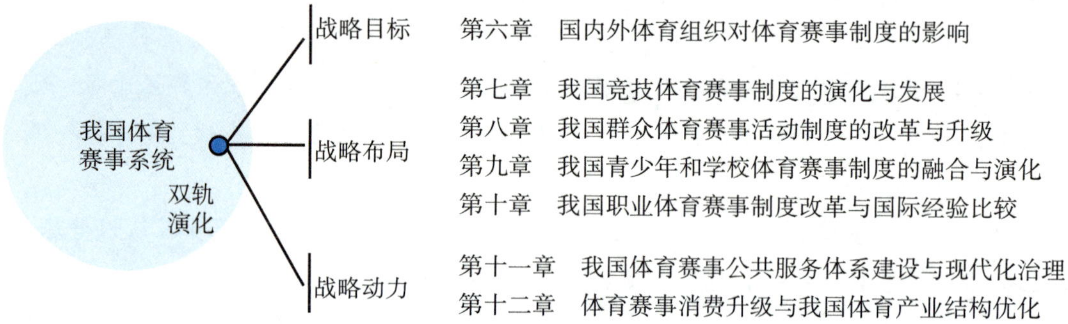

图5–1　我国体育赛事系统“双轨制”改革的基本格局

一、我国体育赛事系统改革的战略目标

我国体育赛事系统的战略目标包括短期目标和长期目标；短期目标与传统型举国体制相契合，更多强调竞技体育优先发展和奥运争光计划的达成；长期目标与新型举国体制相契合，强调在竞技体育强国的基础上探索一套符合中国特色社会主义市场经济发展规律的体育赛事运作管理制度，依托更高水平全民健身公共服务体系建设，协调推动我国体育事业均衡化、内涵式发展，并在体育事业领域助力中华民族伟大复兴。我国体育赛事系统改革的战略目标是本书第六章的重点讨论内容。

（一）传统型举国体制战略目标——奥林匹克运动会的申办、筹办、备战竞争

传统型举国体制的战略目标聚焦于竞技体育，集中表现为融入奥林匹克国际竞争。作

为全球体育赛事系统的金字塔尖，奥运会影响力巨大，涉及全球经济、政治、文化等各个方面。各国家、地区为了充分运用奥运会这个平台提升国家形象、融入国际秩序，纷纷投入大量资源参与竞争。因此，奥林匹克国际竞争是我国传统型举国体制的核心目标，其中又包括奥运会申办竞争、筹办竞争和备战竞争三大方面。为了能够在上述三方面获得竞争优势，传统型举国体制发挥了重大作用，尤其体现在组织架构的高效性上，对外能够高效衔接国际奥委会等国际体育组织，对内有利于整合训练资源，全面参与奥运会的申办、筹办、备战竞争。

（二）新型举国体制战略目标——构建与中国特色社会主义市场经济相适应的体育赛事制度

2008年北京奥运会后，传统型举国体制制度优势发挥到极致，同时“超常规”发展策略的负面影响相应提升至历史最高水平。群众体育、青少年学校体育、体育产业等领域在传统型举国体制超常规格局下过于薄弱，社会力量、市场力量在行政管理模式的笼罩下缺少办赛活力。而新型举国体制战略目标更加多元，竞技体育领域聚焦“三大球”建设、群众体育领域注重群众体育赛事活动的公共服务体系建设和市场化培育。不论是竞技体育还是群众体育领域，体育赛事运作制度改革“双轨”关系将逐步调整，行政管理机制的主导性将会收缩，社会管理和市场管理机制将会进一步完善，以建立与中国特色社会主义市场经济相适应的体育赛事制度。

二、“条条改革”：我国体育赛事系统的制度转型

围绕新型举国体制战略目标，我国体育赛事系统内各纵向领域均不同阶段、不同程度地开展制度调整。纵向领域中，竞技体育赛事、群众体育赛事活动、青少年和学校体育赛事、职业体育赛事构成了我国体育赛事系统的“条条”结构，但是各条纵向领域间存在有相互交织、相互重叠的部分，本书为便于讨论则进行分别论述。

（一）竞技体育赛事的改革重点

2024年，国家体育总局制定《633项目竞技体育后备人才培养实施方案》，为我国竞技体育赛事指明方向。一方面，633战略标志着我国将进一步巩固传统型举国体制优势，集中力量进一步巩固、发展我国奥运争光的六大传统优势项目；另一方面，633战略标志着我国竞技体育发展目标由“量”向“质”转变，发展策略更多开始转向我国并不完全占据优势的田径、游泳、水上项目。另外，633战略高度重视“三大球”的普及与发展。

（二）群众体育赛事活动的改革重点：社区乡镇的群众体育赛事活动体系

群众体育赛事活动是全民健身和健康中国建设、发展的基本面，也是竞技体育进一步

发展、体育产业转型升级的重要支撑。为此，随着新型举国体制深化改革，中华全国体育总会体系、全国体育单项体育协会体系建设日趋完善，将进一步培育植根于城市社区、乡镇农村的体育社团和体育小微企业，积极开展公益性、商业性群众体育赛事活动。2015年国家取消了商业性群众体育赛事活动的行政审批权限，最大限度地解除各级、各类商业性群众体育赛事活动的行政束缚，为基层群众体育赛事活动开展提供空间。本书将在第八章中对此着重讨论。

（三）青少年和学校体育赛事的改革重点：体教融合的四级体育赛事体系

长期以来，体育行政系统、教育行政系统相互割裂，不利于激发广大校园学生参与课外训练竞赛活动。伴随新型举国体制改革的深化，竞技体育不能仅仅局限于通过业余体校进行后备人才输送，需要将原本局限、封闭的人才培养输送通道打开。因此，在体教融合大背景下，应有效统筹青少年体育俱乐部、普通学校、体育传统特色学校、业余体校的相关体育赛事，建立分学段（小学、初中、高中、大学）、跨区域（县、市、省、国家）的四级青少年体育赛事体系，衔接竞技体育、群众体育赛事活动系统，建立起积分、运动等级制度。本书将在第九章中对此着重讨论。

（四）竞技体育赛事的改革重点：“三大球”职业体育赛事体系

20世纪90年代起，我国以足球项目为试点开启职业化改革。一方面，“三大球”具有较好的群众基础和市场影响，职业化改革有利于吸引社会、市场资源，减轻公共财政压力；另一方面，奥运争光计划聚焦具有奥运夺金实力的单人项目，相对投入少产出高。作为集体项目，“三大球”投入大量资源仅能获得1枚金牌，与奥运争光计划追求金牌数量的诉求不符，因此被率先推向市场与社会。伴随我国体育事业的发展，“唯金牌论”思想转变，“三大球”发展成为新型举国体制改革的重要任务。其中，依托中国特色社会主义市场经济，建立成熟的“三大球”职业体育赛事系统成为竞技体育改革的重要任务。本书第七章、第十章涉及职业体育赛事相关内容。其中，第七章更多关注竞技体育领域内专业体育、职业体育的相互关系，第十章中单列职业体育进行专门论述。

三、“块块改革”：我国体育赛事系统的混合动力

（一）基于“简政放权”推动体育赛事公共服务体系建设

传统型举国体制为我国成为竞技体育强国奠定了重要的制度基础，但是同时因为其“超常规”策略形成了行政管理壁垒，降低了社会、市场力量参与的积极性。如何在行政、社会、市场三股力量间找到平衡？需要推进中国体育赛事系统的“块块改革”，即各条纵向领域均需要推进的改革举措，综合起来形成“块块改革”。公共服务系统建设是在行政管理

基础上作出改变，既衔接行政管理的制度优势，又能够在合适范畴推进“简政放权”，为社会、市场力量提供治理空间。体育赛事公共服务体系建设，将政府力量推向体育赛事宏观调控层次，加强了体育赛事运作的行政监管力度，也能够有效整合政府公共财政、社会体育组织资源和市场力量，是新型举国体制深化改革的重要混合动力。本书在第十一章中对此着重讨论。

（二）依托“公共服务体系”培育市场消费、培育推动体育产业升级

“简政放权”为社会、市场主体参与体育赛事运作提供空间。在合理空间内，体育赛事公共服务体系能够通过政府购买、投资基金等方式支持社会、市场主体成长。伴随系列体育赛事的影响力扩展，体育赛事消费市场存量扩容，这意味着体育产业将围绕体育赛事经济实现升级，相关文、广、旅产业和社会组织不断聚合于体育赛事IP形成健全产业链。体育赛事市场在合理范畴内健康成长符合中国特色社会主义市场经济的发展规律，能够有效支撑各类社会体育组织的体育赛事运作活动，为政府公共财政减负。本书将在第十二章中对此着重讨论。

◎ 复习题

1. 简述中国体育赛事系统的外部环境。
2. 什么是传统型举国体制？什么是新型举国体制？
3. 简述传统型举国体制与新型举国体制的区别。
4. 我国体育赛事系统改革的战略目标是什么？

第六章

国内外体育组织对体育赛事制度的影响

本章概要

- 奥林匹克运动的形成与发展
- 我国体育赛事系统的战略初衷
- 全球体育竞赛组织
- 中国奥运申办、筹办、备战制度的周期演化

教学目标

- 了解奥林匹克文化的起源与发展
- 明晰奥林匹克对中国“传统型举国体制”重要体育组织的影响
- 了解奥林匹克与全球体育赛事治理体系的关系
- 掌握我国奥运申办、筹办、备战制度的周期演化

相关网站

- 中华全国体育基金会网站（https://www.tyjjh.org.cn）
- 中华全国体育总会网站（https://www.sport.org.cn/）
- 国际奥委会（IOC）网站（https://olympics.com/ioc）
- 国家体育总局竞技体育司网站（https://www.sport.gov.cn/jts/）
- 国际体育联合总会（https：//olympics.com/ioc/international-federations)

推荐书目

- 夏婧. 我国反兴奋剂违规行为听证制度研究[M]. 北京：中国政法大学出版社，2017.

- 任海．国际奥委会演进的历史逻辑：从自治到善治[M]．北京：北京体育大学出版社，2013.
- 周爱光．体育法学概论[M]．北京：高等教育出版社，2015.
- 马宏俊．中国体育法治发展报告（2022）[M]．北京：北京大学出版社，2023.

中华人民共和国成立伊始，我国积贫积弱、国力单薄，同时面临着以美国为首的西方国家的孤立和封锁。参与奥林匹克运动会打开外交局面，成为我国体育事业发展的重大政治使命和历史责任。经过长期不懈努力，我国体育赛事系统体制、机制不断完善，各层、各级竞赛组织完备，组织间协调动员机制科学，为体育赛事系统的持续发展奠定制度基础。但是，我国体育赛事制度建设并非一蹴而就，是在内外部环境不断影响之下逐步发展而来。具体来说，我国体育赛事制度是在内外部环境中不同类型、不同层次体育组织共同作用下发展而来。为此，深入了解与我国体育赛事制度相关的国内、国外重要体育组织的体制结构、运转机制和权责属性，掌握我国体育赛事制度发展不同历史阶段下各体育组织之间的关系发生了怎样的变化，对于深入理解我国体育赛事制度具有重要价值。本章在宏观层面重点讨论以下问题：①在奥林匹克全球化进程中，我国体育赛事系统如何进行构建，由哪些重要的体育组织构成？②奥林匹克运动相关体育社会组织是什么，相互关系如何？③2001—2008年、2015—2022年的两个北京奥运会“申办—筹办—备战”周期，我国体育赛事系统中传统型举国体制和新型举国体制的制度特征与改革特点是什么？④结合2019年印发的《体育强国建设纲要》、2022年修订的《中华人民共和国体育法》(简称新《体育法》)重要精神，论述我国体育赛事运作制度的深化改革方向。

第一节　奥林匹克全球化运动与我国体育赛事系统战略初衷

世界各国、地区为了在奥运会上展现自身形象、加强国际交流、斩获竞技佳绩而投入巨大。我国为更好地参与奥林匹克运动竞争，制定“奥运战略”，并确立竞技体育优先发展的传统型举国体制。以国际奥委会为代表的国际体育组织对于我国国内体育赛事系统的建设产生了非常显著的影响。

一、奥林匹克的起源与现代奥运会的全球推广

21世纪全球化大潮来袭，世界各地紧密联系成为“地球村”，国家间经济、文化、科技、管理体制不同程度地融入全球一体化的大熔炉。伴随全球化大潮，奥林匹克文化席卷全球。

（一）奥林匹克文化的起源与发展

古希腊竞技文化是奥林匹克运动的精神内核，包括古希腊各种竞技赛会，与赛会竞赛制度、项目、方式以及古希腊神话密切相关[1]。1912年，《古希腊宗教的社会起源》问世，深入讨论了奥林匹克竞技赛会的神话故事来源——珀罗普斯驾车战胜俄诺马俄斯、宙斯战胜克洛诺斯夺得王位的摔跤赛之说，也提出奥林匹克竞技赛会起源的新观点，即竞技奥运会可能是地区权力交接节点仪式或者是一种婚姻民俗的节庆活动方式[2]。这表明奥林匹克竞技赛会与古希腊文化密不可分。根据历史记载，首届古代奥运会可追溯到公元前776年，仅设置赛跑一项比赛项目。随着古代奥运会不断发展，形成每4年举行一届的惯例，比赛项目扩展到赛战车、赛马、拳击、摔跤、游泳、艺术比赛等。希腊各城邦均派出参赛者参与竞技，古代奥运会奖励是一个橄榄花环，象征冠军荣耀。公元394年，罗马皇帝狄奥多西一世宣布基督教为国教，认为古奥运会精神与基督教教义相悖，宣布废止古奥运会。

（二）现代奥林匹克运动会的全球推广

1. 首届奥林匹克运动会的酝酿与举办

公元394年古希腊奥运会废止后，直至14—18世纪中叶，文艺复兴、宗教改革、启蒙运动三大欧洲思想文化变革引发人们对古希腊文化及古奥运会的思考与向往。1892年，顾拜旦（Le baron Pierre De Coubertin，1863—1937年）在法国巴黎索邦大学召开“法国体育联合会”，发表题为《复兴奥林匹克》的演说，首次提出创办现代奥运会倡议。1894年初，在顾拜旦的不懈努力和精心筹划下，首届“奥林匹克代表大会”召开，78名代表一致通过《奥林匹克宪章》，成立现代奥林匹克运动会永久性领导机构——国际奥委会，并决定于1896年在希腊雅典举办首届现代奥林匹克运动会。

2. 现代奥林匹克运动会在全球推广并逐步发展成为一座“没有硝烟的战场”

奥林匹克史学者卢卡斯（Lucas）认为，伴随现代奥林匹克运动会的发展，各民族、国家不断竞争，奥林匹克运动会变成了一座没有硝烟的战场[3]，逐步与顾拜旦提倡的奥林匹克精神发生偏离，表现在以下两个方面：第一，民族主义观念和爱国主义情结逐步超越奥

[1] 胡春雷. 古希腊奥林匹克竞技会起源考——兼评《古希腊宗教的社会起源》[J]. 鲁东大学学报（哲学社会科学版），2010，27（3）：1-4.

[2] 郝丽生. 古希腊宗教的社会起源[M]. 谢世坚，译. 桂林：广西师范大学出版社，2004.

[3] LUCAS J A. Future of the Olympic Games[M]. Champaign，IL：Human Kinetics Books，1992.

林匹克的“国际主义”初衷；第二，职业、专业体育模式逐步替代奥林匹克“业余体育”原则。

3. 现代奥林匹克运动会裹挟“西方秩序”席卷全球

19世纪末首届现代奥运会举办以来，全球的国家奥委会组织、参赛国家不断增加，电视转播覆盖的国家数量持续增长，由8个国家奥委会增长至2000年的199个；参赛队伍自1896年的13个增长至2000年的199个；电视转播在1992年巴塞罗那奥运会就已经覆盖193个国家。奥林匹克百年来的全球扩张立足于古希腊、古罗马和基督教背景的体育运动项目，以一种单极扩展方式裹挟着15至17世纪的文艺复兴思想、夹杂17至18世纪的民主制度基因、点缀18至19世纪的工业革命色彩席卷全球[1]。在奥林匹克全球化背景下，奥林匹克运动的秩序体系逐渐被全球接受，并被不断复制到全球各地。

二、奥林匹克对我国传统型举国体制中重要体育组织的影响

1952年，我国参加芬兰赫尔辛基奥运会受到国际奥委会不公待遇，未能以独立国家体育组织身份参加[2]。这使得我国深刻认识到奥林匹克运动的残酷本质。为了融入奥林匹克国际竞争，中国开始建立传统型举国体制。为更好对接国际奥委会，中国奥委会从恢复合法身份开始，直至与国家体育总局、中华全国体育总会“合署办公”，发生了一系列改变。

（一）恢复奥林匹克运动的参与资格：中国奥委会建设

1. 谋求“中国奥委会”身份的恢复

民国时期“中华全国体育协进会”被正式承认为国际奥委会团体会员，是国际奥委会承认的中国奥林匹克组织，行使中国奥委会职能[3]。1949年中华人民共和国成立，为参加奥林匹克运动会，“中华体育协进会”更名为“中华全国体育总会”，负责联系国际奥委会，申请恢复中国在国际奥委会中的合法席位。1954年5月，第49届国际奥委会会议以23票对21票的微弱优势承认“中华全国体育总会”为“中国奥委会”。但是在国际奥委会的授意下，足球、田径等国际单项体育联合会在本次会议中蓄意承认中国台湾体育协会同为奥委会代表，遭到中国严正质疑和抗议[4]。1958年8月19日，中国奥委会宣布与国际奥委会断绝关系[5]。1979年，在国际奥委会主席基拉宁和副主席萨马兰奇的协调助推下，国际奥委会执行委员会会议通过了恢复中国奥委会权力的决议，台湾地区的参赛问题也得到妥善解决。

[1] 宋亨国. 奥林匹克全球化与中国传统体育本土化相互关系辨析[J]. 首都体育学院学报，2012，24（4）：350-353.
[2] 王勇. 中国竞技体育管理举国体制研究[D]. 长春：吉林大学，2006.
[3] 杨铁黎. 体育概论[M]. 北京：人民体育出版社，2014：245.
[4] 董川，郭权. 中国与国际奥委会关系探析：历史、现状与展望[J]. 沈阳体育学院学报，2020，39（3）：87-92.
[5] 熊晓正，张晓义. 从“先驱后进”到“奥运模式”——中国体育外交政策的历史回顾[J]. 体育与科学，2008（3）：40-45.

恢复国际奥委会合法席位后，“中国奥委会”和“中华全国体育总会”在组织层面实施分立，并于1989年开始独立运转。

2. 中国奥委会的身份属性与职责权力

（1）中国奥委会是国际奥委会认可能够代表中国参与全球体育赛事的唯一代表。据国际奥委会资料，截至2023年底，国际奥委会承认的国家或地区奥委会数量达到206个。国家或地区奥委会是奥林匹克全球化发展的基本单位，是国际奥委会在不同国家推广、发展奥林匹克运动的权力延伸。中国奥委会是国际奥委会认可的能够在中国开展、组织、开发奥林匹克运动的唯一合法组织，能够联系全国单项体育协会选拔运动员组成中国体育代表团，代表中国参加地区、洲际和国际综合性体育赛事。

（2）中国奥委会的“双向身份”属性。国家奥委会是奥林匹克运动三大支柱组织之一，一方面需要代表国家、地区与国际奥委会建立良好的沟通关系；另一方面，国家奥委会需要与其代表国的国家政治、经济、文化高度融合，能够在代表国体育赛事运作的体制机制中发挥作用。中国奥委会具备“双向身份”属性，既是国际奥委会在中国发展奥林匹克运动的代表，也是中国参与奥林匹克运动会竞争的身份代表。

①中国奥委会需服从国际奥委会决策。中国奥委会必须依据《奥林匹克宪章》，在国际奥委会指导下参与到国际奥林匹克运动中去，并在具体事务处理过程中服从国际奥委会要求。但是，中国奥委会与国际奥委会并非隶属关系，原因在于国际奥委会由奥委会委员构成，奥委会委员均为自然人，由国际奥委会自主遴选，不受任何政府、组织或其他法律团体、个人干涉。中国奥委会并不是国际奥委会成员，并不参与奥委会全体委员会议审议决议，仅与国际奥委会保持着契约性约定，在不同层次共同践行《奥林匹克宪章》。

②中国奥委会是非营利社会组织。国家奥委会是在不同国家主权下建立而起的，与所在国家的政治、经济、文化高度契合，因此不同的国家奥委会运行模式各不相同。中国奥委会是依据《事业单位登记管理暂行条例》和《社会团体登记管理条例》建立起来的，具有明显行政色彩的独立法人机构，运行机制与其他国家、地区的奥委会存在明显区别。

（二）强化举国体制竞争力：中国奥委会、中华全国体育总会、国家体育总局“合署办公”

中国奥委会成立后，一直与原国家体委、中华全国体育总会“分署办公”。其中，中国奥委会负责协调国际奥委会、国家体委的沟通联系工作；原国家体委负责国内竞技体育赛事组织、调动各级运动队参与奥运备战工作；中华全国体育总会负责全国群众性体育赛事活动的统筹安排工作，在工作实践的归口上与奥运备战的目标较远。20世纪末的10年，以中国奥委会为代表、以原国家体委行政管理为根基的传统型举国体制是中国体育赛事运作根本力量。1998年3月，九届全国人大一次会议审议通过了《关于国务院机构改革方案的决定》，提出：“国家体育运动委员会改组为国家体育总局，与中华全国体育总会一个机构两个牌子。”[1]国家体育总局与中国奥委会、中华全国体育总会实施“合署办公”，进一步集中全国力量强化举国体制力量，全力打好2008年北京奥运会“申办—筹办—备战”三线作战的体制基础。

1. 中国奥委会与国家体育总局合署办公，全力打好北京申奥“第一枪”

中国奥委会与国家体育总局的“合署办公”标志着国家体育总局能够更加直接地沟通、联系国际奥委会，也为2001—2008年北京奥运会“申办—筹备—备战”工作奠定基础。机构改革前国家体育赛事系统的功能定位上，中国奥委会与原国家体委角色分工是一个“主外”、一个“主内”，相互之间依然存在一定的“协调成本”。为更加集约、高效地应对即将到来的2008年北京奥运会“申办—筹办—备战”工作，中国奥委会与新成立的国家体育总局合署办公，大大简化了两独立部门之间的协调、沟通过程。国家体育总局既对内又对外的身份提高了国家体育赛事系统的效率，传统型举国体制竞争力大幅提升，也为2001年成功夺得2008年北京奥运会举办权注入强劲动力。

2. 中华全国体育总会与国家体育总局合署办公，为未来新型举国体制深化改革埋下伏笔

中华全国体育总会与国家体育总局、中国奥委会的合署办公对于提升传统型举国体制的即时竞争力并没有显著性作用，甚至可以理解为中华全国体育总会为全面提升传统型举国体制竞争力、更高效地应对奥林匹克国际竞争而作出战略性、阶段性的功能弱化，也是中国体育事业偏轨发展策略的具体体现。待到国家政治、经济、文化发展达到预期，国家体育事业进入传统型举国体制向新型举国体制深化转型历史阶段，中华全国体育总会系统有望衔接单项体育协会实体化改革，全面盘活全国群众性体育赛事活力。

第二节　奥林匹克运动与全球体育竞赛组织

20世纪50年代后，我国逐步参与奥运会“申办—筹备—备战”三线竞争。加强与国际奥委会等国际体育组织的沟通，成为提升中国体育赛事系统国际竞争力的重要内容。本节以国际奥委会为主要对象，介绍主要的国外体育组织和运转机制，便于读者理解国际体育赛事的运作规律。

[1]　熊晓正，张晓义．从“先驱后进”到“奥运模式”——中国体育外交政策的历史回顾[J]．体育与科学，2008（3）：40-45.

一、奥林匹克运动与全球体育赛事治理体系的关系

为更好地参与奥林匹克国际竞争，我国不是简单地通过中国奥委会与国际奥委会之间进行积极沟通与联系，而是通过整个中国体育赛事系统与全球体育赛事治理体系之间开展多维度、多方向的互动。例如，为备战四年一届的奥运会，中国各单项体协组建国家队首先参加亚洲、世界各奥运正式项目的单项亚锦赛、世界锦标赛或其他体育赛事，需与相应项目的亚洲单项体育联合会、世界单项体育联合会进行沟通；打完一系列国际奥委会认可的单项体育赛事获得相应积分后，中国单项代表队或运动员才有资格参加奥运资格赛。在资格赛获胜后才能够拿到参加奥林匹克正赛的入场券。另外，在参加各类国际体育赛事的过程中，还要同时受到国际兴奋剂机构检查，面临竞赛纠纷还要求助体育仲裁委员会，这些都需要中国体育赛事系统与相应国际体育组织进行协调。本书认为：全球体育赛事治理体系是以国际奥委会为核心枢纽，由国际奥委会认可、支持、授权的相关社会体育组织构建而成的一个综合体育赛事治理系统。

（一）国际奥委会是全球体育赛事治理体系的核心枢纽和权力中心

细节了解

国际奥委会的起源

全球体育赛事治理体系是国际性体育赛事统筹、组织、运营的责任系统，由不同类型的社会体育组织相互衔接构成。由于奥林匹克运动会是顶级的国际性综合体育赛事，国际奥委会自然而然地成为全球体育赛事治理体系的核心枢纽。各类国际体育组织围绕国际奥委会形成合作协同关系，共同推动奥林匹克运动会及相关国际性体育赛事的发展。可以说，国际奥委会是整个全球体育赛事治理体系的权力中心。1894年，国际奥委会成立于巴黎，具有国际化、非政府、非营利等属性，是奥林匹克运动的领导机构。1981年国际奥委会得到瑞士联邦议会承认，自此成为无限期存在的具有法人资格的国际机构，总部位于瑞士洛桑。国际奥委会颁布《奥林匹克宪章》，宗旨是“鼓励、组织和发展体育运动”。其中，国际奥委会负责组织举办奥林匹克运动会、青年奥林匹克运动会、冬季奥林匹克运动会、残疾人奥林匹克运动会。

（二）国际奥委会的内部机构

1. 国际奥委会的最高权力机构

国际奥委会全体会议是国际奥委会的最高权力机构，具有通过、修改、解释《奥林匹克宪章》的权力；选举国际奥委会委员、执行委员会主席等职位，以及遴选奥运会主办城市等重大问题，均需要通过国际奥委会全体会议投票通过，全会决定代表国际奥委会最终决定。全体会议启动应由主席或至少三分之一奥委会委员书面提出要求。

2. 国际奥委会的决策执行机构

执行委员会是国际奥委会的决策执行机构，在奥林匹克全体会议授权下行使国际奥委会职责，维护《奥林匹克宪章》，承担国际奥委会行政管理最终责任，批准国际奥委会内部组

织、内部机制以及一切与组织有关的内部规章，负责国际奥委会财务管理，每年准备年度报告向全委会汇报。执行委员会成员构成并不固定，历史不同阶段均有所变动，当前的构成是主席1人、副主席4人和执行委员10人。执行委员会成员均由国际奥委会全体会议以无记名投票选举产生。执行委员会主席一届任期4年，可竞选连任1次；副主席和其他委员任期4年。1925年，国际奥委会第24次全会决议确定奥委会主席和奥委会执行主席由1人兼任。

二、国际奥委会与外部体育组织协同共筑全球体育赛事治理体系

国际奥委会与其他国际体育组织、机构相互协作，共同构筑了以国际奥委会为枢纽的全球体育赛事治理体系（图6–1），对以奥运会为代表的各级、各类国际性体育赛事展开治理。

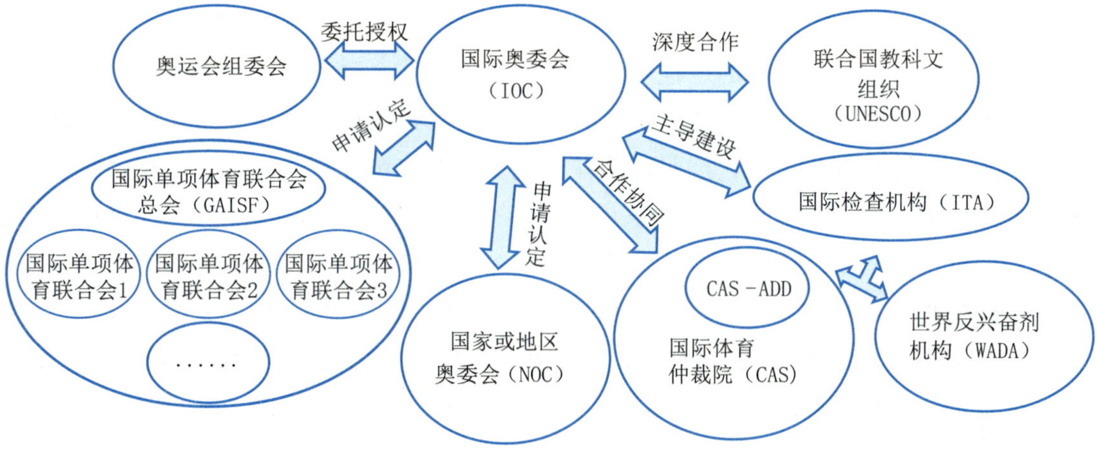

图6–1 以国际奥委会为枢纽的全球体育赛事治理体系

（一）与联合国教科文组织的深度合作关系

1952年，联合国授权教科文组织与国际奥委会建立初步联系，直到20世纪70年代，双方合作逐步升级[1]。1981年国际奥委会寻求联合国帮助，避免各国因美苏对抗而抵制1984年洛杉矶奥运会；1991年南斯拉夫内战爆发，国际奥委会呼吁恢复古奥运会“神圣休战”传统，并与联合国达成协议同意南斯拉夫运动员以个人身份参赛，临时承认波黑国家奥委会。国际奥委会不断与联合国加强合作，与联合国多个机构签署合作协议和谅解备忘录，例如联合国儿童基金会、联合国开发计划署、世界旅游组织等[2]。2009年，联合国秘书长潘

[1] 郑一婷．从冲突到合作：全球体育治理格局中联合国与国际奥委会关系透析[J]．河北体育学院学报，2024，38（2）：56–64.

[2] FEKROU K. The Olympic truce[J]. Olympic Review，1998（19）：5.

基文在国际奥委会大会上强调："国际奥委会的原则就是联合国的原则"[1]。2014年，联合国大会通过69/L5号决议，明确"支持体育独立和自主性，以及支持国际奥委会领导奥林匹克运动这一使命"[2]。总体来看，借助联合国的影响力，国际奥委会的国际地位不断提升，奥林匹克运动会的全球影响力同样持续提升。

（二）与国际单项体育联合会总会的申请认定关系

国际单项体育联合会总会（General Association of International Sports Federations，GAISF）是国际单项体育联合会的联合组织，1967年决定成立，总部位于瑞士洛桑。至1997年会员发展到管理世界上150个运动项目的90个国际体育联合会。其会员分为正式会员、联系会员和临时会员，旨在为联合会总会保持权威、自主性提供支持，协调维护各单项协会的共同利益[3]。国际奥委会与单项体育联合会总会保持着深度合作的关系。其中，国际奥委会自1999年之后规定委员数量为115人，其中单项体育联合会代表需占15席。

国际奥委会在组织奥运会的过程中，会在国际单项体育联合会总会成员中对国际奥委会认定的单项体育联合会进行遴选，投票决定奥运会的正式比赛项目。国际单项体育联合会需要向国际奥委会提交申请，声明遵循并围绕奥林匹克精神展开特定项目相关制度、规则的建设与实施，在国际奥委会指导下承担奥运会办赛期间所辖项目的技术控制与指导。国际奥委会批准申请后，国际单项体育联合会纳入奥运会正式项目的遴选范畴。奥运会正式项目包括核心项目和附加项目。核心项目是在国际奥委会推荐的25个大项中选择，附加项目则根据需要由国际奥委会提议选择1～2项：①夏季奥运会正式比赛项目不超过28个大项，分别由如世界田径联合会（WATH）、国际赛艇联合会（FISA）、国际羽毛球联合会（BWF）、国际棒球联合会（IBAF）、国际篮球联合会（FIBA）等国际单项体育协会主管；②冬季奥运会正式比赛核心项目数量不超过7个大项，分别由如国际冬季两项联盟（IBU）、国际雪车联合会（IBSF）、世界冰壶联合会（WCF）、国际冰球联合会（IIHF）、国际雪橇联合会（FIL）、国际滑冰联盟（ISU）、国际滑雪联合会（FIS）等国际单项体育协会主管[4]；③国际奥委会还认定一批非奥运项目的国际单项体育联合会，如世界台球运动联盟（WCBS）、国际保龄球协会（FIQ）等。

（三）与国家奥林匹克委员会的申请认定关系

国家奥林匹克委员会（National Olympic Committees，NOC），简称国奥委会或地区奥

[1] BAN K M. Secretary-general's address to Olympic congress in Copenhagen[EB/OL].（2009-10-05）[2021-05-04]. http：//www.un.org/ press/en/ 2009/ sgsm12414. doc. htm.

[2] IOC，UN SECRETARIAT. IOC and UN Secretariat agree historic deal to work together to use sport to build a better world[EB/OL].（2014-04-29）[2021-05-08]. http：// olympics. Com/ ioc/news/ ioc- and- un- secretariat- agree- historic-deal-to-work-together-to-use-sport-to-build-a-better-world.

[3] 任海. 国际单项体育联合总会（GAISF）[J]. 中国学校体育，2000（5）：65.

[4] 李圣鑫. 奥林匹克运动会组织全景分析[J]. 运动，2012（9）：1-3.

委会，是依据《奥林匹克宪章》、基于国家国情而建立。《奥林匹克宪章》规定，国家奥委会职能包括：在各国家或地区发展和维护奥林匹克运动，宣传奥林匹克主义，保证《奥林匹克宪章》在本地得到遵守，促进运动技术水平以及群众体育的发展，培训体育管理人员，维护体育道德，选择举办奥运会的城市，组织和领导运动代表队参加奥运会和国际奥委会赞助的地区、洲或世界性综合运动会[1]。国家奥委会与所在国家的政治、经济、文化相契合，导致了不同的国家奥委会体制、机制各不相同，主要包括分散型、集中型和结合型。其中，分散型是以社会力量主导的国家奥委会类型，集中型是以政府力量主导的国家奥委会类型[2]。

国家奥委会的身份具有唯一性和排他性，经国际奥委会认定后方才有效。国际奥委会能够间接影响国家奥委会人员构成，间接控制国家奥委会决策，避免国家奥委会发展策略背离《奥林匹克宪章》。例如，国家奥委会人员结构包括：本国或本地区所有国际奥委会委员，以及本国或本地区在国际奥委会认定的与相关国际单项体育联合会存在隶属关系的国家单项体育联合会（或协会）代表等。国际奥委会是奥林匹克运动的最高权力机构，对宪章规定的国际奥委会16项职能以及相关纠纷、问题等持有最终的决定权，有义务帮助国家奥委会完成奥林匹克使命；对于国家奥委会而言，需要绝对服从国际奥委会决定，协助国际奥委会完成奥林匹克活动任务。

（四）与奥林匹克运动会组织委员会的委托授权关系

奥运会举办是奥林匹克全球化推广的重大事宜，需要由国家（地区）奥委会及其所在国家主办城市共同组建主办城市奥组委，在国际奥委会指导下承担奥运会筹办工作。例如：2012伦敦奥组委、2016里约奥组委以及2022北京冬奥组委。奥运会主办城市申办成功后，国际奥委会和承办国国家奥委会、承办城市三方在《奥林匹克宪章》框架要求内签订协议，国际奥委会委托国家奥委会和主办城市1年内成立奥组委，奥组委享有独立法律权利，并承担相应义务。奥组委由主办国家的国际奥委会成员、国家奥委会主席和秘书长、主办城市代表等组成。组委会主席可以由举办城市的市长或主办国国家奥委会主席担任。奥组委成立后受国际奥委会指导与领导，能够与国际奥委会及各国家奥委会指派的联络员进行沟通与联系，负责奥运会筹备、组织、管理各项事宜。

（五）与国际体育仲裁院的合作协同关系

20世纪70年代至80年代，伴随国际体育赛事民族主义的盛行，各类国际体育赛事规模持续增长，国家间体育竞赛纠纷同步扩展。早期，国际体育竞赛纠纷会通过普通法院的法官加以判定，但体育竞赛的技术性、专业性也让很

细节了解

《中华人民共和国体育法》第92条中规定的体育仲裁范围

[1] 武文丹. 国家奥委会发展及对我国的启示[D]. 北京：北京体育大学，2022.

[2] 夏骄阳. 国际奥委会与国家奥委会法律问题研究[D]. 湘潭：湘潭大学，2008.

多普通法院法官很难断案。为此，前国际奥委会主席萨马兰奇于1984年推动建立国际体育仲裁院（Court of Arbitration for Sport，CAS）[1]。1993年国际法律与体育大会举办，决议成立国际体育仲裁理事会，取代国际奥委会对国际体育仲裁院的全权管理，自此国际体育仲裁院独立性相比之前得到很大提升，但是国际奥委会对体育仲裁理事会依然有着较强影响。国际体育仲裁院仲裁权限集中在三个方面：①处理与体育有关的普通商事争议，如球员转会、体育赛事电视转播权、商业广告纠纷等；②处理体育组织的上诉争议，如对兴奋剂、裁判执法等的单项内部仲裁结果不服等；③为国际有关体育组织提供体育法等方面的咨询服务[2]。

（六）与反兴奋剂相关组织的主导建设关系

兴奋剂问题是全球体育赛事治理与仲裁的重大问题，从20世纪上半叶后开始，兴奋剂逐渐泛滥[3]。法国为了维护国家的体育道德名誉，首先开始对比赛药物滥用采取对策，于1955年实施部分药品管制，于1963年率先制定体育比赛兴奋剂管制法规，是世界反兴奋剂工作先驱。随后，1987年，澳大利亚成立兴奋剂调查委员会；1988年，英国运动委员会（British Sport Council）成立兴奋剂管制机构，1988年加拿大政府成立杜宾调查委员会解决约翰逊兴奋剂事件[4]。但是，由于各个国家试图按照自己的标准介入国际体育赛事的反兴奋剂事宜，无形之中降低了国际体育组织在反兴奋剂管制方面的“自我裁决”权利，大量国际体育赛事领域的兴奋剂事件原本由单项体育协会独立处理转为了走当事国家的司法程序。

1. 国际奥委会与世界反兴奋剂机构

国际奥委会为加强国际体育组织的反兴奋剂话语权，于1999年11月10日主导成立了世界反兴奋剂机构（WADA），并颁布《世界反兴奋剂条例》（WADC）。一方面，WADA全球影响力及裁决权力依托于国际奥委会[5]，所有奥运会赛事、非奥运项目赛事的兴奋剂检测工作全部由WADA负责，WADA权力机构董事会与执委会的一半席位由国际奥委会机构成员占据。另一方面，由于部分强权国家介入，WADA成为相对独立的体育组织，表现为：WADA总部并未设在成立地——洛桑，而是设置于加拿大蒙特利尔；运行经费由WADA基金会承担，基金会资金的主要来源是各签署国政府，国际奥委会仅为WADA成立后第一年的基本运行提供资金支持。WADA董事会和执委会的另一半席位被各签署国政府代表占据。但是，国际奥委会对WADA的影响力依然保持较高水平。

---

[1] 黄世席．国际体育争议解决机制研究[M]．武汉：武汉大学出版社，2007.

[2] 黄世席．国际体育仲裁制度研究[D]．武汉：武汉大学，2004.

[3] 刘会平，程传银，杨小帆．世界反兴奋剂机构权利探源[J]．体育文化导刊，2016（12）：33-38.

[4] 赵豫，白永正，汪梅．反兴奋剂立法的理论及实践——以WADA和我国的反兴奋剂条例为线索[J]．体育文化导刊，2005（9）：32-35.

[5] 同[4].

2. 国际奥委会与国际体育仲裁院反兴奋剂仲裁庭（CAS-ADD）

WADA在执行《世界反兴奋剂条例》过程中产生大量纠纷。国际体育仲裁院接受处理大量反兴奋剂纠纷的仲裁申诉，压力甚大。为此，2016年国际体育仲裁院在里约奥运会设立专门反兴奋剂部门（反兴奋剂仲裁庭前身），但仅有对“兴奋剂违规运动员”进行比赛驱逐、取消“兴奋剂违规运动员”当场比赛成绩的权力；2018年平昌冬奥会再设反兴奋剂部门，处罚权限扩大至违规运动员的禁赛处罚。2019年1月1日，国际体育仲裁院基于两届奥运会反兴奋剂部门的经验，在国际体育仲裁院原有部门的基础上设立反兴奋剂仲裁庭（Anti-doping Division，ADD），作为有关兴奋剂纠纷一审仲裁机构，发布《国际体育仲裁院反兴奋剂庭仲裁规则》，更加高效合理地保障运动员权益[1]。CAS-ADD作为第一审级的裁决机构，可代表授权的国际体育组织实施反兴奋剂仲裁程序并采取适当处罚举措。

3. 国际奥委会与国际兴奋剂检测机构

伴随世界反兴奋剂治理专业化程度不断提升，国际奥委会与WADA共同成立国际兴奋剂检测机构（International Testing Agency，ITA），总部位于瑞士洛桑，旨在促进全球反兴奋剂活动的独立性、专业性和透明度，同时让反兴奋剂裁决进一步独立于体育组织和国家利益。ITA实行董事会领导制，董事会与各国际单项体育联合会、大型体育赛事组织签署协议，通过董事会下属办公室授权独立的兴奋剂检测实验室对体育赛事进行兴奋剂检测。ITA的成立是国际奥委会积极应对兴奋剂危机“十二条原则”的具体举措。ITA成立后，WADA权限相对弱化。WADA集中负责反兴奋剂政策制定和资格认定等，ITA则按照相关规程、标准负责检测实践。

第三节
我国奥运申办、筹办、备战制度演化与战略变革

国际奥委会和各国国家奥委会相互作用、相互影响，对全球赛事治理体系产生深刻影响。中国奥委会作为中国竞技体育参与国际体育赛事的最高级别代表，一直以来通过奥运申办、筹办、备战的方式参与国际奥委会组织的相关事务，并不断提升中国在全球体育舞台上的话语权。当然，不同历史时期的全球格局发生变化，中国奥委会申办、筹办、备战奥运的战略也发生着相应改变，值得关注。

[1] 毛杉杉，潘同斌. 反兴奋剂检测的挑战与未来[J]. 北京体育大学学报，2012，35（9）：21-27.

一、奥林匹克国际竞争方式与相关体育组织的运转互动体制

世界各国为展现国家形象、加强外交话语权，持续投入参与奥林匹克运动这场国际竞争。奥运会申办、筹办和备战是奥林匹克国际竞争的三条路径。

（一）奥运会申办——国家奥申委与国际奥委会的博弈

1. 奥运会申办的国际竞争日趋激烈

1896年现代奥运会复兴，奥林匹克全球影响力还比较偏弱，国际奥委会采用直接指定的方式确定申办城市（applicant cities）。随着奥林匹克运动会影响力不断提升，全球各国对于奥运会承办权的竞争日益激烈。1975年，国际奥委会提出候选城市（candidate cities）的概念，并在《奥林匹克宪章》单列第5部分"候选城市组织与比赛条例"，对候选城市提出17点基本要求。1999年国际奥委会第110次全会通过决议，将奥运会承办的候选城市遴选程序分为申办和候选两个部分[1]。有意向申办奥运的城市，一般会与本国政府、国家奥委会联合成立奥运会申办委员会（简称奥申委），向国际奥委会提交申报意向，经国际奥委会讨论决议后确定宣布候选城市，入围候选城市须向国际奥委会提交正式的《申办报告》，国际奥委会评估委员会结合《申办报告》到申报城市实地评估。最终，在奥林匹克全会上分别由申办城市、评估委员会作陈述报告，最终投票确定主办城市。1975年之后，全球各国各地区城市为成功申办奥林匹克运动会，耗费巨大国力迎接候选评估。

2. 奥运会申办遇冷与国际奥委会候选城市遴选机制的调整

2017年9月13日，国际奥委会在第131次全会同时指定法国巴黎、美国洛杉矶分别为2024年、2028年夏季奥运会的举办地，国际奥委会首次面临奥运会无城举办的尴尬境地[2]。实际上，21世纪第一个十年，全球各国申办奥运会的热情就已经开始减弱，于是2014年国际奥委会修改了《奥林匹克宪章》，改变了以往申办城市自愿申请的规则，引入邀请沟通机制，但是奥运会申办总体还是以竞争投标为主。2019年6月，国际奥委会第134次全会批准通过新修订的《奥林匹克宪章》，执行委员会于2019年10月正式启动新的申办城市遴选机制，以更好地促进奥委会与主办城市之间的双边磋商，保持合作灵活性[3]。

（二）奥运会筹备——国家奥组委投入与支撑

主办城市获得主办权后，奥运会筹备工作随即启动国家奥组委建立工作。国家奥组委一般是由主办国的主办城市、国家政府的体育行政职能部门、以国家奥委会为代表的国家

[1] 林冬. 现代奥运会申办和举办城市分布情况的研究[D]. 北京：首都体育学院，2018.

[2] 曹大伟. 奥运会举办权遴选面临的困境与应对——对比世界杯足球赛推广经验[J]. 体育研究与教育，2020，35（3）：32-35.

[3] 王润斌，王海燕. 布里斯班为何会赢？：奥运会主办地遴选的规则修订、制胜之道与镜鉴启示[J]. 上海体育大学学报，2024，48（1）：36-47.

奥委会共同组建。奥林匹克组织委员会，代表主办城市与国际奥委会协调相关工作，共同推进奥运会的筹办工作。奥运会筹备工作是一项极其复杂的系统工程，国家奥组委的中坚力量，承担筹备工作的相应职责权益。国际奥委会将从奥运会电视转播权出售、TOP计划等途径获取的资金按照一定比例提供给主办国用于奥运会筹备，而主办国政府、国家奥组委以及相关企业则是承担奥运会筹备。奥运会筹备工作大致可划分为组织筹备和工程筹备两大类。

（1）奥运会的组织筹备。国家奥组委需要做好奥运筹备的组织划分和分工协调，包括：规划统筹、组织管理、文化活动、竞赛组织、交通、奥运村、新闻村、食宿、通信、公共关系、医疗、保险、安全、礼仪等。

（2）奥运会的工程筹备。奥运会的工程筹备是指奥运会主办国的各级政府、国家奥组委、企业或私人对奥运会所用的场馆、设施等进行投资建设的范畴，还可以进一步区分两种类型[1]：①奥运工程的直接投入。奥运工程直接投入更多是用于新建、改建、扩建举办奥运会比赛馆、体育场、奥运村、记者村、新闻中心、奥林匹克公园等。②奥运工程的间接投入。奥运工程间接投入更多是用于新建、改建、扩建举办城市基础设施（例如：交通、通信、水电等），环境保护，酒店餐饮等。

（三）奥运会备战——国家体育赛事系统选拔组建“国家体育代表团”参赛备战

国家奥委会负责遴选优秀运动员组建国家代表队，报名参加奥林匹克运动会，力争在奥运会赛场上斩获奖牌，并努力争得优秀名次。国家代表队备战奥运会同样是一项复杂系统工程，涉及以下几方面。

（1）明确优势项目定位。国家需要围绕奥运会正式比赛项目，盘查未来本国2～3届的奥运会金牌争夺的优势项目进行系统性备战，全面掌握不同单项各年龄段潜力运动员的情况，通过国家队、国家青年队、国家少年队的组建参与全球各级、各类综合性、单项锦标赛，为奥运会备战持续积蓄力量。

（2）构建体育赛事运作系统支撑奥运备战。国家为更好地备战奥运，在国内建立起与奥运会赛事规则相协调的体育赛事运作系统，以奥运备战的重点优势项目发展为目标，借助“赛训一体”的人才培养体系，为建立更高水平的国家体育代表队提供支撑。

二、2001—2008年北京奥运会“申办—筹备—备战”周期的制度概述

为了更好地嵌入国际体育赛事系统，在全球体育赛事治理系统中获得充足话语权，我国举全国之力在奥运申办、筹备、备战三条战线全面投入竞争，取得骄人成绩，也是传统型举国体制制度优势发挥至巅峰的历史创举。1998年3月，国务院机构改革启动，国家体

[1] 董杰. 奥运会对举办城市经济的影响[D]. 北京：北京体育大学，2002.

育运动委员会改组为国家体育总局，并与中华全国体育总会、中国奥委会合署办公。国家体育总局为国务院下属正部级单位，为全面提升传统型举国体制制度优势奠定基础，也为2001—2008年北京奥运会“申办—筹备—备战”工作做好铺垫。最终得益于传统型举国体制，2008年北京奥运会胜利举办。不论是申办筹备还是竞技备战，都展现出了强大国力。

（一）“申办—筹备”竞争赛道：北京奥申委的成立与建设

1. 2008年北京奥申委的组建与构成

推动合署办公改革同期，1999年9月6日北京奥申委成立。时任北京市市长刘淇任北京奥申委主席，国家体育总局局长、中国奥委会主席袁伟民任北京奥申委执行主席，大大提高了北京奥申委整合北京市、国家体育总局行政力量的效率。进入北京奥申委的国家体育总局领导均兼任有国际奥委会、中国奥委会的领导职务，例如：时任国家体育总局局长、中国奥委会主席袁伟民任北京奥申委执行主席，国家体育总局党组书记、副局长李志坚任北京奥申委常务副主席，表现出国家体育总局和中国奥委会合署办公。同时，时任国际奥委会执委会委员、副主席何振梁，亚洲奥林匹克理事会执委兼体育运动会主席魏纪中任北京奥申委顾问，国际田联副主席楼大鹏任北京奥申委体育主任，中国奥委会秘书长屠铭德任北京奥申委体育副主任，有利于借助国际奥委会委员身份更好地与国际奥委会沟通，提高奥运会申办成功率。

2. 2008年北京奥组委的组建与构成

2001年7月13日晚，国际奥委会主席萨马兰奇先生宣布北京成为2008年奥运会主办城市。2001年12月13日，第29届奥林匹克运动会组织委员会（简称北京奥组委）成立，承担2008年北京奥运会、残奥会各项筹办任务。萨马兰奇在2008年北京奥运会闭幕式上盛赞北京奥运会无与伦比，都应当归功于北京奥组委背后强大的举国体制优势。相较于北京奥申委，北京奥组委的成员构成更能够体现国家体育总局与中国奥委会合署办公的优势。北京奥组委由主席、副主席、执行主席、执行副主席和执委组成。其中，时任国家体育总局局长兼任中国奥委会主席的刘鹏担任北京奥组委执行主席；国家体育总局副局长兼任国际奥委会委员于再清、国家体育总局副局长兼中国奥委会副主席段世杰担任北京奥组委执行副主席。另外，国际奥委会执委会委员何振梁、国家体育总局对外联络司司长兼任中国奥委会秘书长的顾耀铭担任北京奥组委执行委员。国家体育总局与中国奥委会合署办公，进一步释放举国体制制度优势，大大提升了奥运会筹办各项工作的效率，奥运会运行模式、奥运会技术支持和服务保障、奥运会场馆及周边基础设施建设，以及奥运会开幕式、闭幕式和火炬传递工作几乎是超规格完成。

（二）“竞技备战”竞争赛道：全面强化传统型举国体制

2000—2004年雅典奥运会备战周期结束，2005年初国家体育总局成立“2008年奥运会竞技备战领导小组”，第29届奥运会备战工作启动，传统型举国体制制度优势全面得到强化。

1. 备战行政管理系统建设

北京奥运会备战工作高度依赖传统型举国体制的行政指挥系统。根据《2008年北京奥运会备战工作组织管理办法》[1]，行政指挥系统重要单位机构包括国家体育总局党组，国家体育总局竞技备战领导小组、备战办公室，项目管理中心及国家队。另外，2008年北京奥运会备战过程中，我国各运动项目管理中心与单项体育协会处于“一套班子、两套牌子”的合署办公状态，单项体育协会作为社会组织类型并未在国家队等具体竞技备战工作中发挥过大作用，行政特征突出的运动项目管理中心在国家队管理层面发挥主导作用。依托于国家体育总局的行政管理资源，整个2008年北京奥运备战均围绕“奥运争光”全面开展，将传统型举国体制优势发挥到极致，具体表现在以下几方面：

（1）备战队伍的经费支撑。2008年北京奥运备战任务更加艰巨，资金需求量相比以往更大。正是因为传统型举国体制兜底，国家以财政拨款方式大力支持奥运备战工作的平稳推动，并且出台相关规定将体育彩票公益金的40%拨付体育系统，用于备战各类国际性体育赛事，其中奥运备战是该项经费的重头戏。

（2）举国备战的制度协调。奥运备战是一项复杂的系统工程，横向上需要不断协调训练、竞赛、科研、信息、后勤、宣传、外事、商业开发、思想教育、体育仲裁等多个部门，纵向上涉及国家—省市—基层竞赛的人才选拔与输送。各方诉求相互交织，只有在传统型举国体制的备战系统下才能够最大限度地得到协调，实现备战工作的“全国一盘棋”战略目标。

（3）奥运备战重点项目的国家队长期集训制度落地。围绕奥运重点项目，我国传统型举国体制长期采用国家队长期集训制度，保障精英运动员定期开展国家队集中训练。2008年北京奥运备战不仅沿用国家队长期集训制度，还将更多资源用于国家队集中训练。

2. “全运会”赛制的调整与导向

全运会是国家三级竞赛体系的塔尖，是检验各省、自治区、直辖市训练成果的最高平台，也是遴选优秀精英运动员组建国家队备战奥运会的顶级体育赛事。为备战奥运会，国家以奥运会项目布局为导向，科学调整、优化全运会赛制，为各省、自治区、直辖市筛选、输送国家需要的优秀运动员提供指引。具体来说，国家希望借助全运会的项目设置和计分方式引导各省、市调整资源配置，集中更多资源投入到奥运项目[2]。

[1] 苗向军. 我国备战奥运会组织管理的理论与实证研究[D]. 北京：北京体育大学，2007.

[2] 徐开娟. 新中国全运会演进历程研究[D]. 上海：上海体育学院，2011.

（1）全运会的项目设置。全运会项目设置的“奥运争光”导向，有利于引导各省、地市结合重点项目培养后备人才，扩大国家队的优秀人才选拔范围。实际上，1993年七运会就已经开始接轨奥运会，比赛项目对接夏季奥运会项目，而且新增速度滑冰、短道速滑两个冬季奥运会项目；1997年八运会取消了技巧、中国式摔跤、围棋、蹼泳、滑水、航海模型、航空模型、无线电测向、跳伞9个非奥运大项34小项。2001年九运会则强调全面对接奥运会项目，增加跆拳道和花样滑冰两个大项，所设345个小项中奥运项目有294个。

（2）全运会的计分方式。从七运会开始，全运会计分方式便开始向奥运项目侧重，规定运动员在临近上一届奥运会获得奖牌按照1∶1方式计入所在全运会代表团；八运会聚焦“三大球”（不含沙排）的“奥运争光”奖励前12名代表队，手球、曲棍球、棒垒球项目实施双倍奖牌、双倍计分；十运会进一步加大计分的“奥运争光”导向，规定上一届运动员获得奥运奖牌按照1∶2的比例计入所在全运会代表团。

三、2015—2022年北京冬奥会“申办—筹备—备战”周期的制度概述

2015—2022年北京冬奥会“申办—筹备—备战”周期，传统型举国体制依然发挥了重大作用，但主导地位有所下降。新型举国体制在2022年北京冬奥会申办、筹办两大领域的影响力逐步提升。

（一）新周期中国体育赛事系统内、外部环境发生变化

1. 外部环境的困难骤增

（1）国际金融危机提高奥运筹备成本。2008年美国次贷危机爆发，全球经济进入衰退周期。全球各个国家、城市身处经济衰退的大潮之下，面临奥运会承办的高昂成本，缺乏充足资金支撑和勇气担当积极申办、筹办奥运会。在2022年冬季奥运会申办过程中，已申报的城市纷纷选择退出竞争，国际奥委会面临尴尬窘境。

（2）全球疫情为奥运筹备制造巨大困难。2020年初新冠疫情席卷全球，引发规模空前的全球性健康危机。全球各地进入完全封锁状态。2020年3月24日，东京奥运会宣布延期，2022年北京冬奥会举办时间也不确定。但是面对疫情威胁，北京冬奥组委坚持疫情防控和冬奥筹办两手抓，实现了工作未间断、力度没减弱、标准没降低。2021年底，北京、延庆赛区8个竞赛场馆、16个非竞赛场馆、31项配套基础设施全部按期完工投用。另外，北京冬奥组委与国际奥委会共同制定《防疫手册》，将冬奥会打造成为“整个星球中最安全的地方之一”，赛时期间，闭环内核酸检测阳性率仅为0.45%。

2. 内部改革的压力巨大

2010年中央经济工作会议提出：明年（即2011年）是“十二五”开局之年，做好经济社会发展工作十分重要……要以加快转变经济发展方式为主线……加大改革攻坚力度、推

动经济发展方式转变。可以说，2008年北京奥运会成功举办，传统型举国体制制度优势完全释放，我国体育赛事系统“双轨”制改革方向又进一步调整，开始向新型举国体制方向倾斜。因此，纵观2015—2022年北京冬奥会的“申办—筹备—备战”全过程，一方面既要保持传统型举国体制的制度优势攻坚克难，完成筹办、备战艰难任务；另一方面，体育赛事作为中国社会经济发展新引擎，必然要与国家经济改革发展的总体趋势相契合，面临“简政放权”“公共服务”“市场培育”和“现代治理”等多项新型举国体制改革探索的挑战。相较于2008年北京奥运会，新一轮“申办—筹备—备战”工作既要依赖传统型举国体制行政管理基础，但同时还要分出精力，在冰雪运动的公共服务维度、市场培育维度以及青少年学校领域、群众健身领域等进行探索，办赛压力与改革压力双重叠加、难度更甚。

（二）2022年北京冬奥会成功举办的意义

1. 展现大国担当

面对国际金融危机、经历全球新冠疫情肆虐，中国履行诺言，成功申办、筹备、备战2022年北京冬奥会。

（1）面对全球金融压力，继续申办冬奥。面对国际金融危机带来巨大的经济压力，在众多意向城市纷纷放弃申办情况下，中国依然遵守推广奥林匹克的郑重承诺，于2015年成功申办2022年冬奥会。2015年7月31日，习近平总书记在申办投票前通过视频表达庄严承诺：“中国人民期盼和等待着这次机会。我相信，如果各位选择北京，中国人民一定能在北京为世界奉献一届精彩、非凡、卓越的冬奥会！”中国在危难时刻表现出大国担当。

（2）面对全球疫情肆虐，高标准筹备冬奥。2022北京冬奥会筹备过程中遭遇全球新冠疫情，极大阻碍了冬奥会筹备进程。为兑现冬奥申办时的郑重承诺、展现中国无与伦比的社会动员力、管控力，中国奥组委进一步强化举国体制优势，为冬奥会打造专门的疫情防控保障服务，将疫情完全隔离于冬奥会之外，既是大国担当体现，也进一步提升了中国在国际体育赛事治理体系中的话语力量。

2. 深化与国际奥委会来之不易的互信关系

回顾1993年，北京集举国之力申办第27届奥运会，前3轮形势大好，第4轮却以2票的微弱劣势输给悉尼。中国并未放弃，经不懈努力，终于在2001年斩获第29届奥运会举办权，以举办国身份迈进全球体育赛事治理体系，进一步确立与国际奥委会等相关国际体育组织的密切互信关系。2008年国际金融危机造成各国城市承办冬奥会的意愿降低，国际奥委会在奥运主办城市遴选上非常被动。北京高度重视与国际奥委会来之不易的合作关系，积极申办并再次成功举办了一届“无与伦比的冬奥会”，与国际奥委会关系得到深化。

3. 提升中国体育国际话语权

2022年北京冬奥会是对2008年北京奥运会积极效应的延续与巩固。如果将“2001—2008年”“2015—2022年”的两个北京奥运“申办—筹备—备战”周期视为中国的一个“大奥运周期”，那么在此“大奥运周期”内，中国在全球体育赛事运作治理体系中的话语权得到了巨大提升。2002年，国家体育总局颁布《关于加强国际体育组织人才培养工作的意见》，表示有计划、分期分批组织外语培训、业务知识培训，加大人才培养和锻炼力度，并于当年培养、输送200多人在国际奥委会、亚奥理事会等国际体育组织中担任300多个不同职务[1]。2008年北京奥运结束，国家体育总局进一步加强与相关国际体育组织联系，2010年聘请著名体育外事专家展开培训，并出台《国际体育组织任职人员英语培训计划》等。截至2019年9月，我国共有297人在国际奥委会、亚奥理事会等66个国际体育组织中担任439个职务[2]。中国在全球体育赛事治理体系中的话语权不断提升。

4. 提升居民生活满意度

2022年北京冬奥会是北京一项重大民生工程。京张高铁、京礼高铁得以建成，串联构建起北京、延庆、张家口、崇礼“一小时交通圈”；京张高铁清河站周边建成慢行系统，改善居民日常休闲生活；五棵松体育中心、首都体育馆周边交通设施更新，为居民锻炼提供优质的交通服务；新首钢高端产业综合服务区周边的配套主干路网为居民的出行提供便利。另外，北京冬奥会城市生态环境不断得到改善，中轴线北端680公顷的奥森公园建成，石景山永定河畔1142公顷的北京冬奥公园建成显著改善居住环境。《北京2008年奥运会健康遗产》披露，北京市居民高度认同2008奥运会的价值，生活总体满意度从50.3%增长至60.9%。

（三）新周期内传统型举国体制与新型举国体制关系的调整

1. 筹备、备战高度依赖传统型举国体制优势

2008年北京奥运会顺利举办，传统型举国体制的制度优势发挥到极致，为顺应社会主义市场经济发展规律，开始向新型举国体制过渡。但是，2015年成功申办北京冬奥会，加之面临诸多全球各项外部压力，依然无法完全脱离传统型举国体制的有力支撑，尤其体现在2022年冬奥会的筹办工作和备战工作两个方面。

（1）筹备工作：冰雪运动场地设施建设还是以政府公共财政投入为主。《冰雪运动发展规划（2016—2025年）》提出，各地要科学规划冰雪运动场地设施；冰雪产业用地控制规模纳入地方各级土地利用总体规划中合理安排；各地公共滑冰馆纳入全民健身场地设施建设和健康养老服务工程统筹考虑；另外，《全国冰雪场地设施建设规划（2016—2022年）》提出，政府提供公共场馆设施建设必要公共财政支持，进一步健全政府购买公共体育服务机制。2022年北京冬奥会筹备工作很大程度上高度依赖国家公共财政和体育彩票的公益基金，也需要国家土地等相关政策支持。

（2）备战工作：跨项选材和突击式强化训练离不开行政管理保障。我国冰雪运动起步

[1] 国家体育总局. 关于加强国际体育组织人才培养工作的意见[EB/OL]. [2002-12-27]（2021-09-22）. https：//www. sport. org. cn/search/system/zdxwj/rs/2018/1112/193170. html.

[2] 国家体育总局. 新中国体育70年[EB/OL]. [2019-10-9]（2021-12-07）. http：//sport.nx.gov.cn/zfxxgk/fdzdgknr/zdzc/201910/t20191009_3387427. html.

晚、底子薄，后备人才严重不足[1][2]，备战冬奥会的难度巨大，依然需要利用“传统型举国体制”制度优势解决备战短板。2017年3月，国家体育总局冬季运动管理中心下发《关于开展全国冬季项目跨项跨界选材工作的通知》，针对我国冰雪运动底子薄、基础差、人才少的劣势项目，依据运动项目特征相近、发展规律相似原则，按照不同的冰雪项目选材标准在非冰雪项目中选拔、挑选适合人才，并持续投入资源开展冰雪运动专项培训。在行政力量统筹协调下，中国代表团派出176名健儿参加北京冬奥会，首次在冬奥会赛场上实现7个大项、15个分项、104个小项的“全项目参赛”目标。可以说，能够短期内实现“全项目”备战目标，离不开传统型举国体制的有力支撑。

2. 筹备环节开启新一轮新型举国体制改革探索

1993—2001是中国体育赛事首轮新型举国体制改革的探索阶段，由于改革经验不足、加之2008年北京奥运会筹办，备战任务繁重，改革的步伐逐步收缩。直至2008年北京奥运结束。伴随2010年前后国家进一步推进中国特色社会主义市场经济发展，2015—2022年冬奥会申办—筹办—备战周期内又启动了一系列新型举国体制改革举措，其中2022年北京冬奥会筹备环节的体制改革痕迹最为明显。2016年《冰雪运动发展规划（2016—2025年）》《全国冰雪场地设施建设规划（2016—2022年）》相继颁布，其中提出的“公共冰雪运动场地场馆建设与赛后利用”“冰雪运动社会组织网络培育”和“冰雪运动市场主体孵化”是奥运筹备的重要内容，蕴含新型举国体制探索改革痕迹。

（1）公共冰雪运动场地场馆建设与赛后利用。我国冰雪项目起步晚，专业场地场馆匮乏。2022年北京冬奥会成为全国冰雪项目基础设施建设的重要契机。根据《全国冰雪场地设施建设规划（2016—2022年）》，冰雪项目基础设施建设的投入方式、赛后利用机制符合市场化改革要求。①场馆基础设施协同共建。场馆建设在公共财政支持的基础上，提倡推广和运用政府和社会资本合作等多种模式，吸引社会资本共同参与冰雪运动设施建设运营。②场馆基础设施的赛后利用。政策提出：健全政府购买公共体育服务机制，在合规合法的前提下鼓励金融机构拓展冰雪领域金融服务，支持私募股权投资基金、创业投资基金及各类投资机构加大对冰雪场地设施建设投资，帮助符合条件的冰雪装备制造企业和场馆运营企业进入资本市场或发行债券等。

（2）冰雪运动事业单位或社会机构培育。我国冰雪运动同样存在社会体育组织匮乏问题。2022年北京冬奥会新建的大量建设场馆的高效利用需要社会体育组织助力。《冰雪运动发展规划（2016—2025年）》专门对冰雪运动相关事业单位、社会组织机构建设提出要求。①冰雪运动特色学校。全国中小学校园冰雪运动特色学校2020年达到2000所，2025年达到5000所；②大力发展冰雪体育组织。加强各单项协会指导、组织与传播功能。鼓励冰雪类

---

[1] 岳海涛，李硕．2022年北京冬奥会背景下加快构建我国自由式滑雪空中技巧项目后备运动员培养体系[J]．冰雪运动，2018，40（6）：10-13.

[2] 臧荣海，胡悦．备战2022冬奥会我国冰雪体育后备人才的培养[J]．冰雪运动，2017，39（3）：1-4.

民办非企业组织发展，积极培育多形式、多层次冰雪协会，引导协会提供相适应的公共服务与产品；推动群众性冰雪体育组织发展。

（3）冰雪运动的市场主体孵化。上述政策包含大量冰雪运动的市场化运作要求，鼓励孵化冰雪运动的各类市场主体，包括：支持社会力量兴办冰雪运动俱乐部或冰雪运动培训学校，开展大众冰雪运动健身培训服务；实施冰雪产业精品工程，支持各地打造一大批优秀冰雪运动俱乐部、示范场馆和品牌体育赛事；建设一批复合型冰雪旅游基地和冰雪运动中心；建设一批集滑雪、登山、徒步、露营等多种健身休闲运动于一体的体育旅游度假区或度假地；大力拓展冰雪竞赛表演市场，促进办赛主体多元化；扶持具有自主品牌的冰雪运动器材装备、防护工具、设施设备、客运索道等冰雪用品企业和服装帽鞋企业发展。鼓励以冰雪、花样滑冰和高山滑雪为试点进行职业化探索，支持教练员、运动员职业化发展。

【案例6-1】

我国申奥往事

2001年7月31日，在莫斯科年会上，国际奥委会委员投票选出2008年奥运会的举办城市，时任国际奥委会主席萨马兰奇宣布最终结果：“获得2008年第29届奥运会主办权的城市是——北京。”回想起来，我国申奥已有20余年的历程。1978年邓小平会见日本记者时就提到过，中国有在未来十年内申办奥运会的设想。1984年，中华人民共和国第一次作为参赛国家参加洛杉矶夏季奥运会，中国运动员取得的优异成绩，也激发了中国人民对举办自己的奥运的决心。尤其是1990年亚运会的成功举办，再次让中国人相信自己有能力举办一场奥运会。1991年5月，北京奥申委挂牌正式成立，中国踏上了首次申奥之路，申奥的口号是“开放的中国盼奥运”和“给北京一次机会，还世界一个奇迹”。但在正式申办奥运会之时，国际环境的严峻让首次申奥之路充满坎坷。以美国为首的西方国家开始在国际上大肆游说，反对北京申办奥运。举办奥运会这种事，必然会扩大承办国在国际上的影响力，红色中国的影响力的扩大，自然是美国人不愿意看到的事情。他们用人权、政治等为借口极力阻止奥委会选择北京，有人甚至宣称：“如果选择中国首都，将有损奥运会的精神。”在此背景下，1993年9月，中国首次申奥失败。

在经过国内进一步发展与充分准备的基础上，1998年11月25日，北京向世界宣布申办2008年奥运会。北京2008年奥林匹克运动会申办委员会是经国务院批准专门成立的2008年奥运会申办工作的办事机构，该机构由北京市政府、国家体育总局、中央和国务院有关部门负责人、奥林匹克事务专家、优秀运动员代表、教育界人士、科技界人士、文化界人士、企业家和社会其他知名人士组成，时任北京市市长刘淇任北京奥申委主席，国家体育总局局长、中国奥委会主席袁伟民任执行主席。这次提出新的申办口号是“新北京，新奥运”。为进一步体现奥运精神，北京提出此次奥运举办的亮点是“绿色奥运、人文奥运、科技奥运”，这次希望向世界人民呈现的是一次绿色、环保的奥运。尽管如此，西方国家仍在设法阻挠并硬给中方扣上毫不相干的政治帽子，阻止中国获得增加国际影响力的机会。但事实证明，北京奥运会不仅成功申办，而且举办了一届无与伦比的奥运会，也让世界看到了一个更加自信、开放、从容的中国。

［改编自：魏纪中．中国两次申奥背后的故事[EB/OL].（2018-11-03）[2024-10-10]. https://www.thepaper.cn/newsDetail_forward_2592784.］

思考题

1. 2008年北京奥运会对于我国发展的影响体现在哪些方面?
2. 结合举国体制，谈谈北京奥运会成功申办的原因是什么。

【案例6-2】

我国跨界跨项选材为冬奥会全项参赛奠定基础

在2022年北京冬奥会期间，我国代表团完成了7个大项、15个分项、104个小项的全项目参赛任务。但在2014年索契冬奥会期间，我国仅参加了49个小项的比赛，2018年平昌冬奥会也只参加了53个小项。2015年我国获得冬奥会的举办权时，举办的109个小项中，三分之一我国从未开展过，甚至都没有国家队建制。在冬奥会进入北京时间后，为更好地备战在本土举办的冬奥会，国家体育总局启动了跨界跨项选材充实冰雪项目的人才队伍，并于2018年发布《2018年北京冬奥会参赛实施纲要》《关于设立跨界跨项运动员运动水平等级激励政策的通知》，以实现北京冬奥会“全项参赛”和争取更好成绩为目标。在参加北京冬奥会的177名运动员中，有五分之一来自跨界跨项选材。

实际上，我国早在多年前就开展了跨界选材的尝试并取得了不少成果，如刘翔是从跳高转到跨栏专项，田亮和伏明霞是从体操转到跳水，中国男子击剑首位奥运冠军仲满练过跳高和篮球。对于运动员而言，跨界跨项选材可以帮助运动员接触更多项目；对于竞技成绩而言，跨界跨项选材是一种“急救”方式，在短时间内通过“人才再利用”计划快速丰富后备人才储备。在备战2008年北京冬奥会期间，我国在跨界跨项选材方面已经建立起一套科学完善的制度。冬奥会期间跨界跨项选材范围已经覆盖全国，选材来源包括田径、体操、蹦床、技巧、武术、自行车、曲棍球、轮滑、旱地冰球等项目，通过最大限度地扩大选材参与面和人才基数，夯实选材体系的金字塔底座。例如，苏翊鸣是2018年通过中国赛艇协会跨界跨项选材计划入选国家单板滑雪坡面障碍与大跳台集训队。北京冬奥会的跨界跨项选材是一项创新工程，书写了新时代我国备战冬奥会重大现实课题的答卷，为我国竞技体育、社会发展带来丰厚的冬奥遗产。

［改编自：张艺. 我国首次实现冬奥会全项目参赛，跨界跨项选材留下更多思考 [EB/OL]. （2022-02-21）[2024-10-10]. https://s. cyol. com/articles/2022-02/21/content_DEBwaacj. html］

思考题

1. 为什么要进行跨界跨项选材?
2. 新型举国体制对于跨界跨项选材的作用有哪些?
3. 你认为跨界跨项选材对于后备人才培养有什么作用?

【案例6-3】

北京冬奥会冬残奥会总结表彰大会隆重举行　习近平发表重要讲话

习近平强调，确保北京冬奥会、冬残奥会如期安全顺利举办，确保“两个奥运”同样精彩，是中国人民向国际社会作出的庄严承诺。7年来，在党中央坚强领导下，各有关部门、各省区市团结协作、攻坚克难，北京携手张家口作为主办城市尽锐出战、全力投入，同国际奥委会、国际残奥委会等国际体育组织紧密合作，克服新冠肺炎疫情等各种困难挑战，向世界奉献了一届简约、安全、精彩的奥运盛会，全面兑现了对国际社会的庄严承诺，北京成为全球首个“双奥之城”，汇聚起实现中华民族伟大复兴的强大力量。冬奥赛事精彩纷呈，爱国情怀充分彰显，“三亿人参与冰雪运动”成为现实，冬奥遗产成果丰硕，实现成功办奥和区域发展双丰收，疫情防控精准有效，团结合作走向未来，为推动全球团结合作、共克时艰发挥了重要作用，也为动荡不安的世界带来了信心和希望，向世界发出了“一起向未来”的时代强音。

[引自：北京冬奥会冬残奥会总结表彰大会隆重举行　习近平发表重要讲话 [EB/OL].（2022-04-08）［2024-10-10］. https://www. gov. cn/xinwen/2022-04/08/content_5684173. htm.]

思考题

新型举国体制下，北京冬奥会、冬残奥会成功举办的意义是什么?

◎ 复习题

1. 简述奥林匹克运动的全球推广历程。

2. 论述奥林匹克对我国传统型举国体制中重要体育组织的影响。

3. 论述北京2008年奥运会与2022年冬奥会“申办—筹备—备战”周期的制度区别与联系。

第七章

我国竞技体育赛事制度的演化与发展

本章概要

- 我国竞技体育赛事制度的沿革
- 国内奥运备战体育赛事
- 我国奥运备战的国际体育赛事体系
- 我国竞技体育赛事的调控

教学目标

- 了解竞技体育赛事制度的内涵
- 了解我国竞技体育赛事制度的发展历程
- 掌握我国奥运备战体育赛事体系构成
- 了解我国竞技体育赛事的控制、激励与调控手段

相关网站

- 运动员技术等级信息查询系统（https://ydydj.univsport.com/）
- 国家体育总局政策法规司网站（https://www.sport.gov.cn/zfs/）
- 中国人大网（http://www.npc.gov.cn/npc/）
- 中国体育法学网（http://www.chinasportslaw.com/）

推荐书目

- 邓万金．我国竞技体育核心竞争力形成机制与发展路径研究[M]．广州：中山大学出版社，2023.
- 彭国强．竞技体育学概论[M]．南京：南京大学出版社，2023.

- 于文谦. 竞技体育学[M]. 北京：人民体育出版社，2010.
- 国家体育总局干部培训中心. 美国竞技体育科学训练与科研体系研究[M]. 北京：北京体育大学出版社，2021.

竞技体育赛事体系是传统型举国体制的核心枢纽，是我国体育事业“双轨制”发展格局的重要一轨，长期秉持超常规策略取得卓越成绩，也是传统型举国体制向新型举国体制转型的改革深水区。“双轨制”发展格局下，我国竞技体育赛事制度如何变化？与群众体育、学校体育、职业体育存在哪些区别与联系？这些都是本章关注的问题。

第一节 我国竞技体育赛事制度的基本问题

竞技体育是我国体育事业的重要组成，占据我国体育体制主导地位。为此，本节重点讨论竞技体育基本内涵与核心构成，有助于帮助读者清晰认识我国竞技体育体制架构的内在逻辑。

一、竞技体育的概念界定

关于竞技体育，学界有着不同界定。任海认为，竞技运动是为了最大限度地发挥个人和集体在体格、体能、心理和运动能力等方面的潜力，取得优异运动成绩而进行科学的系统的训练和竞赛[1]；颜天民认为，竞技体育是在进行体育活动的主体之间，采用公开的、共同认可的方式和规范，以相互之间身体运动能力（包括智力）优劣比较的形式所进行的挑战极限、超越自我的社会性竞争活动[2]；梁晓龙提出，竞技体育是指在严格的竞赛规程和竞赛规则条件下，运动员最大限度地发挥个人和集体的体力和智力，以夺取运动竞赛锦标为目标的单项或集体项目的体育运动[3]。概括来看，学界关于竞技体育的界定可理解为：竞技体

[1] 任海. 关于体育划分为竞技体育、学校体育和大众体育的质疑[J]. 体育论坛，1989（4）：34.

[2] 颜天民. 竞技体育的价值研究[J]. 体育科学，2000（1）：26–28.

[3] 梁晓龙. 当代中国体育若干基本理论问题探讨之五（上）当代体育运动发展的基本趋势、规律与特点[J]. 体育文化导刊，2003（8）：7–11.

育是在制胜目标导向下，在特定运动规则下开展的人与人、集体与集体的竞争与对抗，属于狭义概念的范畴。广义层面上，竞技体育并非仅仅局限于精英运动员，只要涉及突破极限、战胜对手的竞争属性均可以称之为竞技体育，例如群众竞技体育、校园竞技体育等。

二、竞技体育赛事制度的内涵

在管理学学科领域，制度是国家机关、企事业单位在机构设置、领导隶属关系和管理权限划分等方面的体系、制度、方法、形式等的总称[1]。因此，体育赛事制度可理解为：体育赛事运作管理者根据系统内外部环境情况，对体育赛事层次与结构进行规定，对体育赛事系统运转过程中各部门动员、协调、激励等办法方式进行设计，形成体制、机制的集合。竞技体育赛事制度具有一定特殊性，与群众体育赛事活动制度、职业体育赛事制度等既有区别，也有联系，是一项复合型概念，包含四个方面的内涵。

（1）竞技体育本质目标。整合优秀精英运动员组建运动队，参与更高级别体育赛事争金夺银。

（2）竞技体育赛事的生产模式。各类体育竞赛组织构建竞赛平台，广泛吸纳符合条件的优秀运动员（队）参赛。由体育竞赛组织和运动员等相关群体共同运营高质量竞赛，向观众提供优质的竞赛服务与产品。

（3）竞技体育赛事的运作体制。不同国家、地区的竞技体育运作体制存在差别，表现在机构设置、权限划分、运行机制等方面。机构设置是管理分工的基础，权限划分是落实管理分工的基础。

（4）竞技体育赛事的运作机制。在运作体制基础上，为更好地达成竞技体育目标，推动生产模式，需要在运作体制基础上设计体育赛事系统的机构运转、关系协调的具体办法和举措。

三、竞技体育赛事的核心资源——体育赛事IP[2]与运动员产权

体育资源是指能够满足体育发展所需的各类要素或条件。根据竞技体育赛事属性，体育赛事IP和运动员产权是构成竞技体育赛事的两大关键性资源。其中，体育赛事IP由体育赛事所有权人掌握，其是搭建组织特定体育赛事的唯一合法者。拥有高质量的体育赛事IP才能够吸引广泛的竞技运动员参与，吸引社会观众的关注观看。运动员产权是竞技体育赛事的另外一类重要的资源，往往也是体育赛事IP的重要组成部分，是通过系统竞技体育训

[1] 辞海编辑委员会. 辞海[M]. 上海：上海辞书出版社，1999：3575.

[2] 注：体育赛事IP（intellectual property）是体育产业的核心资产，指以特定体育赛事为核心形成的知识产权体系，包括赛事名称、标志、形象、规则、文化内涵及相关衍生权益。其本质是通过专业运营赋予赛事独特的品牌价值和商业潜力。

练、长期竞技体育赛事培养出的具有较高社会、市场影响力的竞技运动员群体。比较来看，人力资源是体育竞赛的核心资源[1]。因此，构成竞技体育赛事的最关键资源更应当是能够在更高层次体育赛事中争金夺银的“精英运动员”。普通体育爱好者由于不能在高层次体育竞赛中突破成绩、获得胜利，不纳入竞技体育范畴。

第二节 我国竞技体育赛事制度的沿革

中华人民共和国成立以来，我国竞技体育体制机制便处于一个持续演化的动态发展过程，大致包括萌芽阶段、传统型举国体制主导阶段、新型举国体制首轮改革阶段、传统型举国体制强化与新型举国体制收缩阶段、传统型举国体制维持与新型举国体制加强阶段五个阶段。不同历史阶段，竞技体育体制机制都发生相应的调整与改变。

一、萌芽阶段（1949—1979年）

1949年至1979年，我国基于“赛训一体”原则建立起了一套国家级竞技体育赛事系统，并围绕这套竞技体育赛事系统孵化出初期的竞技体育训练体系。

（一）全运会、省运会、军运会的雏形

从1949年中华人民共和国成立到1979年，我国国内缺乏体育赛事体系支撑，国际上也缺少国际奥委会的认可，国家体育赛事系统总体处于发展萌芽期。该阶段，国家确立以全运会为重点推动竞技体育赛事体系发展。利用全运会杠杆效应，调动全国各地方训练单位开展备战。该阶段逐步形成以全运会、省运会、军运会为主导的国家体育赛事系统雏形，并在此基础上形成了由国家队、体工队、业余体校构成的竞技体育训练单位。

1. 全运会初步搭建

1958年，国家体委党组发布《关于体育运动十年规划的报告》，首次提出国家全运会（简称全运会）体育赛事制度的计划与设想。1959年首届、1965年第二届、1975年第三届以及1979年第四届全运会均在北京举办。前四届全运会赛制更多偏向群众性体育，在赛制安

[1] 肖林鹏. 中国竞技体育资源调控与可持续发展[D]. 北京：北京体育大学，2003.

排、组别分类、相关配套制度、机制方面还比较简单，为后期全面健全全运会赛制奠定基础。其间，1964年的全国体育工作会议对未来中国体育赛事体系的建设提出原则导向，要求必须根据促进运动技术水平迅速提高和推动群众体育发展的原则进行体育赛事活动的安排，明确全运会每4年举办1次。1966年“文化大革命”开始，我国的经济、文化遭到巨大冲击，社会呈现出动态波折的发展状态，大量社会性活动停摆停滞，刚刚建立起的全国运动会赛制也被搁置。直到1973年，国务院决定重新召开全国运动会，随后相继举办1975年、1979年两届全运会，以全运会为枢纽的全国体育赛事系统方才逐步恢复。

2. 省运会相继举办

中华人民共和国成立之初，各省便开始组织省级运动会（简称省运会）。1952年陕西省第一届省运会在西安人民体育场举办；1951年浙江省第一届人民体育运动大会在杭州举办。各省及地区运动会为我国早期的全民健身、体育事业发展提供重要动力，并且在赛制安排方面也较为相近。例如，1950年11月，山东省济南市举办了第一届人民体育大会[1]。1952年，第二届人民体育大会在济南举办，并在此届体育大会上成立了中华全国体育总会山东省分会，负责山东省各地人民体育运动的开展[2]。1954年，第三届人民体育大会由青岛举办，旨在选拔山东代表队备战华东区首届人民体育大会。1956年，山东省济南市再次承办第四届人民体育大会。1959年，山东省将“人民体育大会”更名为“山东省运动会”。截至1978年底，山东省运动会共举办了11届。

3. 军运会同期开展

中国人民解放军体育运动会（简称军运会）共举办了4届，参赛者大都是来自各大军区，各军种、兵种和直属单位的军人运动员。1952年首届军运会在北京举办，运动会共进行军事（通过障碍、投掷手榴弹、500米全副武装越野跑等）、田径、体操、举重等常规体育单项。其后，1959年第二届、1975年第三届以及1979年第四届比赛均在北京举办。军运会在解放军部队中挖掘、培养优秀运动员，为解放军体工队等军队竞技体育训练机构提供后备人才。

（二）国家队、体工队、业余体校的竞技体育训练体系

中华人民共和国成立之后，我国竞技体育赛事系统形成“思想一盘棋、组织一条龙、训练一贯制”的基本原则。①围绕国际比赛，国家队前身“中央体训班”于1952年成立。为参加国际比赛，我国会从各系统抽调一批具有较高运动能力的运动员加入中央体训班进行集训，参加国家比赛。②全运会、省运会、市运会三级体育赛事逐步成形，国家队—省市体工队—地方业余训练队三级竞技训练体系建立。③围绕解放军体育运动会，中国人民

[1] 成豪梁. 山东省运动会的演变历程研究[D]. 曲阜：曲阜师范大学，2021.

[2] 山东省体育局. 1949—1959年山东省体育大事记[EB/OL].（2008-12-17）[2024-10-10]. http：//ty.shandong.gov.cn/wszl/dsj/200812/t20081217_1738833.html.

解放军体育工作大队于1951年成立，之后各大军区体工队相继成立。体工队和国家队是我国竞技体育训练体系的主体，深受苏联模式影响，最大特点是训练、比赛经费等投入高度依赖国家财政。体育运动学校是我国竞技体育赛事系统的基层训练单位。1955年，我国借鉴苏联经验，在北京、上海、天津试办青少年业余训练机构，是我国体育运动学校的雏形。1956年，国家体委颁布《青年业余体育学校章程（草案）》和《少年少体校训练业余体育学校章程（草案）》，在省、市、区三级建立体校开展青少年专项训练；1964年，国家体委颁布《青少年业余体育学校试行工作条例（草案）》，对业余体育学校办学、训练和项目设置等提出诸多规范要求。但是，1966年“文化大革命”开始，我国各地业余体校建设停滞。1972年，国家体委开始关注业余体校的建设问题，并在业余体育学校工作座谈会上提出“将原有的业余体校尽快恢复起来，并新建一批”的要求。1978年，全国体育工作会议提出“各地首先在大中城市建立‘基层运动队（中小学）—普通业余体校—重点业余体校—优秀运动队’层层衔接的训练网”，标志着我国竞技体育领域青少年训练体系逐步完善。1979年，国家体委和教育部联合印发《全国学生体育运动竞赛制度》《少年儿童业余体育学校章程》等政策文件，旨在强化体育运动学校在青少年训练中的作用。

二、传统型举国体制主导阶段（1979—1993年）

1979年我国恢复国际奥委会合法席位之后，考虑到国家竞技体育水平还很薄弱，需要经历一轮充分的奥运备战再重返奥运赛场，以利于彰显国家形象。1980年，时任国家体委主任王猛在全国体育工作会议上提出“要充分运用竞赛推动体育运动的发展”基本战略，为建立竞技体育赛事运作体制奠定基础。该阶段基本确立了传统型举国体制的主导地位，也开启了新型举国体制的改革酝酿阶段。

（一）竞技体育赛事主导思想的确立

1980年全国体育工作会议指出[1]：要通过竞赛比高低、分名次、优胜劣汰，激发人们强烈的荣誉感，鼓舞力争上游的劲头；要通过竞赛吸引、动员千百万群众参加体育活动；要把训练与比赛、国内比赛与国际比赛、专业比赛与业余比赛妥善地结合起来，形成制度；国内比赛必须适应国际竞赛特别是重大国际比赛的要求，项目要对口、规则要统一，同时必须保证突出重点，才能多出人才，快出成绩，在世界体坛上争雄。

（二）市场化运作的改革条件开始酝酿

1984年10月5日，中共中央颁布《关于进一步发展体育运动的通知》，明确提出建立和社会主义市场经济相适应的竞赛体制，推动体育竞赛的社会化、制度化和多样化。但是，

[1] 袁守龙. 我国竞技体育赛事组合系统结构的优化与应用[D]. 北京：北京体育大学，2005.

该阶段仅是为新型举国体制改革酝酿条件。

（三）单项竞赛制度的确立与奥运重点项目布局

1989年6月11日，国家体委1号令发布《全国体育运动单项竞赛制度（试行）》，进一步强化了国家奥运备战的“缩短战线、保证重点”策略，对全国各个单项运动进行了新一轮的分类。

（1）奥运会重点项目，包括田径、游泳、跳水、体操、举重、射击、射箭、击剑、柔道、国际式摔跤、赛艇、足球、篮球、排球、乒乓球、羽毛球、速度滑冰、短跑道速度滑冰，共18项。

（2）奥运会一般项目，包括花样游泳、水球、艺术体操、自行车、皮划艇、帆船、帆板、拳击、现代五项、马术、网球、手球、曲棍球、棒球、花样滑冰、冰球、冬季两项、高山滑雪、越野滑雪、跳台滑雪，共20项。

（3）非奥运会比赛项目，包括技巧、武术、滑水、蹼泳、中国式摔跤、垒球、国际象棋、围棋、中国象棋、跳伞、航空模型、滑翔、航海模型、摩托艇、摩托车、无线电，共16项。

（4）其他项目。

（四）竞技体育赛事体系的完善

1. “全运会—单项体育赛事—职业联赛”的竞技体育赛事体系（精英运动员）

进入20世纪80年代，竞技体育赛事体系围绕全运会发展升级，呈现多样化、多类别的分类发展趋势。

（1）强化全运会制度。1984年中共中央颁布《关于进一步发展体育运动的通知》，提出：全国综合性运动会是实现我国竞技体育改革战略的重要杠杆，要以全运会杠杆效应推动全国体育赛事体系的全面改革，有效“缩短战线、突出重点”，充分发挥地区优势，提高竞赛质量和效益。

（2）单项竞赛制度确立。《关于进一步发展体育运动的通知》中提出：全国单项竞赛制度“是提高运动技术水平，推动体育事业发展的重要手段”，通过单项竞赛制度设计带动各单项竞技训练的系统性；1989年，《全国体育运动单项竞赛制度（试行）》颁布，对我国单项竞赛项目、类别、竞赛计划安排原则、竞赛次数规模等进行系统规定。1993年颁布的《国家体委关于深化体育改革的意见》提出，改革竞赛制度，实行分级分类管理要求，强调按照“缩短战线、突出重点”原则压缩全运会项目，改进全运会计分方法，理顺全运会、城运会和奥运会关系，明确提出改革全国单项比赛的参赛方法。

（3）职业联赛制度酝酿。推动部分符合条件的项目向职业联赛赛制转型。1993年国家体委颁布《关于深化体育改革的意见》指出，足球、网球、围棋等有条件项目可向职业化过渡，逐步与国际惯例接轨，俱乐部赛制以足球为试点。

2. “城运会—省运会—市运会”的竞技体育后备人才体育赛事系统（青少年运动员）

进入20世纪80年代，我国搭建了一套青少年竞技体育后备梯队的体育赛事系统，是引导省、市、基层青少年竞技体育训练的指挥棒，也是省、市、基层遴选优秀青少年运动员向上输送的重要渠道。1980—1993年，我国青少年竞技体育后备人才竞赛主要包括城市运动会、省运会、市运会等。

（1）城市运动会。1980—1993年，我国先后举办了全国青少年运动会和全国城市运动会，是该阶段竞技体育赛事和青少年体育赛事的主要构成。全国青少年运动会由国家体委、国家教委、共青团中央、全国青联等单位共同举办。1985年，首届全国青少年运动会在河南省郑州市举行；1989年，第二届全国青少年运动会在辽宁举办。参赛运动员年龄根据竞赛项目的不同分别限制在17岁、18岁、19岁、20岁，比赛项目以基础项目田径和球类为主。后来该项赛事与全国城市运动会合并。首届全国城市运动会于1988年在山东济南举办，以省会城市、计划单列市为基本参赛单位，以奥运会比赛项目为基本设想，以青少年为参赛主体的全国性综合运动会[1]，直至2011年共举办7届，定位是以奥运会重点项目、青少年运动员为主体的体育赛事，是国家竞技体育赛事系统关于备战奥运的重要构成。

（2）省运会和市运会。省运会、市运会是由省体育行政部门、市体育行政部门主办的省一级、市一级综合性体育赛事。省运会主要面向省内各地市体工队及其他达标要求的潜力运动员，通过选拔向省体工队输送全省的优秀运动员；市运会主要面向本市体育运动学校及其他基层青少年业余训练单位或达标的青少年运动员，通过选拔向市体工队输送优秀运动员。

（五）竞技体育训练体系的发展

1. “国家队—省运动队”竞技体育训练体系

（1）国家队管理模式越发多元。城市运动会全面系统筛选全国青少年竞技体育后备力量，为未来1到2个奥运周期的国家队选材提供支撑。成绩优异的青少年运动员进入国少队、国青队接受集训，达到更高成绩标准后输送至国家队备战奥运。20世纪80年代，国家队管理体制逐步趋向多元化，包括两类模式：1985年之前主要实行领队负责制，体现出政治领导主导价值和作用；1985年后，开始采用主（总）教练负责制，强化主教练在训练、竞赛业务决策中的主导性。另外，部分项目自2001年起开始实施队委制，就是该阶段两种国家队管理体制与不同单项项目结合后的结果。

（2）省市（解放军）运动队的支撑作用越发明显。进入20世纪80年代，我国体工队制度相对已经比较成熟，是层层遴选潜力运动员进入竞技体育训练体系的重要基础，也是通

[1] 国家体育总局. 全国运动会、全国城市运动会申办办法[EB/OL].（2010-10-19）[2024-09-01]. https：//www.sport.gov.cn/gdnps/html/zhengce/content.jsp?id=25530230.

过国内竞技比赛向国家队输送具有奥运争金夺银实力运动员的前提。其最大特征是：经费来源主要是省、市以及解放军财政拨款；在一个自管自办、相对封闭的行政管控空间内开展运动员高强度的体育专业化训练；运动员接受的核心理念更多是运动成绩的最优化。

2. “市体工队—体育运动学校—体育传统项目学校”的竞技体育青少年后备人才训练单位

（1）市体工队。市体工队是“国家队—省体工队—市体工队”最低一层组织。其充分发挥体制优势，在广大青少年群体中遴选条件优越、有可能在省运会等系列省内体育赛事中争得名次的有潜力的人才，集中在市体工队进行半专业、半业余训练。进入市体工队训练是进入专业体育的门槛。

（2）体育运动学校。1955年，我国开始试办青少年业余训练机构，体育运动学校逐步建立起来。20世纪80年代，国家出台系列政策强化体育运动学校的规范化建设。1981年，国家体委提出“大力加强业余训练，整顿现有业余体校，办好体育中小学和体育运动学校”。1983年，国家体委印发《关于进一步发展业余训练的意见》和《关于改进业余体校竞赛的若干办法》；1986年，国家体委颁布《关于体育体制改革的决定（草案）》和《关于加速培养高水平运动后备人才的指示》，提出体校实行“亦读亦训”制度；1991年，国家体委、国家教委联合下发《体育运动学校学生学籍管理办法》；1992年，《中等体育运动学校合格评估标准》颁布。

（3）体育传统项目学校。1978年，国家体委提出全国中小学“根据自己的特点，抓好重点项目，形成传统”。1979年10月，原教育部和国家体委颁布《中、小学体育工作暂行规定（试行草案）》，提出“在普及体育运动的基础上，学校建立以传统项目为主的运动队”[1]。1983年12月28日，《体育传统项目学校试行办法》出台，对设立体育传统项目学校的目的、任务、评选条件和标准进行阐述。据统计，1988—2004年间的5届奥运会中，接受体育传统项目学校启蒙训练的运动员，在奥运会中获得冠军57个、前3名77个，分别占全部奥运冠军和前3名的58.76%和49.68%[2]。

三、新型举国体制首轮改革阶段（1993—2001年）

1978年，党的十一届三中全会确定把全党工作重点转移到社会主义现代化建设上来，是中国体育赛事系统酝酿新型举国体制改革条件的历史元年。直到1992年，邓小平视察南方并发表重要谈话，并在同年10月党的十四大上对今后一个时期社会主义市场经济建设作出战略部署。1993年，《国家体委关于深化体育改革的意见》中提出：建立与社会主义市场经济体制相适应、符合现代化体育运动规律，国家调控，依托社会，有自我发展活力的体

[1] 孔凡明. 我国体育传统项目学校课余训练现状与发展路径研究[D]. 北京：北京体育大学，2019.

[2] 惠陈隆，冯连世，胡利军，等. 我国体育传统项目学校的管理现状分析：成效、问题与对策[J]. 中国体育科技，2017：53（1）：9-16.

育体制和良性循环的运行机制；按照“谁举办、谁投资、谁受益”原则拓宽竞赛渠道，扩大商业性、娱乐性、表演性比赛，强调建立起适应社会主义市场经济体制改革的体育事业发展体制。自此，1993—2001年，我国体育赛事系统开始尝试新型举国体制首轮改革，在原有传统型举国体制中试点实施体育组织的市场化、职业化转型，包括以下改革举措。

（一）体育赛事机构改革初探——项目管理中心与单项体协的赋权

1984年，全国发展战略体育改革会议提出中国奥运战略构想，奠定竞技体育赛事系统的传统型举国体制基础。1995年国家体委颁布《奥运争光计划纲要（1994—2000）》，确立竞技体育主导发展格局。1995版奥运争光计划对相关体制、机制作出规定，虽然并未提及“举国体制”表述，但是本质已经接近传统型举国体制。在此阶段，国家在传统型举国体制之中开始首轮竞技体育赛事的改革工作。1993年3月，党的十四届二中全会讨论通过机构改革方案，同年八届全国人大一次会议审议通过《国务院机构改革方案》，改革思路聚焦“简政放权”。此轮改革，国务院原有部门42个调整为41个、原有直属机构19个调整为13个、原有办事机构9个调整为5个、国务院非常设机构由85个减少到26个。1998年国家体委改组为国家体育总局，先后组建20个项目管理中心，统筹管理41个单项运动协会和56个运动项目[1]。项目管理中心既是国家体育总局直属事业单位，又是运动项目协会常设机构[2]，主要职责是依据国家体育行政机构授权，承担提高运动项目技术水平的任务，管理好高水平运动队，尤其是国家队；作为运动项目协会的常设机构，负责运动员注册交流、竞赛安排、裁判员管理监督、训练竞赛经费安排、教练员和裁判员培训、规范中心和单项体育协会收费处罚等[3]。单项体育协会具有社会组织属性和体育运动团体属性，是中华全国体育总会团体成员，归属运动项目管理中心指导，职责是全面负责单个体育运动项目业务管理，制定项目发展规划和相关政策，负责指导项目建设和后备人才的培养，承担该单项项目国家队建设任务；组织全国性各类单项比赛和训练工作；举办国际性比赛；论证修订单项竞赛赛制、规则和纪律；举办教练员、裁判员、运动员训练班；审议国家级裁判员和推荐国际裁判；等等。

（二）国际惯例衔接与体育赛事申办制度确立

为贴近国际惯例，国家借鉴国际经验改变大型综合体育赛事举办模式。1994年，国家体委发布《全国综合性运动会申办办法（试行）》，规定：中华人民共和国运动会和中华人民共和国城市运动会是由国家体委主办，有关省、自治区、直辖市承办的全国最高层次的

[1] 伍绍祖．中华人民共和国体育史（1949 ~ 1998）综合卷[M]．北京：中国书籍出版社，1999：420.

[2] 熊晓正．关于我国体育体制改革的历史审视：体育科学学科发展现状与未来[M]．北京：北京体育大学出版社，2002：19.

[3] 程其练，郑国华，郎勇春，等．我国竞技体育管理体制现状及存在的问题[J]．北京体育大学学报，2009，32（9）：15-18.

综合性运动会，制定实施全国综合性运动会申办办法是为适应国际国内竞赛的发展需要。我国各地方城市要量力而行，根据实际情况申办全运会，面向市场、依靠社会、减少国家投入。可见，包括全运会、城运会在内的国家级大型综合运动会调整为申办制，充分利用体育赛事杠杆效应在各个举办城市间营造“申办竞争”的良性环境，与奥运会等国际体育赛事申办模式相近，全面调动各申办城市政府、社会和市场力量，降低政府的办赛成本。相应地，举办城市引入其他社会力量和市场力量共同申办、筹办体育赛事，标志着全国性综合体育赛事的举办权力将更大程度下放给举办城市，并且在举办城市初步构建综合体育赛事的政府、社会、市场的多元格局。

（三）职业体育赛事系统的试点建设

1992年6月23—27日，中国足协召开北京红山口会议，会上通过了《中国足球运动改革总体方案》，标志着中国竞技体育赛事系统启动了职业化转型试点，是新型举国体制启动改革探索的标志性事件。1994年，我国全面启动足球职业化改革，率先实施俱乐部赛制，分设甲乙级比赛，北京、上海、广州、成都、大连、沈阳等城市的12支球队参加中国足球职业联赛。1995年，篮球继足球之后启动改革，集中联赛制改为主客场联赛制。1996年，排球职业化改革启动，全国排球甲A联赛开始采取主客场制，1998—1999年全国排球联赛、优胜赛采用了盘局制；1995年，乒乓球启动职业化改革，采用俱乐部赛制，1956年调整为“双轨制”俱乐部赛制，1997年，中央电视台与中国乒协推出97中国乒乓球系列赛，1998年实行主客场新赛制。1999年，羽毛球项目也开始向职业俱乐部赛制转型，首届中国羽毛球俱乐部联赛由中国羽协和中央电视台联合主办，但是到第四届就因为羽毛球消费市场薄弱、赞助匮乏而暂停，直到2010年才再次启动。

四、传统型举国体制强化与新型举国体制收缩阶段（2001—2008年）

2001年7月13日，国际奥委会主席萨马兰奇宣布北京获得2008年夏季奥运会举办权。2008年北京奥运会筹办、备战双重任务压力巨大，且中国足球、篮球、排球等项目职业化改革暴露诸多问题。为此，中国竞技体育赛事系统的新型举国体制进入收缩、放缓阶段，传统型举国体制得到强化，具体包括以下举措。

（一）实施“国家队队委制”

该阶段，单项体育协会虽已成立，但很难动员各地方运动队、运动员。为此，2008年北京奥运会备战期间，国家队开始采用直线职能式结构与委员会组织结构相结合的运作架构，体现政治统领与业务专业的兼顾与平衡。一方面，直线职能式结构加强行政力量主导，项目管理中心则是各项目国家队主管部门，并派驻相关人员与国家队教练团队等组建队委会，参与各支国家队的竞赛训练决策；另一方面，队委会依然强调教练团队的业务专业性，教练组在队委会中掌握着竞赛训练环节的充分决策权。当然，由于不同运动项目管理中心和单项国家队的情况各不相同，队委会制度在具体执行过程中也存在一定差别。

（二）全运会赛制集中调整——以十运会为例

20世纪80年代开始，国家开始对标奥运会调整全运会赛制，引导全国各地方的竞技体育布局。2001年，北京成功申办2008年夏季奥运会；2005年，十运会成为我国备战2008年北京奥运会的最大一次国内竞技体育大练兵、大检阅，也是全运会赛制调整最为集中的一届全运会。通过十运会的指挥棒调动，我国竞技体育兵团不仅进一步巩固了14个大项的优势项目，更进一步挖掘出一批潜在优势项目，具体举措如下。

1. 聚焦2008年北京奥运会优势项目

优势项目是指在国际重大竞技体育比赛中多次取得优异成绩，并在未来竞争中具有优势条件的运动项目[1]。2004年雅典奥运会上，中国代表团共收获32枚金牌，金牌大项分布在跳水（6枚）、举重（5枚）、射击（4枚）、乒乓球（3枚）、羽毛球（3枚）、体操（1枚）等14个大项[2]。如果希望在2008年北京奥运会上增加金牌数，则需要在传统优势项目上维持并增加金牌数量，并进一步在其他奥运项目中找到潜力较强的“夺金点”。

2. 十运会巩固优势项目、锁定潜在优势项目“夺金点”

十运会上，我国传统优势项目竞争非常激烈，表明我国在传统项目上具有奥运冲金水平的竞技体育人才已经接近饱和，这是保证2008年中国军团收获金牌的基本面。例如，十运会女子举重几乎改写了所有级别总成绩的世界纪录；男子25米手枪速射、男子50米步枪卧射等项目，一批年轻运动员打破全国纪录，超过世界纪录。另外，非传统优势项目上，十运会涌现一批具有奥运夺金实力或水平的运动员，形成了2008年北京奥运会备战的潜在优势项目，包括摔跤、射箭、跆拳道、田径、游泳、柔道、皮划艇等。国家针对此类具有潜在夺金可能的潜在优势项目和运动员，在十运会后配置优质资源展开国家队集中训练，为中国军团增加北京奥运会的“夺金点”。

五、传统型举国体制维持与新型举国体制加强阶段（2008—2022年）

2008年北京奥运会胜利闭幕，传统型举国体制制度优势发挥到极致，进入第二轮新型举国体制改革探索阶段。该阶段，国家一方面维持传统型举国体制作用，支撑2022年北京冬奥会申办—筹办—备战工作；另一方面，国家在总结首轮改革经验的基础上（1993—2001年），推行系列新型举国体制改革举措，启动第二轮改革探索。

---

[1] 鲍明晓. 关于体育无形资产的几个理论问题[J]. 北京体育大学学报，1998（4）：6-9.

[2] 于军，曹军. 由十运会看中国竞技体育实力现状及第29届奥运会取得突破的方向[J]. 中国体育科技，2006（4）：111-115.

（一）维持传统型举国体制作用

2015年7月31日，北京冬奥会申办成功。12月10日在国家体育总局召开的北京冬奥会备战工作会议上，国家体育总局局长刘鹏表示：应尽快成立2018年、2022年冬奥会备战领导小组，依然运用“超常规思维”和“跨越式发展”思路，准确把握冬季项目的国际发展趋势，力争在2022年冬奥会上综合实力跻身世界先进行列。由于我国冬季项目基础薄弱，短期内跻身世界先进行列的任务相对较重，还需要依靠传统型举国体制的效率优势。脱离了传统型举国体制支撑，冬季项目的跨项选材、突击训练、全项目参赛很难实现。

（二）创造条件探索新型举国体制改革

2008—2022年，国家在推动2022年北京冬奥会“申办–筹办–备战”工作同时启动了新型举国体制的第二轮改革探索，并出台了一系列改革举措。

1. 孵化、培育群众体育赛事活动

2009年，《全民健身条例》（国务院第560号令）颁布。这是我国第一部针对全民健身立法的文件，相较于1995年颁布的《全民健身计划纲要》而言，规格更高、影响更大。2014年，全国取消群众性商业体育赛事活动的行政审批门槛，为各地基层广泛开展群众体育赛事活动松绑；2017年第十三届天津全运会、2021年第十四届西安全运会增设群众组，引导地方体育行政系统推进群众竞技体育发展，为下一阶段建设更高水平全民健身公共服务体系奠定基础。

2. 落实单项体育协会实体化改革

2015年，中共中央、国务院办公厅发布《行业协会商会与行政机关脱钩总体方案》，要求各行政机关按照“坚持试点先行、分步稳妥推进”的原则，与其主办、主管、联系、挂靠的行业协会商会完成脱钩，相比1995年设立项目管理中心，单项体育协会成立更进一步。国家体育总局按照中央部署积极推进全国性协会脱钩改革，出台《以运动项目管理中心和单项体育协会改革为突破口，深化体育管理体制改革的方案》[1]，明确提出“统筹考虑、试点先行、分类推进、分步实施”工作思路，进而按照奥运项目的竞赛夺金需要分三批推进全国性协会实体化改革；对足球等市场化程度高的单项协会实施综合试点改革，对非奥运项目实施脱钩并采取社区运行的基本模式，对承担奥运夺金任务的项目则仅强化增强群众体育治理的责任功能[2]。从2015年我国单项体育协会的分类改革进程来看，其与我国举国体制的“双轨制”改革逻辑相吻合。那么，从市场化程度较高的单项体育协会综合试点改革来看，足球、篮球等单项体育协会在2015年之后拥有更多的自主权去组织、开展商业性体育赛事等营销活动。

---

[1] 王志文，王先亮. 调适性合作：分类改革视野下单项体育协会与政府关系演进的多元向度[J]. 北京体育大学学报，2022，45（4）：41-51.

[2] 荀轶清，谢英，杨涛. 依附式自主：实体化改革进程中单项体育协会与政府关系的调适机理及重构路向[J]. 山东体育学院学报，2023，39（3）：26-32.

第三节 我国奥运备战体育赛事体系的构成

体育竞赛是竞技体育培养、选拔、输送优秀运动员的核心机制。为层层选拔最优秀的奥运参赛运动员，我国建立起奥运备战的体育赛事体系（图7-1），包括国内奥运备战体育赛事体系和国际奥运备战体育赛事体系。

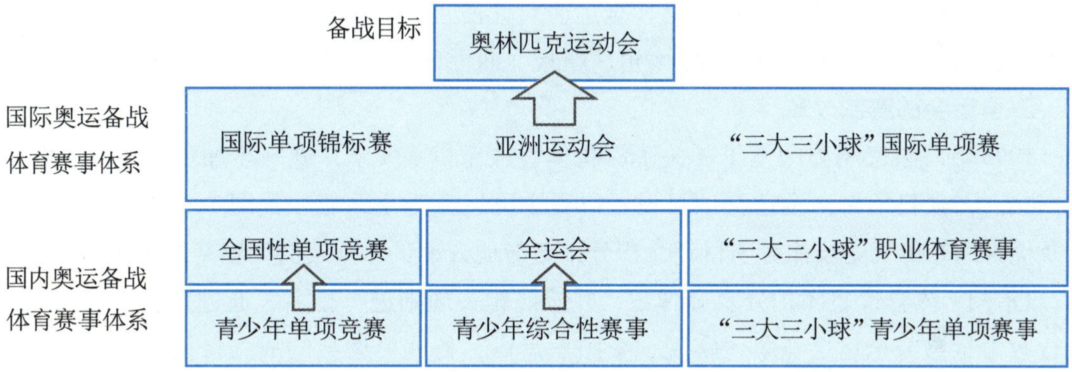

图7-1 奥运备战的体育赛事体系

一、国内奥运备战体育赛事体系

国内奥运备战体育赛事体系是国家层面以奥运“争金夺银”任务为导向在国内建立起的一套体育赛事体系。一方面，竞赛组别、赛制设计起到指挥棒的导向作用，调动各省、自治区、直辖市按照国家的“奥运争光”战略展开各层级运动员的选材、训练与输送；另一方面，国内奥运备战体育赛事为国家、省、地区、自治州提供了运动员竞赛成绩、状态、潜力、风险的评估平台，也是国家选拔后备人才组建国家队、构成中国代表团参加国际各类体育竞赛的重要评估依据。国内奥运备战体育赛事包括：全运会、学生（青年）运动会、国内单项锦标赛和“三大球”职业体育联赛。

（一）中华人民共和国全国运动会

1. 全运会的历史背景

全运会全称为中华人民共和国全国运动会，是我国国内水平最高、规模最大的综合性运动会，是实施奥运争光计划重要体育赛事平台，也是检阅各参赛单位运动员技术水平的国内最高级别体育赛事。1959年9月13日，首届全运会在北京工人体育场开幕；2025年，第十五届全运会将由广东、香港、澳门联合举办。1979年，我国重返奥林匹克大家庭，直接导致了第五届全运会赛制的重大改革。前四届全运会更多偏向全民健身与全民锻炼，赛制规定相对简单，但是为了备战奥运，国家对第五届全运会的赛制作出巨大调整。第五届全运会举办城市为上海，这是全运会首次在北京之外的城市举办。1983年10月，国务院批转国家体委《关于进一步开创体育新局面的请示》中指出："体育方面改革应当有利于调动社会各方面力量办体育的积极性。要使国内比赛与重大国际比赛衔接好，国内各级各类比赛衔接好，优秀运动队比赛与体校比赛衔接好"。[1]1983年上海举办第五届全运会，核心任务是全面备战1984年洛杉矶奥运会，全运会自此便正式与奥运备战挂钩，竞赛项目完全按照奥运会比赛项目进行设置，其中柔道、帆板、曲棍球、艺术体操也是首次进入全运会。

2. 全运会的赛制改革

1993年，国家体委印发了《关于深化体育改革的意见》，进一步加强全运会与奥运会的衔接。①项目衔接。全运会项目设置以夏季奥运会为主，兼顾我国冬季奥运会的优势项目及优秀民族传统竞技体育项目。②积分排名与地方动员。全运会调整赛制公布各省（直辖市/自治州）体育代表团积分及金牌数，并按照相关规则进行排名，通过排名调动各地方体育行政力量参与全运会竞争，实现"全国一盘棋"备战奥运会的战略目标。③全运会赛制的动态调整。全运会的赛制并非固定，需要不断根据奥运会项目设置情况以及我国竞技体育开展实际进行动态调整。④全运会申办制度。与奥运会的申办制度相衔接。依照此政策，1998年由上海承办的第八届全运会迎来全面的改革创新，主要表现在项目设置完全与奥运接轨，实行运动员注册交流制度，试行解放军两次计分政策，代表团采用奖牌榜、总分榜两种形式。可以说，第八届全运会是目前我国全运会赛制的基础，后续的全会制改革乃至我国竞技体育赛事系统的调整，均是围绕第八届全运会赛制展开的。

全运会赛制是我国竞技体育赛事系统的核心枢纽。一方面，全运会有效地通过赛制安排、项目设置、计分方式调整等手段，最大限度地将各省、地区、自治州、解放军、建设兵团等单位的竞赛训练目标聚集到国家的"奥运争光"战略，也最大限度地调动各地方竞赛训练的积极性、主动性和创造性；另一方面，全运会是国家全盘考虑、选拔优秀运动员组成中国代表团参加国际综合性体育赛事的重要平台。

[1] 张建会．全运会制度60年演变（1949—2009）——基于历史制度主义的分析[J]．中国体育科技，2012，48（2）：10-19.

（二）全国青少年综合性体育赛事

20世纪80年代，为系统性应对奥林匹克国际竞争，国家体委决定举办全国青少年运动会，为竞技体育后备力量储备提供支持，正式启动全国青少年竞技体育综合性体育赛事的建设工作。

1. 全国城市运动会

1988年，国家体委将全国青少年运动会并入全国城市运动会。全国城市运动会是以省会城市、计划单列市为基本参赛单位，以奥运会比赛项目为基本设项，以青少年为参赛主体的全国性综合运动会[1]，直至2011年共举办7届，定位是以奥运会比赛项目为重点项目，以青少年运动员为主体的体育赛事，是国家竞技体育赛事系统关于备战奥运的重要构成。

2. 全国青年运动会

为了更好地接轨青年奥林匹克运动会（简称青奥会），国家于2013年批准中华人民共和国城市运动会更名为中华人民共和国青年运动会（简称青运会），并于当年在福建福州举办首届青运会。青运会是由国家体育总局主办的全国综合性体育运动会，不再以城市为单位进行报名，而是以省、自治区、直辖市、特别行政区和新疆生产建设兵团为报名单位，组别包括体校组和社会体育俱乐部组两大类。2015年首届青运会规定参赛运动员年龄为13～21岁，2019年第二届青运会则规定参赛运动员年龄上限为19岁。

3. 中华人民共和国全国学生（青年）运动会

2020年4月国家决定将全国青年运动会和全国学生运动会合并为“中华人民共和国全国学生（青年）运动会”（简称学青会），由教育部、国家体育总局、共青团中央共同主办，以适应国家体育事业发展趋势，推动竞技体育赛事运作体系的深化改革，这标志着竞技体育后备人才输送不再局限于传统的体校系统，广大校园体育赛事系统培养出的优秀运动员拥有了向上输送的选拔渠道，与体校开始并轨。首届全国学生（青年）运动会在广西南宁举行，包括校园组、公开组两个组别。其中，公开组继承了青运会的相关机制，侧重竞技体育后备人才的选拔、筛选，项目设置参照2024年巴黎奥运会、2028年洛杉矶奥运会的比赛项目，同时根据奥运会设项变化情况及时进行调整。

（三）全国性体育运动单项竞赛

全国性单项竞赛是我国竞技体育赛事体系的重要构成，也是支撑全运会等综合性运动会的重要体育赛事类型。各单项竞赛赛程安排要积极配合奥运备战周期、全运会周期[2]。1958年6月21日，国家体委颁布《中华人民共和国体育运动竞赛制度（草案）》，对我国各级竞赛的性质进行分类，包括综合性运动会、单项锦标赛、等级赛、对抗赛、通讯赛以及

[1] 国家体育总局．全国运动会、全国城市运动会申办办法[EB/OL].（2010-10-19）[2024-09-01]. https：//www.sport.gov.cn/gdnps/html/zhengce/content.jsp?id=25530230.

[2] 岳文言．全运会发展的制约因素及对策[J]. 体育学刊，2011，18（3）：29-33.

其他类型体育赛事。1989年6月11日，国家体委发布《全国体育运动单项竞赛制度（试行）》指出：单项竞赛制度是全国体育竞赛计划和规程，是进行竞赛组织管理的准则，包括正式竞赛和辅助竞赛两大类[1]。

（四）全国性青少年体育运动单项竞赛

青少年是我国竞技体育后备人才构成主体，国家高度重视以青奥会为导向开展全国性青少年体育运动单项竞赛，并以青奥会的参赛者年龄限制（13～19岁）为标准控制我国学青会的参赛者年龄标准，即我国青年运动会规定参赛运动员的年龄上限是19岁[2]。我国长期存在“体教分离”局面，青少年体育赛事被划分为体育行政部门主导的竞赛体系和教育部门主导的体育赛事体系。全国性青少年体育运动单项竞赛是由体育行政部门主导的体育赛事类型，包括：①全国少年锦标赛；②全国青少年锦标赛；③全国青年锦标赛；④全国U系列青少年（青年）锦标赛（联赛）等（组别U13—U23）、全国体校U系列锦标赛（组别U12—U17）、全国青少年体育传统项目学校联赛等[3]。

（五）“三大球”“三小球”职业体育赛事

1992年，我国开始以足球、篮球、排球、乒乓球、羽毛球和网球为试点启动职业化转型，合称为“三大球”和“三小球”。其中，足球、篮球、排球、乒乓球和羽毛球5个项目主要是以我国各单项体育协会为主导，制定相应规则发展职业联赛赛制，包括中国足球协会足球超级联赛、中国篮球职业联赛、中国排球超级联赛、中国羽毛球超级联赛、中国乒乓球俱乐部超级联赛。另外，网球运动职业化发展轨迹相对特殊，中国网球协会积极与国际网球联合会（ITF）、男子职业网球选手协会（ATP）、女子网球选手协会（WTA）合作，引进三大国际网球组织认定的体育赛事，吸引世界网球高手到中国参赛，凭借东道主优势帮助中国本土球员更快、更好成长，促进中国网球职业化发展，伴随中国网球基础人群扩展，逐步建设中国本土的职业网球体育赛事。

（六）“三大球”“三小球”青少年体育赛事

我国体育赛事职业化转型处于摸索阶段，“三大球”“三小球”体育赛事运作管理情况千差万别，6个项目的青训体系、后备人才竞赛组织模式并不相同，也与专业体育领域的体育赛事模式存在区别。其中，篮球、排球、足球、乒乓球、羽毛球5个项目基本会选择与全国青少年U系列体育赛事或者年度锦标赛接轨，进行年度的竞赛对抗选拔人才。另外，网

---

[1] 刘世军，王蕾．我国全国性单项体育竞赛管理组织的现状调查与分析[J]．首都体育学院学报，2008（3）：93-97.

[2] 钟秉枢．体教融合背景下青少年体育赛事体系完善的路径研究[J]．体育学研究，2020，34（5）：13-20.

[3] U系列比赛是指国家体育总局为逐步构建不同年龄段相互衔接、覆盖大多数奥运项目和部分非奥项目的全国青少年竞赛体系，根据各运动项目特点，组织开展的以参赛年龄组别为主要划分依据的青少年体育竞赛活动，包括全国性U系列比赛、区域性（地方性）U系列比赛。参赛对象主要面向19岁及以下的青少年。U为英文单词“under”的简写，数字指包含该年龄及以下的组别。

球项目为更好对接国际职业化发展模式，在中国引进一批ITF、ATP、WTA的青少年积分赛事，借助国际体育赛事平台培养我国网球项目的竞技体育后备力量。伴随我国青少年网球群体扩展，中国网球协会开始建设全国青少年网球积分排名系列赛（CTJ）。

二、国际奥运备战体育赛事体系

国家体育总局竞技体育司负责调控管理国际奥运备战体育赛事体系，层层选拔优秀运动员组建国家队参加各类国际体育赛事。其中，除了奥运会之外的各类综合、单项体育赛事，在很大程度上均属于奥运会正赛备战的国际体育赛事。国内选拔而出的精英运动员，在系列国际相关体育赛事中开展竞赛，对于了解世界顶尖的竞争对手情况、积累国际比赛经验具有重要价值，也是保证奥运会获得优异成绩的重要方式。我国奥运备战过程中，参与的国际体育赛事大致如下。

（一）国际综合性体育赛事

以亚洲运动会为代表，中国体育代表团由各单项国家队构成，竞技体育司需要结合奥运备战任务，针对亚运会中国夺金点分布，围绕各单项的实际备战情况制定亚运会的参赛策略，组建中国体育代表团。亚运会是中国备战奥运之前最高规格的综合性国际体育赛事，也是四年一届，正处于两届奥运会之间，能够在亚洲范围内检验国内奥运备战体育赛事体系的竞赛训练成绩。

（二）国际单项体育赛事

我国竞技体育处在改革过渡期，竞技体育训练单位包括专业体育和职业体育两大类型。因此，我国参加的国际备战体育赛事包括两个小类。

（1）依托专业体育组建国家队参加的国际单项体育赛事。专业体育是在传统型举国体制框架内由政府力量为主导、未进行职业化改革的领域。因此专业体育领域的单项国家队由中国单项体育协会负责培养、建设，经竞技体育司审批同意后，参与报名亚洲、国际各类单项体育赛事。

（2）依托职业体育组建国家队参加的国际单项体育赛事。目前，我国足球、篮球、排球、乒乓球、羽毛球、网球6大项目启动职业化转型，但是职业化转型进度与模式均不相同。奥运备战阶段，单项协会依然起到核心作用，报名参加的系列国际单项体育赛事是中国队或中国运动员能否参与奥运资格赛的重要基础。例如，足球、篮球、排球的主要国际单项体育赛事包括世界杯、亚洲杯（排球项目包含世界排球锦标赛）；乒乓球、羽毛球的主要国际单项体育赛事包括国际单项联合会、亚洲单项联合会组织的国际单项锦标赛；另外，羽毛球项目还有苏迪曼杯、汤姆斯杯和尤伯杯；网球项目主要对标戴维斯杯（男子团体）、联合会杯（女子团体）。

（三）奥运资格赛

不论是中国体育代表团、还是单项国家队参加的国际奥运备战体育赛事体系，一方面是为了检验国内奥运备战体育赛事体系的竞技体育人才训练竞赛效果，另一方面是为了获得奥运资格。本书介绍的国际奥运备战体育赛事体系，绝大部分都是国际奥委会、国际单项体育联合会认可的体育赛事，获得相应奖牌或名次能够获得相应的奥运资格。由于各个单项赛制存在一定差别，造成各单项的积分计算方式存在一定差别，但是基本原理是相同的。以羽毛球单项的巴黎奥运资格赛为例，巴黎奥运会积分有效周期为2023年5月1日—2024年4月28日，以2024年4月30日更新的奥运积分排名来确定参加巴黎奥运资格。在此期间，能够认定“奥运积分”的羽毛球体育赛事包括苏迪曼杯羽毛球赛、汤尤杯（汤姆斯杯、尤伯杯羽毛球赛）、世锦赛、世界羽联世界巡回赛、国际挑战赛、国际系列赛、希望系列赛、洲际锦标赛、洲际综合性运动会以及被世界羽联选定可以计入奥运积分的其他国际比赛。另外，值得关注的是，2023年国际奥委会首创全新的奥运会资格系列赛，是由《奥林匹克2020+5议程》提出的，未来将纳入我国国际备战体育赛事体系之中。这一赛制设立的初衷在于将体育赛事与城市文化相结合，首战于2023年5月16日至19日在上海举行，次站于2023年6月20日至23日在布达佩斯举行。据报道，上海站吸引了来自120个国家和地区奥委会的464名运动员展开终极角逐，比赛项目包括霹雳舞、攀岩、滑板、自由式小轮车共4个大项、6个分项。

第四节 我国竞技体育赛事的控制、激励与调控

我国竞技体育赛事管理运作体系高度严密，设计有特定的控制、激励和调控机制，是竞技体育能够调动举国力量、高效运转，实现奥运争光金牌计划的制度保障。

一、体育赛事核心人力资源的控制——运动员注册制度

（一）运动员注册制度的起源

1994年，我国正处于平稳建设体育赛事系统的特定历史阶段。为了保证全国竞赛工作

质量和竞赛秩序，尤其是能够更好地统筹管理各地方优秀、潜力运动员资源，国家体委在1994年8月31日颁布《运动员参加全国比赛代表资格注册管理办法（试行）》，从中央到地方加强对优秀运动员的统一管理，是落实传统型举国体制超常规竞赛、训练战略的重要保障性制度。该办法规定：国家体委有关部门和全国各单项运动协会负责运动员资格审查、注册和管理工作，并负责颁发注册证。注册证是确定运动员代表单位的依据；运动员需要以省、自治区、直辖市、解放军、行业体协为单位进行注册，且只能有一个注册单位，并有资格代表该单位参加全国运动会、城市运动会。这是运动员注册交流制度的雏形，一方面强化了竞技体育赛事系统备战奥运的整体效应，能够更好地调动地方竞技体育赛事训练力量参与到奥运备战的整体战略中来；另一方面也能很好地从高层设计层面帮助地方强化对运动员的管理，总体兼顾奥运备战过程中国家与地方的利益，与传统型举国体制的制度特点相契合，但是与新型举国体制诉求存在一定矛盾。

（二）运动员注册制度的发展

20世纪90年代，国家意识到运动员是体育赛事系统的重要资源，是各地方体育行政系统长期投入培养的优质资产，加强运动员管控对于提升国家体育赛事系统的稳定性、保护地方利益具有重要意义。因此，国家在原有运动员注册制度基础上进一步推动运动员交流时存在以下两方面考量。

1. 优质资源整合培养奥运备战精英运动员

为了更好地将西部地区体育人才资源优势和东部地区竞技训练优势进行结合，培养出更多能够在奥运赛场上“争金夺银”的精英运动员，国家以全运会“计分方式”为杠杆，在运动员注册制度的基础上，在尊重并保护地方竞赛训练单位长期投入培养运动员的基本原则内，进一步推动优秀运动员在全国范围内跨省、跨地区交流。

2. 为运动员资源市场化流转做好铺垫

1993年我国推行职业体育改革，市场经济应当是决定职业体育优质资源配置的决定性因素。为适应职业体育改革和体育市场化需要，需要在原有相对固化的注册制度的基础上逐步放开运动员资源的转移与流动。因此，国家借鉴西方职业体育管理模式，推进足球职业俱乐部间的运动员跨省、跨地区交流，称之为“转会”。1996年，国家体委颁布《全国运动员交流暂行规定》，全国范围运动员交流属于协议交流，一方一次性付清运动员培养补偿费后，运动员归属权完全改变，完成注册后归属于支付方，协议期满再返回原先用人单位重新注册。但是，受到传统型举国体制的影响，中国职业体育领域的运动员“转会”制度受到很大限制。

3. 我国运动员注册、交流制度高度不成熟的表现

为了高效备战2008年北京奥运会，第九、第十届全运会成为国内各省、自治区、直辖市之间进行竞技体育竞赛最激烈的两届全运会。为获得更高排名，各省、自治区、直辖市

通过“联合培养”“双重注册”等方式寻找优秀运动员代表己方参赛，将己方优势项目的冗余运动员交流到其他省份换来自己弱势项目所需的运动员。运动员交流形式的多样化导致九运会、十运会的计分方式极为复杂，也产生很多争议与纠纷。2003年，国家体育总局出台《全国运动员注册与交流管理办法（试行）》，对运动员交流进行规范化管理，试图对运动员交流方式进行规范，但是在实践中产生的一些问题并未妥善解决。

二、体育赛事核心人力资源的激励——运动员、教练员等级制度

（一）运动员等级制度

运动员技术等级制度是我国竞技体育领域，配合各层次竞赛运作体系，对注册运动员进行运动技能水平评定的制度。运动技术等级与竞技体育赛事系统的很多制度机制挂钩，是激励运动员训练竞赛的重要体制。1956年，国家体委出台《中华人民共和国运动员等级制度条例》，标志着我国运动员参加竞技体育奖励制度和技术等级制度的确立，直至2024年国家体育总局第一次局务会议审议通过《运动员技术等级管理办法》。其间，我国运动技术等级制度几经修改和完善。总体上，《运动员技术等级管理办法》修订变化主要表现如下。

细节了解

我国运动员等级标准

1. 项目规模逐渐提升

据统计，1956年我国首部《运动员技术等级管理办法》中仅涉及16个运动项目，至2024年扩充到79个运动项目。说明我国竞技体育水平不断发展，能够在奥运会上争金夺银的重点项目、一般项目越来越多，这些项目的竞技体育运动员均需要认定相应的运动等级。为此，间隔一段时间便需要根据竞技体育发展的需要对办法进行修订。

2. 等级认定框架持续复杂

奥运会各单项技术规则不断发生改变，会对我国单项竞技体育运动员训练产生导向性改变。例如，20世纪60年代的竞技体操主要以基础动作为主，到了70年代之后，竞技体操更多考查成套动作，成套动作的花样难度不断提升，为此我国竞技体操的技术评价标准相应作出调整，进而推动运动技术等级评定标准的改变。

3. 运动等级标准不断提高

伴随我国竞技体育水平不断提升，原先标准相对较低，会导致通过特定标准的运动员数量过多，健将、一级、二级、三级运动员的比例失调，相应降低了评定标准对运动员努力训练、提升成绩的动员效力。为此，国家往往会结合我国单项运动员总体成绩的分布对不同等级运动员的技术认定标准进行调整。

（二）教练员等级制度

教练员是我国竞技体育赛事系统的重要资源，是培养优秀运动员、提升运动成绩的重要角色。调动广大教练员队伍积极性，精益求精地实现竞技体育科学训练目标，是盘活我国奥运备战体育赛事体系的重要任务。

我国教练员职称与等级评定制度也一直处于不断修订调整的过程，包括以下两个阶段。

1. 教练员等级制度初构阶段

1958年，国家体委颁布了我国首部竞技体育教练员管理制度——《中华人民共和国教练员等级制度条例》，该条例对教练员的等级和条件、授予等级称号的权限、程序、奖励处分等作出规定；1963年5月10日，国家体委公布《教练员等级制度》，对教练员等级划分、任职条件等作出详尽规定，但并未试行；1979年，国家体委颁布《教练员技术等级制度》，基本框架未发生改变，但是评定标准大幅提升。1981年10月19日，国家体委、国家人事局公布《体育教练员技术职称暂行规定》，规定中对我国教练员的等级划分、任职条件、晋升职称等方面进行调整。1986年，国家体委颁布《教练员专业技术职务试行条例》及《关于实行〈教练员专业技术职务试行条例〉的实施意见》，将教练员专业技术职务划分为助理教练、教练、高级教练。

2. 教练员等级制度系统化阶段

1994年，国家体委相继颁布《体育教练员职务等级标准》《关于〈体育教练员职务等级标准〉若干问题的说明》，体育教练员职务名称调整为：三级教练、二级教练、一级教练、高级教练、国家级教练。其中，三级教练和二级教练属于初级职务，一级教练属于中级职务，高级教练、国家级教练属于高级职务。其中，高级教练对应的是副高职称，国家级教练对应的是正高职称。这样，竞技体育领域教练员队伍就划定为五级三等，是目前我国竞技体育教练员的职称认定与等级评价的基本架构，并在后期不同阶段根据内外部需要进行微调与修订。

3. 教练员聘用制度转化阶段

进入20世纪90年代中后期，教练员管理体制开始由原先的“分配任用制”逐步转向“聘用制”。

三、体育赛事系统的调控——信息情报机制

竞技体育奥运备战需要情报系统的支撑。各个国家、地区围绕奥运会展开竞争，需要全面了解体育赛事、竞争对手等信息。美国的奥运情报网络来源于体育行政部门、体育社会组织以及体育企业；日本更多依赖国家统筹。

（一）我国奥运备战的情报类型

1. 竞争对手情报

在参加系列国际奥运备战体育赛事的过程中，搜集竞争对手的信息，可帮助我国有效锁定威胁较大的竞争对手，掌握竞争对手的优势劣势、技战术打法等。

2. 竞赛规则研判

单项体育协会不断适应国际单项体育联合会发布的新规则，规则的改变与调整会对运动员的竞技训练产生巨大影响，例如，乒乓球改“大球”的规则调整对中国乒乓球队快、灵、变的战术风格产生巨大影响，进而需要重新调整运动员选材与训练。

3. 运动员身心特质及损伤风险情报

各单项体育协会需要对优秀运动员成长过程中的生理、心理特质以及已经发生的运动损伤经历、恢复情况进行摸排，尽可能通过各种渠道全面获得竞争对手相关信息。

4. 先进训练理念与训练科技

国家竞技体育发展需要强大科技的支撑，为此，国家竞技体育训练单位、科研单位需要不断探索能够提高运动成绩、降低运动损伤、维持竞技状态的新训练理念和新训练科技。

（二）我国奥运情报应用的基本价值

国家体育总局、单项体育协会全面搜集奥运会信息情报并进行系统化处理、分析，主要起到以下作用。

1. 奥运优势项目确定的重要依据

综合比较国内外运动员水平、潜力，研判当前奥运备战周期乃至下一奥运备战周期的优势运动员，并以此确定国家的奥运优势项目。

2. 国内奥运备战体育赛事赛制调整的重要依据

国家研判新一届奥运会及相关单项体育赛事最新的竞赛规程、竞赛规则等，结合自身实际情况对国内奥运备战体育赛事赛制进行调整，集中体现在项目设置、组别安排、计分方式等方面。

3. 调整各级竞技训练模式的重要依据

系统分析前沿训练理念，将国际前沿的训练理念和方法合理融入训练计划和训练方案，创新更加科学有效的竞技体育训练模式，帮助各级运动队、运动员提升运动成绩。

4. 体育科技装备研发的依据

细节了解

红旗雪车

针对前沿的运动科技，国家竞技体育科研单位需要不断跟踪、整合前沿科技，研发有效的竞赛训练设施设备，利用高科技手段帮助各级运动队、运动员不断突破极限。

（三）单项赛制规则情报的信息资源竞争

国际奥委会为进一步激发各国际单项体育联合会积极性，提高奥运会的全球影响力，决定从2005年开始每届奥运会均采用投票方式决定奥运会正式项目。这让各国际单项体育联合会倍感压力，不断调整所辖项目的赛制、规则及相关运营、宣传策略，扩大该项目群众基础，同时努力提升项目转播收视率，为保留奥运会正式项目席位展开竞争。此后，每届奥运会的各单项规则赛制都作出了较为细微的改变，给各国竞技体育备战工作带来不小的压力。为更好地适应赛制、规则频繁改变的问题，各国均投入大量资源以尽早获得竞赛的赛制、规则改变的相关情报。我国竞技体育主管部门以及各单项训练单位同样高度重视。例如，国际奥委会决定对2008年北京奥运会的比赛小项以及各小项参赛人数的赛制进行调整，势必会造成我国相关优势项目的参赛报名策略作出调整，整个参赛队伍结构的改变以及制胜关键点的改变会相应改变国家队整体的训练计划、训练方案。又如，奥运会射箭项目为便于转播，缩短观众看台与比赛运动员的距离，将原本的一块比赛场地分别划分出预赛场地和决赛场地，并且将个人赛改为由淘汰赛开始，射箭次数从18支调整为12支；团体赛射箭次数从27支改为24支，以提高比赛激烈程度和可观赏性。但是，这给备战工作带来了巨大挑战，各国需要利用国内体育赛事系统的赛制规则调整帮助运动员提前适应比赛节奏和氛围，更好地改善射箭竞赛中的心理状态。

【案例7-1】

全运会的人才交流制度

全运会的人才交流制度是我国竞技体育资源优化配置的重要机制，其核心是通过政策引导实现各地区体育优势互补。事实上，“交流选手（运动员）”一词最早出现于第八届全运会，其初衷是为更多的参赛单位和运动员提供参赛机会和条件。1996年，国家体育总局出台《全国运动员交流暂行规定》，允许地方体育局之间进行运动员交流，标志着我国运动员交流进入新阶段。此后，创新采用双积分制、协议积分制等方式，实现西部的人才优势与东部的技术优势、经济优势和训练优势的互补，实现全国竞技体育资源重组和配置，使全运会真正成为国家竞技体育后备人才培养的“练兵场”。

思考题：

1. 为什么要实行全运会人才交流制度？
2. 全运会人才交流制度对于奥运备战有什么作用？

◎ 复习题

1. 什么是竞技体育赛事制度?
2. 简述我国竞技体育赛事制度的发展历程。
3. 我国奥运备战的国际体育赛事体系构成是什么?
4. 我国如何对体育赛事核心人力资源进行控制?
5. 如何利用信息情报机制对体育赛事系统进行调控?

第八章

我国群众体育赛事活动制度的改革与升级

本章概要

- 群众体育赛事活动的运作管理主体
- “双轨制”格局下我国群众体育赛事活动的发展
- 我国群众体育赛事活动的主要类型
- 我国群众体育赛事活动的重要任务

教学目标

- 了解群众体育赛事活动的内涵
- 熟悉群众体育赛事活动的运作管理主体及其定位
- 了解“双轨制”格局下我国群众体育赛事活动的发展历程
- 掌握我国群众体育赛事活动的类型
- 熟悉我国群众体育赛事活动的重要任务与领域

相关网站

- 国家体育总局群众体育司网站（https://www.sport.gov.cn/qts/）
- 中华全国体育总会网站（https://www.sport.org.cn/）
- 国家全民健身信息服务平台（https://js365.org.cn/）
- 中国老年人体育协会网站（http://chinalntx.sport.org.cn/）
- 国家体育总局社会体育指导中心网站（https://www.sport.gov.cn/stzx/）

推荐书目

- 国家发展改革委社会发展司，国家体育总局政策法规司. 构建更高水平的全民健身公共服务体系[M]. 北京：中国计划出版社，2022.
- 陈宁. 全民健身概论[M]. 北京：高等教育出版社，2022.
- 国家体育总局. 全民健身　国家战略[M]. 北京：人民体育出版社，2016.
- 张瑞林，王先亮，王晓芳. 全民健身公共服务体系动力机制建设研究[M]. 北京：北京体育大学出版社，2016.

长期以来，我国群众体育赛事活动体系处于“双轨制”局面的弱势位置，群众体育锻炼、竞赛参与情况总体不佳。群众体育赛事活动体系是全民健身、健康中国战略的基本面，是“新型举国体制”持续发展的关键。2008年北京奥运会后，国家启动了新一轮的新型举国体制改革，全运会增设群众组别、群众体育赛事活动行政审批取消、新一轮单项体育协会实体化改革等举措激发群众体育赛事活动系统活力。我国群众体育赛事活动的运作管理主体包括哪些类型？“双轨制”演化轨迹上我国群众体育赛事活动如何发展、改变？伴随新型举国体制改革的深化，我国群众体育赛事活动的发展趋势和重点任务包括哪些？这些是本章的重要内容。

第一节　我国群众体育赛事活动的内涵与运作管理主体

群众体育赛事是与竞技体育赛事相对的一项综合概念，同时涵盖学校体育赛事、公共体育赛事、群众商业体育赛事等多个维度的不同领域，是我国体育事业可持续发展的基本面。读者只有清晰界定群众体育赛事的基本内涵，了解群众体育赛事管理运作的相关主体，才能够更好地理解我国当前群众体育赛事改革的基本趋势和所临困难。

一、群众体育赛事活动的内涵

（一）群众体育的内涵

群众体育赛事活动是群众体育的重要内容。周结友等认为，群众体育是指以社会全体成员为对象，以增强体质、丰富余暇生活、调节生活情感为目的的形式多样的体育活动[1]。曹原等认为，群众体育有广义和狭义之分：广义层面包括社会体育、学校体育、军警体育等；狭义层面则是除广义界定之外的其他行业或活动领域内，人们在余暇时间开展的各种体育活动[2]。国外学者关注的大众体育（sport for all）与我国的群众体育概念相近，甚至有时可以互换，通常与竞技体育相对应，强调体育活动的广泛参与，鼓励所有人不论年龄、性别、体能等差别都能参与体育活动中。

（二）群众体育赛事活动的内涵

“群众体育赛事活动”是群众体育的核心概念，是支撑群众体育的重要活动形式。王艳等认为，群众体育赛事强调参赛主体的大众性，不以追求个人或团体的比赛成绩高低为主要目的，而以满足普通群众的体育需求，增进其身心健康为主要目的，借助公共体育场馆或其他场所的体育设施，在竞赛规则、传统习俗等的制约下所开展的具有项目管理特征、组织文化背景和市场潜力的群众体育竞赛活动[3]。冯加付等认为，群众体育赛事是指以普通群众为参与主体，以满足群众健身、休闲、娱乐、社交为目的，以体育项目竞赛为内容，具有系统的组织管理机构，在一定竞赛规则约束下，通过竞争和对抗决出胜负或排名，以群众体验参与为主要形式所开展的社会活动。

二、群众体育赛事活动的运作管理主体

（一）行政主体类型

1. 体育行政系统

我国国家体育总局群众体育司是群众体育的最高行政管理部门，负责群众体育工作，包括：修订群众体育政策文件、发展规划；推行全民健身计划纲要；建设全民健身服务体系；协助有关部门举办全国性群众体育运动会；负责国民体质监测开展等。各省、市、区（县）体育行政单位同样设置群众体育工作的管理部门或岗位。

2. 教育行政系统

我国教育部体卫艺司是学校体育工作的最高级别教育行政管理部门，学校体育赛事则是群众体育赛事活动的重要组成部分，是群众体育赛事活动可持续发展的重要基础。各省、市、区（县）教育行政单位专门设置有负责学校体育、艺术、卫生工作的部门或岗位，其

---

[1] 周结友，裴立新．群众体育等于社会体育吗——群众体育和社会体育概念及其相互关系分析[J]．西安体育学院学报，2005（1）：8-11.

[2] 曹原，吕树庭．再议群众体育、社会体育与休闲体育——概念间关系的梳理与辨析[J]．广州体育学院学报，2021，41（3）：6-10.

[3] 王艳，戴健，程华．论政府在上海群众性体育赛事中的角色定位[J]．南京体育学院学报（社会科学版），2010，24（4）：85-89.

中学校体育“四级体育赛事体系”是教育行政系统相关体卫艺行政部门、岗位管理的重要对象。

3. 基层政府部门

此处的基层政府部门主要指的是乡、镇政府以及街道办事处所设的文化站、活动中心等文体机构。作为国家治理的最基层空间，基层政府部门的工作开展直接关系到全民健身战略的实施效果。

（二）社会组织主体类型

1. 中华全国体育总会

中华全国体育总会由中华全国体育协进会改组而来，1952年在北京成立，是中华人民共和国全国群众性体育组织，是党和政府联系体育工作者的纽带，是依法成立的非营利性社团法人。其宗旨是：联系、团结运动员和体育工作者，努力发展体育事业、普及群众体育运动、提高全民族的身体素质；不断提高运动技术水平；为实现祖国和平统一与增进世界人民的友谊服务，会同中国奥林匹克委员会密切合作，联系台湾、香港、澳门同胞及海外侨胞中的体育界人士。实行会员制，团体会员包括省、自治区、直辖市体育总会、全国各单项体育运动协会及行业系统体育协会。1998年，为强化传统型举国体制制度优势，国家体育总局改组后与中华全国体育总会、中国奥委会合署办公，以全力支撑2008年北京奥运会的备战工作。2022年北京冬奥会结束，伴随新型举国体制深化改革，以中华全国体育总会为龙头的全国体育总会系统将承担更多体育赛事运作、管理、统筹的职能，成为协调各会员单位体育赛事的重要枢纽。

2. 体育协会

我国体育协会是指由公民自愿组成，按照章程推进相关领域体育事业发展的非营利性社会组织。在传统型举国体制的影响下，我国部分单项体育协会行政化色彩浓重，承担着竞技体育相关事务。伴随新型举国体制的深化改革，各类体育协会将承担越来越多的群众体育发展任务。总体上，我国体育协会包括单项体育协会、行业体育协会、人群体育协会、基层体育组织（体育社团）、体育民办非企业单位和体育基金会等。

（1）单项体育协会。单项体育协会是由会员自愿加入，以某项运动项目为管理内容、以发展群众运动为目标，并具有协会章程的非营利性体育社团。全国性的单项体育协会主要负责本项目的普及与提高，制定项目的技术规范、竞赛规则、团体标准，并对体育赛事活动进行规范管理。地方性的单项体育协会并非全国性单项体育协会的下属单位，而是按照契约与规定达成的合作伙伴关系。地方性的单项体育协会通常是全国性单项体育协会的会员单位。

（2）行业体育协会。行业体育协会是带动、推进行业职工体育活动的社会组织，负责组织本系统或者本单位的职工进行体育锻炼、筹备体育赛事活动、组织较高水平的运动队参与重大竞赛活动等[1]。1952年，我国首个行业体育协会——火车头体育协会成立，之后水利、航天、通信、煤矿等行业的体育协会相继挂牌，对于促进社会力量举办体育赛事具有重要作用。

（3）人群体育协会。人群体育协会是联系、团结特定群众的群众性体育社会团体，是中华全国体育总会的单位成员，包括中国老年人体育协会、体育记者协会等。

（4）基层体育组织（体育社团）。基层体育组织（体育社团）是由民众自发组织与管理，以在基层开展体育运动、满足居民日常体育需求为主要目标的体育组织。相较于社会体育组织，基层体育组织在管理、组织结构等方面都具有相对独立性、松散性，因其活动开展的生活化和社会化而获得民众的认同，往往是由民间自发成立。

（5）体育类民办非企业单位。体育类民办非企业单位是指由企事业单位、社会团体、其他社会力量和公民个人利用非国有资产举办的，不以营利为目的的，以开展体育活动为主要内容的民办的中心、院、社、俱乐部、场馆等社会组织。其在人才培养与技术培训、群众体育赛事活动的组织与服务、体育健身指导等方面发挥了重要作用。

（6）体育类基金会。体育类基金会是依照法律设立的非营利性民间公益机构，负责募集、管理和使用体育基金，并能辅助政府发展体育事业，开展群众体育活动。按照基金会创立和管理类型，主要包括由体育主管部门发起成立和管理的系统型体育基金会，如中华全国体育基金会、北京市体育基金会等；由相关法人、自然人发起创立但独立于出资人运营管理的基金会，如浙江省陈伯滔体育基金会、广西李宁基金会等；由企业发起创办并直接参与运营的企业型体育基金会，如江苏捷安特自行车文体基金会、深圳市转动热情自行车体育基金会等。

（三）市场主体类型

政府部门具有提供公共体育服务的法定职责，但由于公民需求的动态变化、区域差异性明显等现实因素，以及在综合考量国家发展水平的基础上，要求行政部门提供基本公共体育服务，由市场自发供给满足公民更高层次的非基本公共体育服务。为此，在体育赛事政策利好、市场活跃和资本涌入的背景下，各类体育赛事的发展迎来红利期。2019年，国家体育总局联合国家发展改革委发布《进一步促进体育消费的行动计划（2019—2020年）》，鼓励社会力量举办各级各类体育赛事活动；丰富节假日体育赛事供给；因地制宜培育地方特色体育赛事活动等方式促进消费规模的扩张。2022年3月23日，中共中央办公厅、国务院办公厅印发《关于构建更高水平的全民健身公共服务体系的意见》，从支持社会力量办体育赛事、培育体育赛事品牌、推动户外运动发展、加强体育赛事安全管理等方面，构建多层次多样化的体育赛事活动体系。2024年，国家体育总局办公厅发布的《2024年群众体育工作要点》中也强调，推

细节了解

《体育类民办非企业单位登记审查与管理暂行办法》

[1] 王志文．我国单项体育协会实体化改革的社会支持研究[D]．济南：山东大学，2023.

动各运动项目的推广和普及，不断健全和完善群众体育赛事活动体系。市场是以追求经济效益为主要目标的组织类型，在商品生产和交换领域扮演着重要角色，主要表现为企业组织。市场参与群众体育赛事活动，能够提供更加多元化、商业化、个性化的服务，本质是一种基于委托代理下的协调分工，从而引起政府与公民及社会间形成良性互动。按照组织分工理论，市场主要扮演着“提供者—生产者”“生产者—被采购者”“生产者—合作者”“购买者—提供者”的角色。市场主体以追求经济利益为根本目标，提供基础体育设施、承办体育赛事、开展技能培训等公共服务，并从中获取财政补贴和税收减免等利益。同时，市场主体为群众体育赛事活动提供经费支持，包括赞助商、合作伙伴等，为体育赛事的顺利举办提供资金保障，并通过营销、宣传等手段提升体育赛事的知名度和影响力，吸引更多参与者和观众。当前，群众体育赛事活动的市场主体多为传媒类公司、教育类培训公司、体育类发展公司及科技有限公司。

第二节 “双轨制”格局下我国群众体育赛事活动建设的历史阶段

“双轨制”改革框架下，我国群众体育赛事活动系统不断适应国内、国际的政治、经济、文化局势，改革重心逐步从“全国群众综合性运动会”向“城市社区群众体育赛事活动”再向“乡镇农村群众体育赛事活动”过渡，呈现出治理重心“逐渐下沉”的特征，其发展过程基本可划分四个阶段。

一、群众体育赛事活动恢复与初建阶段（1949—1977年）

1949年中华人民共和国成立时，国家整体积贫积弱，国民体育赛事体系几乎空白。1949—1977年，国家初步建立群众体育赛事活动体系框架，是后期各级各类体育赛事发展演变的基础。中华人民共和国成立之初，“提倡国民体育”被写入《中国人民政治协商会议共同纲领》，政府强调“不但是学生，而且工人、农民、市民、军队机关和团体都要搞体育”。1954年，效仿苏联实行“准备劳动与卫国制度”（劳卫制），这是中国首个群众体育制度。1958年，国家体委发布《关于体育运动十年规划的报告》，提出举办全运会的计划。1959年，中共中央转批国家体委报告指出，要在体育普及基础上提高竞技水平。1959年、1965年、1975年和1979年相继举办了4届全运会，办赛更多定位于群众性体育赛事活动。但是“文化大革命”在一定程度上破坏了国家群众体育赛事活动建设基础。

二、群众性大型综合体育赛事活动建设阶段（1977—1992年）

党的十一届三中全会的召开，标志我国正式步入改革开放阶段，国家开始逐步推进社会主义现代化建设，进入到由“计划经济”向“市场经济”转型的“双轨”并行状态。虽然，该阶段奥运战略确定了竞技体育的主导地位，但是国家依旧重视群众体育事业的协调发展。1978年，全国体育工作会议提出“坚持普及与提高相结合”的方针，进一步广泛开展群众体育运动；1984年《关于进一步发展体育运动的通知》提出：“必须坚持普及与提高相结合的方针……要积极发展城乡体育活动，努力提高人民健康水平，重点抓好学校体育，从少年儿童抓起。在增强学生体质的同时，积极开展业余体育训练。”1978—1994年，我国总体处于“计划经济”时代，国家体委与行业体育协会相互合作，相继举办了一系列群众性大型综合体育赛事。例如，1988年农业部牵头举办了第一届全国农民运动会，1985年全国总工会牵头复办了第二届全国工人运动会，国家民委时隔30年复办了第二届民族运动会。该阶段，以行业体育协会为支点、以计划经济模式为基础，组织开展的群众性大型综合体育赛事发挥了很好的示范作用，有效带动全国群众体育的发展。

三、市场经济时期“城市社区”群众体育赛事活动建设阶段（1992年至今）

1993年是我国体育事业探索社会主义市场经济改革的元年。群众性体育赛事活动开始由国家级综合体育赛事向城市社区赛事层次下沉。1993年5月24日，《国家体委关于深化体育改革的意见》颁布，提出：大力发展社区和乡镇体育，鼓励社会各界兴办群众性体育组织。1995年，《全民健身计划纲要》颁布，指出街道办事处要加强对体育工作的组织，发挥居民委员会和基层体育组织的作用，做好社区体育工作。体育行政部门要给予支持和指导。1997年，《关于加强城市社区体育工作的意见》颁布，提出要逐步建立、健全以社区体育组织为主体的社会体育组织网络，制定开展社区体育的各项管理制度，加强社区体育理论研究，建立社区体育发展的指标体系等。2001年国家体育总局颁布的《2001—2010年体育改革与发展纲要》提出，城市体育要以社区为重点。社区体育要坚持业余、自愿、小型、多样。要通过一定的组织形式使社区体育经常化、制度化。2022年3月，《关于构建更高水平的全民健身公共服务体系的意见》颁布，提出鼓励发展在社区内活动的群众自发性健身组织，将全民健身公共服务纳入社区服务体系，培育一批融入社区的基层体育俱乐部和运动协会，在社区内活动的符合条件的基层体育组织可依法向县级民政部门申请登记。在社区设立健身活动站点，引导体育社会组织下沉社区组织体育赛事活动；建立国家队、省队运动员进社区制度，现役国家队、省队运动员每年要在中小学校或社区进行一定时间的健身指导服务。建立面向全社会的体育运动水平等级制度，健全服务全民健身的教练员、裁判员评价体系；建立高水平运动队帮扶基层体育社会组织的机制。

四、共同富裕时代“乡镇农村”群众体育赛事活动建设阶段（2016年至今）

2017年，党的十九大提出了到本世纪中叶“全体人民共同富裕基本实现”的目标。2020年，党的十九届五中全会明确提出，到2035年全体人民共同富裕取得更为明显的实质性进展。2018年1月，《中共中央 国务院关于实施乡村振兴战略的意见》出台，提出实施乡村振兴战略是全面建成小康社会、全面建设社会主义现代化国家的重大历史任务，是新时代“三农”工作总抓手。2019年中共中央办公厅、国务院办公厅印发《关于加强和改进乡村治理的指导意见》，提出应因地制宜广泛开展乡村文化体育活动；2021年《中华人民共和国乡村振兴促进法》强调，各级人民政府应当丰富农民文化体育生活，发展乡村特色文化体育产业；2022年中央一号文件《中共中央 国务院关于做好2022年全面推进乡村振兴重点工作的意见》提出，支持农民自发组织开展村歌、“村晚”、广场舞、趣味运动会等体现农耕、农趣、农味的文化体育活动。党的二十大报告中将人的全面发展、全体人民共同富裕取得更为明显的实质性进展作为我国发展的总体目标之一。“乡镇农村”群众体育赛事活动的开展能够保障公民的体育权，并与健康权、教育权和文化权等形成互补效应，通过参与体育赛事提升人力资本水平，丰富人民群众的精神生活。为此，在乡村振兴、全民健身、健康中国等战略背景下，各地积极开展群众身边的体育赛事，涌现“村BA”“村超”等知名赛事。

第三节 我国群众体育赛事活动的类型概述

当前历史阶段，我国群众体育赛事活动发展壮大并形成多种类型，主要有群众性综合运动会、城市社区群众体育赛事活动、乡镇农村群众体育赛事活动、非奥项目与中华传统运动的群众体育赛事活动等。不同类型群众体育赛事活动面临不同的建设困境，也处于不同的发展路径。

一、群众性综合运动会概述

（一）全国运动会开设群众组别

全运会是举国体制发挥作用的重要指挥棒。自2017年起，国家对全运会的组别开始调整，逐步增加群众组别权重，鼓励各省、自治区、直辖市广泛开展群众体育赛事活动、推进全民健身。自第十三届全运会开始增加群众组的项目和计分权重，第十四届全运会开始更增设了适合群众体育开展的展演类项目（表8–1）。

表8–1　第十三至十五届全运会的群众组项目设置情况

全运会届次	比赛类项目设置	展演类项目设置
第十三届	羽毛球、马拉松、象棋、太极拳、笼式足球、舞龙、国际跳棋、桥牌、攀岩、轮滑、乒乓球、龙舟、气排球、围棋、国际象棋、柔力球、健身气功、航空模型、航海模型	无
第十四届	乒乓球、羽毛球、网球、足球、篮球、气排球、毽球、轮滑、龙舟、地掷球、围棋、象棋、国际象棋、桥牌、中国式摔跤	广场舞、广播体操、健身气功、太极拳
第十五届	乒乓球、羽毛球、网球、足球、篮球、气排球、毽球、轮滑、龙舟、围棋、象棋、国际象棋、桥牌、中国式摔跤、定向运动、空手道、门球、模型、保龄球	健身气功、太极拳、舞龙舞狮、广播体操

（二）全国工人运动会发展概述

全国工人运动会由中华全国总工会和国家体委主办，目的是鼓励广大职工参加体育运动。1955年7月30日，在我国“第一个五年计划”中提到，首先要在工厂、部队等单位的青年中广泛开展群众运动，以增强青年对环境的适应力，预防职业病的发生。同年，中华全国体育总工会出台《关于开展职工体育运动暂行办法纲要》，对于职工体育运动的方针、工作方法等作出明确规定，将职工体育同社会主义建设相结合。全国工人运动会对于促进职工身心健康、全面发展具有重要作用。但由于未形成完善的竞赛制度，全国工人运动会只在1955年、1985年和1996年举办了3届。

（三）全国农民运动会发展概述

1986年9月中国农民体育协会成立，后又相继在31个省区市成立省级农民体育协会，以乡村为阵地深入开展“亿万农民健身活动”。农业部联合国家体委、中国农民体育协会联合主办全国农民运动会，确定每4年举办一届。1988年，首届全国农民运动会在北京顺利举办、第二届在湖北孝感举办、第三届在上海举办。此后各届分别在四川绵阳、江西宜春、福建泉州、河南南阳、吉林松原、湖北枝江等地举办。农民运动会作为最接地气的综合性体育赛事，不仅对于普及科学健身方式、增强农民健身意识具有重要作用，还有利于宣传民间传统文化、推动举办地的体育旅游事业发展和提高地区归属感、团结感。

（四）全国残疾人运动会发展概述

1983年，天津市市委、民政局、体委、红十字协会联合发起伤残人体育邀请赛，全国共有200多名盲人与截肢运动员参与比赛。同年，中国伤残人体育协会成立，1991年更名为中国残疾人体育协会，为残疾人体育事业发展奠定基础。1984年，我国24名残疾人运动员参与第七届国际夏季残奥会，盲人姑娘平亚丽、赵继红分别夺得B2、B3两个级别的跳远金牌。同年10月，全国残疾人体育运动会在安徽合肥举办，全国30个代表团的500多名运动员、教练员等参加田径、游泳和乒乓球3个项目。1992年，第三届全国残疾人运动会举办，这是1990年《中华人民共和国残疾人保障法》颁布实施后的第一届运动会，共设置田径、游泳、举重、射击、乒乓球和轮椅篮球6个项目，田径、举重比赛共有22人、44次、28项打破残疾人世界纪录。第四届全国残疾人运动会在大连举行，设置8个大项、395个小项，以为第十届残奥会做好准备。此后，依据每4年举行一届的规定，在杭州、成都、天津等地相继举办了8届。

（五）全国少数民族传统体育运动会发展概述

党和国家始终高度重视少数民族体育事业的发展。1953年11月8日至12日，以表演和竞赛大会形式在天津举办第一届全国少数民族传统体育运动会，设置举重、拳击、摔跤、短兵和步射5个项目，仅有13个民族9个代表团参加。为了深入贯彻民族政策，促进民族团结，国家民族事务委员会和国家体委联合主办全国少数民族传统体育运动会，确定每4年举行一届全国少数民族传统体育运动会。2024年，海南三亚举行了第十二届全国少数民族传统体育运动会。国家一直高度重视民族运动会的文化凝聚，先后颁布了一系列政策，主要包括：1984年颁布的《中华人民共和国民族区域自治法》提出促进各民族积极开展民族传统体育运动；《2001—2010年体育改革与发展纲要》要求做好民族传统体育项目的挖掘、整理和推广工作；2018年5月29日，国家民委、国家体育总局联合发布《全国少数民族传统体育运动会组织管理办法》。

二、城市社区群众体育赛事活动概述

党的十一届三中全会后，国家加快推进社会主义市场经济建设。但是，计划经济时代的“单位制”“街居制”具有高度行政化、集权化的管理特点。市场经济改革过程中非公有制经济、户籍制度和流通体制的改革，打破了城乡边界，大量人口流入城市，给行政化特征明显的街道办事处、城市居民委员会带来巨大压力。为适应社会主义市场经济建设，城市基层管理体制改革势在必行[1]。党的十八大报告多次提及“城乡社区治理”相关表述;《城市社区嵌入式服务设施建设工程实施方案》《“十四五”城乡社区服务体系建设规划》等政策文件相继出台，公共服务项目不断向城市社区延伸，以社区“小切口”推进“大民生”。其中，我国群众体育赛事活动也是城市公共服务体系的重要内容，各行业或人群的全国群众性综合体育赛事不再是群众体育赛事活动发展的重点。基于城市社区广泛开展的群众体育赛事活动将是更高水平全民健身公共服务体系的基本面。

（一）城市社区群众体育赛事活动的类型

1. 按体育赛事运作的主体分类

城市社区中，群众体育赛事活动按体育赛事运作主体进行分类，包括行政主导型和社会自主型两类社区群众体育赛事活动。行政主导型体育赛事是以政府行政部门为主导，以各级体育局、教育局和文化局等机构为主体，在街道办事处、社区居委会、社会团体等的共同参与下，自上而下开展的群众体育赛事活动类型。社会自主型体育赛事是以市场、社会团体等为主体，在行政职能部门的授权下，由街道办事处、企业、社区等主办，群众自愿、自主开展的群众体育赛事活动类型。

2. 按体育赛事举办的目的分类

城市社区中，群众体育赛事活动按体育赛事的举办目的进行分类，包括传统趣味性、竞技性、健身类、休闲类、社交类等社区群众体育赛事活动。传统趣味性体育赛事是以传统趣味性体育项目为载体的群众体育赛事活动类型；竞技性体育赛事是以正规体育项目为载体、以竞赛优胜为目的的群众体育赛事活动类型；健身类体育赛事是以体育竞赛为手段、以提升体质为目的、不过分强调胜负、运动负荷有所控制的群众体育赛事活动类型；休闲类体育赛事是以休闲健身项目为载体、以休闲娱乐为目的的群众体育赛事活动类型，包括社区运动会、钓鱼系列公开赛等；社交类体育赛事是以增进社区邻里间交往为目的的群众体育赛事活动类型，如社区趣味运动会、弄堂运动会等[2]。

（二）城市社区群众体育赛事活动的特征

1. 主体多元化

改革开放以来，我国群众性体育赛事主要以政府为核心，运用行政手段下达指令、举办体育赛事。2021年《“十四五”体育发展规划》中更是指出要充分发挥市场主体作用，推动办赛模式多元化；2022年《关于构建更高水平的全民健身公共服务体系的意见》颁布，提出：支持社会力量举办体育赛事。伴随新型举国体制改革的深化，各类社会体育组织、市场主体流入群众体育赛事活动治理领域。其中，依托于城市社区的群众体育赛事活动将

[1] 丁壮. 新时代城市社区治理现代化研究[D]. 北京：中共中央党校，2022.

[2] 钟天朗，徐琳，陈剑昌，等. 上海社区体育赛事组织与管理的现状及对策[J]. 体育科研，2011，32（3）：13-18，30.

是基层体育社团、中小微体育企业的重要流入目标，也是群众体育赛事活动、全民健身领域中最具生命力的领域。伴随我国体育赛事市场经济制度不断完善、公共服务改革的简政放权程度不断提升，城市社区中开展的群众体育赛事活动将形成政府、市场、社会共治的格局，主体结构呈现“多元化”特征。

2. 全民参与性

为持续推进全民健身战略，丰富群众体育文化生活，城市社区体育赛事活动的举办致力于将体育赛事融入社区，鼓励广大群众积极参与。上海市市民运动会以“全民参与、全民运动、全民健康、全民欢乐”为宗旨，是一项贯穿全民、覆盖各类人群的运动嘉年华。北京市“社区杯”系列赛以“全民参与、共享健康”为宗旨，致力于将体育赛事融入社区生活，项目包括篮球、网球、气排球、羽毛球、自行车、田径等普及性较高的运动，以满足不同年龄段、不同兴趣爱好的社区居民的健身需求为主要目的。同时，对于缺乏运动技能的群体而言，社区体育赛事还增加了亲子趣味运动项目，鼓励家庭成员共同参与，增强了家庭成员间的联系，也有助于增进邻里关系。

细节了解

运动银行

三、乡镇农村群众体育赛事活动概述

进入21世纪，我国工业化和城镇化进程加快，城乡收入差距扩大、城乡经济发展不平衡问题凸显。党的二十大报告提出全面推进乡村振兴，坚持农业农村优先发展。2021年6月1日实施的《中华人民共和国乡村振兴促进法》强调，鼓励开展形式多样的农民群众性文化体育、节日民俗等活动。2023年5月，国家体育总局、中央文明办等12部门联合发布《关于推进体育助力乡村振兴工作的指导意见》，要求发挥体育的综合价值和多元功能，为推动乡村振兴取得新进展、居民获得感幸福感不断提升提供有利条件。发展乡镇农村群众体育赛事活动意义重大，是乡村振兴的重要举措。

（一）乡镇农村群众体育赛事活动的价值功能

1. 助力乡镇农村公共服务体系建设

《中共中央　国务院关于学习运用“千村示范、万村整治”工程经验有力有效推进乡村全面振兴工作部署的实施的意见》指出，鼓励农民群众自主举办“村BA”“村超”等群众性文体活动。乡镇农村具有“绿水青山”资源优势，组织乡镇农村的群众体育赛事活动是对“绿水青山”资源的有效开发，引导城市冗余资源流向乡镇农村地区，有助于乡镇农村公共服务体系不断健全、基础设施不断完善，将“青山绿水”转化为“金山银山”，为新农村建设助力。

2. 推动乡镇农村产业体系发展

以“村BA”为代表的乡镇农村体育赛事火热出圈，表明群众体育赛事活动经济效益显著，“以赛扶产、以赛促文、以赛助旅”的发展模式成为乡村消费的新增长点，是未来乡村产业发展的重要方向。成都新都区三河村积极开展足球助力乡村振兴活动，早在2013年村级党组织就决定通过建设足球村为经济发展破局，并在2015年通过简单修缮的足球场地、组织足球赛等方式帮助三河村从新都区落后村转变为“成都足球第一村”。2015—2019年，当地已举办5届“宝柚杯”足球联赛，累计进行700余场比赛，每年吸引超10万人次的游客到访。体育赛事带动了三河村柚子销售，群众年收入也从2013年的12 760元增长至2018年的23 423元[1]。

3. 促进乡镇农村居民体质健康

2015年，《关于打赢脱贫攻坚战的决定》颁布，农民健康扶贫工程成为乡村振兴的重要任务。乡镇农村群众体育赛事活动能够有效帮助农村居民脱离日常繁重、机械的体力劳动，通过体育赛事调动城镇农村居民科学开展业余训练，在精神、身体等方面帮助城镇农村居民缓解日常劳作导致的慢性病症，消除不良情绪，达到增强体质的目的。

4. 弘扬乡镇农村优秀传统文化

习近平总书记说：“乡村不仅要塑形，更要铸魂。”中华民族由农耕文明发展而来，大量优秀传统文化散布在国家广大的乡镇、农村地区，构成丰富多样的中华优秀传统文化，包括民俗风情、历史遗迹、传统节日等。但是，近代中国工业化、城市化转型，大批农村人口流入城市，导致我国很多乡镇、农村地区的优秀传统文化面临失传。乡镇农村地区广泛开展群众体育赛事活动，能够逆转人口流向城市的趋势，并演变成为各地乡镇、农村传统优秀文化的重要传播平台。

细节了解

我国脱贫攻坚历程

（二）乡镇农村群众体育赛事活动的基本特征

1. 乡土性

乡镇农村的群众体育赛事活动多与本地特有的民风民俗相联系，并因居民对于体育赛事的单纯热情而保留、传承下来。“村BA”起源于南方民族地区为庆祝、祈求丰收而来的吃新节，火爆背后更是体现出对民族文化之根的坚守。1936年，篮球运动传入台江县，又很好地融入当地节庆活动，成为一项具有广泛参与度、深受当地群众认可的社会活动。此后，台江县逐渐有了“逢节必比赛、比赛先篮球”的传统。同时，比赛组织者将侗族大歌、苗族芦笙舞、摆王木鼓等特色文化和玉米粑粑、牛瘪、五彩姊妹饭等特色美食摆到现场，更是帮助民族文化在“村”字头的体育赛事中大放异彩，并带动了当地苗族银帽、蜡染等民族工艺品的“出圈”，以体育赛事推动乡土文化的创造性转化和创新性发展。

---

[1] 邓红杰．足球为乡村振兴助力——成都新都区三河村乡村足球发展纪实[N]．中国体育报，2020-09-22（1）．

2. 项目内容的多样性与灵活性

细节了解

体育非物质文化遗产

在气候、地形等自然条件和社会因素的影响下，我国乡村形成了丰富多彩的体育文化与体育赛事，如南方地区的龙舟赛、北方的扭秧歌、西北地区的赛马等，反映出不同地区的农民劳动生产场景，也构成了各具特色的多彩画卷。虽然农民的物质条件有所改善，闲暇时间增多，但在场地、人员、资金等资源约束下，体育赛事的组织又具有灵活性和松散性，既可以是踢毽子、下象棋等日常对弈，也可以是传统节日期间的舞龙、舞狮、赛龙舟等区域重大体育赛事。

3. 体育赛事举办的自发性与季节性

农村体育赛事属于一种群体行为，除传统节日期间呈现出有组织、有领导的活动特征外，日常生活中更多为非正式组织的自发行为。从某种意义上讲，正是群众广泛而生动的自发行为为农村地区体育活动、体育赛事的开展奠定了深厚基础。同时，农村体育赛事活动更多受到季节的制约，体育赛事通常在传统节日和农闲季节举办。

四、非奥项目与中华传统运动的群众体育赛事活动概述

伴随新型举国体制改革深化，竞技体育赛事主导地位逐渐下降，非奥运项目和中华传统运动项目有望成为群众体育赛事活动的重要内容。

（一）非奥项目的群众体育赛事活动

我国体育事业布局长期对标奥运会，采用“超常规”策略重点发展奥运项目，非奥运项目相对处于弱势地位。2019年5月9日，成都获得2025年第十二届世界运动会举办权，成为中国大陆首个举办该项体育赛事的城市，标志着我国加大了对非奥项目的支持力度，体育事业布局开始向非奥项目过渡。

世界运动会（The World Game）由国际世界运动会协会（International World Games Association，IWGA）发起，在每届夏季奥运会的下一年举办，同样是每4年举办一届，竞赛项目以非奥运会项目为主。前国际奥委会主席萨马兰奇曾赞赏世界运动会的举办，并称世界运动会为“二级奥运会”。世界运动会于1981年首次举办，当时沙滩排球、女子举重、跆拳道等项目均为比赛项目。后来这些项目被纳入奥运会正式比赛项目，也就不再列入世界运动会比赛项目。

第十二届世界运动会共设35个竞赛大项、61个分项，包括飞盘、台球、轮滑、攀岩、武术等小众项目，其中不乏具有较高影响力的新兴运动项目，如无人机竞赛、滑水等。参赛的中国代表队运动员大多来自竞技体育体制之外，或者是由我国奥运项目的优秀运动员跨项集训培养出来，是中国群众体育竞技最高水平的代表。

成都举办世界运动会也是处于传统型举国体制向新型举国体制转变的时间节点。在保

持奥运会竞争力基础上，国家进一步加强体育赛事系统的市场资源配置方式，根据社会、市场的喜好发展体育运动项目，引导社会、市场力量建设非奥项目的群众体育赛事系统[1]，是更高水平全民健身公共服务体系建设的有机构成，符合中国特色社会主义市场经济发展规律。

（二）中华传统运动的群众体育赛事活动

围棋、八卦掌、马球、传统剑术、太极拳等是典型的中华传统运动，是中华优秀传统文化的有机构成。其中，太极拳作为中华武术项目，在世界华人群体中影响深远。围绕中华传统运动，民间组建各个项目的体育社团，并零星组织不同规模的中华传统运动体育赛事，大致包括竞技化群众体育赛事活动和流派化群众体育赛事活动两大类。

1. 竞技化群众体育赛事活动

竞技武术脱胎于中华传统武术，是为了更好地适应竞技体育发展、便于使用相对统一的标准进行评价而发展起来的，20世纪50年代至今已形成完整体系，包括竞赛制度、运动队训练体制和技术体系三大部分。体育赛事系统的基本架构清晰，国际武术比赛包括世界武术锦标赛及洲际性武术比赛；国内则是以全运会的武术单项比赛为最高层次，并以全国武术锦标赛为龙头，以套路、散打为主要项目内容。套路竞技内容包括长拳、太极拳、南拳、剑术、刀术、枪术、棍术和其他拳术（形意拳、八卦、八极、通背）、其他器械、对练项目。竞技武术源于中华传统武术，但为了适应竞赛表演需要，将传统武术的不同门派、流派加以综合，形成能够进行比赛、便于打分评价的形式。中国一直推动中华武术成为奥运正式项目，但一直未能获得成功。2001年北京申奥成功后，国家体育总局成立“武术争取进入奥运领导小组”；2011年，国际武术联合会第三次向国际奥委会提出入奥申请，最终仍未成功。2020年，国际奥委会执委会会议中通过决议，武术成为2022年第四届青奥会正式比赛项目，是武术入奥的重大进步。伴随竞技武术全球影响力持续扩大，竞赛规则、竞赛方法等制度建设越加成熟，竞技武术有望成为我国群众体育赛事活动的重要组成部分，不仅适合在中国国内推广，也能够在全球华人华侨，以及喜好中华文化、青睐中华传统武术的外国友人群体中传播。

2. 流派化群众体育赛事活动

中华传统运动种类丰富、门类繁杂。单从民间武术运动的角度来看，就分有少林的外家派和武当的内家拳。少林派又能够划分南少林和北少林。各个流派之间盘根错节、相互融合。因此，很多民间武术流派会以草根体育社团的方式开展武术项目的教学、比赛。此类流派化的传统体育项目属于体育非物质文化遗产的范畴，一般也形成了明晰的传承脉络。

[1] 阮威，王润斌，孙艳芳. 体育强国建设背景下奥运会新兴项目发展的时代诉求、问题审视与纾解方略[J]. 西安体育学院学报，2024，41（3）：305-314.

【案例8-1】

4万人跑马、城市即赛场，巴黎奥运更开放

奥林匹克“更高、更快、更强——更团结”的精神一直激励着每一个平凡人，也强调人人应享有从事体育运动的权利，不受任何歧视。2024年巴黎奥运会上更是设置了大众马拉松项目，4万余名大众跑者实现了奥林匹克历史上第一次“普通人登上奥运赛场”的壮举，巴黎奥运会“奥运更开放”的口号在此刻具象化。其中，有120名来自中国的大众跑者也参与了此次大众马拉松项目。

奥运会一直以来都是无数优秀运动员实现荣耀与梦想的舞台，也是全球最知名、水平最高的竞技运动赛事。虽然大众组和精英组的体育赛事不会同时进行，并且这次的大众马拉松不会颁发奖牌，也不会有任何的排名，但是两项体育赛事在赛道、比赛配置方面没有任何区别。虽然有4万个站上奥运赛场上的名额，但想要成为四万分之一，还是需要付出一定努力。参与者必须在2023年12月31日23点59分前，通过游泳、跑步、骑行、徒步等不同的运动方式，在指定网站累计超过10万运动积分，才有机会取得抽签资格。积分累计方法有详细规定，以1千米为单位，走路可获得5个积分，跑步10个积分，骑车2.5个积分，游泳40个积分，滑雪5个积分。巴黎奥组委公布这项大众马拉松计划后，全球有超过80万人注册了账号，最终符合达标积分要求并且中签的只有40048人。所以，不管是累计10万积分，还是从80万跑者中被选中，都不是一件容易的事。

巴黎奥运会用一项属于大众的运动，迈出了奥林匹克更开放的新一步，也进一步拉近了大众与专业竞技体育赛事的距离。《奥林匹克2020+5议程》中提出：通过将奥运会打造给人民，将奥运会赛事带出传统场馆，带到更加城市化、更受欢迎的环境地点当中去，以此方式令奥运会体验更具包容性。同时，近年来奥运会新增滑板、霹雳舞、攀岩、冲浪等项目，将年轻人热爱的音乐、艺术、潮流等元素与体育相结合，以一种更加开放、多元和包容的姿态拥抱年轻人，也为奥林匹克运动、奥林匹克精神注入新鲜血液。

[改编自：刘成康. 4万人跑马、城市即赛场，巴黎奥运更开放[EB/OL].（2024-08-11）[2024-10-11]https://www.sohu.com/a/800106645_138481.]

思考题

1. 新时代，竞技体育与群众体育的关系是什么？
2. 如何通过竞技体育赛事带动群众体育赛事活动的发展？

【案例8-2】

从“村BA”看乡村文化振兴的底层逻辑

民族歌舞来助阵，手工艺品作奖励，赶着民俗办比赛，热闹场面兴名气……被媒体称为“世界级体验”的贵州省黔东南苗族侗族自治州台江县台盘村“村BA”，对当地村民来说，是几代人坚持守护、传承结出的乡土文化硕果；对于社会各界来说，是一个值得深入剖析的乡村发展样本。

1. 火得有理：顺势而为

从2022年贵州省首届“美丽乡村”篮球联赛总决赛火出圈被称为“村BA”，到今年台盘村“村BA”惊艳全网，乡村尽展风采，最有魅力的是这股“土味儿”，最高兴的是基层百姓。有篮球必打、有场地必练、有球赛必看，打篮球是台盘村男女老少的共同爱好。篮球已是这个偏远小山村的独特代名词，连接着几代人的情感，是村民最为认同的文化符号。除此之外，“村BA”的强劲吸引力还来自一道“硬杠杠”：从比赛规则制定、球员资格审查到赛场气氛烘托、颁奖环节设置，都由当地群众组织。村民自发完成、自主进行的活动“土到根儿上”了，但这也正是基层文化活动的底气和优势所在。

2. 火得有招：借势发力

如果说“村BA”的出圈是无心插柳柳成荫，那么“村BA”带动当地文旅发展的巨大IP效应则是事在人为的借势发力。得益于互联网传播、多视角呈现和名人互动，过去是台盘村村民闲暇娱乐的篮球运动，现在成为全网关注的文化现象。在贵州乡村文化振兴专业委员会主任王生荣看来，品牌化不等于商业化，这是两个概念。基层活动可以主动借力传播、借势发力，但要高度重视村民文化权益，避免经济驱动破坏群众基础。“政府一旦挖掘出群众文化需求，首先应该着力在公共服务、设施配套、品牌建设以及宣传推广等方面发挥作用，而不是干涉群众自发的组织形式，要转变常规和传统的单向送文化思维，逐渐以资源补位达成供需对位”。

3. 火得有道：守势靠“村”

基层文化活动坚持姓“村”、保持公共属性是长效发展的关键。要让群众买账，就得把发言权、评判权交给群众。实践证明，乡村文化振兴的“根”与“魂”在民间。在基层文化工作日益深入、基层文化活动数量激增的今天，农民群众高涨的积极性、创造性背后都有一份挚爱与荣耀，向心力由此增强，建设和美宜居乡村的主人翁意识也由此展现。以“村BA”为例，乡村文化活动要办得合民意，还要顺民心，更要从群众发自内心的喜爱中寻找灵感，让乡土文化自然嵌入其中。

［改编自：王彬. 从“村BA”看乡村文化振兴的底层逻辑[N]. 中国文化报，2023-05-29（2）.］

思考题

1. 结合本案例，你认为“村”字头体育赛事出圈的原因是什么？
2. 未来如何通过体育赛事促进乡村振兴？

第四节 我国群众体育赛事活动的建设任务与发展领域

综合我国不同类型群众体育赛事活动的发展需要，新时代需要重点推动社会体育指导员制度建设、基层体育场馆共享共建、群众体育赛事活动行政监管等专项工作；同时，也要加强对群众体育赛事活动融入景区、街区、商圈，以及“一带一路”国家群众体育赛事交流两个领域的探索。

一、我国群众体育赛事活动建设的重要任务

（一）完善社会体育指导员制度建设

《全民健身计划（2021—2025年）》中提出，到2025年“每千人拥有2.16名社会体育指导员”。各地区要根据人口规模、人口密度、流动人口数量等制定社会体育指导员数量标准，以培训为抓手，不断增加国家级、一级、二级、三级社会体育指导员全年培训数量。针对我国社会体育指导员平均年龄偏高、文化程度较低、性别结构不合理等问题，吸引退役运动员、在职教练员、毕业大学生等群体加入社会体育指导员行列。同时，依托基层服务站点，将社会体育指导员纳入社区与行政村的党建联系组织，强化其与基层组织的协作与联系。

（二）推进基层体育场馆的共享与共建

立足系统性、整体性视角规划体育场地设施建设，逐步增加与基层民众健身休闲相关的小型体育场地设施，如健身步道、体育公园、老年活动场所、健身广场等。同时，加大城市社区空置地的排查力度，持续增强嵌入式体育设施有效供给。通过体育现代化村（社区）的建设，逐步补齐体育事业的发展短板，促进体育事业的均衡发展，推进学校、公共体

育场地设施的免费、低价开放，明确规定设施开放时间、开放对象、收费标准、开放条件等内容，同时制定场地设施对外开放绩效评价标准。

（三）加强群众体育赛事活动的行政监管

2021年6月25日，国家体育总局、工业和信息化部等11部门联合印发了《关于进一步加强体育赛事活动安全监管服务的意见》，明确我国体育赛事活动安全监管的责任主体——政府相关行政部门。建立多层次、多方位的体育赛事行政监管联动机制是加强体育赛事安全的重要举措。当前，中国田径协会2021年发布的《中国田径协会路跑及相关运动赛事分级监管办法》具有参考性，其要求体育赛事按照“四级、五时段”进行筹备、报备：“四级”分别是中国田径协会和省、地、县级责任机构；“五时段”包括比赛前90天、60天、30天、10天和3天需对体育赛事做汇报和检查。

二、我国群众体育赛事活动发展的重要领域

（一）群众体育赛事活动融入景区、街区、商圈

2024年3月28日，《体育总局办公厅 商务部办公厅 文化和旅游部办公厅关于开展“体育赛事进景区、进街区、进商圈”活动的通知》印发，将体育赛事活动举办地从体育场馆扩展至具备条件的景区、度假区、体育公园、商业中心、步行街等区域，把体育赛事活动带来的“流量”转化为经济的“增量”。体育赛事“三进”活动是培育新的消费增长点、促进文体旅深度融合的重要举措，是将体育作为扩大内需的重要抓手。一方面，群众体育赛事活动具有很强的正外部性，有助于促进文体旅深度融合；另一方面，群众体育赛事活动在促进文体旅融合过程中，能够全面改善体育消费者体验，从而进一步激发消费力增长、促进体育消费升级。

（二）推动共建“一带一路”国家共建群众体育赛事交流活动

细节了解

“一带一路”倡议

2015年3月28日，国家发展改革委、外交部、商务部联合发布《推动共建丝绸之路经济带和21世纪海上丝绸之路的愿景与行动》，提出积极开展体育交流活动，支持共建“一带一路”国家申办重大国际体育赛事。2017年，国家体育总局和国家旅游局发布《“一带一路”体育旅游发展行动方案》，指出通过重点体育旅游赛事、重点运动休闲旅游项目、重点体育旅游节点的建设，带动“一带一路”体育旅游发展。大多数共建“一带一路”国家具有深厚的文化底蕴、人文基础、经济发展潜力[1]，共建“一带一路”相关体育赛事有助于系统开发这些国家的体育、文化、旅游等资

[1] 于俊利，冯鹭．“一带一路”倡议10年中国体育文化传播的成就、挑战与展望[J]．西安体育学院学报，2023，40（6）：670-676.

源。实践层面，在“一带一路”倡议下，我国举办国际马拉松系列赛事、田径邀请赛、自行车系列赛等，对于促进经济发展和文化传播具有重要作用。例如，新疆作为我国向西开放的重要门户，与中亚多个民族传统体育项目同源，可举办马上角力国际邀请赛、国际叼羊邀请赛等。

（三）群众体育赛事活动的积分制、等级制探索

积分制、等级制能够有效激发专业体育运动员投身训练、竞赛工作，对于普通体育爱好者、业余体育训练者而言同样具有极强的动员效力。为此，各单项体育协会应当充分借鉴竞技体育赛事的积分制、等级制经验，推进群众体育赛事活动的积分制、等级制的探索与编制，这对于构建更高水平的全民健身公共服务体系具有重要作用。

【案例8–3】

“跑团”有了新标准

来自湖北省十堰市的郜志全是当地“火箭队跑团”的负责人，听到首次国家体育锻炼标准全国邀请挑战赛要在四川乐山举行的消息时，他主动找到了当地田协，带着自己的13名队友报名参加湖北省的选拔赛，最终有3名队友通过选拔，来到乐山的全国挑战赛的赛场上。

首届国家体育锻炼标准全国邀请挑战赛通过各省市的广泛选拔，让更多像郜志全团队这样的“草根”运动爱好者有了一次全面测验的机会，同时各地通过与全民健身活动结合的形式，也在纵向和横向推动着《国家体育锻炼标准》在全国各地进一步普及推广。

郜志全表示，运动爱好者锻炼也要有“标准”，他们平时游泳、跑步都只是一个项目的运动训练，而全国邀请挑战赛涵盖了30秒跳绳、立定跳远、绕杆跑、坐位体前屈、1000米跑（男）/800米跑（女）等项目，是对身体素质的全面检验，也是对运动能力的全方位考核，是所有运动的基础训练。通过参加挑战赛，大家对《国家体育锻炼标准》有了更加详细科学的认识，跑团的许多队员都自觉对照标准来练习，针对身体薄弱环节进行强化，为自己打下坚实的体能基础。

《国家体育锻炼标准》的全面普及也给跑团管理带来了“标准”。据了解，郜志全所在的跑团每周六、日都会在体育中心或是体育公园等健身场所进行10公里跑或是半程马拉松的训练，但由于团员们的运动能力有高有低，身体素质水平也不一样，如何对团员们的运动安全进行把控，锻炼标准的达标测试“帮了忙”。

郜志全说：“现在我们跑团内部有一个月两次的标准测试和训练，对照测试结果让团员们进行针对性训练，对于我们来说，也可以掌握大家的运动能力水平，让团员们在能力范围内进行安全系统的训练。这是《国家体育锻炼标准》普及推广更重要的

意义。”他希望未来锻炼标准的测试能够常态化，和全民健身活动广泛结合，让更多人知道《国家体育锻炼标准》的意义，让更多群众积极加入到科学健身的行列中来。

［改编自：刘昕彤．“跑团”有了新标准[N]．中国体育报，2023-11-30（5）．］

思考题

1. 结合本案例，你认为国家体育锻炼标准全国邀请挑战赛对于全民健身起到了哪些作用？

2. 如何发挥标准化对于群众体育赛事活动的促进作用？

【案例 8-4】

广州龙舟飞驰竞渡

赛龙舟是端午节重要的民俗活动，承载着中华民族深厚的历史文化底蕴。广州的端午龙舟赛具有广泛的群众基础和浓厚的民俗风情，更融合了广府文化、潮汕文化、客家文化等文化底色，在龙舟竞赛方面也呈现出个性鲜明、千姿百态的特征。一般广州龙舟活动包括起龙、采青、招景、趁景、赛龙、藏龙和散龙等环节。更有乡土宗祠文化仍鲜活遗存，祠堂记录着一个家族的辉煌历史与传统。各队伍在龙舟赛的训练期间，更多是以祠堂家族名义募捐或众筹，以激发运动员的拼搏精神与战斗热情。

2024年端午期间，各地纷纷将龙舟竞渡与旅游、文创、集市等活动相结合，不仅丰富了龙舟竞渡的内涵，也为传统文化的传承和发展注入了新的活力。例如，东莞市持续推出40多项“体育+文化+旅游”的龙舟主题活动，吸引游客一站式全链条体验“最长龙舟月”的精彩。

思考题

1. 你认为体育赛事对于弘扬中华传统体育文化有什么作用？

2. 如何在弘扬中华传统体育文化的过程中带动体育消费？

◎ 复习题

1. 什么是群众体育？
2. 群众体育赛事活动的运作管理主体有哪些？
3. 城市社区群众体育赛事活动的类型有哪些？有什么特征？
4. 群众体育赛事活动的重要内容是什么？
5. 我国群众体育赛事活动的重要领域有哪些？

第九章

我国青少年和学校体育赛事制度的融合与演化

本章概要

- 青少年和学校体育赛事的参赛单位与训练模式
- 学校体育赛事体系的发展历程
- 青少年体育赛事体系的发展历程
- 青少年和学校体育赛事“体教融合”的相关主体
- 青少年和学校体育赛事体系融合的举措

教学目标

- 掌握青少年体育赛事的内涵与特征
- 掌握学校体育赛事的内涵与特征
- 了解新型举国体制下我国“青少年和学校体育赛事”的新内涵
- 了解“青少年和学校体育赛事”的参赛单位与训练模式
- 熟悉我国学校体育赛事体系的发展历程
- 了解青少年和学校体育赛事“体教融合”的相关主体及其职能
- 了解我国青少年和学校体育赛事体系“体教融合”的举措与现实阻力

相关网站

- 中华人民共和国教育部（http://www.moe.gov.cn/）
- 中国学生体育网（http://www.sports.edu.cn/）
- 亚洲大学生体育联合会（http://www.ausf.org/）

- 国际大学生体育联合会（https://www.fisu.net/）
- 体教联盟（CSEA）网站（https://www.univsport.com/）

推荐书目

- 潘绍伟，于可红．学校体育学[M]．3版．北京：高等教育出版社，2015.
- 毛振明．体育教学论[M]．4版．北京：高等教育出版社，2024.
- 张瑞林．学校体育管理学[M]．北京：高等教育出版社，2014.

习近平在2018年全国教育大会上对学校体育工作提出要求："要树立健康第一的教育理念，开齐开足体育课，帮助学生在体育锻炼中享受乐趣、增强体质、健全人格、锤炼意志。"青少年和学校体育赛事是学校体育工作的重要内容，是"体育强国"战略可持续建设的关键领域，同样处于公共服务建设与市场运营激活的转型阶段，对于扩展竞技体育后备人才、向群众体育输送稳定人口、拓展体育消费市场有着重要的支撑价值。如何适应新型举国体制的改革导向，构建与社会主义市场经济发展规律相适应的青少年和学校体育赛事公共服务体系？如何循序渐进深化青少年和学校体育赛事体系的"体教融合"改革？这些是本章的重点内容。

第一节　我国青少年和学校体育赛事概述

我国传统型举国体制、新型举国体制并存，导致我国青少年和学校体育赛事发生割裂，形成内涵存在联系、但管理相互独立的两套赛事体系。传统型举国体制下，青少年体育赛事具有竞技体育的锦标主义特点；新型举国体制下，学校体育工作受到更多关注，也面临更多改革挑战。

一、传统型举国体制与我国青少年和学校体育赛事的内涵

20世纪80年代，我国体育发展初步确立了奥运战略的主导地位，奠定了传统型举国体

制的基石地位。竞技体育赛事优先发展、学校体育赛事协调发展的超常规格局基本形成。由于体育行政系统、教育行政系统相对分离，我国青少年和学校体育赛事体系出现体教分离状态。体教分离格局下，青少年体育赛事和学校体育赛事成为两个相对独立的概念。

（一）青少年体育赛事的内涵与特征

1. 青少年体育赛事概念的内涵

青少年体育是青少年体育赛事的上位概念，决定了青少年体育赛事的基本属性。

（1）青少年体育的内涵。青少年体育是竞技体育后备人才培养输送范畴的重要概念，也是群众体育、学校体育衔接竞技体育的重要构成，由于处在多个领域的交叉重叠环节，具有极强的复杂性。在我国传统型举国体制语境下，青少年体育被纳入竞技体育范畴，专指为培养竞技体育后备人才而组织的竞赛训练活动，与青少年的群众体育概念存在区别。平杰提出，青少年体育是我国竞技体育的后备力量、群众体育的雄厚基础、学校体育的延伸拓展，青少年体育关乎体育强国建设的成败[1]。胡小明以金牌增多与体质下降为突破口，讨论青少年体育中存在唯金牌主义现象，提出目前我国青少年体育的短期功利性过强，竞技体育完全主导着青少年体育的建设与发展[2]。

（2）青少年体育赛事的内涵。青少年体育赛事是青少年体育的重要基础和实施手段，一方面是为青少年业余、半业余体育运动员组织的竞赛平台，另一方面是甄别潜力运动员、提高青少年运动员运动训练积极性的重要手段。张建会等提出，我国青少年体育竞赛受到锦标主义而产生的不良赛风赛纪问题尤为严重[3]；吴声洸等认为：我国青少年体育训练和竞赛组织模式仍然存在计划经济痕迹，较为封闭的竞赛训练模式与社会化、产业化的转型方向存在阻碍[4]。面对青少年体育赛事的计划经济特征、锦标主义色彩，很多专家学者提出改革建议：吴声洸等提出，青少年体育训练竞赛的封闭模式应当逐步打破，不断推进社会化、产业化改革，培养青少年竞赛参与兴趣，构建出具有横向联系的青少年体育训练竞赛体系；刘景裕提出，我国青少年体育竞赛训练模式应由竞教脱离组织模式向体教结合组织模式、体社联合组织模式转化；吴贻刚等认为，青少年儿童体育训练和竞赛是从小对社会大众进行体育素质教育的基本形式，应当跳出竞技体育视角研究青少年体育竞赛，并促进与教育事业相结合[5]。

---

[1] 平杰. 体育强国视域下我国青少年体育的发展[J]. 上海体育学院学报，2011，35（1）：47-50.

[2] 胡小明. 分享运动——体育事业可持续发展的路径[J]. 体育科学，2010，30（11）：3-8.

[3] 张建会，钟秉枢. 结构功能主义视角下的我国综合性体育竞赛制度[J]. 北京体育大学学报，2010，33（7）：1-4.

[4] 吴声洸，范振国，黄小华. 我国青少年体育训练和竞赛组织模式改革与创新对策研究[J]. 成都体育学院学报，2002（4）：56-59.

[5] 吴贻刚，陈先良，王健，等. 论我国青少年体育训练和竞赛组织模式改革与创新的指导思想及原则[J]. 上海体育学院学报，2002（2）：46-50.

2. 青少年体育赛事的特征

传统型举国体制影响下，我国青少年体育赛事一定程度上发展成为竞技体育后备人才培养的代名词，具有以下四个特点：

（1）竞技体育具有锦标主义特征。青少年体育赛事是传统型举国体制的基石，与“奥运备战体育赛事系统”的市、区级别存在极高重叠度，是将具有较高潜力的青少年选入竞技体育后备人才梯队的平台。

（2）兼顾业余属性与专业属性。我国很多青少年运动员很早便能够进入专业体育队伍。但是大部分在体育运动学校接受训练、参加比赛的运动员均属于业余运动员，也同样需要接受与普通中小学同等的文化课教育。

（3）封闭化赛训成长环境。长期以来，纳入青少年体育赛事系统的运动员更多处于业余体校的封闭化训练模式之中，很多地方“三重一大”训练原则也被运用于青少年运动员训练，揠苗助长式竞赛训练模式造成大量运动损伤，很多运动员潜力被提前消耗殆尽，优秀青少年运动员输送到更高层级竞技体育训练单位后便江郎才尽的情况不在少数。

（4）青少年运动员缺乏综合教育。过于强烈的锦标主义色彩以及高度封闭的训练竞赛环境，导致大批青少年运动员较早接受封闭化、专项化训练，失去家庭、社会成长环境。很多业余体校甚至侵占文化课学习时间，导致一批青少年运动员退役后很难融入社会。

（二）学校体育赛事的内涵与特征

1. 学校体育赛事的内涵

（1）学校体育。为适应我国体育事业的超常规格局，学校体育赛事成为区别于竞技体育的一个独立而专门的概念，体育赛事的竞争属性被稀释弱化，更多突出学校体育工作“健康第一”原则和“育人”功能。因此，首先了解什么是学校体育，有助于更好地理解学校体育赛事的内涵。《中国大百科全书》（1982年版）提出：学校体育是体育的重要组成部分，也是学校教育的重要方面。学校体育有助于学生发育，使学生精力充沛，也有助于培养学生的高尚道德品质和良好生活习惯。《体育概论》（1989年版）指出：学校体育是狭义体育，是一个发展身体，增强体质，传授锻炼身体的知识、技术、技能，培养道德和意志品质的教育过程。它是培养全面发展的人的一个重要方面。《体育科学词典》（2000年版）指出，学校体育是指：以身体练习为基本手段，以增强学生体质，促进学生身心全面发展，培养学生终身体育的意识、兴趣、习惯和能力为主要目标的一种有计划、有组织的文化教育活动。沙金认为，学校体育是指在学校教育环境中，为增强受教育者身体素质、促进受教育者身心协调发展，教育者按照一定的教育目的和体育锻炼标准，根据受教育者身体的成长发育水平，有目的、有计划、有组织地运用体育运动的方法、形式，以帮助受教育者掌握体育锻炼知识技能，养成体育锻炼的习惯而开展的教育活动[1]。这一阶段的学校体育概念更

[1] 沙金．全面发展视域中的学校体育[D]．长春：东北师范大学，2013.

多偏向于教育学、健康学范畴，弱化了“竞技体育”“锦标主义”特征的倾向，与青少年体育有着明显区别。

（2）学校体育赛事。学校体育赛事是学校体育工作的重要组成部分，覆盖体育课教学、课外体育活动等方面，由课内教学赛、课外校内赛、假期校际赛以及课外校队训练构成，强调强大的育人功能和健康促进作用。学校竞赛的组织安排应当做到与学校体育目标、体育课程目标、体育教学目标、学年教学目标、学期教学目标、单元教学目标、体育课目标层层联系。

2. 学校体育赛事的特征

在传统型举国体制和“超常规”发展格局的影响下，学校体育与群众体育领域一起处于相对弱势的地位。相应地，学校体育赛事在我国体育赛事系统中的重要性总体偏弱，直到近几年才逐步好转。学校体育赛事的特征可概括为以下几点。

（1）缺乏体育竞争性。不论出于安全保护考虑还是政策导向性问题，学校体育赛事在具体组织运作过程中总体缺乏竞争性。竞争是体育的本质，也是竞赛的内核，本应成为广大青少年学生强健体魄、锻炼品格的重要手段，但在传统型举国体制格局之下，学校体育缺乏竞技体育训练资源，也缺乏向上输送优秀学生运动员的渠道，加之学校担心承担运动损伤责任，导致学校体育赛事的竞争属性一定程度被弱化。

（2）缺乏健康促进目标。长期以来，我国“学校体育”与“体育教学”的内涵被混淆。尤其是在一段时间内，基础教育领域迫于中考、高考升学率压力，体育教学的重要性被忽视，体育教师职业地位较弱、缺编缺岗的情况屡见不鲜。体育教学质量不达标也意味着体育课程、体育教学的健康促进效果也大打折扣。

（3）缺乏家庭、社区的支持与融入。学生作为重要的社会主体类型，同时面对学校、家庭、社区三方面情境，并不断在三个情境中转换社会角色，与父母长辈、教师同学、邻里伙伴的不同群体进行对应的社会交流与互动[1]。但是，我国长期以来学校教育与家庭教育、社区生活存在着典型的割裂现象，且学校教育呈现高度强势的状态。在此大背景下，学校体育赛事也变得相对封闭，家庭父母、社区居民相对隔绝，不利于学校体育赛事发展与建设。

二、新型举国体制与我国青少年和学校体育赛事的新内涵

2022年新《体育法》专门在“第三章　青少年和学校体育”中进行统一规定，相较于1995年版《体育法》提出了更多要求，青少年和学校体育赛事成为新型举国体制深化改革的重要阵地。

[1] 李佳薇，梁枢．青少年身体活动促进因素量表的研制与检验——基于“家校社三不脱离模型”的扎根理论构建[J]．体育与科学，2020，41（1）：84-93.

（1）青少年和学校体育赛事改革既强化竞赛的体育育人功能、健康促进价值，也为竞技体育发展提供更加广泛的人才选拔基础。

（2）青少年和学校体育赛事将突破教育、体育行政体系原有的壁垒，变为更加开放的体育赛事系统，强调家校社协同育人，通过体育赛事重塑家、校关系，整合学校、社区体育资源。总体来说，青少年和学校体育赛事是体教融合的复合概念，也体现出家、校、社的协同发展（图9-1）。

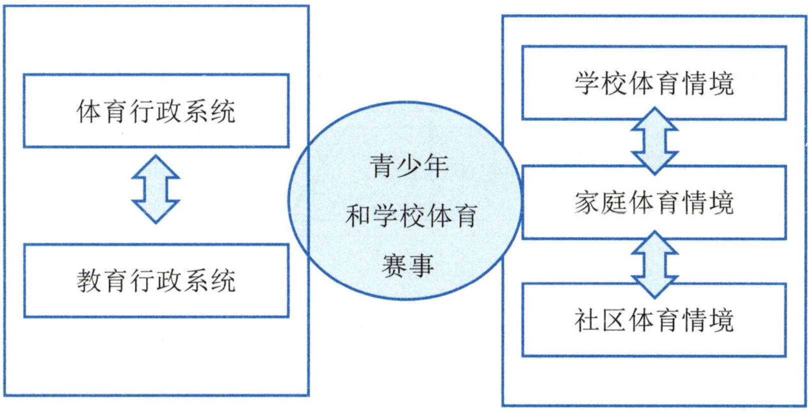

图9-1　新型举国体制改革背景下青少年和学校体育赛事复合概念的基本内涵

（一）青少年和学校体育赛事建设是“体教融合”的重要任务

教育、体育行政系统长期存在分割状态，导致青少年体育赛事体系、学校体育赛事体系处于分离状态。其中，青少年体育赛事更多是竞技体育的有机构成，学校体育赛事相对处于弱势地位。2008年北京奥运结束，我国进入新型举国体制新一轮改革探索阶段，青少年和学校体育赛事全面启动“体教融合”深化改革。2015年，《中国足球改革发展总体方案》颁布，提出“深化学校体育改革、培养全面发展人才，把校园足球作为扩大足球人口规模、夯实足球人才根基、提高学生综合素质、促进青少年健康成长的基础性工程”，标志以足球运动职业化改革为契机的“青少年和学校体育赛事”改革工作拉开帷幕，其中青少年足球竞赛训练工作的“体教融合”问题又是重中之重。《体育法》第二十五条规定：“体育行政部门应当在传授体育知识技能、组织体育训练、举办体育赛事活动、管理体育场地设施等方面为学校提供指导和帮助，并配合教育行政部门推进学校运动队和高水平运动队建设。”

（二）青少年和学校体育赛事的四级结构

“体教融合”背景下，我国青少年和学校体育赛事呈现四级结构。2020年颁布的《关于全面加强和改进新时代学校体育工作的意见》指出，完善青少年体育赛事体系建设是体教融合的重要任务，提出：教育、体育部门整合学校比赛、U系列比赛等各级各类青少年体育赛事，建立分学段（小学、初中、高中、大学）、跨区域（县、市、省、国家）的四级青少年体育赛事体系，利用课余时间组织校内比赛、周末组织校际比赛、假期组织跨区域及全国性比赛（图9–2）。

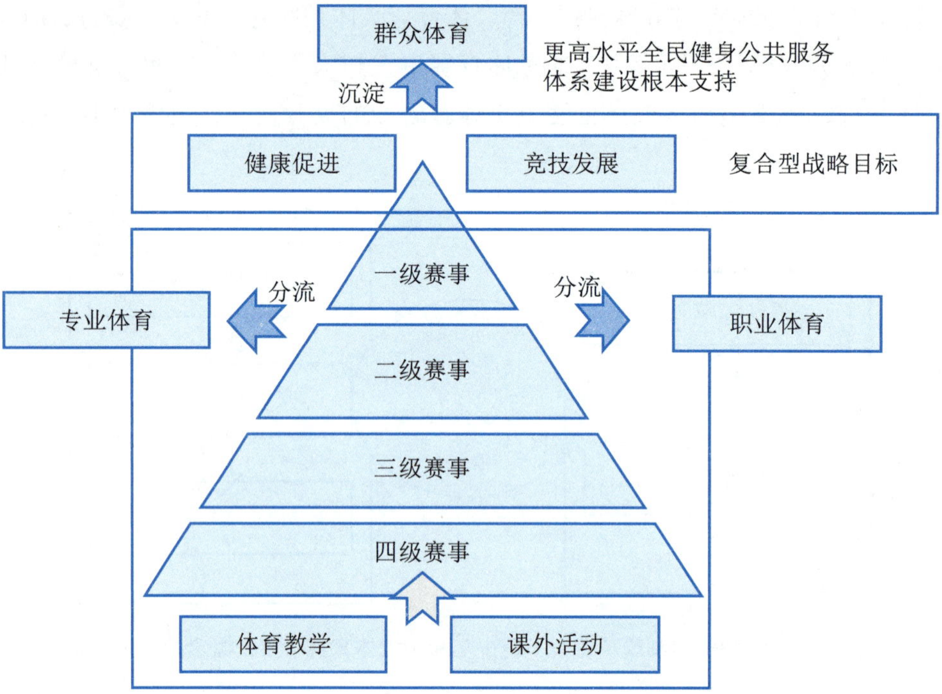

图9–2　体教融合维度下青少年和学校体育赛事建设的战略目标、分流机制与重要功能

（三）“健康促进—竞技发展”是体育赛事系统的双重目标

新型举国体制改革深化，传统型举国体制下分割而治的青少年体育赛事与学校体育赛事逐步融合，形成具有全新内涵、以复合型战略目标为导向的青少年和学校体育赛事体系。

（1）“健康促进”依然是青少年和学校体育赛事的根本任务。作为学校体育工作重点，青少年和学校体育赛事依然以带动广大学生群体参与体育锻炼、形成终身体育观念为目标，是教育行政系统落实健康中国战略、促进青少年学生健康的重要平台。

（2）青少年和学校体育赛事兼顾普及与提高，衔接竞技体育赛事，为竞技体育选材提供广泛空间，缓解业余体校选材覆盖面萎缩的被动局面。

（四）“体育教学—课外活动”是体育赛事系统培育基础人口的重要方式

四级体育赛事体系需要拥有充足的参赛人口加以支撑。业余体校培养的运动人才规模相对较小，无法支撑分学段（小学、初中、高中、大学）、跨区域（县、市、省、国家）的四级体育赛事体系。更多体育人才培养的任务将转移到学校体育工作，体育教学活动、课外体育活动将最大限度地培养青少年学生的体育基础人口，并输送到青少年和学校体育赛事系统之中。

1. “体育教学”集中培养参赛基础人口

2020年，《关于全面加强和改进新时代学校体育工作的意见》颁布，提出义务教育阶段和高中阶段学校开齐开足上好体育课，鼓励基础教育阶段学校每天开设1节体育课；2022年，《义务教育体育与健康课程标准（2022年版）》颁布，提出推进“学、练、赛”一体化体育课程教学模式。可见，体育教学的“量”与“质”都将得到全面提升，以有效帮助学生学习体育技能，并运用所学的体育技能参与比赛。体育教学将集中培养具备体育运动素养、具有竞赛能力的学生，为四级体育赛事体系输送参赛者。

细节了解

我国体育课程标准

2. “课外活动”合理组织安排四级体育赛事系统

课外是学生相对自由的学校活动时间。张念宏在《教育学辞典》中指出，课外活动是在课余时间，学校对学生进行的各种各样的教育活动，是班级教学的补充，是全面发展教育的组成部分[1]。课外体育活动是课外活动的有机组成，是青少年和学校体育赛事活动的组织平台。《学校体育学》认为，课外体育活动是学生在学校内外参加的体育课以外的有组织的体育活动[2]。《学校体育学》认为，课外体育（活动）包括课外体育锻炼、课外运动训练和课外运动竞赛[3]。课外体育活动如何有效组织，对于高质量开展青少年和学校体育赛事具有重要意义，需注意以下两个方面：衔接体育课程的教学内容，结合大单元进度定期组织课外比赛；将家长、社区元素充分融入课外体育赛事活动之中。

（五）人才筛选分流与全民健身促进是体育赛事系统的重要功能

1. 人才筛选与合理分流

青少年和学校的四级体育赛事体系面向广大青少年学生群体，在集中而广泛的青少年中通过四级体育赛事体系逐层筛选出优秀的竞技体育后备人才，并逐步向职业体育和专业体育分流。当前，我国很多竞技体育领域的训练单位（业余体校或职业俱乐部）积极寻求与教育行政系统合作，与单项对口的体育传统特色学校合作共建，降低了人才分流门槛、缩短了人才分流距离。分流后，青少年学生具备竞技体育运动员身份，正式进入竞技体育领域接受训练，进而参与奥运备战体育赛事体系。

2. 持续补充体育基础人口、促进全民健身

经历青少年和学校四级体育赛事体系的磨砺，大部分青少年学生习得扎实的运动技能，培养出终身体育意识，也将成为未来各级各类群众体育赛事活动的重要参与者，能够为更高水平全民健身公共服务体系建设提供高质量的体育人口支撑，更是消费升级的重要动力。

[1] 张念宏．教育学辞典[M]．北京：北京出版社，1987.

[2] 全国体育学院教材委员会．学校体育学[M]．北京：人民体育出版社，1991.

[3] 李祥．学校体育学[M]．北京：高等教育出版社，2001.

三、青少年和学校体育赛事的参赛单位与训练模式

青少年和学校体育赛事是课外体育活动的重要构成。下述四个训练单位是参加青少年和学校体育赛事的主要参赛单位类型，训练模式也各有不同（图9–3）。

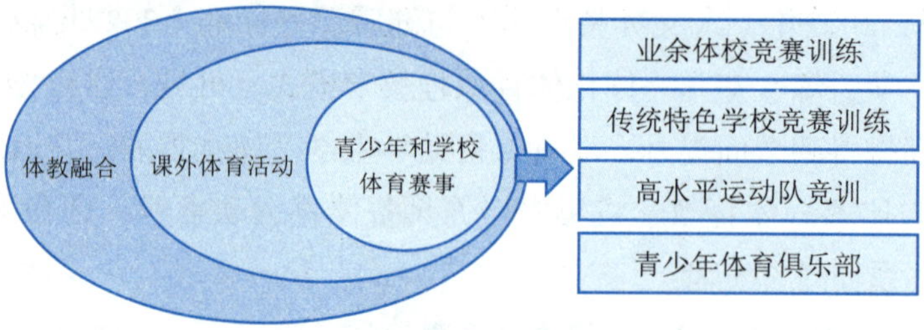

图9–3　青少年和学校体育赛事的参赛单位

（一）业余体校训练竞赛安排

1. 业余体校的概念

《体育法》第三十八条规定："各级各类体育运动学校应当对适龄学生依法实施义务教育，并根据国务院体育行政部门制定的教学训练大纲开展业余体育训练。"这说明业余体校竞技体育属性将逐步弱化，完成义务教育是其根本任务，而竞赛训练依然属于课外活动的业余训练范畴。

2. 业余体校的类型

（1）市、区、县半训半读模式的业余体校模式。我国市、区、县层面设置有业余体校等大量训练单位，属于业余体校范畴，相对普通中小学学校运动队、体育传统特色学校而言，训练强度和密度比较高，但是也比较重视学生文化课学习，采用半训半读模式。

（2）省级重竞技训练中心的业余体校类型。很多省级重竞技训练中心与省级运动学校同挂一牌，训练强度和密度已经无限接近专业体育。不同省份并不统一使用省级重竞技训练中心名称，与省级单项体育协会联系密切，面向全省遴选优秀潜力运动员组建省专业队进行训练，往往采用更加系统、封闭的训练模式。

（二）体育传统特色学校"一校一（多）品"的训练与竞赛

细节了解

体育传统特色学校的由来

2020年8月，国家体育总局和教育部联合印发《关于深化体教融合　促进青少年健康发展意见》，按照"一校一品""一校多品"的学校体育模式，整合原体育传统项目学校和体育特色学校，由教育、体育部门联合评定体育传统特色学校。未来，不同项目、不同级别（国家级、省级、地市级）的体育传统特色学校竞赛体系将是青少年和学校体育赛事的重要形式，依然属于课后体育活动的范畴。

（三）高校高水平运动队的训练与竞赛

2020年9月，国家体育总局、教育部印发《关于深化体教融合　促进青少年健康发展的意见》，提出构建培养竞技体育后备人才的“体教融合”模式。高校高水平运动队逐步从重点实现竞技性目标主动转向竞技性目标（参加世界大学生运动会、奥运争光计划）与服务性目标（全民健身、推动学校体育发展）相结合转变[1]。从高水平运动队的学训安排来看，其根本任务是完成人才培养方案修习课程，其次才是进行在校内进行系统的竞技体育训练。伴随改革不断深入，以往高校高水平运动队承担的“优秀退役运动员学历提升”功能将逐步弱化，转而成为高中学段青少年和学校体育赛事向上进行人才输送的重要环节，与国家队、省队、职业体育俱乐部的共建力度将不断提升，承担起青少年和学校体育赛事向省体工队、国家队、职业体育俱乐部实施人才分流的重要枢纽。

（四）青少年体育俱乐部的训练与竞赛

2017年，《青少年体育活动促进计划》提出了到2020年国家示范性青少年体育俱乐部达到300家、各级青少年体育俱乐部达到12000家的明确发展目标。2020年6月，《关于促进和规范社会体育俱乐部发展的意见》颁布，特别强调青少年体育俱乐部建设和社会组织能力培育。2021年7月，《关于进一步减轻义务教育阶段学生作业负担和校外培训负担的意见》出台，提出要加大对承担校外体育发展职责的青少年体育俱乐部的保障和支持。那么，青少年体育俱乐部具体具有什么属性呢？裴立新等认为，青少年体育俱乐部是由政府资助、倡导，并由社会上有资质的单位和组织提供支持并依法注册登记的群众体育服务俱乐部[2]。陆作生认为，青少年体育俱乐部是以体育彩票等公益支持为基础，由各个体育场馆相关单位自发创办的青少年体育组织，以培养青少年体育兴趣，自发地进行体育运动，为终身体育打下坚实基础，并不断地发现和培养体育后备人才[3]。从性质上来看，青少年体育俱乐部在民政局注册为“民办非企业”，少数俱乐部注册为“体育社团”或其他形式，其资金来源包括体育培训费用、依托单位投入、场馆租赁、体育彩票公益金、赞助、捐赠、其他创收等[4]。

---

[1]　杨献南，卢红羽，张少杰．我国高校高水平运动队建设政策的演进逻辑与发展趋势[J]．南京体育学院学报，2024，23（1）：59-68.

[2]　裴立新，李满春．青少年体育俱乐部组织性质研究[J]．武汉体育学院学报，2008（1）：13-17.

[3]　陆作生．我国青少年体育俱乐部运营模式研究[D]．北京：北京体育大学，2005.

[4]　宋莹．青少年体育俱乐部能力影响因素及提升策略研究[D]．济南：山东大学，2023.

第二节 “体教分离”格局下青少年和学校体育赛事体系的发展历程

2020年，《关于深化体教融合　促进青少年健康发展的意见》印发，指出：深化体教融合促进青少年健康发展，要树立健康第一的教育理念，推动青少年文化学习和体育锻炼协调发展，加强学校体育工作，完善青少年体育赛事体系，帮助学生在体育锻炼中享受乐趣、增强体质、健全人格、锤炼意志[1]。传统型举国体制主导阶段，我国青少年和学校体育赛事系统的“体教分离”历程是什么？新型举国体制深化改革阶段，青少年和学校体育赛事系统的“体教融合”过程中涉及哪些竞赛组织或机构？这些是本节重点讨论的内容。

一、学校和青少年体育赛事系统的“体教分离”格局的确立

1952年11月，中央批准成立中央体育运动委员会（简称中央体委）。县级以上人民政府陆续成立各级体育运动委员会。1954年，中央体委更名为国家体委，体委系统集中体现为国家体育事业的行政管理模式，与同期成立的国家军队体育管理系统、社会体育组织系统相比具有绝对的主导权力，是传统型举国体制下竞技体育优先、高效发展的重要保证。国家体委（包括1998年国务院机构改革重组的“国家体育总局”）在教育行政管理体系之外，构建出一套以竞技体育为主导的封闭化行政管理体系。两套行政体系的存在，将“运动天赋型青少年”和“普通青少年学生”进行行政分割，是青少年体育赛事与学校体育赛事“体教分离”的根本原因。

二、学校体育赛事体系的发展历程

（一）学校体育工作的发展历程

中华人民共和国成立以来，党和国家高度重视学校体育工作。但是，相对于竞技体育“规模体量小、成绩效果快”的特点，学校体育工作的覆盖人群甚广、压力成本巨大，因此

[1] 李爱群，吕万刚，漆昌柱，等. 理念·方法·路径：体教融合的理论阐释与实践探讨——“体教融合：理念·方法·路径”学术研讨会述评[J]. 武汉体育学院学报，2020，54（7）：5-12.

在较长时期内呈现出发展相对较缓的问题。1950年6月19日，毛泽东亲自就健康问题给时任教育部部长马叙伦写信，建议采取行政步骤，有针对性解决健康问题[1]。这也标志着我国学校体育工作聚焦于学生青少年的体质健康问题。1953年5月，教育部颁发《关于中学体育成绩暂时考察办法的通知》，明确规定“体育课作为中学课程中的一个科目，其成绩按一门学科计算，并与其他各科成绩相同”，标志着学校体育工作的核心便是体育课程与教学，而课外体育活动以及学校体育赛事等都应当是围绕“体育课程与教学”发展而来。1956年7月，教育部发出了《关于改进小学体育工作的指示》，要求各地加强学校体育工作的领导，配备体育事业的专职主管领导、提高体育教师水平、改进课内外体育活动[2]。伴随国家政治、经济、文化的不断进步，学校体育相关重要工作、任务均不同程度朝着更高标准发展，为更好地在教育行政管理领域内建立学校体育赛事体系奠定基础，也为未来与竞技体育领域青少年体育赛事体系实现深入的“体教融合”做好铺垫。

1. 以学生为中心的体育课程转型、创造学校体育赛事良好条件

体育课程教学由“学科中心”向“学生中心”转化，有助于培养体育核心素养、促进学生主动参与课外体育赛事。新中国成立之初，学校体育教学工作缺乏统一的导向，体育老师大多按照自己的经验、想法进行体育教学，为此国家经过一系列改革不断推进中国学校体育教学工作质量的改进。

（1）大纲时代以学科为中心的体育课程。

1950年，教育部颁发《小学体育课程暂行标准（草案）》和《中学体育课程暂行标准（草案）》，明确了我国基础教育领域体育教学的总体目标、教学内容和要点[3]。1954年，教育部组建体育教学大纲编写组，于1956年正式颁布《小学体育教学大纲（草案）》和《中学体育教学大纲（草案）》，在1950年暂行标准的基础上进行规范化修订，尤其对体育教学成绩考核标准进行了修订。直到2000年教育部颁布《九年义务教育全日制小学体育与健康教学大纲（试用修订版）》《全日制普通高级中学体育与健康教学大纲（试用修订版）》，将“体育”调整为“体育与健康”，标志着体育课程大纲时代结束。该阶段，体育课程更多是以“学科”为中心，“应试考试”成为体育学习、体育练习的唯一评价标准。应试化的体育课程教学模式不利于学生真正学会体育技能、应用体育技能，以及利用体育技能参与体育竞赛。

（2）标准时代以学生为中心的体育课程。

2001年，《全日制义务教育普通高级中学体育（1～6年级）》《体育与健康（7～12年级）课程标准（实验稿）》颁布，再次强调“健康第一”指导思想，弱化传统大纲蕴含的“学生被动接受学习”学科逻辑，逐步强调体育与健康课程的“人本主义”，配合标准建立“国家—地方—学校”三级管理体制，增加体育课程实施的灵活性和适切性。此后，教育部根

[1] 顾宁．少年强中国强 体育强中国强 凝聚合力提升青少年身体素质[N]．中国体育报，2021-02-22（1）．
[2] 国家教育委员会体育卫生司．学校体育卫生工作文件选编[M]．沈阳：辽宁大学出版社，1988：14-17．
[3] 课程教材研究所．20世纪中国中小学课程标准・教学大纲汇编：体育卷[M]．北京：人民教育出版社，2001：32-36．

据国家教育事业变革的总体趋势，针对体育课程实施的问题与经验，于2011年、2017年和2022年相继发布三版修订后的体育与健康课程标准。该阶段，国家强调了学生的主体地位，指出评价的重心应当从“教师教什么”转变为“学生学什么”，使学生学习到的体育技能能够应用于比赛是体育教学的根本任务，为建设学校体育赛事提供重要支撑。

2. 全面发展学校课外体育活动、为发展学校体育赛事提供空间

围绕体育课程改革，国家加大课外体育活动的管理制度改革，试图衔接体育课程有限的“空间”，充分运用课外体育活动培养青少年体育锻炼习惯、提升学生的体育练习效果、强化青少年学生的参赛习惯。

（1）全面保障课外体育活动的制度安排。早在1982年，教育部就发布了《关于保证中、小学生每天有一个小时体育活动的通知》，要求学校要保证全体学生每天一小时的有组织、有领导以及有安排的体育活动，并强调教育部门要经常检查、督促与通报该项工作的落实情况[1]。充分的课外体育活动时长是开展学校体育赛事活动的基础条件。但是，长期以来基础教育领域在中考、高考制度指挥棒影响下，以及顾及体育运动损伤的责任问题，学校行政管理者往往忽视体育课程育人的重要性，消极落实课外体育活动的组织安排工作。2005年8月，针对学校课外体育活动政策无法落实的现实问题，教育部再次发布《关于落实保证中小学生每天体育活动时间的意见》，提出学生每天1小时体育活动工作详细要求[2]。

（2）“双减”文化课学习负担，保证课外体育活动时间与质量。虽然，系列政策颁布不断强调课外体育活动重要性，但是学校、家长面临文化课学习的巨大“内卷”压力，导致课外体育活动依然很难开展。2021年，中共中央办公厅、国务院办公厅印发《关于进一步减轻义务教育阶段学生作业负担和校外培训负担的意见》，全面健全作业管理机制、分类明确作业总量，并且严格控制课外学科的培训活动。某种程度上，大大减轻学生在校外接受过度的文化课培训，为课外体育活动开展留出充足空间。

（3）持续推进课内、课外一体化改革。单纯依赖体育课程的有限课时很难培养出学生的体育核心素养。《义务教育体育与健康课程标准（2022年版）》指出：“坚持课内外有机结合，指导学生学会基本运动技能、体能和专项运动技能，提供更多时间让学生进行充分练习，巩固和运用所学运动知识与技能，参与形式多样的展示或比赛。”可见，课外体育活动并非“放羊式”自由活动，而是围绕《义务教育体育与健康课程标准（2022年版）》相关教学内容和“学练赛一体化”体育教学模式延伸而出的一套学生相对自主、家庭社区能够融入、具有一定对抗性和游戏性、能够衔接专业（职业）发展的课外体育活动，有助于学生复习课上教学内容，并转化为自身的体育核心素养。

[1] 国家教育委员会体育卫生司．学校体育卫生工作文件选编[M]．沈阳：辽宁大学出版社，1988：206.

[2] 国家教委体育卫生司．学校体育工作重要法规文件选编[M]．北京：人民教育出版社，2008：152-153.

（二）学校体育竞赛组织的建设历程——学生体育协会

1973年、1975年，为备战世界中学生运动会和世界大学生运动会，国家体委在传统型举国体制下相继成立中国中学生体育协会、中国大学生体育协会[1]。1985年年底，国家教委、国家体委召开全国学校课余训练工作座谈会，提出将中国中学生体育协会、中国大学生体育协会的对外联络工作移交国家教委。1986年，国家教委正式接收中学生体育协会；1998年，教育部机构改革成立教育部直属事业单位学生体育协会联合秘书处，成为中国大学生体育协会、中国中学生体育协会的常设办事机构；2003年，由国家体育总局负责的中国大学生体育协会对外联络工作正式移交给教育部主管的中国大学生体育协会。教育行政管理体系中，在大学生、中学生体育协会的影响下，各级各类学生体育协会（或体育联合会）成立，为系统性的学校体育赛事体系的建立提供体制保障。

（三）学校课外竞赛训练体系的建设历程与背景

1. 课外竞赛训练的理念形成

1964年，国务院批准教育部、卫生部和国家体委的《关于中、小学学生健康状况和改进学校体育、卫生工作的报告》，确立"'两课、两操、两活动'学校体育格局，即每周两节体育课、坚持做早操和课间操、每周组织两次课外体育活动，并适当组织学生体育竞赛"。

2. 课外竞赛训练的实践探索

2006年，教育部、国家体育总局、共青团中央发布《关于开展全国亿万学生阳光体育运动的通知》，提出要配合体育课教学开展体育课外活动，其中体育社团和体育俱乐部是组织课外体育锻炼的主要形式。由于当时全国学校体育管理能力基础相对不高，政策仅鼓励开展学生体育集体项目的竞赛，无法充分调动学生兴趣，推动学校竞赛系统落地。

3. 课外竞赛训练的积极落地

2016年，《关于强化学校体育促进学生身心健康全面发展的意见》颁布，在工作目标中提出"到2020年，教学、训练与竞赛体系基本完备"，具体举措包括：①提升课堂教学效果，调动家庭、社区和社会积极性，强化课外练习和科学锻炼；②遵循教育和体育规律，以兴趣为引导，重视运动技能培养，逐步提高运动水平；③面向全体学生，有序开展课余训练和运动竞赛，培养体育后备人才。

4. 课外竞赛训练的融合拓展

2021年，《关于全面加强和改进新时代学校体育工作的实施意见》颁布，关于学校业余训练和竞赛组织方面的要求已经体现出深化"体教融合"的改革痕迹，包括：①突出体育教学训练、竞赛比重，聚焦"教会、练习、常赛"，完善"健康知识+基本运动技能+专项

[1]　高晓峰．中国学校体育政策变迁研究（1904—2014）[D]．北京：北京体育大学，2017.

运动技能”；②强化体育课程、课外体育活动衔接；③培育体育竞赛品牌，有计划开展体育竞赛、选拔；④建立教育部门和体育部门互认、互通、互助的协作机制。

（四）学校“基层训练单位”的建设历程——体育特色学校

全国体育特色学校建设工作始于21世纪第二个十年的中期，是基于教育行政管理体系的特色学校建设的一个细分领域。

1. 教育行政系统特色学校的评定

1993年《中国教育改革和发展纲要》颁布，首次提出中小学校要“办出各自的特色”，普通高中的办学体制和办学模式要“多样化”。2013年，《中共中央关于全面深化改革若干重大问题的决定》颁布，提出：学校特色发展是在教育资源有限的条件下，提高教育质量和促进教育均衡发展的重要路径，对于实现教育内涵式均衡发展十分重要，特色发展也是未来中小学发展的基本走向，是促进中小学生全面而有个性地发展的必然选择[1]。各省市在国家政策导向下，开始推进中小学特色学校建设。例如，2011年浙江省教育厅印发《浙江省普通高中特色示范学校建设标准（试行）》，2012年贵州省遵义市启动“红色遵义 多彩校园”特色学校建设项目，2013年江苏省教育厅、财政厅发布《关于推进小学特色文化建设工程的意见》。

2. 体育特色学校的评定

体育特色学校是由教育行政部门推动特色学校示范工程建设的重要内容，试图选拔出在特定单项上拥有显著体育教学成绩、积累丰富课外活动品牌、斩获较高竞技水平成绩的基层中小学校，运动项目主要集中于“三大球”、冰雪项目和网球。例如，2015年国务院为促进足球发展建立全国校园足球特色学校，根据《中国足球改革发展总体方案》，预计2020年认定2万所、2025年认定5万所；同时，不同年份相继开展了全国青少年校园篮球、排球、网球、冰雪运动等特色学校的遴选工作，制定了不同项目特色学校的评定标准，并通过对不同项目的体育教学、课外活动、师资条件、基础设施、竞赛成绩等学校体育工作是否达标进行评定和遴选。

三、青少年体育赛事体系的发展历程

1956年，国家体委公布《中华人民共和国运动竞赛制度的暂行规定（草案）》，规定将全国各种竞赛活动纳入严密的行政管理系统。自此，备战国际青少年竞技赛事的国内青少年体育赛事与学校体育脱钩，并入体育行政管理系统、范畴。顺应传统型举国体制，需要建立起青少年体育赛事系统。青少年体育赛事系统从教育系统剥离有两个步骤。

[1] 范涌峰．学校特色发展测评模型研究[D]．重庆：西南大学，2017.

（一）剥离阶段：青少年精英运动员的集中学习与训练

1952年荣高堂、马叙伦提交了历史上著名的“荣马两报告”。同年，以苏联为模板的精英运动员集中训练制度便开始启动。中共中央组织部和共青团中央联合发出《选拔各项运动选手集中培养的通知》，对全国选拔的优秀运动员进行集中训练、集中管理，备战赫尔辛基奥运会。这批运动员大都是具有较高潜力和天赋的青少年群体。同年，国家体委成立“中央体训班”（国家队前身），首先选择篮球、排球这两项在国内群众基础较好的运动项目作为试点，共选拔58名男、女运动员进入“中央体训班”。直至1956年，国家体委先后组建田径、乒乓球、游泳、羽毛球、体操等多个项目“中央体训班”，且各地方大行政区也相继成立“体训班”(省体工队前身)。1956年，国家体委相继颁布《青年业余体育学校章程（草案）》《青少年业余体育学校试行工作条例（草案）》，对业余体校办学条件、项目、学制等进行规定。1965年，全国群众体育工作会议上再次提出“各地都应集中力量办好重点青少年业余体校，要源源不断地培养出优秀运动员，向专业队输送。有条件的省、自治区、直辖市可以建一所半天读书、半天训练的中心青少年业余体校，作为专业队预备队”[1]。于是，1965年，我国初步建立起“业余体校—体工队—国家队”的三级训练体系，大部分被纳入体系的竞技体育人才均属于青少年群体。

（二）发展阶段：竞技体育领域青少年体育赛事体系建立

另外，我国还需要针对不同层次、不同类型的青少年竞技体育后备人才设计专业的体育赛事体系，检验各地方竞技体育训练单位的成果，并通过各单项协会认定的竞赛清单、设计的竞赛制度来筛选能够向上输送的潜力运动员。某种程度上，竞技体育“奥运备战体育赛事体系”整体都应当视为青少年体育赛事体系，且国家给予各单项体育协会和地方体育行政机构越来越大的自主办赛权限与空间。例如，1958年国家体委颁布《中华人民共和国体育运动竞赛制度（草案）》，将国家竞赛划分为综合性运动会、单项锦标赛、等级赛、对抗赛、通讯赛以及其他类型体育赛事，各竞技体育办赛主体需要严格按照标准组织办赛。2003年，国家体育总局颁布《2003年全国体育竞赛计划》，竞赛类型变为全国性比赛和国内举办的国际性体育赛事，标志着各地已经具备举办竞技体育赛事的经验与能力。为了更好地适应不同办赛主体、不同地区的实际办赛需求和条件，国家逐步弱化办赛类型限制，留出更多单项体育协会、地方办赛的自主发展空间。总体上，结合第四章竞技体育赛事系统的相关章节，我国青少年体育赛事体系大致包括：①综合性体育赛事，以全国城市运动会、全国青年运动会为主体；②地方综合性体育赛事，以省运会、市运会为主要代表；③青少年单项锦标赛，以全国少年锦标赛、青年锦标赛，全国U系列青少年体育赛事、联赛，全国体校U系列锦标赛，全国青少年体育传统项目学校联赛等为代表。

[1] 毛振明，查萍，洪浩，等. 从“体教分离”到“体教融合”再到“体回归教”的中国逻辑[J]. 体育学研究，2021，35（4）：1–8.

第三节 青少年和学校体育赛事“体教融合”的相关主体

传统型举国体制向新型举国体制转型过渡阶段，青少年和学校体育赛事系统的“体教融合”过程高度复杂，涉及行政部门、协会系统、训练系统等多领域组织部门的权责重置和利益重配。大致包括以下主体类型。

一、“体教融合”的相关行政部门

（一）教育行政系统

学校体育赛事的政府管理机构主要由教育行政部门和体育行政部门组成，各部委协同促进青少年和学校体育工作的开展。教育行政部门主要集中在以学校为阵地的体育教学部门，包括教育部（体育卫生与艺术教育司），各省、自治区与直辖市的教育厅（体育卫生与艺术教育处），地县市教育局（体育卫生与艺术教育科）等，主要负责学校体育相关的政策制定，协调和组织大、中、小学生的体育竞赛活动，以及高水平运动队的建设等。此外，教育部门还设置了全国高等学校体育教学指导委员会和全国中小学体育教学指导委员会，负责指导学校体育课和学生的课外体育活动，广泛开展群众性青少年的体育活动和体育竞赛，把增强学生体质作为学校教育、学校体育教育的基本目标。

（二）体育行政系统

体育部门在学校体育赛事的运作中，更加侧重于以训练和竞赛为主的体育活动，充分发挥人才和资源的优势，对体育赛事提供技术指导、行业支持和相关服务。在国家层面，主要是国家体育总局青少年体育司和科教司参与指导全国的青少年体育竞赛管理工作，包括青少年运动员的注册和运动技术等级评定、协调组织大型的青少年体育比赛与体育交流活动、青少年体育工作的相关培训等。在地方层面，包括省、自治区与直辖市体育局（科教处）和区县的体育局，负责学校体育相关政策的具体落实、动员与组织学校体育赛事的开展。不可忽视的是，发展改革部门也负责青少年体育发展规划，财政部门负责学校体育及青少年体育的经费保障，卫生部门负责学生的卫生与健康促进。

（三）共青团行政系统

共青团中央是中国共产党领导的先进青年群众组织，主要负责为国家培养优秀青少年人才，为社会主义建设贡献力量。共青团中央是共青团的中央组织，负责全国青少年思想政治工作，发挥党维系青少年的桥梁与纽带的作用，开展青少年活动，促进青少年的健康成长。共青团中央设置有学校部和少年部，负责组织高等院校、中等专业院校、中小学工作，组织促进青少年全面发展的各种活动。

二、“体教融合”的相关协会机构

（一）中国学生体育联合会

2024年3月，中国中学生体育协会和中国大学生体育协会合并成立了中国学生体育联合会（CSSF），它是由教育部主管的非营利性社会组织，是代表中国加入国际大学生体育联合会（FISU）、国际中学生体育联合会（ISF）和亚洲大学生体育联合会（AUSF）、亚洲中学生体育联合会（ASSF）、亚洲中学生足球联合会（ASFF）的境内唯一合法组织，也是根据法律、法规授权和行政机关委托，管理全国性学生体育竞赛的唯一合法组织。中国学生体育联合会的组织结构如图9–4所示。

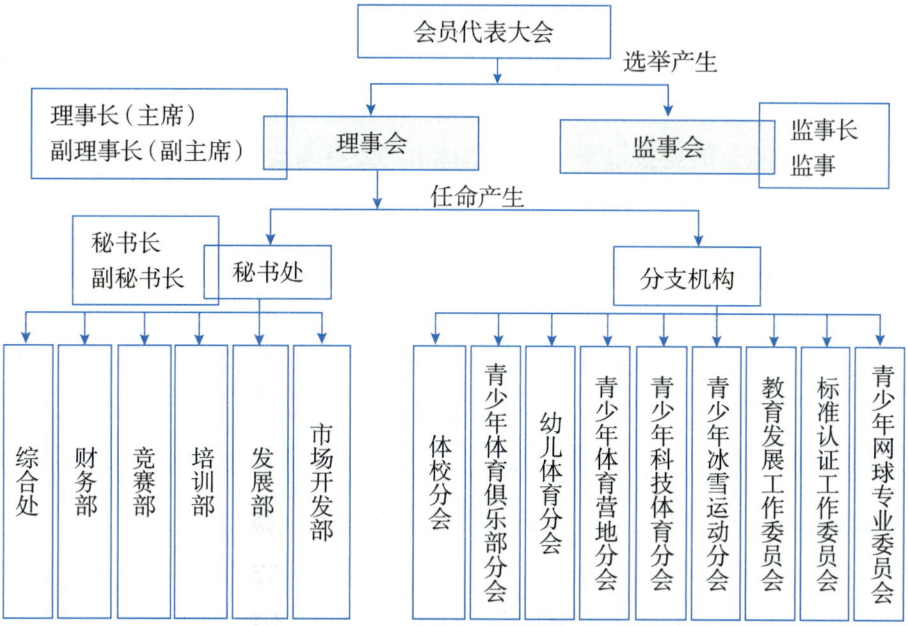

图9–4　中国学生体育联合会的组织结构

（二）全国青少年体育联合会

全国青少年体育联合会（CYSF）的前身是全国体育运动学校联合会，2006年在民政部登记成立，是为青少年体育行业发展服务的联合性、全国性、非营利性青少年体育社会组织。它的党建工作机构是中央和国家机关工委，行业管理和业务指导单位是国家体育总局。该组织通过开展青少年体育训练、竞赛、培训等活动推动青少年体育事业的建设与发展，其会员范围现已涵盖体育运动学校、竞技体校、少儿体校（业余体校）、体育中学、体育传统特色学校、体育俱乐部、青少年营地及从事青少年体育工作的单位、组织、机构与个人。为了贯彻我国“加强青少年体育工作”等相关精神，适应我国青少年体育行业发展的新形势、新要求和新任务，全国体育运动学校联合会于2023年11月16日正式更名为全国青少年体育联合会。

（三）各级学校体育协会

学校体育协会是由各级各类学校和相关教育机构、专家、学者、体育教师及体育工作者自愿组成的群众社团类体育社会组织，其主要职能包括配合和协助各级教育行政部门开展学生体育竞赛和课余体育训练工作，推动学校体育活动的开展。

（四）各类单项体育协会

2019年以来，我国协会类组织向自我管理的社会组织转型，其改革后的本质在于在政府、市场和社会主体中寻求动态平衡。举办学生体育赛事不仅是各类单项体育协会（如中国篮球协会、中国排球协会、中国乒乓球协会、中国田径协会等）的权利，更是各类单项体育协会实现创收的重要手段。例如，中国大学生篮球协会创办中国大学生篮球联赛，联赛宗旨是“发展高校篮球，培养篮球人才”，对于提高国内高校篮球的竞技水平、扩大篮球市场发挥重要作用。

细节了解

体教融合

【案例9–1】

衡水中学协同构建学校体育特色发展模式

近年来，河北省衡水市各中小学校积极落实“双减”政策，开设各种体育运动类课程，帮助学生在体育锻炼中享受乐趣、增强体质，有效推进体教融合。衡水中学将“专业精、学业强、素质高”作为培育体育后备人才的指导思想，全面做好对学校体育特长生、运动队的管理教育工作，着力打造衡中特色体育品牌。

1. 面向全体学生，夯实“健康衡中”育人根基

常规课程抓基础，结合高中生兴趣爱好，以学分制为基础，开设了必修必学、必修选学和选修选学三大类课程，制订了科学的体育课教学计划、单元教学计划、学期教学计划，保证每名学生每周体育课不少于3课时。同时，认真执行体育考核考试制度，做好评比工作，并将其作为学生综合素质评价的重要组成部分。

2. 精品活动重体验

每年定期举办军训、80华里（1华里=0.5千米）远足、校田径运动会、冰雪运动会、会操比赛、拔河比赛等趣味性体育活动，每天开展眼保健操、晨操、特色课间操等“阳光1小时”活动，力求周周有活动、天天有感悟，让学生在参与活动的过程中锻炼自身体魄，增强团队意识和集体荣誉感。

3. 兴趣社团强素质

为了提高体育教学效果、丰富课程内容，学校还组建了篮球、足球、排球、轮滑、冰壶、乒乓球等20余个体育社团，让学生在参与中学习理论知识，掌握裁判规则，强化基础训练，用体育独特的魅力影响学生、感染学生、塑造学生，让学生具备更全面的素质。

4. 采取一系列措施提高体育教练员素质

每年邀请训练专家或奥运冠军等明星运动员到校开办讲座。每年外派体育教练员参观学习，在比较、借鉴中不断提高教学水平。同时，学校还切实落实好体育教练员的福利待遇，在评选先进、晋职晋级、进修学习等方面都与其他学科教师同等对待，并给予合情合理的照顾，有效激发了体育教练员的工作积极性。

5. 积极改善设施、优化体育训练条件

学校先后兴建体育馆2个、标准塑胶田径场地2块、标准足球场2块、室外篮球场10块、室外排球场3块、沙滩排球场1块。所需训练器材一应俱全。社会体育设施的增加，为包括衡中学生在内的广大中小学生参加体育锻炼创造了更好的条件。

6. 挖掘生源、广纳人才、放宽入学标准

为更好挖掘优秀体育人才，学校有针对性地放宽录取标准，其中，针对特别优秀的体育生，免文化成绩公费录取，针对有一定运动能力的学生，降低文化成绩录取。目前，在校体育特长生人数已达300余人。同时，学校还制定了优秀体育生奖励办法，不仅为他们提供好的成长平台，还以获得的体育荣誉为依据，以综合素质为考量，发放奖学金、助学金。

7. 精细管理、解决学训矛盾

为保障体育特长生的正常学习、训练和生活，营造积极进取的良好氛围，学校研究制定了《衡水中学体育特长生管理方案》，内容涵盖思想品德、训练要求、学业标准、外出参赛等九个方面的内容。比如，体育特长生每学年专业成绩至少考评两次，并记入档案。文化考试成绩实行“一人一档”，坚持动态管理。体育特长生不得假借训练之名逃避文化课学习以及日常作业任务等。另外，年级与体育中心教研室实行“双轨制”管理，体育教练员走进教室，携手班主任抓好常规管理，督促检查学习情况。对于有参赛、集训等特殊情况的体育生，通过集中补课和课后“一对一”辅导等方式确保不落下功课，实现专业文化兼顾。

8. 加强衡水中学与市队校办、省队联办、社会合作

近几年，衡水市体育局积极探索竞技体育发展新路径，整合优势教育、体育资源，打造“市队校办”模式。为进一步促进学校运动队向高水平发展，学校同河北省游泳队、河北省女子篮球队、河北英励篮球俱乐部、河北省射击射箭中心等签订协议，合作培养专业运动员。学校还与多家体育俱乐部开展了合作，共享教育资源，共育体育英才。

[顾宁. 衡水中学协同构建学校体育特色发展模式[N]. 中国体育报，2024-08-06（7）.]

思考题

1. 如何看待“双减”政策对于学校体育的影响？
2. 结合本案例，谈谈在“双减”政策背景下，学校如何开展体育赛事？

第四节 青少年和学校体育赛事体系“体教融合”的举措与阻力

进入新时代，我国青少年和学校体育赛事面临深化改革艰巨任务，需要切实推进校高水平运动队建设、竞技体育训练单位学校化转型、体育传统特色学校融合、优秀退役运动员进校从教、设置学校教练员岗位、“青少年—学校体育赛事体系”机制一体化设计六大方面改革举措。同时，落实“青少年—学校体育赛事体系”机制一体化设计工作过程中，需要重点关注项目统一设置、参赛资格统一门槛、年龄组别设置等现实问题。

一、体育赛事系统“体教融合”的主要举措

1985年，为备战世界大中学生运动会，国家教委、国家体委联合召开了全国学校学生业余体育训练工作座谈会，并制定了《关于开展学校业余体育训练，努力提高运动技术水平的规划（1986—2000年）》，标志着在传统型举国体制之下，竞技体育的集中训练机制开始向学校教育领域延伸。此后40年历程，也是国家体育事业“双轨制”发展变革的过程，竞技体育赛事体系与学校体育赛事体系呈现出“相向融合”的特征，不论是体育赛事体系

体制机制融合，还是各类竞赛资源的整合共享，都呈现出“由点及面”融合扩散趋势，主要包括六大“体教融合”举措（图9-5）。

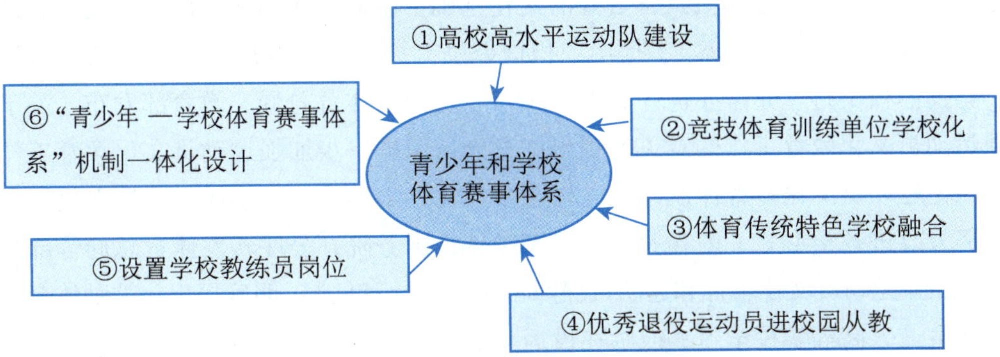

图9-5　我国青少年和学校体育赛事体系“相向融合”的六大举措

（一）高校高水平运动队建设

1987年，国家教委发布《关于部分普通高等学校试行招收高水平运动员工作的通知》，1995年，国家教委发布《关于部分普通高等学校试办高水平运动队的通知》，2005年，教育部、国家体育总局联合发布《关于进一步加强普通高等学校高水平运动队建设的意见》，持续以普通高等学校为龙头，不断提高教育行政系统各级各类学校的竞技赛训水平。一方面，高校高水平运动队建设能够弥补优秀退役运动员长期以来存在的“学历教育”空白，为优秀退役运动员提供优质的文化课程教育，提高退役运动员的社会适应力；另一方面，高校高水平运动队建设起到重要的“依靠体育读大学”的示范效应，逐步完善大、中、小学相衔接的优秀体育人才培养输送机制，激励高、中、小学校广大具有运动天赋的学生积极参加课外体育训练，备战各级各类青少年和学校竞赛。2021年9月，教育部、国家体育总局联合印发了《关于进一步完善和规范高校高水平运动队考试招生工作的指导意见》，对高校高水平运动队招生的运动员竞技水平、文化成绩作出新的规定，努力解决高校高水平运动队招生、管理、学训矛盾等多年积习，通过招生政策改革提高高校高水平运动员的培养质量，明确培养导向，进一步推动青少年和学校体育赛事系统的优化与调整。

（二）竞技体育训练单位学校化

奥运战略影响下，我国学习苏联的竞技体育训练模式，对优秀的竞技体育后备人才进行集中封闭训练。这种模式在具有极高训练效率的同时，也因为残酷的竞技体育人才高淘汰率，以及大批竞技体育后备人才因长期封闭生活训练而缺乏系统文化课学习，导致错过文化课学习黄金年龄，被淘汰后无法适应社会生活，缺乏必要的生存发展能力，形成了巨大的社会负面影响和竞技体育人才无法回避的人生困局。为此，国家试图通过深化“体教融合”改革，化解竞技体育青

细节了解
普通高等学校
高水平运动队建设
的发展历程

少年后备人才的“学训矛盾”，在“奥运争光”竞技体育人才职业发展通道之外，为绝大多数可能面临淘汰的竞技体育人才或者优秀退役运动员谋划另外一条人生发展的通道，而这条通道需要竞技体育运动员具备必要的文化基础。因此，1986年，国家体委发布的《关于体育体制改革的决定（草案）》提出：积极鼓励有条件的省级以上专业运动队向学校化过渡，竞技体校实行“亦读亦训”制度。2003年，国家体育总局、教育部发布《关于进一步加强运动员文化教育工作的意见》提出：充分认识进一步加强运动员文化教育工作重要性……深化运动员文化教育体制改革，构建多元化办学体系……遵循运动员文化教育特殊规律，努力改进教学形式、内容和方法。2010年，国务院办公厅转发体育总局等部门《关于进一步加强运动员文化教育和运动员保障工作的指导意见》，明确提出：鼓励体育运动学校的毕业生进入高等学校学习，鼓励在役运动员以各种方式接受高等教育，建立运动队文化教育协调机制等。2022年，新《体育法》颁布，其中明确：国家依法保障运动员接受文化教育的权利；体育行政部门、教育行政部门应当保障处于义务教育阶段的运动员完成义务教育。

（三）体育传统特色学校融合

2020年，国家体育总局、教育部印发的《关于深化体教融合　促进青少年健康发展的意见》中首次提出：“按照‘一校一品’‘一校多品’学校体育模式，整合原有的体育传统项目学校和体育特色学校，由教育、体育部门联合评定传统特色学校。”教育、体育部门共同完善体育传统特色学校的竞赛、师资培训等工作。教育部门支持优秀体育传统特色学校建立高水平运动队，给予相应政策支撑。体育传统特色学校的融合共建是基于体育传统项目学校、体育特色学校的两套体系。一方面，教育行政体系自2015年开始以足球、篮球、排球、网球、冰雪项目为契机，开展体育特色学校的评定与建设，为2020年深化体教融合、共建体育传统特色学校进行预热；另一方面，体育传统特色学校的融合共建是以体育传统项目学校体系为主体建设起来。某种程度上，体育传统项目学校本身就是体教融合的历史阶段成果，而体育行政系统相对占据主导。1983年，国家体委、教育部在北京联合召开全国体育传统项目学校经验交流会，讨论制定《体育传统项目学校试行办法》，确定以县级体育传统项目学校为阶段性的建设重点；2000年，国家体育总局、教育部联合下发《体育传统项目学校管理办法》，对体育传统项目学校国家、省（区、市）、普通三级的申报与命名进行规定，对命名条件及审定标准进行说明，对体育传统项目学校组织的体育活动、训练、竞赛进行原则性介绍，并对物质保障、奖励处罚进行概述。2003年，国家体育总局、教育部联合印发《国家级体育传统项目学校评定办法、标准及评分》，更加具体地开展国家级体育传统项目学校评定，带动体育传统项目学校网络建设；2013年，国家体育总局、教育部结合新历史时期的改革诉求，总结经验，对《体育传统项目学校管理办法》进行了修订。

（四）优秀退役运动员进校园从教

2020年，《关于深化体教融合　促进青少年健康发展的意见》印发，指出：制定优秀退役运动员进校园担任体育教师和教练员制度，制定体校等体育系统教师、教练员到中小学任教制度。畅通优秀退役运动员、教练员进入学校兼任、担任体育教师的渠道，探索先入职后培训。该政策某种程度上是“运动员文化教育”政策的延续，青少年运动员同时接受运动技能锻炼和文化课教育的根本目的在于提升青少年综合素养，是退役后承担体育教学、训练工作的根本保证。其中，政策中提到的“探索先入职后培训”主要是指：退役运动员先入职学校教师岗位后，当地教体局或学校组织培训，帮助入职退役运动员掌握体育与健康课程的相关基础知识、技能等，并且完成教师资格证的考试。该项政策为竞技体育运动员解决了退役后的就业出口问题：一方面，将竞技体育优秀人才转移到教育行政管理领域，更好地服务学校体育赛事系统运转；另一方面，学校体育工作产生大量就业岗位，为一大批青少年从事竞技体育训练带来职业发展希望，是进一步深化体教融合的重要动力[1]。

（五）设置学校教练员岗位

伴随体教融合的不断发展，青少年和学校体育赛事体系不断壮大，以体育传统特色学校为代表的中小学青少年业余训练和竞技体育后备人才培养功能将大幅提升。为此，未来广大中小学学校课外训练队的建设将是重要趋势，而青少年竞技训练的教练员配置则是提升中小学课外训练队竞技水平的重要因素。对于优秀退役运动员而言，相较于担任学校的体育教师，实际上他们更适合从事校队的教练员工作。为此，2022年新《体育法》中明确提出：“学校可以设立体育教练员岗位，优先聘用符合相关条件的优秀退役运动员从事学校体育教学、训练活动。”另外，2023年1月，国家体育总局等四部门联合出台了《关于在学校设置教练员岗位的实施意见》，给出了设置学校教练员岗位的具体办法，提出：“学校可根据工作实际，设立专（兼）职教练。有条件的地区可以通过购买服务方式，与相关专业机构等社会力量合作向学校提供体育教育教学服务……确有必要设立教练员岗位的学校，在核定的编制和专业技术岗位总量及结构比例内设置，专岗专用，纳入专业技术岗位进行管理。”学校教练员岗位设置是体教融合深化改革的重要举措，将更加精准地对标优秀退役运动员的再就业出口，也将更加有力地推进青少年和学校体育赛事的高质量发展。

（六）“青少年—学校体育赛事体系”机制一体化设计

2019年，《体育强国建设纲要》提出：构建多部门合作、多主体参与的金字塔式体育竞赛体系，畅通分级分类有序参赛通道，推动青少年竞赛体系和学校竞赛体系有机融合。2020年，《关于深化体教融合　促进青少年健康发展的意见》进一步提出，“义务教育、高

[1] 张瑞林，牛群. 学校教练员赋能学校体育发展：价值取向、机制建构及实践路向[J]. 山东体育学院学报，2023，39（4）：1-8.

中和大学阶段的学生体育赛事由教育、体育部门共同组织，拟定体育赛事计划，统一注册资格”，标志着传统意义上竞技体育训练的“封闭”模式将被打破，原先由体育行政部门独立掌握的“青少年运动员注册、等级认定”等系列公权力将逐步向教育行政体系转让，教育行政部门所辖的广大中小学学校的课外训练活动将成为竞技体育后备人才向上输送的重要通道，传统竞技体育范畴的专业体育事业格局、体育产业范畴的职业体育竞赛表演业的运动员产权结构都将发生重大改变。因此，青少年—学校体育赛事体系机制一体化设计是现阶段青少年、学校体育赛事两大系统深化体教融合的改革深水区。

二、青少年—学校体育赛事体系机制一体化的现实阻力

2023年中华人民共和国学生（青年）运动会的举办，是体教融合深化改革的重要表现。但是，青少年—学校体育赛事体系的机制一体化改革并未彻底改变，统一体育赛事名称之下依然存在青少年体育赛事和学校体育赛事分离的状态。具体来说，未来进一步推进青少年—学校体育赛事体系机制一体化改革，还需要解决以下三方面障碍。

（一）项目统一设置的问题

从项目设置上看，青少年体育赛事几乎涵盖亚运会、奥运会、青奥会项目，同时包括我国民族传统体育项目。例如，在2023年举办的第一届全国学生（青年）运动会的公开组小项设置中，主要是参照2024年巴黎奥运会、2028年洛杉矶奥运会，根据奥运会设项变化及时进行调整。教育部、省级等学校体育赛事基本采用“固定项目+承办地自选”和“正式项目+表演项目”的做法，小项设置大多集中于田径、游泳、篮球、排球、足球、乒乓球、羽毛球、健美操（啦啦操）、武术、毽球等普及性高、群众基础好、锻炼效果显著的项目。但从将高水平运动队建设与中小学体育竞赛相衔接、竞技体育后备人才培养、全国竞赛一盘棋等角度来审视，学校体育赛事的项目设置较为单一。

（二）参赛资格统一门槛的问题

我国体育部门掌握着单项锦标赛、全运会、青年运动会等重大体育赛事的主导权，以及奥运会、亚运会、青奥会等国际大型体育赛事的参与权。在选拔运动员时体育部门多倾向于从省队、市运动队及体校内选拔，隶属教育系统部门培养出的学生运动员参与机会较少。在国内，针对在校学生主办的体育赛事主要有体育部门主办的全国青少年体育赛事、教育部门主办的全国学生体育赛事。但由于两类体育赛事分属于不同部门，必然会存在资格限制问题，尤其是高水平运动员的资格认定与参赛分组的问题。参加青少年体育赛事的运动员需要在体育系统统一办理注册，面向青少年运动员、体校学生、青少年体育俱乐部的学生、体育传统项目学校学生；对于学校体育赛事而言，必须是在学校体育竞赛注册管理系统进行注册过的在校、在读的学生，成人高等教育系列的学生，已正式调入体工队、

职业俱乐部的运动员不得参加比赛，凡是参加过国家体育总局竞技体育司主办的全国青年锦标赛、俱乐部青少年联赛、青少年U系列年龄组联赛等体育赛事的运动员不得参加中学组和大学甲组的比赛[1]。学运会的运动员主要来自初级中学和高级中学，虽然初级中学的学生也符合报名标准，但整体水平不如高级中学的学生，将初级中学学生和高级中学学生均放至中学组的安排不合理。

（三）年龄组别恰当设置的问题

总体来看，体育部门和教育部门的青少年体育赛事在年龄组设置上有所差异。国际奥委会举办的青奥会专门面向15—18岁的青少年运动员。体育部门主办的青少年体育赛事更多是U系列年龄组设置，根据项目、性别不同年龄组设置稍有差异，以适应国际体育赛事的需要。如全国青年体操U系列冠军赛分为男子甲组（U17：15—17岁）、乙组（U14：13—14岁），女子甲组（U15：15岁）、乙组（U14：13—14岁）。而相对于学校体育赛事而言，更多以学段划分为小学、初中、高中和大学等。体育部门、教育部门主办的全国青少年体育赛事和全国学生体育赛事在推动中国青少年体育事业发展、提高青少年身体素质和培养体育精神方面发挥重要作用，但二者在目标定位、项目设置、参与对象及组织管理等方面稍有差别。在目标定位上，体育部门主办的体育赛事更注重竞技水平和体育人才的培养，教育部门则更注重学生的全面发展和健康成长。在项目设置上，两者的项目设置大致相似，但体育部门主办的体育赛事在项目的专业性和竞技水平上要求更高。在参与对象上，体育部门的体育赛事面向全国青少年，包括在校学生和非在校学生；教育部门主办的体育赛事主要面向在校学生。在组织管理上，体育部门的体育赛事由国家体育总局及其职能部门、各单项体育协会主办，教育部门的体育赛事则由教育部及各级教育部门主办。

【案例9-2】

共融共建打造体教融合“枝江模式”

湖北省宜昌市枝江市自入选湖北省体教融合示范区试点建设城市以来，坚持竞技体育和群众体育两翼齐飞、体育和教育共融共建，试点建设取得了明显进展，根据自身实际，奋力打造体教融合“枝江模式”。

1. 聚合“三大力量”

枝江市委、市政府成立枝江市体教融合领导小组，由市长任组长，分管市领导任副组长，体育、教育、财政等部门为成员。市政府常务会议专题研究体教融合试点建设工作，印发《枝江市体教融合试点建设工作方案》，分管市领导先后3次召开成员单位会议，安排部署和检查督办体教融合试点工作。湖北省体育局重竞技运动管理

[1] 钟秉枢．体教融合背景下青少年体育赛事体系完善的路径研究[J]．体育学研究，2020，34（5）：13-20.

中心等帮扶单位派出专家团队到枝江市调研指导体教融合工作，并深入仙女小学、易搏青少年体育俱乐部现场进行培训指导。与三峡大学体育学院无缝对接，在篮球、排球、足球、武术等16个项目上开展结对共建，将派驻32名教练员轮流到枝江市开展培训。同时，聚合社会组织的主动推进力，以枝江市少年儿童体育运动学校为抓手，成立拳击、跆拳道等体校分校，开展体育教学培训活动，挖掘和培养有竞技潜力的体育后备人才。挂牌成立了湖北省足球学校枝江分校、湖北省体育局崇仁体育培训中心枝江游泳分校。截至目前，全市共培育体育俱乐部（协会）等社会组织7个，拥有各类体育师资208人、体育后备人才441人。

2. 融合“三共进程”

枝江市坚持体育赛事共办，体育、教育部门共同制订年度竞赛计划，分别组织实施各级各项体育赛事活动。每年春季组织各学校举办综合运动会或体育节；每年秋季组织各学校运动队参加全市综合性运动会、专项校际联赛等体育赛事，为全市年度冬训选拔人才。坚持特色共创，巩固体校、学校、社会组织三大阵地，完善青少年体育后备人才培养体系，按照“一校一品”“一校多品”的模式，形成学校体育传统特色项目。引导体校与学校加强合作，采取“跨校走教、共享教师、送教跟读、独立办班”等方式，为青少年运动员提供“点单式”服务。近年来，枝江市体育局、教育局先后联合评定命名2所高中、2所初中、4所小学为第一批体育传统项目学校。坚持资源共享，首先是体育场馆共享共用，整合体育部门和学校体育场馆资源，统筹举办各类体育赛事；其次是体育苗子互培共育，完善市、校两级竞赛选拔制度和人才选拔机制，成立由27名教练组成的教体联合教练组，组织各学校运动队加强常规训练；最后是体育人才互通互用，选拔并组建全市各类运动队，集中开展夏训和冬训，统筹安排优秀体育后备人才参加湖北省、宜昌市体育竞赛活动。

3. 健全“三项机制”

枝江市建立体育人才引进机制，设立全市体育人才库，统筹推进体育教师、教练员共享使用；争取对口帮扶单位的支持，建立实习实训基地；统筹安排体校和俱乐部教练员进入学校兼任体育教师；引进急需紧缺、高层次体育人才，充实体育师资、教练员队伍。建立荣誉奖励机制，认真执行国家在校学生运动水平等级认证标准，规范本地运动员的培训、参赛和流动，加强青少年运动人才保护。建立资金保障机制，制定出台《枝江市少年儿童体育运动学校改革发展实施意见》，统筹整体发展规划；出台《枝江市全民健身赛事（活动）、竞技体育经费管理补贴办法》《枝江市体育社会团体发展星级创建活动考评细则》。

［顾宁. 共融共建打造体教融合“枝江模式”[N]. 中国体育报，2024-08-01（6）.］

思考题：

体教融合背景下，如何打破青少年体育赛事和学校体育赛事之间的壁垒？

【案例9-3】

甘肃金昌：挖掘体教融合潜能　释放体育育人活力

在甘肃省金昌市第六小学的足球场上，校足球队的队员们在球场上奋力奔跑，从基本的传球、颠球训练到对抗比赛，大家严格按照老师的要求，一丝不苟、认真投入，享受着足球竞技带来的快乐。

1. “一校一品”让校园足球氛围更浓

金昌市第六小学是一所全国青少年校园足球特色学校，在这所学校，足球不仅仅是一项运动，更是一种文化。学校班班有球队，年级有级队；班班有比赛，月月有校赛。校长马临生介绍，在科学规划体育课时基础上，金昌市第六小学将足球基础技能教学作为全校体育课的必修内容，确保每周一节足球课，保证每节体育课至少拿出15分钟进行足球基本技能训练，旨在让每个学生从小就有机会接触足球，保障他们参与足球运动的权利，更积极搭建参与足球活动的平台，充分培养学生对足球的兴趣，最终实现全员普及。

学校不仅在体育课程中渗透足球基础教学，更在课程设置上以“常规课+专训队”的形式，稳步推进校园足球发展。在专训队的选拔和培养过程中，学校注重球员的全面发展，不仅关注他们的足球技能，还注重培养团队合作精神和自信心等方面的素质。在金昌市第六小学，足球队队员选拔和培养是一项严谨而富有创造性的过程。被选中的队员将进入学校足球培训课程，由专业的教练进行系统的指导和培训。同时，学校也会积极与其他学校和俱乐部进行交流和合作，为球员提供更多的比赛和锻炼机会。

2. 抓住特点搭建体教融合平台

为推动体教融合和青少年体育发展，金昌市体育局与教育局共同打造了“一校一品、一校多品”，在全省率先开展涵盖幼儿园至大学全学龄段的体育特色学校创建活动，制定了特色校评选奖励办法，逐年创建了包括少儿篮球、游泳、跳绳、毽球、田径等项目的体育特色学校20所，成功打造了一批“叫得响、拿得出、做得亮”的体育特色学校，为推进体教融合工作阶梯发展奠定了基础，搭建了平台。

按照“精准布点、精准选才、精准落地”的工作目标，金昌完善了小学、初中、高中学校体育人才梯队成长模式，搭建各学龄段相互衔接的“一条龙”体育人才培养架构，为青少年竞技体育注入持续发展动能。重点以永昌县三小、金昌市六小、金昌市三中、金昌市龙首高级中学为龙头，做大做强“三大球”、柔道、摔跤、射击等重点优势项目和冰雪、轮滑、陆地冰壶等新兴体育项目培育，共建体育人才培养机制，提升青少年竞技水平，形成“一生一技、一生多技”发展模式，切实保障学生每天校内、校外各1小时体育运动时间。

在推动竞技体育与学校体育深度融合上，当地大力发展“体校+”，一体化统筹设计青少年体育项目普及、选材、培养、输送全链条，搭建学校、体育协会、培训机构、俱乐部等协同合作的“市队校办”模式，逐步形成体教共管、多方协调的体教融合训练体系，共享体育资源、共育体育人才，逐步构建高质量青少年体育公共服务体系。同时，还大力推动优秀教练员和退役运动员进校园，协助学校组建体育社团和兴趣小组，逐级开展各项目校级联赛和校际联赛，以赛选材、以赛促学、以赛促训、以赛代练。

此外，金昌还深入开展“阳光体育”活动，以“学会、勤练、常赛”为原则，完善中小学生竞赛体系，建立健全分学段、跨区域的四级青少年体育竞赛体系，组建金昌市青少年各项目代表队，通过日常训练、竞赛能力、育人成效等方面健全运动技能评价体系，搭建全市青少年竞技体育后备人才库，为组队参加各级青少年比赛选拔优秀运动员苗子，畅通体育特长生发展路子。

［改编自：顾宁，李茹苣．甘肃金昌：挖掘体教融合潜能 释放体育育人活力[N]．中国体育报，2024-07-09（7）．］

思考题

1. 体育传统特色学校对于后备人才培养的作用是什么？
2. 如何通过体育传统特色学校促进体教融合？

【案例9-4】

浙江出台学校体育教练员专业技术职称评价标准

目前，在校的体育教练理论上也可以通过体育老师的晋升体系评定职称，但由于日常教学内容不同、侧重不同，在实际操作上体育教练员想要评定体育教师职称存在较大难度。2024年4月2日，浙江省体育局、浙江省人力社保厅印发《浙江省学校体育教练员专业技术职称评价标准（试行）》（以下简称《评价标准（试行）》），共分为9个章节共计31条。包括制定标准的依据、学校体育教练员资格条件、破格晋升条件、评审组织方法及权限及附则。浙江省体育局人事处相关负责人表示，《评价标准（试行）》遵循人才成长规律，突出学校体育的特点，结合当今体育发展，尤其是青少年体育发展现状，填补了浙江学校体育教练员职称评审标准的空白。同时，注重不同层次学校体育教练员与竞技体育教练员专业能力和工作业绩的接轨，平衡好与竞技体育教练员、学校体育教师之间的标准。

该政策突出分类评价，按照学校体育教练员的职业属性，根据普通高等院校和中小学校体育教练员岗位职责的不同侧重点，制定专业能力和工作业绩标准；着重考察学校体育教练员在承担学生体育运动专项技能训练，传授运动损伤防护康复等知识技能，承担学校运动队训练管理、开展运动训练、参加体育竞赛、选拔输送优秀体育后备人才、培养高水平运动员；指导组织各级各类体育赛事、校园体育社团活动、青少年体育俱乐部建设等方面做出的贡献和支撑作用。此外，更注重科学性、可量化和可行性。浙江省体育局人事处相关负责人表示，“《评价标准（试行）》在专业能力方面，参考学校体育老师职称评价标准的相关内容；在工作业绩方面，则参考竞技体育教练员职称评价中的业绩条件。将运动成绩、运动员技术等级、人才输送和注册人数等条件作为学校体育教练员工作业绩之一，体现了业绩条件的全面和多维度”。

［改编自：陈素琴. 浙江出台学校体育教练员专业技术职称评价标准[N]. 中国体育报，2024-05-10（2）.］

思考题

学校体育教练员对于青少年体育赛事体系和学校体育赛事体系“相向融合”的作用是什么？

◎ 复习题

1. 什么是青少年体育赛事？它有哪些特征？
2. 什么是学校体育赛事？它有哪些特征？
3. 简述“青少年和学校体育赛事”的四级结构。
4. 体教融合的相关主体有哪些？
5. 我国体育赛事系统体教融合的主要举措有哪些？

第十章

我国职业体育赛事制度改革与国际经验比较

本章概要

- 我国职业体育赛事体系的发展历程
- 我国职业体育赛事的改革试点
- 我国职业联赛的相关制度
- 我国职业联赛的现代公司制度改革

教学目标

- 了解我国职业体育赛事体系的发展历程
- 了解我国职业体育赛事的改革试点
- 掌握我国职业联赛的市场准入制度
- 了解我国职业俱乐部现代公司制度的改革历程

相关网站

- 国家体育总局网站（https://www.sport.gov.cn）
- 世界经理人网站（https://icxo.com/）
- 中国男子篮球职业联赛官方网站（https://www.cbaleague.com/）
- 中国足球协会（http://www.thecfa.cn/）

推荐书目

- 张文健. 职业赛事的现状和改进对策研究[M]. 北京：北京体育大学出版社，2015.
- 李燕领，王家宏. 我国职业体育的市场准入制度[M]. 北京：北京体育大学出版社，2014.
- 白宇飞. 职业体育概论[M]. 北京：科学出版社，2024.
- 鲍明晓. 中国职业体育评述[M]. 武汉：中国地质大学出版社，2012.
- 杜丛新. 中国职业体育组织产权制度创新[M]. 北京：北京体育大学出版社，2015.

党的十一届三中全会明确了“社会主义市场经济”改革方向，各行各业相继从计划经济向社会主义市场经济转轨。1984年，我国体育事业启动改革，形成传统型举国体制与新型举国体制“双轨”发展格局。1993年，我国以欧美成熟的体育职业联赛为模板，试点推动体育职业化改革，并以职业体育赛事为契机启动首轮新型举国体制的改革探索历程。至今，我国职业体育赛事改革历经40年，既遇到诸多挫折，也积累大量经验。在此阶段，我国职业体育发展的基本定位是什么？改革过程中所面临的棘手问题是什么？我国职业体育赛事制度的建设重点在哪里？这些都是本章的重要内容。

第一节 职业体育舶来文化背景与我国职业体育赛事改革概述

我国职业体育赛事是以西方成熟职业体育为模板，在传统型举国体制的基础上，以足球、篮球等项目为试点逐步改革发展起来的。在取得一定成绩的同时，我国职业体育赛事仍存在大量亟待解决的困难与阻碍。

一、国际职业体育赛事的历史渊源与形成背景

1993年，我国参照欧美成熟的职业体育赛制模板启动职业体育改革。在此之前，中国并没有“职业体育”的概念，它是中国为推动社会主义市场经济发展引进的外来概念。欧

洲工业革命为“职业体育”概念的诞生提供契机。18世纪，英国首先拉开工业革命序幕，机器替代手工劳动极大提升社会生产力，人们闲暇时间增多，开始衍生出更高层次的需求，体育价值功能开始凸显，为职业体育的萌芽与发展奠定基础。后来，随着工业革命不断发展，体育经济功能不断演化，体育竞赛逐步成为一种能够被人们观赏的表演类商品，一批运动技术高超的人开始专注于体育竞赛，将参加竞赛训练活动作为谋生手段，并通过高水平的竞赛活动创造出更高的经济价值，潜移默化间赋予体育赛事与训练活动更高的经济价值。因此，职业体育可以界定为：以营利为目的，通过有组织的商业性、市场化体育赛事将各类体育赛事要素按照市场需求加以整合形成的体育赛事服务产品。也正是在18世纪，这批专职从事特定项目竞赛和训练的职业运动员规模增加，职业体育俱乐部应运而生。例如，1750年前后，纽马克特赛马赞助人成立赛马骑师俱乐部，负责解决纠纷、制定规章制度、确定参赛资格与管理人员、调整制定驯养方案和惩罚违纪骑师。后来，伴随各项目俱乐部数量规模的壮大，俱乐部之间的沟通交流也愈发频繁，职业体育协会便在广大职业俱乐部的协商下产生。例如，19世纪上半叶，足球运动主要在英国上流社会的高校中广泛开展，形成一批校友足球俱乐部，这是英国职业足球俱乐部的雏形。但是，由于各家校友足球俱乐部之间缺乏统一的竞赛规则，后11家校友俱乐部各自派出代表进行协商，成立英格兰足球总会，这也是世界历史上第一个足球行业管理机构。可见，西方世界的职业体育是居民社会的群众体育，逐步激发体育赛事经济功能，由下而上发展出职业体育运动员、职业体育俱乐部、职业体育联赛，并在发展演化过程中，不断调整职业体育赛事体系中各方主体间的利益关系，逐步完善职业体育赛制。

二、国际示范效应与我国职业体育赛事改革

为借鉴学习西方成熟职业体育赛事运营经验，1993年我国确定以足球项目为试点启动体育职业化改革，是我国新型举国体制改革的标志事件，是从传统型举国体制中将部分项目与专业体育剥离、试点推进职业体育赛事制度建设与运行。相比西方职业体育发展逻辑，我国职业体育存在着相对独特的改革逻辑与路径，具体表现在以下几个方面。

（一）优势资源重点发展奥运项目是我国职业体育赛事改革的初衷

传统型举国体制主导阶段，国家体育事业几乎全部围绕奥运争光计划运转。尤其是在20世纪80年代，我国正处于计划经济向市场经济转型的特殊时期，国家用于奥运备战的公共财政规模相对有限，在奥运会获得更多的金牌数量成为我国体育行政部门全力以赴的终极目标，更是国家体育事业改革的目标。因此，国家制定奥运备战策略时更加注重个人项目，公共财政只需要保障单个运动员便有机会获得1枚金牌，而相对足球、篮球、排球等集体项目，运动员数量较多，需要投入更多财政支持却仅有可能获得1枚金牌。为此，结合社会主义市场经济建设的考量，国家体委最初试图以足球、篮球等具有较高社会影响力、较

好市场基础的集体项目为试点，酝酿职业体育赛事改革。

（二）从专业体育中剥离职业体育

我国长期处于传统型举国体制的行政管理模式之中，为创建出适应社会主义市场经济规律的管理模式，国家推进公共服务改革。传统以行政化管理为主导的“大政府”模式开始转变，将更多的公权力、公共资源分类，逐层让渡给行业协会、社会组织以及符合条件的市场主体。传统型举国体制之下，我国竞技体育领域几乎所有资源集中于体育行政部门，最为核心的便是办赛资质和运动员产权。只有将办赛资质逐步让渡给单项体育协会，将运动员产权遵循“谁培养、谁受益”原则按照恰当比例分配给培养单位和运动员，才能真正意义上围绕社会主义市场经济规律建立起持续自我造血的职业体育联赛。体育行政部门在“放管服”改革逻辑下，应逐步转变成为体育赛事运作的宏观调控者与监管者。可以说，中国职业体育赛事体系的“放管服”建设路径具有由上至下的特点，与西方职业体育赛事体系从下至上的发展模式存在明显区别。相较于国际成熟联赛，中国职业体育改革过程是一条完全不同的路线，改革环境、改革条件以及可能遭遇的各类问题也是截然不同的。但是，国际成熟的联赛制度和俱乐部运营机制都是中国职业体育改革的重要目标，具有殊途同归的特征。

（三）职业体育赛事建设是体育新型举国体制改革的“排头兵”

体育新型举国体制改革的根本是建立起一套基于社会主义市场经济的体育事业发展模式，充分引入社会、市场力量来支撑体育事业发展，扩大体育消费者的群体规模、提高体育消费者质量是引入社会、市场力量的核心做法。20世纪90年代，足球、篮球、排球、乒乓球等运动项目具有极高的社会影响力，为此国家选择部分社会影响力较大的单项作为试点进行职业改革，并基于职业体育赛事全面推进竞赛表演业的发展。结合国际经验和产业价值链理论，竞赛表演业应当是体育产业价值链持续升级的头部牵引力量。作为最为重要的体育服务行业门类，竞赛表演业的发展是促进体育消费者规模增长、质量提升的重要推力，进而拉动体育用品制造、体育训练培训、体育建筑工程、业余群众商业体育赛事、体育传媒等产业链聚合与协调发展。由于当时我国体育产业刚刚起步，体育消费集中在体育用品制造业，产业结构不合理。为此，职业体育赛事改革被视为带动我国体育产业结构优化的重要牵引力。

三、我国职业体育赛事体系的发展历程

（一）快速发展阶段（1992—2002年）

职业体育离不开竞技体育的发展，这也与市场经济密切相关。1992年10月，党的十四

大确定了我国经济体制改革的目标是建立社会主义市场经济体制。与此同时，在计划经济的背景下，我国通过建立举国体制快速提高竞技体育水平，但体育经费紧张、高水平体育人才缺乏、全社会参与体育的积极性与创造性发挥不够、体育工作效率不高、体育事业的活力与后劲不足等问题突出。为此，1993年5月国家体委颁布《关于深化体育改革的意见》，指出建立与社会主义市场经济体制相适应，符合现代体育运动规律，国家调控、依托社会，有自我发展活力的体育体制和良性循环的运行机制。1992年6月，北京红山口会议中，中国足协以改革为主题，决定将足球作为体育改革的突破口，确定足球走职业化道路。1994年，中超联赛的建立是中国足球职业化改革的重要里程碑，标志着中国足球迈向职业化发展的新阶段，为足球赛事的发展提供了更好的平台。1995年，为促进中国篮球事业的发展，中国篮协和篮球运动管理中心创立中国男子篮球职业联赛，中国篮协颁布《中国篮协运动员转队转会条例》和《俱乐部暂行管理条例》，揭开了职业化改革的序幕，旨在提升中国篮球的水平和国际影响力。2001年7月13日，国际奥委会主席萨马兰奇宣布北京成为2008年奥运会主办城市，通过奥运会将我国体育赛事市场化运作带入国际赛道。在此阶段，我国体育协会逐步实体化，社会资本转向流入职业体育市场，商业经营机制初步形成。与此同时，体育赛事职业化制度建设依然受传统型举国体制的严重影响，政府行政力量对职业联赛干预明显，体育项目管理中心和俱乐部间的产权不明晰、联赛制度不健全、法律法规不完善等问题依然突出。

（二）回收调整阶段（2002—2014年）

21世纪，我国体育产业快速发展，体育产业结构提升。2010年，我国体育产业产值突破2000亿元大关，占当年GDP的0.5%，体育产业逐渐成为新的经济增长点。2002年7月22日，中共中央、国务院发布《关于进一步加强和改进新时期体育工作的意见》，提出深化体育体制改革，促进运行机制转换。2004年《体育法》进行了修订，体育职业化方向、原则得以明确，职业体育赛事改革拥有了坚实的法律依据。2006年4月14日，由中国足球协会、中超联赛俱乐部出资，经国家工商行政管理总局批准注册的中超联赛有限责任公司成立，标志着中国足球产业市场化取得新进展。但随着体育赛事职业化发展，足球赌球、假球事件层出不穷，2009年掀起的足坛打黑风暴行动是中国足球事业的自我净化，一定程度上为职业体育赛事的发展扫清了障碍。2011年开始，国内众多企业纷纷注资足球市场，联赛整体竞技水平和商业价值得到显著提升。2012年2月10日，中国足球协会特别会员代表大会举行，颁布《中国足球职业联赛管办分离改革方案（试行）》，切实推进中国职业联赛管办分离，成立职业联赛理事会履行办赛职能。我国职业联赛体系逐步优化，通过不断引入社会资本实现体育赛事的市场化运营。

（三）深化改革阶段（2014年至今）

体育赛事职业化是体育产业发展的重要引擎。2014年10月20日，国务院印发《关于加快发展体育产业促进体育消费的若干意见》，指出拓宽职业体育发展渠道、完善职业体育的政策制度体系和改善职业联赛决策机制等内容，对职业体育改革具有划时代意义。2014年12月30日，国家体育总局印发《关于推进体育赛事审批制度改革的若干意见》，提出：取消体育赛事审批制度，打破社会力量组织、承办体育赛事的制度壁垒。2014—2015赛季前，中国篮协上报国家体育总局《CBA管办分离改革方案实施意见》并获得批复，标志着我国职业体育管办分离取得突破性进展。2015年7月8日，中共中央办公厅、国务院办公厅印发《行业协会商会与行政机关脱钩总体方案》，要求厘清政府、市场、社会关系，积极稳妥推进行业协会商会与行政机关脱钩，加快我国职业体育赛事管理体制的改革落地。2019年，《体育强国建设纲要》颁布，明确提出要推动体育事业产业化、职业化、市场化发展。2021年发布的《“十四五”体育发展规划》指出：“引导规范职业体育健康发展，走中国特色职业体育发展道路。”在此背景下，我国职业联赛市场化水平快速提升，政府—社会—市场的角色定位越加清晰。

第二节　我国职业体育赛事的改革试点与营利渠道

由于不同改革试点单项的情况存在差别，我国职业体育赛事形成了完全市场化、混合市场化、衔接国际化三种不同类型的改革模式。不论何种改革模式，我国职业体育赛事的盈利渠道主要集中于门票收入、运动员转会、电视转播和特许经营。

一、我国职业体育赛事的改革试点

（一）完全市场化的职业体育赛事改革

自20世纪90年代起，我国便选择足球、篮球两个群众基础较好的单项作为试点推进职业体育改革。由于足球、篮球两个项目属于“三大球”系列，是集体项目代表，因此国家试图将足球、篮球作为职业体育的试点，推向市场与社会，进而将更多资源集中于单人、双人等奥运重点项目。某种程度上，以足球、篮球项目为代表的中国体育职业化改革，尝试走的是一条完全市场化的改革之路。

1. 足球的职业化改革

1992年北京红山口会议确定以“足球”作为试点开启体育职业化改革之路。1993年国家体委颁布的《关于深化体育改革的意见》指出：“足球、网球、围棋等有条件的项目可向职业化过渡……俱乐部赛制以足球为试点。”同年，中国足协首次采用主客场制运作中国足球俱乐部锦标赛，并在大连足球会议上通过了《中国足球十年发展规划（草案）》《中国足球协会章程（草案）》和《足球俱乐部章程（草案）》，决定1994年甲A联赛转型为职业联赛，并颁布《关于竞赛管理的规定》等系列政策，确立了俱乐部会员制度、运动员合同、运动员转会、比赛许可、运动员注册、运动员及观众意外伤害保险制度、赛场管理以及俱乐部财务管理制度等。系列政策颁布后，我国在11个足球发展重点城市成立24支职业足球俱乐部参加1994年举办的甲A、甲B职业联赛。这批职业足球俱乐部成为具备或相对具备独立法人资格的事业实体。1995年，中国足协进一步推进职业足球俱乐部体制改革，包括完善联赛管理制度，要求各俱乐部充分理解、遵守足协规定，以及进一步推动俱乐部向具有法人资格的经济实体转型。但是，1996—1998年迅速推进的中国职业足球改革出现了各类问题，如国家队成绩急速下滑、运动员利益分配失衡、运动员转会市场失序、后备人才凋零匮乏以及各类产权纠纷丛生。1999—2002年，中国足球进一步提出市场化转型的改革任务，强调要重点解决新的运行机制的结构均衡性和功能协调性问题，加快职业足球俱乐部的主体培育，建立以足球市场机制为基础、以间接手段为主的宏观调控体系。但是，2002年改革还未切实推进，中国足坛便因为“假球”“黑哨”掀起反腐风暴，职业化改革进程停滞。2012年，《中国足球职业联赛管办分离改革方案（试行）》颁布，标志着中国足球职业化改革10年停滞期结束。2015年，中国足协在北京召开第十届执委会第四次会议，传达《中国足球改革发展总体方案》，中国足协与国家体育总局正式脱钩，标志着职业足球赛事体系步入了“管办分离”的实践改革阶段。

2. 篮球的职业化改革

在足球职业化改革基础上，中国篮协于1995年正式启动中国篮球运动的职业化改革。1995—1996赛季首次实行“主客场”“跨年度”新赛制，并将该赛季联赛进行了商业冠名。1996年中国篮协相继颁布《中国篮球协会俱乐部章程》《中国篮球协会注册运动员及注册俱乐部篮球队标志的市场推广管理条例》等，为篮球项目全面开启职业化改革奠定基础，但是首赛季12家篮球职业俱乐部的属性各不相同。2004年，中国篮协推行“北极星计划”，对篮球职业联赛实施南北分区，取消升降级，改为准入制度，大大提高了职业联赛的观赏性。2005年，中国篮协与国际知名体育营销公司签订12年合作协议，2010年经历5年合作扭亏为盈后又续约5年。2016年10月，中国篮协和20家CBA联赛俱乐部共同出资成立中篮联（北京）体育有限公司，中国篮协将其持有的股份全部出让均分给20家俱乐部。根据规定，中国篮协对中篮联（北京）体育有限公司负有“监管”职责，中篮联（北京）体育有限公司拥有CBA联赛的商务运营权、体育赛事推广权、裁判选派权等。可见，中国篮球联赛的市场化程度逐渐提升。

（二）混合市场化的职业体育赛事改革

1. 排球的职业化改革

1996年，中国排协以联赛的赛制改革为推手拉开排球单项的职业化改革序幕。中国排球不再采用定期的集中竞赛方式，而是适时选择了主客场循环赛制。但是，由于中国排球尤其是女排承担着诸多国际性比赛的备战任务，且排球消费市场相比足球、篮球的火爆程度明显不足，因此后来职业排球的主客场制不断进行调整，也表现出排球职业化改革的不成熟、不稳定。例如，1996—1997赛季男排、女排各8支球队采用主客场双循环。1999—2000赛季各支球队必须以俱乐部名义报名参赛，赛制调整为双循环，再打双主双客交叉赛，降级队伍有机会通过当年的全国排球优胜赛重返联赛。2000—2001赛季则首次将男排、女排比赛分开举办，采用各轮次主客场四阶段混合赛。2006—2007赛季则将女排分为南北赛区进行比赛，而男子排球联赛则按照上一届成绩进行分组比赛。2018—2019赛季第一阶段改为赛区制，按上届联赛成绩分为两个赛区集中进行单循环比赛；决赛采用五场三胜制争夺冠军[1]。另外，由于中国排球职业联赛影响力不足、市场投资积极性相对偏弱，因此排球职业俱乐部基本属性也各不相同，大致包括国有体制性质俱乐部、企业投资赞助性质俱乐部、企体联合性质俱乐部、自主经营性质俱乐部和高校俱乐部。

2. 乒乓球的职业化改革

1994年，中国第一家乒乓球职业俱乐部诞生；1995年12月，中国首届乒乓球俱乐部比赛在广东举办；1996年，中国乒协颁布《中国乒乓球协会俱乐部章程》；1999年，乒乓球国内竞赛制度进行大调整，将甲级联赛改为乒乓球超级联赛（以下简称乒超）[2]。联赛市场开放方面，中央电视台与乒超各家俱乐部签订转播收益分配协议；奥运备战方面，联赛时间安排会选择国家队集中训练备战奥运周期之外的空档期。2012年，中国乒协对运动员的产权安排进行了更加精细化的划分，规定俱乐部在联赛举办期间才拥有运动员所有权和使用权，但是运动员一旦调入国家队则必须服从奥运备战要求。总体上，中国乒乓球职业化转型依然具有混合市场化的特点，俱乐部构成与属性相对多元，包括“专业队＋赞助”模式、市场模式和结合型模式[3]。

3. 羽毛球的职业化改革

1999年，中国羽毛球协会与中央电视台共同举办首届“中国羽毛球俱乐部联赛”，并获得商业公司赞助。但是，由于羽毛球单项的整体影响力不高，中国羽毛球俱乐部联赛自第一届开始就面临众多困难，首届仅有3支俱乐部球队参加，赛程持续了3周便潦草结束。

[1] 李强. 中国排球职业联赛产业化发展研究[D]. 石家庄：河北师范大学，2020.
[2] 金丽. 反思与重建：基于中国乒超联赛发展问题与改革的定性探讨[J]. 南京体育学院学报，2018（7）：9-17.
[3] 李海，徐琳. 我国“乒超”联赛职业化发展存在的问题及路径研究[J]. 武汉体育学院学报，2015，49（5）：56-63.

2000—2003年，中国羽毛球俱乐部联赛规模有所扩大，但因国家队备战任务影响被迫大幅缩短赛程。2003年，中国羽毛球俱乐部联赛与羽毛球雅典奥运积分赛撞期，国手纷纷退出中国羽毛球俱乐部联赛，使得联赛观赏性大幅降低，各利益主体积极性受到很大影响，并最终导致中国羽毛球俱乐部联赛停办。2010年，停摆8年的中国羽毛球俱乐部联赛重启，更名为“中国羽毛球俱乐部超级联赛”（以下简称“中国羽超”），并沿用至今。商业形象方面，联赛制定了专门的形象设计方案，并注册“中国羽毛球俱乐部超级联赛”商标；赛制方面，结合升降级制度，采取常规赛和季后赛的分阶段赛制；体育赛事推广方面，联赛由广东电视台联合其他各地方台共同进行转播，总体上中国羽超复办后逐步成熟发展起来。2013—2014赛季，中国羽超作出赛制重大调整，采用红、蓝分区办法，实行11分三局两胜制，同时建立与中央电视台的合作关系，大大提升了比赛趣味性，有效扩展了消费市场。但是，不可否认中国羽超依然跳不出“市场混合模式”，2019年同样与奥运积分年撞期，超级联赛暂停一年[1]。同样，羽毛球职业俱乐部的属性也是各不相同，大致包括政府管理型、政府企业合作型和企业自管型三大类，其中政府管理型、政府企业合作型占绝大比例[2]。

（三）衔接国际的职业网球赛事改革

我国网球职业化改革路径与篮球、足球、排球、乒乓球、羽毛球的改革探索过程存在明显区别。2002年釜山亚运会，中国网球军团惨败，与日本、泰国、韩国等国家的竞技水平形成鲜明对比，我国开始酝酿“球员职业化发展”的改革。釜山亚运会后，中国网球协会开始以中国女网为突破口，按照国际职业网球运作方式进行人才培养，在训练方面强调“以赛促练、赛练结合”。通过参加国际网联的职业巡回赛事，提升运动员的比赛经验和对抗能力，全面提高中国网球的竞技水平。其中，中国网球协会允许李娜“单飞”，标志着中国高水平网球运动员获得了充分的自主权，能够充分运用自身影响力进行自我投资、自我培养，并在国际网球职业赛事体系中获取积分。中国网球运动的职业化改革更多是衔接国际职业体育赛事体系，为更好地将中国运动员输送到国际顶尖的职业体育赛事中，中国网协联合各地承接了系列国际网球巡回赛事，让中国球员拥有更多机会进入国际职业体育赛事体系中淬炼提升。

二、职业体育赛事营利渠道

（一）门票收入

门票收入是职业体育赛事赖以生存的基础。虽然职业体育赛事在经营渠道上不断拓展、营利内容逐渐增加，但门票收入仍是职业体育赛事的一项重要收入来源。门票销售情况受

[1] 刘晓乐. 中国羽毛球俱乐部超级联赛竞争力研究[D]. 北京：北京体育大学，2020.

[2] 虞勇. 我国职业羽毛球俱乐部运行现状及发展对策研究[D]. 长沙：湖南师范大学，2013.

多重因素影响，体育赛事环境、竞赛表演质量、运动的社会普及程度、门票促销活动、定价策略以及社会经济条件等都会影响到门票的经营。其中，竞赛表演质量是影响职业体育赛事门票经营的关键因素，是吸引观众、提高门票销售量的核心。

（二）运动员转会

运动员转会是职业体育赛事的重要收入来源。据国际足联公布的相关数据，2023年足球俱乐部在球员国际转会交易中的花费达到96.3亿元。球员实力、赛场表现、年龄、平台等是影响球员“身价”的关键要素。而我国足球市场上有庞大的资金量，但优秀球员资源稀少，使得球员身价暴涨。例如，丁海峰在2015年“德转”（即德国足球转会市场网）的估价是22.5万欧元，但在现实转会中，河北华夏支付了5000万元人民币（710万欧元）的转会费用。2018年年底，中国足协公布“转会帽”政策，对球队的投入、球员的收入上限及外援的收入上限进行了限制，要求外籍球员资金支出必须低于4500万元，国内每位球员资金支出低于2000万元。

（三）电视转播

电视转播权是指举行体育比赛、体育表演时，允许他人进行电视转播，主办方由此获得报酬。1941年，美国职业橄榄球大联盟第一次出售其冠亚军决赛的转播权，开创了世界上出售体育赛事电视转播权的先河；此后，在奥运会、世界杯等国际体育赛事的推动下，电视转播进入了有偿的规范化时代。1948年伦敦奥运会，国际奥组委首次规定对奥运会电视转播权进行收费，标志着奥运会出售电视转播权正式开始。当前，通过联盟进行统一营销活动，既可以避免俱乐部在此过程中相互压价，也有利于塑造联盟的整体形象，提高联盟的无形资产价值，获得高额垄断利润。在我国，由于新媒体业的关系是纵向的行政控制结构，行业垄断限制了新闻界的自由竞争，职业体育组织业与媒体机构的交易仍属于市场行为。电视转播权作为职业体育的一项重要经济来源，若是媒体权利不完全交给市场，职业体育俱乐部就无法根据市场规则经营电视转播权。

（四）特许经营

随着职业体育组织社会影响力的提高，其品牌效应也随之扩大。为有效释放职业体育组织的品牌价值，职业体育组织开展特许销售活动，即将运动员、运动队、联盟及体育赛事的名称和标识的使用权授予经销商。在美国，职业运动联盟的特许项目通常由联盟的分支部门管理，一般称为产权部，治理违反商标事务，公平地为联盟各成员分配特许项目的收入；运动员工会也会经营专利权项目，如美国职业橄榄球大联盟运动员协会的运动员工会代表近3000名现役和前美国职业橄榄球大联盟运动员签署协议，从事特许业务，并与联盟分享销售商业卡片、纪念品等获得收入；一些较小的职业联盟雇佣了独立的公司负责特许业务，并从零售额毛收入中按比例获取佣金。

第三节 我国职业联赛制度概述与国际经验介绍

我国职业体育赛事体制结构大致可从职业联赛产权制度和职业联赛准入制度两方面加以考察。其中，篮球、足球职业联赛准入制度是当前改革的重要任务，可基于两项目现实情况酌情借鉴国际成熟经验推进改革。

一、我国职业联赛的产权制度概述

（一）职业联赛产权制度

1992年我国以足球单项为试点拉开竞技体育市场化、职业化转型序幕。中国足协是中国职业体育转型的探索者，尤其在职业联赛产权分配问题上承担着至关重要的“摸着石头过河”的试错责任。我国职业体育赛事系统具有后发模仿的特点，各支职业俱乐部由传统型举国体制下的体工队转型而来，长期过度依赖政府政策、公共财政等，导致短期内并不适应社会主义市场经济的发展规律，不具备自我经营能力。单项体协只能继续保持“主动输血”的传统型举国体制管理方式，支持各支俱乐部运动队进行训练和比赛，并且依然通过行政手段对职业联赛产权进行分配。1994年，中国足协与国际管理集团（IMG）签署《冠名赞助中国足球甲级队A组联赛协议书》合作协议，明确：中国足球甲A联赛和锦标赛的冠名、赞助转让，所获收益主要分配给各俱乐部和相关协会。12支甲A俱乐部共获得赞助分成960万元。1994年3月18日，中国足协在昆明海埂训练基地与12家甲A俱乐部、相关协会和体育场签署协议，中国足协将与IMG签订协议所获全部经费的80%拨给各俱乐部和相关协会，其余20%除少量用于职业联赛费用外，大部分用于青少年和女子足球运动的发展。在与俱乐部、会员协会、体育场的协议中明确规定了各项权利和义务。由于职业足球的盈利能力提升，俱乐部不仅在职业联赛中获得收益，而且获得比赛部分的经营权，逐步走向独立核算、自负盈亏、自我发展的道路。2003年后，我国职业足球俱乐部的产权制度改革进一步加快，北京国安、山东鲁能泰山、上海申花等足球俱乐部相继改制为有限责任公司。但与足球项目相比，我国乒乓球、排球的职业化效果甚微，而其产权制度改革的进程也相对缓慢，如乒乓球俱乐部的经营仍处于以赞助性经营为主的阶段，产权主体尚不明晰。

（二）运动员转会制度

单项体育职业化改革前，我国长期在传统型举国体制的发展格局之下，竞技体育资源完全由政府掌握，运动队隶属地方体育行政管理体系，体育行政管理机构或者其附属的竞赛训练事业单位掌控着专业队的所有权、经营权、收益权及转让权。体育赛事职业化改革要求竞技体育领域资源按照社会主义市场经济规律加以配置，市场应当是决定职业体育赛事资源配置的首要条件，而体育行政体系的过多干预会打击市场发展的积极性。其中，优秀运动员是职业体育赛事、职业俱乐部的核心资源，是决定竞赛表演业能否获得市场认可的决定性条件。各省由于备战奥运任务会通过注册制度限制“运动员”流入他省，但是职业体育赛事改革却需要运动员按照市场规则进行流转。因此，职业联赛改革、职业体育俱乐部产权结构的优化就需要突破传统型举国体制的“运动员”注册制度限制，让运动员能够根据市场规律流转起来。

1993年大连足球会议上，中国足协首次提出关于人才交流的若干规定；1994年中国足协根据《中国足球协会章程（草案）》《足球俱乐部章程（草案）》《中国足协关于人才流动的若干规定》《中国足球协会运动员转会细则》等[1]，决定在管辖范围内全面试行运动员转会制度，并经历自由转会阶段、申报制阶段、摘牌制阶段及“双轨制”阶段；1995年，中国篮球协会颁布《中国篮球协会俱乐部运动员转会管理条例》，标志着职业篮球运动员正式走向市场。转会制度的实施驱使职业体育俱乐部由原来的事业型单位过渡到企业型单位，职业体育俱乐部目标也从以社会目标为重转向以经济目标为核心、经济目标与社会目标并重的阶段。

（三）运动员限薪制度

我国职业俱乐部由专业队转化而来，不同城市俱乐部的水平因所处地区的经济条件差异而有所区别，导致俱乐部转制过程存在较为显著的不平衡性。随着转会制度的实施，存在俱乐部对于优秀运动员过度竞争的现象，导致职业俱乐部承担巨大的经济负担，经济实力薄弱的俱乐部面临运动员流失风险，不利于联赛的持续发展。在我国职业化改革的起步阶段，运动员限薪制度为俱乐部的均衡发展提供保证。同时，随着体育赛事职业化进程的推进，俱乐部关注于短期的经济收益，而忽视了年轻人才的培养与体育赛事整体水平的提升。1996年，中国足协制定运动员的限薪措施，规定甲A俱乐部月薪水平不超过3600元；1998年，中国足协与26家甲级俱乐部达成协议，即《关于甲级足球俱乐部拒绝运动员签字费统一最高工资及出场费限额的规定》，规定甲A球员月工资最高不得超过1.2万元，胜一场比赛全队奖金发放不得超过40万元；2020年，中国足协《关于发布2021—2023赛季中超联赛俱乐部财务约定指标的通知》中要求俱乐部一线队国内球员单赛季个人薪酬不得超过

[1] 马成全，王君，刘浩．我国职业足球运动员转会制度改革研究[J]．广州体育学院学报，2008，28（6）：8-10.

税前500万元人民币。职业体育赛事的限薪制度虽有较大的争议，但不可否认的是，其在青训发展、稳定体育赛事市场秩序和俱乐部的规范化经营等方面具有重要作用。

二、我国职业联赛的准入制度概述

（一）准入制度的主体与客体

1. 准入制度的主体

准入制度的主体即规制主体，通常称为规制者或规制机构，是指行政机构以及相对独立的规制机构。准入制度的主体有以下三种：①政府。政府机关依据法律对市场主体的活动进行管制。我国职业体育赛事准入制度的规制权力由上至下分散至各级、各地方政府部门。②国家体育总局及授权的项目管理中心承担着我国职业体育赛事规制的部分职能。③相关国际项目体育协会、区域性项目体育协会等也承担着相关规制权限。

2. 准入制度的客体

准入制度的客体即规制客体，通常称为被规制者，包括企业和消费者。随着我国体育事业的发展，市场准入制度也在不断完善和调整。从我国职业体育市场准入制度及实践看，俱乐部是职业体育市场的规制客体。

（二）准入制度的内在逻辑

从职业体育市场视角来看，职业体育市场既是职业体育竞赛产品生产过程，也要反映职业体育竞赛供应者、消费者之间的相互关系。职业体育市场则是职业体育竞赛产品的生产、交换和消费关系的总和。从市场营销的角度来讲，职业体育市场是指参加职业体育竞赛产品的实际或潜在交易活动的购买者和消费者关系的总和，反映买卖双方的交易关系。本书认为，职业体育市场是将职业体育比赛作为一种劳务，由提供者和生产者供给，并且他们是以提供这种劳务为主要生活来源。作为服务购买者，职业体育赛事观众成为这种劳务关系的需求一方，供给与需求之间反映了交换活动及交换关系的总和。为此，本书认为，职业体育市场是经营者以职业体育俱乐部为经营实体，组织和实现职业体育竞赛产品生产、交换和消费关系的总和。由于职业体育市场的信息不对称、市场的外部性特征及市场的过度准入，要求基于市场内成员的认同和约定制定行业自律规则及行为规范。职业体育联盟和俱乐部作为职业体育市场的经营主体，通过完善职业体育制度保障市场的有序运营。

因此，本书认为职业体育市场准入制度是在市场经济规律支配下，为达到职业体育市场优胜劣汰、优化资源配置和维持市场秩序的目的，由国家和政府部门、准政府性质的职业体育联盟或协会制定的，关于职业体育俱乐部进入市场的经营条件、获取职业体育联盟关键资源“进入权”所进行的资质、准入程序等规范的总称，其中包括市场准入机制、俱乐部交易过程中的运营动态监管机制及职业体育市场的退出机制。譬如俱乐部准入标准包括俱乐部的法律地位、财务状况、管理水平、球场设施、青训体系等方面的要求；球员准入规定包括球员的年龄、身体条件、技术水平等。

（三）准入制度的基本功能

1. 优胜劣汰功能

职业体育市场准入机制和退出机制的建立和完善有利于保证职业体育市场优胜劣汰，通过对市场参与者的准入条件进行规定和审核，可以防止一些实力不足或者信誉不良的参与者进入市场，保证市场的正常运行；改善职业体育市场俱乐部主体的公司治理结构，使其按照职业体育联盟市场准入机制的标准和程序进行优化，有利于提高职业体育俱乐部的总体质量；有助于提高市场参与者的素质和水平。通过制定俱乐部、球员等的准入标准和要求，可以促使他们提高管理水平、技术水平等，提升市场整体质量。

2. 市场稳定功能

职业体育市场准入制度能够确保各参与者在市场上享有平等的竞争机会，避免出现垄断或者不正当竞争行为，维护市场的公平竞争环境；能够促进市场的健康发展，通过规范市场参与者的行为和管理水平，提高市场竞争力，推动市场向着更加规范化和成熟化的方向发展；有助于保护消费者的权益，通过筛选出优质的俱乐部和体育赛事，确保消费者能够享受到高质量的体育赛事和服务；有助于维护整个行业的声誉。通过对市场参与者的资质和信誉进行审核，可以减少不良行为和事件的发生，提升行业的整体形象和声誉。

3. 风险管理功能

职业体育俱乐部作为职业体育市场的主体，不仅面对诸如国家法律、法规及政策的变化、经济环境的变化、行业竞争、资源及市场变化、自然灾害及意外损失等风险，同时俱乐部内部存在管理风险、财务风险、评估风险和道德风险等。建立和完善职业体育俱乐部的准入机制、动态运营监管机制和退出机制，意味着将职业体育的市场监管上升到制度层面，有利于市场的有序运营。西方发达国家的职业体育市场准入制度在俱乐部的竞争平衡和经济均衡方面发挥巨大作用，且俱乐部职业化水平较高，具备自负盈亏、自我造血能力。而我国职业体育的发展仍存在诸多问题，如中超俱乐部的所有权变更、职业体育市场投资短期行为明显、投资主体不稳定等，有效且完善的职业体育市场退出机制能够充分警示俱乐部提高投资的风险意识和风险管理水平，促进职业联赛的高效发展。

（四）职业体育赛事准入的制度保障机制

1. 协调管理机制

我国职业体育赛事市场准入制度推行过程中，涉及多部门的利益纠纷，需要建立必要的协调管理机制，确保上级政府部门和地方部门的协调一致，降低监管失灵的风险。

2. 应急处理机制

为有效规避我国职业体育市场准入过程中突发事件对于联赛的负面影响，需建立应对突发事件的应急处理机制。加强对突发事件的预警与监测，提高对突发事件的应对能力，降低突发事件的负面影响。

3. 申诉受理机制

我国俱乐部遭遇不公待遇时往往出现申诉无门的情况，需要建立申诉受理机制，制定申诉受理管理办法，明确申诉受理范围及办理程序；明确或委托受理机构，承担日常申诉受理工作；项目协会或者受理部门调查取证，做出合理的处罚决定。

4. 信息披露机制

当前，我国职业体育俱乐部准入机制信息披露滞后，信息发布渠道混乱、不及时、针对性不强。尤其是对于媒体肆意炒作等现象缺少权威的信息应对机制。为此，必须建立中央政府和地方政府之间、政府部门之间的信息通报、会商机制与政府向公众发布权威信息机制相结合的统一权威性信息发布机制。

三、我国足球、篮球职业联赛准入制度概述

（一）我国足球联赛准入制度概述

1. 我国足球联赛准入制度的管理机构

中国足协成立于1995年1月3日，是中国唯一一个拥有独立发展、独立管理和独立监督的单项体育协会，根据法律授权和政府委托管理全国足球事务。2015年8月1日，中国足协与国家体育总局脱钩，依法独立运行，在内部设置、工作计划制订、财务和薪酬管理、人事管理和国际专业交流等方面拥有自主权。2016年2月24日，“国家体育总局足球运动管理中心”撤销，代表中国足协“一套人马、两块牌子”的局面不复存在，中国足协开始以社团法人的身份对足球各项事务进行监督和管理。根据《体育法》及中国足协章程中的规定，中国足协是依据《体育法》和《国务院社团管理登记条例》设立的组织，该组织依据法律和国家体育总局的授权，负责对全国足球运动进行管理，享有与足球运动相关的管理权、处罚权及对外代表国家的权力。中超委员会由中国足协设立，其权力由中国足协赋予，并接受监督管理。中超委员会作为中超联赛系统的核心部门，负责确定中超联赛名称、参赛队数、升降级制度以及中超委员会的组织规则、中超经营公司基本制度等事项。中超联赛的最高权力机构是中超委员会；常务委员会是中超委员会的常设机构及其休会期间的授权代理者，负责中超联赛的日常事务。

2. 足球联赛市场准入制度的主要举措

（1）参赛资格限制。①俱乐部竞技成绩的标准。我国中超联赛自2008年开始实施“升2降2”制度，即当季中甲联赛排名前两位的球队直接升入中超联赛，排名最后两位的球队则降为中乙联赛。但由于2022赛季中超联赛的球队扩至18支，升降政策则改为“升3降3”，但在2023年联赛规模缩减为16支球队，故同样实行“升2降2”。②俱乐部资产标准。中超

俱乐部必须拥有全部产权的1支参加职业联赛的球队、1支U–19球队、1支U–17球队和1支U–15球队；执教教练员需具备中国足协规定的教练员资格；俱乐部在体育标准、基础设施标准、人事与行政管理标准、法律标准和竞技财务标准方面需达到亚足联的标准。

（2）财务标准。根据《中超足球俱乐部标准》规定，俱乐部的年度营业收入要达到3000万元以上（不含球员转会收入）；俱乐部所有者权益要达到5000万元以上；俱乐部不得连续3年亏损，在申请加入中超联赛的当年度必须开始盈利。同时规定中超俱乐部必须遵守国家财政、税务制度，执行中国足协《关于职业足球俱乐部执行“企业会计制度”的规定》，接受法定机构的审计，按时向中超委员会提交会计报告和审计报告。

细节了解

中超2024赛季16家俱乐部、CBA2023—2024赛季20家俱乐部的股东情况

（二）我国篮球联赛市场准入制度概述

1. 我国篮球联赛准入制度管理机构

（1）中国篮球协会。中国篮球协会成立于1956年6月，是具有独立法人资格的全国性群众体育组织。我国篮球运动自1995年开始职业化进程，一直致力于协会管理体制的改革，并出台《全国篮球CBA甲级联赛赛程》《中国篮球协会注册工作管理暂行规定》《中国篮球协会俱乐部暂行管理办法》等[1]。中国篮协章程中规定：“本会吸收各省、自治区、直辖市和中国人民解放军、各产业、系统的篮球协会或其他所认可的篮球运动组织为团体会员”，是会员制组织。中国篮协具有日常管理与组织比赛的权力，对其会员具有常规训练检查、监督、指导、组织比赛等权力。而国家体育总局篮球运动管理中心为国家体育总局直属事业单位，同时是中国篮球协会的常设办事机构，具有对篮球运动项目全面管理的职能。

（2）中国男子篮球职业联赛委员会。2005年，中国篮协授权成立中国男子篮球职业联赛委员会，并在中国篮协的领导下进行运作。根据我国《社会团体登记管理条例》相关规定，中国男子篮球职业联赛委员会是在中国篮协所属的职业联赛中运作的组织，其成立的程序符合协会程序规定，由发起人和参与人共同制定组织章程和行为守则，即可以在中国篮协的领导下进行运作。联赛委员会的组织机构包括联赛委员会全体会议、联赛委员会常务委员会和联赛办公室，分别为联赛委员会的最高权力机构、执行机构和常设办事机构。联赛委员会设委员27名，参与联赛的各家俱乐部应各指派1名代表（俱乐部董事长或经董事长授权的总经理）出任联赛委员会委员；联赛委员会聘请法律、经济、财务、篮球等方面5名专家担任联赛委员会委员；中国篮协指派相关部门6名负责人担任联赛委员会委员。联赛委员会设主任和副主任各1名，由中国篮协推荐的2名中国篮协副主席担任，经联赛委员会全体会议通过后任职。主任、副主任每届任期为4年，经中国篮协推荐和联赛委员会全体会议通过后方可以连任。联赛常委会设常务委员7名，由中国篮协选派3名，俱乐部选派4名（由俱乐部联赛委员从俱乐部联赛委员中选举产生），任期2年。联赛委员会主任、副主任和秘

[1] 李燕领．我国职业体育市场准入制度研究[D]．苏州：苏州大学，2011.

书长均属联赛常委会成员。

2. 我国篮球联赛市场准入机制

（1）俱乐部准入形式。

①批准许可制度。我国职业篮球俱乐部必须得到体育行政主管部门的许可，才能注册成立。同时，根据《2010—2011赛季中国男子篮球职业联赛俱乐部准入标准、评估细则》的要求，申报俱乐部必须获得当地省级体育行政管理部门（体育局）和省级篮球协会的批准，并自觉接受和服从监管；积极主动争取俱乐部所在地以及省级体育行政管理部门和篮球协会的指导、支持和帮助，积极发挥和利用各级体育行政管理部门和篮球协会在队伍建设、后备人才培养、输送等方面的优势。因此，批准许可制度确立从事某些市场经营行为必须先获得批准许可，在办理工商部门登记注册时将行政审批前置，批准许可是首要条件。

②俱乐部注册制度。中国篮协在篮球竞赛市场管理中占据重要作用，在市场准入方面制定相应标准。2005年6月，中国篮协发布《2005—2008年中国男子篮球职业联赛俱乐部准入实施方案》，并于2008年出台《2008—2009赛季中国男子篮球职业联赛（CBA）俱乐部准入实施方案》，规定："中国男子篮球职业俱乐部必须为企业法人，并依据《中华人民共和国公司法》在国家工商行政管理部门正式登记为××篮球俱乐部有限责任公司或××篮球俱乐部股份有限公司，获得企业法人营业执照。"自此，俱乐部在工商部门进行注册已成为参加职业联赛的必要条件。

（2）俱乐部准入标准及评估细则。

①俱乐部管理方面。按照《2010—2011赛季中国男子篮球联赛俱乐部准入标准、评估细则》，俱乐部在获得企业法人营业执照的同时，最低注册资金必须达到2000万元人民币。俱乐部所有权与经营权分离，股东不能干预俱乐部的经营活动。

②运动队建设方面。运动队及管理俱乐部的一线队伍国内球员在中国篮协注册必须达到12名，但最多不能超过16名，同时必须设置专职领队、专职体能教练员、专职队医。备选俱乐部在申报时，俱乐部必须拥有或协议拥有一支不少于12名球员并在中国篮协注册的二线队伍，二线队伍的年度经费不少于70万元。

③俱乐部主场及硬件设施。职业篮球俱乐部有特定设施与设备要求，必须有符合标准的训练、比赛器材和场地。具体包括拥有或协议拥有具有使用权的训练基地，对比赛场馆及设施的要求，俱乐部自有或能长期协议（至少2年）拥有完全符合中国男子篮球职业联赛需要的标准比赛场馆。而比赛主场体育馆必须符合联赛相关要求，包括电视转播要求、新选定的主场体育馆观众席必须达到4000个座位，备选俱乐部在申报时应提交新主场体育馆座位分布图。

④参赛保证金制度。联赛采用参赛保证金制度对俱乐部的机会主义进行有效遏制，根据评估细则要求，需向中国篮协缴纳参赛保证金700万元人民币或200万元人民币加银行评

估在500万元以上的可用来抵押的不动产。

四、职业联赛准入制度的国际经验

（一）英格兰足球超级联赛准入制度概述

1. 英格兰足球超级联赛准入制度管理机构

英格兰超级联盟（FA Premier League）（以下简称“英超联盟”）的全称是足球总会超级联赛有限公司（The Football Association Premier League Limited），由20家英超俱乐部组成，按照现代企业制度规范建立的一种“经济上的合资企业、法律上的合作实体”，所有权和经营权相分离，通过垄断经营获得最大利益。英超联盟公司的诞生，最大变革是掌握联赛的产权、财务监督权，包括商业开发和赞助谈判在内的经营权。而联盟内的重大事务由英超联盟股东大会做出决议，报英格兰足球总会批准后方能生效，英格兰足球总会对协议内容具有一票否决权。但只有当英超联盟的决议违背国家法律、足协章程和国家足球发展的整体利益时，才有可能遭到英格兰足球总会的一票否决。英格兰足球协会（The Football Association）全称为“足球协会有限公司”（The Football Association Limited)，简称英格兰足总。英格兰足总的最高立法机构是理事会，负责立法、制定和修改足总章程、处理相关事务；而商务理事会主要负责足总的商务战略和重大决策。英格兰足总和英超联盟实行分权管理，英超联盟公司负责具体运营事务。

细节了解

国际足联世界杯的起源

2. 英格兰足球超级联赛准入制度的主要举措

（1）俱乐部产权限制。

第一，限制媒体公司与足球俱乐部的合并。随着媒体转播技术的发展，转播权收入逐渐成为俱乐部的主要收入来源。英国足球俱乐部和电视媒体都具有独立产权，当联赛中的俱乐部挂牌上市时，商业媒体为在电视转播权的价格谈判中获利，会出资购买足球俱乐部的股份，成为俱乐部的股东，导致在电视转播权的竞标过程中，持有俱乐部股份的商业媒体会因信息不对称而掌握更多的机会。事实上，在英国有许多俱乐部由电视转播公司所控制，形成更为隐秘的交易关系。例如，2000年8月，英国BSkyB（天空电视台）想出资10亿美元收购曼联，后英国“垄断与兼并委员会”（MMC）以妨碍电视转播权的公平竞争为由阻止收购，但此后BSkyB转向俱乐部的分散投资，持有曼联、切尔西、热刺和曼城和桑德兰队的股份。对此，英国政府、MMC和足球机构规定一家独立媒体公司只能拥有6家俱乐部的股份。

第二，禁止俱乐部拥有关联所有权。近年来职业足球联盟中，俱乐部关联的现象严重，即财团通过收购或入股的方式控制两家及以上的俱乐部，使俱乐部成为合作伙伴或成为较高层级俱乐部的后备球员培养基地。1998年5月，欧足联（欧洲足球协会联盟）执行委员会为解决关联问题，发布名为“欧洲联盟杯比赛的公正性：俱乐部的独立规则”的规定，明确“任何自然人不得涉足参加同一欧洲足球俱乐部比赛的多个俱乐部的管理、经营或者体育比赛；如果出现两个或多个俱乐部拥有同一控制者的情况，只有一个俱乐部有资格参加欧洲足球俱乐部比赛”。该规则是为防止同一所有者拥有数个俱乐部同时参赛时出现的利益冲突，确保比赛结果的真实性。而英超为保证比赛过程的真实性，联赛手册规定职业体育俱乐部之间不得直接或间接存在关联关系或所有权益关联现象。

（2）俱乐部资格限制。

第一，俱乐部数量限制。为维持足球联赛的质量，英超联盟通过开放式的市场准入制度防止联盟球队的增加，将联赛俱乐部数量控制在20个。而足球联赛竞技成绩标准是球队能否保留或升入英超的关键因素，即拥有较高的比赛积分和足够高的名次。同时，俱乐部梯队建设与规划也是重要因素，英格兰足总也出台“品质特许计划”，旨在保证青少年球员能够得到最好的教育和训练指导。

第二，俱乐部的经济财务标准。职业体育俱乐部必须拥有足够的财力完成赛季比赛，其中联赛准入制度条例的核心内容包括参赛保证金制度、财务公开制度与负债欠薪惩罚制度，同时俱乐部需要定期向联赛提交财务报告，确保其财务状况稳健，并遵守联赛的财务规定。按照联盟规定，针对无法承担债务的俱乐部，将按照“依靠债主接管”和“行政托管”方式处理。

（3）其他限制。

第一，基础设施建设。英超联盟对俱乐部的主场球场设施有一定要求，包括球场容量、设施设备、安全标准等方面。俱乐部需要确保其主场符合联赛规定，以保证比赛的顺利进行，并考虑到俱乐部青年发展计划。同时，俱乐部必须提供具备全年训练的设施，必须包括户外设施、室内设施、更衣室、医疗室和毒品兴奋剂检测室；主场方需提供英超联盟规定的最低标准的新闻媒体设施，包括新闻采访座位和具体配套设备等。

第二，人事与行政管理。俱乐部应建立股份公司制、设立董事会，俱乐部的事务应经董事会讨论方可决定；英超赛季结束时，降级的俱乐部申请者需将自己的股份转让给从甲级联赛中升级的俱乐部；职业体育俱乐部的申请者必须委任足够数目的专业秘书人员运行其日常事务；俱乐部的运行与管理必须与国家、政府的相关法律、政策文件相一致，不得存在违反法律的问题。

（二）美职篮市场准入制度概述

1. 美职篮准入制度管理机构

美职篮是美国职业篮球联盟（NBA）的简称。美职篮董事会是美职篮管理机构，下设若干机构协助管理，包括审计委员会、咨询/财政委员会、劳动关系委员会、扩张委员会及规则和竞赛委员会。事实上，美职篮是一个庞大的篮球商业公司，拥有30家职业篮球俱乐部。董事会是由30支球队老板或老板指定的代表组成，一般采用投票制对俱乐部或联盟的重大事件做出决策。联盟主要任务包括：确定职业俱乐部数量及合理分布；决定球员的分配流动；确定比赛规则、决定比赛日程；同全国性的新闻媒体谈判，出售电视广播转播权，并进行收益分配；协商门票等收入的分配；对联盟的事务进行监督等。美职篮日常运营活动由总裁及总裁领导下的美职篮总部负责，总部下设10个部门，分别是行政管理部、内外联络部、大型活动部、财务部、人力资源部、法律事务部、篮球运营部、球员培训部、保安部和球队服务部。除美职篮总部外，还设有资产管理公司、娱乐公司、电视与传媒公司、女子美职篮联盟。美职篮董事会和美职篮总裁是雇佣关系，董事会拥有决定权，总裁和总部拥有最高行政权。为有效确定职业体育联盟球队数量及其分布，美职篮市场准入制度尤为关键，以避免职业体育俱乐部之间的竞争，保护职业体育俱乐部在其专属区域境内的优势地位。

2. 美职篮市场准入制度的主要举措

（1）俱乐部数量限制。

美职篮联盟根据美国政府对其提供的特殊法律，具有调控美职篮球队数量与分布的权力。高水平球员具有相对稀缺性，而职业运动又是以竞赛为产品的经营体系，只有保证高水平、高质量的竞赛，才能进一步扩大市场。为此，美职篮联盟拥有“反垄断豁免权”。美职篮规定，对于申请加入的球队，其资格审查包括参赛保证金、俱乐部基础设施和俱乐部市场经营开发能力。

第一，设置进入条件。首先是“加盟费用”。美职篮联盟要求进入联盟的俱乐部需向联盟缴纳加盟费用，而新球队进入职业体育市场支付的加盟费用类似于沉没成本，不论俱乐部的主动退出还是经营不善被动退出，都无法获得赔偿。随着美职篮的发展，加盟费用逐渐水涨船高。1995年，加拿大的多伦多猛龙队和温哥华灰熊队进入美职篮，加盟费用为1.25亿美元；2004年夏洛特山猫队加入美职篮的加盟费为3亿美元。而在新冠疫情期间，为缓解联盟的经济压力，美职篮联盟提出将接纳2支新球队，每支球队的加盟费为25亿美元。其次是“基础设施”。俱乐部需有完善基础设施，包括比赛场馆、交通工具和休息室等。最后是“市场开发能力”。俱乐部应具有一定的市场经营开发能力，该规定是为了防止球队由于经营开发能力不足而拖累联盟的整体发展，或影响美职篮在社会大众中的形象。

第二，俱乐部新加入球队的实力保证。美职篮联盟为保证新加入球队的实力，准入制度规定新加入球队可从其他俱乐部分别挑选一名合同未到期的现役球员，以保证俱乐部的实力均衡和联赛的质量。同时，新球队在加入联盟时，每年在选秀前会为新球队举行一场扩军选秀，原俱乐部最多可以保护8名球员不参加扩军选秀。

（2）俱乐部地域分布及其迁移限制。

美职篮市场准入制度的实施过程中，城市规模是考虑的主要因素，且美职篮联盟章程规定了所有球队排他性的领地权。为此，当俱乐部进入联盟时，联盟会分配一个特定的区域市场，以保证俱乐部业主们拥有稳定的门票收入和媒体收入。若联盟内球队想要变迁主场，新的球队需给予现有球队一定的补偿金，以弥补原有俱乐部城市议价谈判时筹码能力降低的损失。当前，美职篮30支俱乐部球队较为均衡地分布在美国各州，合理的地域分布可以保证球队的经济平衡，避免俱乐部间贫富分化。

第四节 我国职业俱乐部的现代公司制度改革

职业俱乐部是职业体育赛事的基本单元，与我国传统型举国体制下的国家队、专业队的事业单位制管理模式存在明显差别，需要遵循现代公司制度加以建设与发展。

一、我国职业俱乐部现代公司制的改革价值

（一）所有权与经营权分离降低经营风险

现代公司制度是指以完善的公司法人制度为基础、以有限责任制度为保证、以公司企业为主要形式，以产权清晰、权责明确、政企分开、管理科学为条件的新型公司制度。随着职业体育俱乐部向现代公司制转化，俱乐部成为独立法人，以资本的保值与增值为俱乐部的经营目标。同时，现代公司制能够形成股东大会与董事会之间的相互信托关系，监事与代表股东大会和股东财产受托人董事会及公司经理人的监督关系，股东会、监事会与经理人之间的相互制衡关系。环环相扣的“链锁体系”是较为经济和科学的管理体制，在解决复杂多重隶属关系方面发挥重要作用。但职业体育俱乐部向现代公司制的转化必然伴随着投资主体丧失对联赛的直接管理的权力，即投资主体无俱乐部资产的直接支配权，但拥有最终的索取权与转让权，也就是俱乐部的行为必须与联赛的整体市场运作相脱钩，不能干扰联赛的行为。而俱乐部的经营与管理权集中在董事与经理手中，并通过招聘掌握管理、法律、经济等专业知识的人才，实现俱乐部经营管理的科学化与专业化。

（二）提高俱乐部融资能力

现代公司制度使俱乐部的财产权被分割至不同的持股人或机构手中，而财产权可以自

由转让为俱乐部筹集社会资本创造了条件。纵观国外职业体育俱乐部的发展，筹资方式主要包括银行贷款、资产债券化融资、商业信用融资和球员抵押贷款等方式。事实上，职业体育俱乐部运用股份制可追溯至1928年，由于美国纽约的一个赛马协会经营管理不善，致使俱乐部资金缺乏与运作困难，会员德沃德克尔顿为解决资金问题，提出在俱乐部内部出售1万美金的股份；此后美国棒球联盟率先运用股份制，并很快在美国各体育项目中得以运用。英国自20世纪80年代以来，先后有近20家足球俱乐部在英国股票市场注册上市，使俱乐部在短期内筹集大量的资金用于聘请优秀运动员和教练员，对英国足球的发展产生积极的影响。但在我国职业体育俱乐部的发展过程中，由于职业体育赛事传统属于事业型行业，阻碍了体育赛事产业化的发展；我国A股市场上市条件苛刻，要求公司股本总额不少于5000万元，且连续3年净资产收益达到相对规模，对于职业体育俱乐部而言这些条件导致上市困难较大；在债券、基金融资方面，我国尚未有针对职业体育俱乐部发行的先例；在银行借贷中，由于商业银行害怕出现“死账”，故一般都选择谨慎发放贷款。基于此，我国职业体育俱乐部的主要资金来源是企业、政府的资金投入，融资方式单一、融资结构仍不合理。

二、我国职业俱乐部现代公司制改革的相关政策支持

在世界竞技体育国际化、职业化、系统化、商业化和科学化发展趋势下，要求我国加快形成新型举国体制，即加快政府职能与市场机制的接轨，突出政府、社会和市场三者的有机结合与协调运转，吸引社会资本介入，实现政府单方经费投入向社会力量为主体的投入转变。国务院办公厅印发的《体育强国建设纲要》指出，完善职业体育俱乐部法人治理结构，加快俱乐部现代企业制度建设；《中国足球中长期发展规划（2016—2050年）》的出台为我国足球发展提出近期、中期和长期的发展目标，从宏观角度指明方向。我国体育赛事在职业化进程中不断开拓市场，创收能力获得显著提升，俱乐部不仅获得大部分联赛收入，而且也获得了联赛的部分经营权，走自负盈亏、自我发展的道路。2023年，中超控股实现营业总收入61.11亿元，同比增长3.74%。为此，在我国职业体育赛事市场发展向好、利好政策的基础上，我国职业体育俱乐部向现代公司制深入转化。

【案例10-1】

英国早期职业足球联赛的发展

英国是现代足球的发祥地，足球比赛可以追溯到中世纪末。起初足球是一项粗野并具有暴力性的运动，无具体的规则规范，在活动时经常导致财产的严重损失、人员的受伤甚至死亡。在19世纪上半叶，足球运动主要在上层社会的公共学校和大学中开展，既能满足人们的休闲诉求，还能以一种团队运动的形式传递团结和纪律的价值

观。但由于规则未统一，使得校友俱乐部之间难以进行比赛。为此，11家俱乐部各自派出代表，成立英格兰足总，这是世界足球历史上第一个足球行业管理机构。在19世纪70年代和80年代初，北方俱乐部为其球员支付额外报酬的传闻逐渐增多，其中一种突出的现象就是许多苏格兰人突然出现在英格兰各工业区，名义上是兰开夏郡各个棉纺作坊或者煤矿的新雇工，实际上却成为许多俱乐部的重要球员，这是最早的隐形职业化的迹象。1885年7月，英格兰足协采纳职业主义的原则，开始走足球职业化道路。足球联赛的创办者是19世纪80年代的阿斯顿维拉俱乐部老板麦克格雷格，通过要求英格兰北部和中部的11家俱乐部共同组织足球联赛，使俱乐部能够正常定期参加比赛。而英格兰足总是管理所有英格兰足球事务的最高机构，联赛的正常举办需得到英格兰足总的批准。为此，1888年麦克格雷格将联赛草案呈递至英格兰足总后就得到批准，由12支队伍组建的联赛体制得以正式确立。

1950年开始，各种社会化的问题对英格兰足球的侵蚀，使得整个足球架构岌岌可危。例如，1985年5月11日，布拉德福德城市足球俱乐部主场发生大火，56名球迷丧生；1989年4月15日，西尔斯伯格球场的看台坍塌，导致96名球迷丧生、150余名球迷重伤。与此同时，不断出现的球场暴力让观众数量呈现下滑的趋势，从1948—1949赛季的最顶峰4310万人降至1985—1986赛季的最低点1600万人。1991年7月17日，《英超联赛创立协议》的正式出台，为英超的创立奠定了基础。至此，英超联赛创立了独立的产权主体，整个联赛的产权、财务监督包括商业开发和赞助谈判等业务不再属于英格兰足总的管辖范围，而是由英超公司独自管理。另外，电视转播权的经营改革创造了巨额的收入来源，巨额的电视转播费用使得俱乐部在市场运作、球场建设及引进高水平球员等方面游刃有余，并创建了富有活力的经营机制，英超联赛逐渐形成良性循环。

思考题

1. 为什么职业足球联赛最早起源于英国？
2. 英超联赛成立的原因是什么？

◎ 复习题

1. 我国职业体育赛事的改革试点有哪些？
2. 职业体育赛事盈利渠道主要有哪些？
3. 简述我国职业联赛的产权制度。
4. 职业联赛准入制度的基本功能是什么？
5. 职业俱乐部的现代公司制度改革具有哪些作用？

第十一章

我国体育赛事公共服务体系建设与现代化治理

本章概要

- 我国体育赛事公共服务体系建设现状
- 我国体育赛事公共服务建设的核心策略
- 我国体育赛事公共服务改革的“放管服”逻辑
- 我国体育赛事公共服务深化改革的重点领域

教学目标

- 了解体育赛事公共服务体系建设的作用
- 了解我国体育赛事公共服务体系建设的局限
- 明晰我国体育赛事公共服务体系建设的核心策略
- 理解我国体育赛事公共服务改革的“放管服”逻辑
- 熟悉我国体育赛事公共服务深化改革的重点领域

相关网站

- 国家体育总局政策法规司网站（https://www.sport.gov.cn/zfs/）
- 国务院政策文件库（https://www.gov.cn/zhengce/zhengcewenjianku/）
- 中国政府网（https://www.gov.cn/）

推荐书目

- 陈振明. 公共政策分析导论[M]. 北京：中国人民大学出版社，2015.
- 易剑东，郑志强，詹新寰，等. 中国体育产业政策研究：总览与观点[M]. 北京：社会科学文献出版社，2016.
- 王家宏. 我国公共体育服务体系研究[M]. 苏州：苏州大学出版社，2016.
- 戴健. 公共体育服务体系建设[M]. 上海：上海交通大学出版社，2015.

我国“公共服务”概念是顺应中国特色社会主义市场经济发展而提出的。某种程度上，新型举国体制下，公共服务体系建设的本质在于既要进一步发挥传统型举国体制行政管理优势，又要很好地将政府、社会、市场三股力量做到有效衔接，在合法、合规、可控的范围内实现市场对各类体育生产要素的决定性配置。体育赛事公共服务则是我国整个体育公共服务的核心内容，包括竞技体育赛事、群众体育赛事活动、青少年和学校体育赛事以及职业体育赛事四个领域。这四个体育赛事领域均涉及公共服务建设问题，但由于它们的历史任务、构成主体、运行制度等存在一定差别，因此公共服务建设的程度、进度也是各不相同。不论四个体育赛事领域存在什么样的差别，体育赛事公共服务建设的内在逻辑是高度相近的，可以概括为：①利用行政力量对体育赛事系统控制，避免“市场失灵”发生；②采用“放管服”手段推动行政管理机构、社会体育组织改革，为社会、市场力量发展创造条件与空间；③基于法治，实现政府、社会、市场多元主体对体育赛事公共服务体系的现代化治理，降低“政府失灵”的风险。

第一节 体育赛事公共服务的内涵与相关理论

本节将系统解读体育赛事公共服务内涵、功能与特征，介绍密切关联的公共治理理论、善治理论，帮助读者深入理解体育赛事公共服务体系建设重要意义。

一、体育赛事公共服务的内涵

体育赛事公共服务是一项复合型概念，包括三个层次，即公共服务、体育公共服务、体育赛事公共服务。系统理解体育赛事公共服务的基本内涵，有助于理解我国体育赛事系统整体的改革逻辑及发展趋势。

（一）公共服务的内涵

“公共服务”概念备受关注，不同学者关于“公共服务”内涵的界定视角存在区别，包括产品说、主体说等经典视角。本书认为公共服务是指，以政府为代表的公共部门和其他治理主体为满足社会公共需要，整合公共权力和公共资源，通过各种机制及方式，提供物质形态或非物质形态的公共物品和服务，实现公共利益目标的行动总称[1]。在产品层面，公共服务本质上与私人产品、准公共产品内涵存有区别；从生产过程来看，公共服务区别于传统的“强政府”行政管理模式，更多强调政府的干预和多元共治。

1. 公共产品、私人产品、准公共产品的内涵区别

（1）公共产品。1954年和1955年，保罗·萨缪尔森在《经济学与统计学评论》上发表两篇短文[2]，开启公共产品理论研究。萨缪尔森认为，公共产品具有非排他性（non-excludability）和非竞争性特征。非排他性包括三方面含义：①不可能阻止非付费者对公共产品的消费，付费者和非付费者对于公共产品享有同样的使用权益；②公共产品还具有不可拒绝性，任何机构组织不能拒绝特定人群使用特定的公共产品；③当强行实现公共产品排他性时需要付出巨大代价成本。其中，消费“非竞争性”是指消费不会减少其他人消费数量，提高公共产品消费并不会引起成本提高。

（2）私人产品。相对于公共产品，私人产品是指通过市场机制提供产品或服务的总称，具有以下特点：①消费上的排他性。即特定的私人产品被消费时，其他消费者不能够再次进行消费或使用，标志市场意愿是产品生产的核心主导；②消费的竞争性。每增加一个单位的私人产品供给，就需要增加生产一个单位私人产品所需要的成本，意味着市场应该提供这种产品，因为只要允许市场以某种价格提供竞争性产品，就可以确保人们在作出生产和使用产品的决策时，适当地考虑成本和收益，达到提高经济效益的目的。

（3）准公共产品。阿特金森、斯蒂格利茨对萨缪尔森的公共产品理论进行改进，认为：萨缪尔森的“纯公共产品”属性相对比较极端。如果将一个线段比作公共产品和私人产品的关系，线段一端是“纯公共产品”，另一端则是“纯私人产品”。现实生活中的产品大部分均是从“纯公共产品”向“纯私人产品”逐渐过渡的系列产品，并不存在绝对的纯公共产品，不同产品的差别在于公共产品属性的比例多少。因此，奥斯特罗姆对产品属性进行了重新诠释，用“共用性”取代“非竞争性”，将同时具备排他性和共同使用的产品命名为“收费产品”，这就是准公共产品的性质，如高速收费、图书馆收费等。

[1] 方堃. 当代中国新型农村公共服务体系研究[D]. 武汉：华中师范大学，2010.
[2] 魏来. 中国公共体育服务产品供给研究[D]. 北京：北京体育大学，2009.

2. 公共服务过程中的“政府干预”与“多元共治”

现代意义的公共服务概念可追溯到“古典自由主义理论”和“社会契约论”盛行的时代[1]，该阶段强调政府在公共服务中的主导作用。亚当·斯密认为，调动市场这只“无形之手”依然是政府向公众提供公共服务的重要手段[2]。法国学者莱昂·狄骥提出：任何由政府加以规范、控制，且关系社会团结与促进的社会活动均可以纳入到公共服务的范畴[3]。保罗·萨米尔森聚焦“市场失灵”的问题，提出：政府提供的公共物品有利于调节经济运行，能够解决市场经济存在的生产、消费无效性问题[4]。该阶段，学界一方面强调政府主体在公共服务供给中的主导作用，另一方面强调政府在生产供给公共服务过程中，对于进一步提高市场经济发展和私人产品供给的价值，是整个社会资源持续而有效地实现最优配置的重要治理手段。登哈特夫妇等一批学者在政府主导的公共服务传统模式基础上，立足公民权、民主立场，试图构建出一套更有利于公民社会发展的公共服务理论，也相应孕育了新公共服务理论[5]。该理论与传统公共服务强化政府的强制干预手段的思路存在区别，认为政府在公共服务供给过程中，应当转变传统的行政干预模式，基于公民广泛的公共产品需求展开更加广泛的协同合作。基于此，“整体政府”公共服务理念逐步成形，核心内涵是：内部环境中，进一步打通政府部门之间行政壁垒，实现跨行政部门信息共享、对话沟通，共同推动公共政策的实现；外部环境中，要增加中央政府、地方政府与其代理机构的全方位协作，以便更好调动社会市场资源，更好优化资源配置，实现公共产品的供给和公共服务的提供。

（二）体育赛事服务产品

同样，体育服务产品本身既包括公共产品也包括私人产品，是具有体育运动特殊属性的产品类型。联合国统计署（UNSD）组织制定《主要产品分类》[6]，将体育分为体育和娱乐性体育服务、运动员服务和有关的支持服务两大类。各类标准将体育服务产品更多纳入第三产业门类，更多侧重“非物质劳动成果”。那么，体育赛事服务产品则是体育服务产品领域更加聚焦核心领域，可以由体育行政部门、社会体育组织、体育企业等多元主体共同独立或者协同投入并生产创造的“非物质体育赛事服务产品”，包括：竞赛表演、竞赛参与、体育培训等，全体公民是体育服务产品的消费者。某种程度上，不同的体育赛事服务产品在不同的市场环境中，以及围绕不同的产品供给方和产品消费者，公共属性、私人属性的配比比例各不相同。具体来说，体育赛事存在大型体育赛事、小型体育赛事等不同类型，也包括场馆建设、运动员培养、媒体传播、交通安保、志愿者等众多方面。有些方面

[1] 张立荣，姜庆志．国内外服务型政府和公共服务体系建设研究述评[J]．政治学研究，2013（1）：104-115.

[2] 斯密．国民财富的性质和原因的研究：下卷[M]．郭大力，王亚南，译．北京：商务印书馆，1974.

[3] 狄骥．公法的变迁：法律与国家[M]．郑戈，冷静，译．沈阳：辽海出版社，1999.

[4] SAMUELSON P A. The pure theory of public expenditure[J]. The review of economics and statistics，1954：387-389.

[5] 陈德旭．社会治理视域下我国农村公共体育服务体系建设与运行研究[D]．上海：上海体育学院，2018.

[6] 同[5].

需要政府投入，有些环节需要社会力量支撑，也有些内容可以引入市场力量通过经营性活动加以推动。因此，本章所论的体育赛事公共服务的核心对象主要聚焦各类型体育赛事的“准公共服务产品”类型。

二、体育赛事公共服务相关理论——公共治理

（一）公共治理理论的发展背景

公共治理是公共服务领域的热门话题，是集政府、社会、市场力量解决体育赛事公共服务过程中“政府失灵”和“市场失灵”的重要管理手段。“治理”源于古希腊语言的“Steering”，意思是“引领与掌舵”，形成了一套非常复杂的理论体系。公共治理作为治理体系的重要组成部分，在公共产品生产、供给、价值分配、风险缓解等方面起到重要作用。公共治理是在西方传统公共行政、新公共管理理论的社会实践演化、改进后逐步提出的[1]。1973—1975年，中东石油危机、美元贬值引发国际金融危机，西方资本主义经济进入“滞胀”期，政府信任危机爆发，以往政府垄断导致管理失调、失控、效率低下的问题凸显[2]，西方长期以传统官僚制为核心的公共行政体系在面对大规模全球经济危机时受到严重冲击[3]，“政府失灵”问题骤增。20世纪70年代，西方经济发达国家开始公共部门的再造工程，“新公共管理”逐步浮出水面，推动政府规模的缩小以更好解决“政府失灵”问题，并通过鼓励市场经济发展来弥补公益的缺口。但是，伴随新公共管理理论的抬头，“市场失灵”的分配不公、失业、市场垄断的局限性逐步扩大。西方政治学家在社会资源配置过程中同时看到市场失效与国家失效[4]，社会迫切需要一套新的调节机制来平衡解决“政府失灵”和“市场失灵”问题。国家与社会、政府与市场二分法开始在20世纪后期转变，国家、市场、社会的重新定位成为寻求社会调节的新方向，公共治理理论逐步孕育而出。总体上，公共治理理论旨在通过协调实现政府、市场和社会之间的有效互动。

（二）公共治理理论的内涵与特征

21世纪，公共治理理论经历实践与探索的反复过程，发展为重要的社会学、管理学理论，在诸多学派中形成了基本共识，即：①主张政府向社会的适当分权。公共治理理论要求由更多主体承担社会公共管理职责；②柔性化处理市场在资源配置中的地位与作用。重构政府与市场的关系，大量公共政策、公共服务活动是政府与市场相互对话、相互配合、相互协调的产物。那么，随着研究与实践的诉求需要，公共治理理论又进一步演化出两套

[1] 何翔舟，金潇．公共治理理论的发展及其中国定位[J]．学术月刊，2014，46（8）：125-134.

[2] 周志忍．公共选择与西方行政改革[J]．新视野，1994（6）：46-48.

[3] CHANDLER J A．Public administration：a discipline in decline[J]．Teaching Public Administration，1991，11（2）：39-45.

[4] 俞可平．治理和善治引论[J]．马克思主义与现实，1999（5）：37-41.

相对具体的公共治理理论。

基于公共治理理论上述两方面的内涵，又演化出网络化治理的理论模式，网络化治理成为现代公共治理的重要特征。罗茨指出：治理需要依托自组织的组织间网络加以实现，具有四项基本特征，即：①公共部门、私人部门和资源部门之间相互依存；②网络成员之间基于交换资源、协商共同目的的需要持续相互沟通交流；③治理网络各成员的关系是依赖信任的基础，并且通过所达成的共识规则协调各方利益和关系；④治理网络各方相对于国家均具有一定程度的自主性[1]。网络化治理颠覆了传统以政府为主的传统公共行政范式以及以市场为主的新公共管理方式，强调政府和非政府部门等公共行动主体在彼此依存的环境中共享公权力[2]。陈剩勇对网络化公共治理进行定义，提出：网络化治理是一种与等级制和市场化相对的新型治理机制，政府、市场和市民等参与者在一个制度化的框架中相互依存，并为实现一定的公共价值而展开联合行动[3]。

（三）善治理论的再发展

公共治理理论能够有效解决“政府失灵”和“市场失灵”所带来的资源配置失衡问题。但是，治理本身存在失效风险，尤其在多元化、网络化治理结构中，公共产品、私人产品、混合产品的供给模式非常复杂、利益关系动态变化，如何在复杂情境中实现有效“治理”显得格外重要。因此，不少学者和国际组织提出诸多理论回应该问题，包括多元治理、有效治理、健全治理和善治等。20世纪90年代，善治（good government）在诸多理论中是影响力相对较高的理论范畴。俞可平对善治进行界定，认为善治是使公共利益最大化的公共管理过程[4]，其本质在于追求政府与公民对公共生活的管理。可以说，善治是在公共治理理论基础上向更深层次延伸的理论观点，具有五个基本要素。

（1）合法性（legitimacy）。这里的合法性是政治学领域所强调的“合法性”，是指社会秩序和权威自觉认可和服从；虽然与法律规范存在一定联系，但是并不是所有法律规定的行为要求或责任要求均被认同。

（2）透明性（transparency)。公民有权利获得与自己利益相关的政府政策信息，要求包括政策制定、政策实施、预算使用等信息能够及时通过媒体供公民所知，保证公民也能够参与治理决策过程。

（3）责任性（accountability）。在公共治理领域，管理人员及治理机构应当承担起公共事务职责，善治理论要求运用法律和道义双重手段，强化个人或机构的责任心。

（4）法治（rule of law）。法治是善治的最高层次，是规定政府、社会、市场以及公民权

---

[1] RHODES R A W . The new governance：governing without government[J]. Political Studies，1996，44（4）：652-667.

[2] 陈振明. 公共管理学：一种不同于传统行政学的研究途径[M]. 北京：中国人民大学出版社，2003.

[3] 陈剩勇，于兰兰. 网络化治理：一种新的公共治理模式[J]. 政治学研究，2012（2）：108-119.

[4] 俞可平. 治理和善治：一种新的政治分析框架[J]. 南京社会科学，2001（9）：40-44.

责基本关系的根本标准。

（5）回应（responsiveness）。公共管理机构或在职人员在其管理或职务范畴内，一定要对公民提出的相关要求予以反馈和回应，回应效果越好则善治效果越高。

第二节 我国体育赛事公共服务体系建设的现状与局限

我国正处于体育赛事公共服务体系建设的重要历史阶段，一方面需要契合我国社会改革总体背景，发挥缓解政府办赛成本压力、提高赛事运作效率、广泛动员市场社会力量的积极作用，另一方面也面临诸着多客观局限与阻碍。

一、我国体育赛事公共服务体系建设概述

（一）我国公共服务建设的背景

推动体育赛事公共服务体系建设，是社会主义市场经济下体育事业改革的突破性举措。一方面通过“放管服”改革形成政府、社会、市场三方共治的共治格局；另一方面不断加强法治建设，从法治高度规定政府、社会、市场三方共治的权责边界。中国公共服务体系建设过程本身也是现代化治理的发展过程，保证新型举国体制在法制约束下既保持行政管理效率又充分发挥社会积极性，且能够在合理范畴内逐步形成市场化运转机制。

（二）我国体育赛事公共服务建设的愿景

体育赛事系统是我国体育事业的核心，因此体育赛事公共服务体系建设成为体育事业公共服务建设的重要话题。国家试图转变传统体育赛事的行政化管理运作模式，逐步转变为政府、社会、市场三方协同服务、多元共治的体育赛事运作管理模式，支撑新型举国体制的深化发展，推动我国体育强国战略目标的达成，具有准公共产品的属性。一方面，既需要政府、社会、市场投入相应资源完成体育赛事公共服务产品的生产与供给；另一方面，政府、社会、市场作为资源投入方，均有责任对整个体育赛事公共服务的生产过程加以监督与治理。

二、体育赛事公共服务体系建设的作用

（一）缓解体育赛事运行的政府财政压力

体育赛事公共服务体系建立起政府、社会、市场多元协同的格局，大量群众性综合体育赛事逐步转变为市场运营模式，市场资本流入体育赛事经济领域，弥合传统型举国体制下完全依靠公共财政办赛的弊端，为各级政府节省办赛开支。

（二）强化体育赛事行政管理的效率优势

在体育赛事公共服务体系建立过程中，体育行政力量将会收缩，进一步聚焦宏观调控职能，仅在一些小众性的奥运重点单项上依然推行行政化管理模式，集中有限的行政管理资源和公共财政，反而效率优势更加显著。

（三）激发社会、市场力量办赛积极性

体育赛事公共服务体系既赋予社会体育组织更多的公权力，又允许市场主体运营体育赛事获得收益，使社会、市场主体积极性极大释放，也一定程度提高了我国体育赛事系统的活力。

三、体育赛事公共服务体系建设的问题与局限

但是，国际公共服务理论与中国体育赛事系统的改革实践相融合存在诸多挑战。归纳来看，我国学者对于推进公共治理改革存在担忧的原因主要有以下四个方面[1]。

（一）行政管理路径依赖惯性存在排斥效应

我国长期采用行政管理模式进行体育赛事的运作与管理，行政力量在体育赛事系统运转中发挥强势作用，并且形成了显著的路径依赖效应。李景鹏认为，我国行政体系与公共服务、公共治理的改革目标有一定差距，将我国行政管理模式改革为公共治理的多元网络模式具有一定艰巨性，另外我国公民、社会自身的改革意愿及推动能力相对孱弱，进一步加大了公共治理改革难度[2]。

（二）我国社会、市场主体治理能力薄弱有待培育

长期处于行政主导管理模式之下，公民、社会以及市场主体很难参与体育赛事运作管理的服务、治理实践环节，缺乏充分独立发展运营的资源基础，也缺乏参与公共服务、承担公共治理的经验能力，短期内无法承担政府“简政放权”后的相关任务。

[1] 何翔舟，金潇. 公共治理理论的发展及其中国定位[J]. 学术月刊，2014，46（8）：125-134.

[2] 李景鹏. 中国走向“善治”的路径选择[J]. 中国行政管理，2001（9）：16.

（三）我国公共服务建设与改革工作复杂

社会公共服务模式结构复杂、灵活柔性。我国社会结构复杂，不同领域的前期基础、历史使命、资源构成、产权关系等各不相同，因此，在公共服务建设过程中，政府、社会、市场的力量关系也并不相同。这导致了公共服务改革无法完全“一刀切”，也无法实现各个社会领域改革的并驾齐驱，总体呈现出分类化、阶段化的循序渐进改革状态。

（四）距离体育赛事“善治”目标仍有差距

从1998年国务院设置国家体育总局、设置运动项目管理中心和单项体协开始，至2015年全国单项体育协会实体化改革、切实推进政社脱钩的近20年间，我国体育赛事系统的“简政放权”与社会、市场主体培育相对同步，并初步打造出“政府—社会—市场”多元治理架构。但是，从体育赛事公共服务运转的情况来看，仍存在明显的机制不畅问题，很多环节滋生纠纷、矛盾，距离“善治”目标还有不小距离。

四、体育赛事公共服务体系建设的核心策略

（一）“法治建设”明晰“政府、社会、市场”的权责利结构

传统型举国体制下，我国体育行政体系在体育赛事运作管理中占据绝对话语权，社会、市场力量被边缘化。新型举国体制深化改革，传统行政管理模式将向公共服务模式转变，政府、社会、市场在体育赛事系统不同层次、不同领域、不同环节将形成共治结合，区别在于共治结构有所不同。因此，需要结合改革进程与实际需要，在法治高度上对体育赛事系统的政府、社会、市场的权责利边界与底线进行规定。

从1995年我国颁布第一部《体育法》至2022年我国修订颁布新一版《体育法》之间长达近30年时间。在此期间，《体育法》颁布与修订都是为新时期深化新型举国体制改革、推动体育赛事公共服务建设、完善现代体育治理的多元结构而制定的。比较来看，2022年修订的《体育法》比1995年颁布的《体育法》对体育行政部门、体育社会组织、体育市场主体的权责要求更广、更细，且赋予了社会体育组织、市场主体更加广阔的权力空间，体育行政机构的权力空间相对而言有所聚焦和回缩。通过最高层次的体育赛事运作管理规则——《体育法》的修订，能够为各级体育行政机构简政放权提供根本依据，也为各级各类社会体育组织、市场主体合理、合法、合规开展体育赛事运作管理活动提供依据。

（二）“简政放权”将社会、市场力量引入体育赛事系统

传统型举国体制的行政管理模式与我国体育赛事系统的“自治原则”相融合，长期形成了相对封闭、排他的行业壁垒，对新型举国体制深化改革存有排斥，提升了社会、市场力量介入体育赛事系统的门槛。因此，推行“简政放权”是建设体育赛事公共服务体系的

重要策略。其中，“简政放权”包括“简政”和“放权”两个部分。

1. 体育行政部门的“简政”

“简政”即要求体育行政部门从体育赛事运作管理的具体事务中摆脱出来，将精力投入到体育赛事运作管理的“宏观规划”和“安全监管”。2015年，国家全面取消群众体育赛事活动行政审批权限。2022年新《体育法》规定，“国家体育总局负责全国范围内体育赛事活动监管、县级以上地方人民政府负责所辖区域的监管”，是“简政”的关键举措。

2. 体育行政部门的“放权”

体育行政部门应当将更多体育赛事运作管理的实际权限交给社会组织、市场主体，这样才能够切实提高参与办赛、参与治赛的积极性。2022年新《体育法》规定，“中华全国体育总会、中国奥林匹克委员会、地方体育总会、全国单项体育协会、地方单项体育协会以及其他体育协会按照相关法律法规负责体育赛事的组织、服务、引导和规范”，便是“放权”的具体体现。

（三）“放管服”加强对市场主体的多方位监管和系统化培育

我国体育赛事公共服务建设过程中，各级体育行政部门推行“简政放权”有助于形成政府、社会、市场的协同服务、多元共治格局，但是仍需完善。

1. 加强对社会、市场的监管

“简政放权”后，社会、市场主体获得体育赛事运作、管理的权利，体育赛事举办规模、频率骤增，也相应增加了各类风险发生的可能性。2023年国家体育总局颁布《体育赛事活动管理办法》，对体育赛事组织管理主体、流程、权责进行了规定，提出体育赛事管理“熔断机制”和品牌无形资产保护等要求，均体现出公共服务建设过程中对社会、市场主体监管的重要性。

2. 积极培育社会主体、市场主体

体育赛事公共服务建设存在“一管就死、一放就乱”的困境。“一放就乱”的本质原因在于我国各类社会体育组织、市场主体缺乏充分的办赛、治赛经验、能力和所需的必要资源。为此“放管服”的“服”更多强调政府对社会、市场主体的“服务”，通过“服务”帮助社会体育组织、体育市场主体成长，逐步发展成为支撑我国体育赛事系统运作管理的中坚力量。

第三节
我国体育赛事公共服务改革的“放管服”逻辑

2022年新《体育法》和《体育赛事活动管理办法》的相继颁布是我国体育赛事公共服务体系建设的重要标志性事件。本质上，我国体育赛事系统从传统型举国体制向新型举国体制转型的过程便是体育赛事公共服务体系的建设过程，而手段则是“放管服”。当然，竞技体育赛事活动、群众体育赛事、青少年和学校体育赛事以及职业体育赛事的“放管服”程度会有不同，但是改革的内在逻辑是高度统一的。为此，本节结合国家近年来重要改革举措和政策条款，阐述我国体育赛事公共服务改革的“放管服”逻辑。

一、行政公权力循序渐进式地“放”

传统型举国体制下，国家体育行政力量几乎垄断体育优质资源。伴随传统型举国体制向新型举国体制发展转型，如何在传统型举国体制框架中将体育行政系统的“集中权力”逐步让渡给相应的社会组织、市场主体至关重要，需要遵循循序渐进的原则。自2008年北京奥运会胜利举办后，国家开始新一轮新型举国体制改革，体育行政系统的公权力开始向各类体育社会组织、机构释放，也逐步降低了市场主体投资、运营体育赛事市场的门槛。

（一）群众体育赛事系统治理权限的“放”：体育总会系统领导功能不断强化

2008年北京奥运会胜利闭幕后，国家开始推动体育总会系统的建设，主要表现在以下几个方面。①《全民健身计划（2011—2015年）》指出，市（地）、县（区）普遍建有体育总会、单项体育协会、行业体育协会及老年人、残疾人、少数民族、农民、学生体育协会。②《全民健身计划（2011—2015年）》指出：加强各级体育总会作为枢纽型体育社会组织的建设，带动各级各类单项、行业和人群体育组织开展全民健身活动。③《全民健身计划（2016—2020年）》指出：加强各级体育总会作为枢纽型体育社会组织的建设，带动各级各类单项、行业和人群体育组织开展全民健身活动。完善以各级体育总会为枢纽，各级各类单项、行业和人群体育协会为支撑，基层体育组织为主体的全民健身组织网络。从上述政策的措辞来看，体育总会体系在全民健身领域的“领导功能”不断加强，是未来在群众体育领域统筹协调各单项体育协会、行业体育协会等社会体育组织，服务各基层体育社会团体、俱乐部的枢纽机构。

（二）竞技体育赛事训练权限的“放”：单项体育协会实体化改革与脱钩

单项体育协会长期以来依赖于项目管理中心，缺乏充分的自主权限，在竞技体育各级体育赛事治理、运动队组建、日常训练安排等方面缺乏话语权，在职业化改革与建设领域也并未获得相应的治理权限。2015年国家体育总局开始分批次推动单项体育协会的实体化改革。2015年中央深化改革小组审议通过《中国足球改革发展总体方案》，按照政社分开、权责明确、依法自治的原则调整组建中国足协，中国足协与体育总局脱钩，扩大中国足协的自主权。2017年2月，姚明全票当选新一任中国篮协主席，中国篮协实体化改革步伐加快。单项体育协会实体化改革本质还是从体育行政系统中分出一部分公权力交给社会组织，为社会办竞技体育、市场支撑职业体育提供支撑。

（三）学校体育赛事治理权限的“放”：中国学生体育联合会成立与章程颁布

2020年，国家体育总局、教育部联合印发了《关于深化体教融合　促进青少年健康发展的意见》，其中“二、完善青少年体育赛事体系”中对教育行政系统治理学生体育竞赛的范围、程度进行规定。教育行政体系在以下几个方面获得了更多体育赛事运作的公共治理权力：教育行政系统掌握学校体育赛事计划制订权、学生运动员注册的主导权；逐步整合学校比赛和U系列赛事，拥有对分学段、跨区域的四级青少年体育赛事体系的更多公共治理权力；能够牵头组织管理全国学生（青年）运动会；拥有对在校学生运动水平等级认证的标准制定和评定权力的话语权；等等。

2024年3月，中国中学生体育协会和中国大学生体育协会合并组成中国学生体育联合会，并根据《民政部关于准予中国大学生体育协会章程核准的通知书》印发并执行《中国学生体育联合会章程》。根据章程，中国学生体育联合会是由全国初等、中等、高等学校和学生体育社会组织及全国初等、中等、高等学校在校学生、体育教师、体育工作者及热心学校体育事业的社会人士自愿结成的全国性、专业性、非营利性社会组织，是代表中国参与各项国际学生体育赛事的唯一合法组织，接受业务主管单位教育部和社团登记管理机关民政部的业务指导和监督管理。根据章程规定，中国学生体育联合会将在相关部门指导下，参与制定学生体育竞赛发展规划，研究制定全国学生体育竞赛年度计划、竞赛制度、规程；负责全国性各级各类学生体育竞赛的组织管理、指导和监督；负责对会员单位运动员、教练员、裁判员和有关工作人员的注册管理；负责制定各级各类学校运动员、教练员、裁判员等级体系和评定标准等。

（四）基层群众体育赛事活动运营权限的“放”：商业性群众体育赛事活动审批权的取消

2014年9月2日，国务院常务会议对加快发展体育产业、促进体育消费、推动大众健身进行了部署。常务会议提出：取消商业性和群众性体育赛事审批，放宽体育赛事转播权限，鼓励发展职业联盟，积极推动公共体育设施向社会开放，在更好服务群众的同时提高自我运营能力。正是从取消商业性群众体育赛事活动的审批权开始，体育赛事涉及的系列要素的使用权逐步回归市场主体，能够按照市场规律进行配置，为培育各类体育市场主体提供支持。

二、依法对各类体育赛事公共服务供给过程实施“监”与“管”

体育赛事公共服务体系改革过程中逐步实现体育行政体系的“简政放权”，并将原本高度集中于竞技体育领域的“公共权力”逐步让渡给有条件、有能力的社会体育组织及体育市场主体。但是，由于我国竞技体育领域本身属于高度封闭自治化的领域范畴，体育法治建设虽有起色但依然不够成熟，缺乏法治依据的公权力让渡与转移存在巨大不确定性与风险，为我国体育赛事系统的可持续化建设与发展带来负面影响。2022年新《体育法》颁布，在体育事业的“简政放权”过程中对不同体育赛事领域的“政府—社会—市场”关系进行界定，更是在“第五章　反兴奋剂”“第九章　体育仲裁”和“第十章　监督管理”三大部分中提出诸多公共治理条款，体现出依法实现各类体育赛事运作的“监”与“管”，为未来更进一步推动体育赛事公共服务体系建设提供依据。

（一）依托社会第三方组织加强体育赛事公共服务的监管

“政社分离”之后，我国各类体育社会组织获得充足权限空间组织开展各类体育赛事。但是，脱离了刚性的行政体系管控，社会组织和市场主体的活力可能会被激活，但是同时体育赛事公共服务供给过程却面临更多不确定性与潜在风险。根据2022年新《体育法》，体育行政部门依然要做好统筹，培育可靠的社会第三方组织对脱钩后各类各级体育赛事施加监管，是引入社会力量加强体育赛事公共治理的重要手段，具体包括以下内容。

1. 设立反兴奋剂机构，建立健全反兴奋剂制度

1989年，北京反兴奋剂检测实验室正式通过医学委员会考试取得国际检测资格，是国内唯一由体育主管部门成立的兴奋剂检测实验室，承担国内检测和世界反兴奋剂机构、国际单项联合会等国际体育组织委托的检测任务。1995年，《体育法》设置专门条款为我国加强反兴奋剂工作确立法律依据；2004年，国务院颁布实施《反兴奋剂条例》，对反兴奋剂管理工作进行规定；2007年，国家体育总局与其他部委依托北京反兴奋剂检测实验室成立国家体育总局反兴奋剂中心，属于政府局级独立机构。2021年，为顺应“政社分离”改革举措，根据世界反兴奋剂机构实验室国际标准及实验室独立性要求，中国反兴奋剂中心与

北京体育大学协商，决定自当年12月15日起将北京反兴奋剂检测实验室从中国反兴奋剂中心剥离，移交至北京体育大学。2022年《体育法》修订，“第五章　反兴奋剂”很大程度是基于《反兴奋剂条例》的相关政策要求与实践经验制定的，将反兴奋剂工作纳入法治高度，为后期全面推动反兴奋剂公共治理的体制机制奠定基础。

2. 设置体育仲裁机构，完善体育仲裁管理制度

2022年新《体育法》专门增设了“第九章　体育仲裁”，提出：“国家建立健全体育仲裁制度，及时、公正解决体育纠纷，保护当事人合法权益；体育仲裁依法独立进行，不受行政机关、社会组织和个人干涉。”2022年12月，国家体育总局根据新《体育法》规定审议通过《体育仲裁规则》和《中国体育仲裁委员会组织规则》。2023年2月，中国体育仲裁委员会在北京成立。我国体育仲裁制度是鉴于体育行业自治性与体育纠纷特殊性而制定的一类仲裁制度，是在民商事仲裁、劳动争议仲裁、农村土地承包经营纠纷仲裁之外的第四种仲裁制度[1]，是我国体育赛事公共治理过程中，国家为避免政府行政力量、体育社会组织的社会力量抑或是市场力量干预比赛的公平性，在我国仲裁制度的基础上，结合体育赛事运作特殊性，借鉴国际体育仲裁经验办法制定的公共治理制度，是在“政府—社会—市场”多元治理主体之间设置的关系协调平衡制度。其特征表现在以下几个方面。

（1）独立性。根据《中国体育仲裁委员会组织规则》，体育仲裁委员会由体育行政部门代表、体育社会组织代表、运动员代表、教练员代表、裁判员代表以及体育、法律专家组成。体育仲裁委员会应当按照决策权、执行权、监督权相互分离、有效制衡、权责对等的原则制定《中国体育仲裁委员会章程》。

（2）仲裁制度适用范围。根据《体育仲裁规则》，体育仲裁委员会受理以下案件：第一，对体育社会组织、运动员管理单位、体育赛事活动组织者按照兴奋剂管理或其他管理规定作出的取消参赛资格、取消比赛成绩、禁赛等处理决定不服发生的纠纷；第二，因运动员注册、交流发生的纠纷；第三，在竞技体育活动中发生的其他纠纷。

（二）全面强化以体育行政为主导的多元化监管制度建设

公权力让渡后，除了体育赛事运作部分依然依赖政府行政力量的支撑和管理外，体育行政力量将更多集中于体育赛事运作的调控与统筹。体育行政部门将逐步改变“既做裁判员又做运动员”的局面，一方面退出大部分体育赛事运作的具体操作性事务，投入更多精力在体育赛事运作管理制度的设计、调整与优化上；另一方面也会投入更多精力做好“裁判员”，在依托第三方社会组织实施体育赛事运作的公共监管基础上，为体育赛事公共服务体系的正常运转设置“行政监管”、实施“底线”治理，对于体育赛事运作的重大原则问题、重大安全隐患、重大纠纷风险予以管控。以下方面内容涉及体育赛事公共服务转型过程中行政监管力度的强化。

---

[1] 黄可. 我国体育仲裁受案范围研究[J]. 当代体育科技，2020，10（2）：189-191.

1. 强化行政力量主导的赛风、赛纪监管制度

"双轨制"改革探索过程中，传统计划经济模式与社会主义市场经济模式处于逐步替代的中间过渡阶段，体育赛事公共服务体系的"政府—社会—市场"治理框架虽然得到初步建立，但是体育行政部门、体育社会组织、市场运营主体的关系还非常模糊，尤其是竞技体育赛事管理的高度自治性特征与缺乏监管的体育赛事市场化转型结合到一起，滋生大量违纪违法事件。体育赛事公共服务体系建设过程中，体育行政部门实施"简政放权"过程必然也是一个循序渐进的制度建设与完善过程。前期相关制度、条例相对滞后，公权力转移让渡、体育赛事运营模式构建等方面潜藏大量的"机会主义风险"，缺乏成熟的监管制度加以甄别、惩戒。体育赛事公共服务系统实施"放管服"的过程有利于盘活体育赛事运作的社会基础和市场环境，为体育赛事提供充足的发展动力。同时，依然需要体育行政部门充分运用好"高效"的行政管理工具，加强公共服务转型过程中对于社会组织及市场力量的监管，来弥补短期内相关公共治理的管理制度与配套监管机制的"缺位"。

2024年7月1日，《体育赛事活动赛风赛纪管理办法》实施，该办法共六章四十五条，立足于赛风赛纪全周期、全过程治理，明确机制制度、工作体系和主要措施，具有典型的行政监管倾向与特点，表现在以下几个方面。①围绕行政监管体系建立起兼顾行业自治的赛风赛纪监管体系。国家体育总局制定赛风赛纪管理的长效机制，健全赛风赛纪工作机制，指导监督国家体育总局项目管理中心、全国性单项体育协会、省级人民政府体育行政部门赛风赛纪管理工作；体育总局项目管理中心、全国性单项体育协会则按照管理办法的基本要求制定所辖项目的赛风赛纪管理工作办法；县级以上地方政府体育行政部门管理、协调、监督本地区赛风赛纪工作。②基于行政力量系统设计多元监管问责机制。办法第三章明确了构建政府与社会主体各司其职、协同联动、系统完备的管理体系，要求体育赛事活动管理主体应当建立举报制度、公开举报方式；体育赛事活动组织者应当联合相关单位及时开展核查，查处结果依法向社会公布。其中，重大赛风赛纪问题由体育总局指导相关单位开展核查，说明行政力量是实施赛风赛纪监管的核心动力。③国家队及国家级运动会的赛风赛纪是重点关注的领域，主要依赖行政监管与处罚手段。该办法虽然涉及各类、各级体育赛事，但是其中很大一部分篇幅详细论述了对国家队以及国家级运动会赛风、赛纪违规处理的相关规定。例如，第二十七条规定国家工作人员在赛风赛纪管理中滥用职权等行为依法依规给予党纪、政务处分；第二十九、三十条分别规定代表中国参加国际比赛出现赛风赛纪问题并被国际体育组织处罚的，要对运动员、教练员以及承担备战任务的体育总局体育项目管理中心、全国性单项体育协会等单位和人员依法、依规、依纪追究责任；第三十一、三十二条规定了对全国综合运动会举办期间赛风赛纪违规并受到通报批评的代表团及相关运动员、教练员进行处罚。

2. 强化行政力量主导的商业性群众体育赛事活动的安全监管

2014年，商业性群众体育赛事活动放开行政审批权限，一时之间全国各地的马拉松、

自行车、越野跑等大型群众性商业比赛规模激增，如越野跑比赛从2014年的71场激增至2017年的312场，参与人数达到近30万。行政审批权限取消吸引了大量社会资源、市场力量介入群众性体育赛事活动的组织运营过程，但是由于缺乏科学监管和应急经验，商业性群众体育赛事规模不断扩展的同时，安全意外事故频发。2021年6月，国家体育总局等11部门联合印发了《关于进一步加强体育赛事活动安全监管服务的意见》；2022年3月颁布《关于进一步加强户外运动项目赛事活动监督管理的通知》；2023年颁布《关于做好高危险性体育赛事活动管理工作的通知》《体育行业安全生产重大事故隐患判定标准（2023版）》等文件，均体现出体育行政部门对商业性群众体育赛事安全隐患的重视，并着力强化行政力量对商业性群众体育赛事活动赛中、赛后的全过程监管，将体育赛事安全隐患的危害降到最低，为可持续开展群众性商业体育赛事提供安全保障。

三、依法为体育赛事公共服务体系建设提供服务

（一）为传统型举国体制下竞技体育赛事行政治理模式改造提供服务

在推进新型举国体制改革的过程，必然需要改变传统型举国体制的管理模式。其中，最具有挑战性的改造工作是优秀运动员的管理，面对2008年、2022年的北京奥运备战任务，既高效发挥传统型举国体制在竞赛训练效率提升方面的制度优势，又确保市场化转型过程中，优秀运动员不会因退役后失去原有的制度保障而产生排斥、反感的不良情绪，这是关系“双轨制”平稳运行的关键。为此，围绕社会主义市场经济发展规律，以运动员终身成长和职业保障为目标，做好各级运动员的文化教育服务、为优秀运动员提供必要的创新创业培训服务，以及落实优秀退役运动员进行体育教师培训服务显得非常重要。一方面，有利于将竞技体育人才转化为支撑体育赛事公共服务体系运转的重要资源基础；另一方面，竞技体育领域能够提供的教练员岗位与编制非常有限，需要系统构建出必要的安置出口，对于新型举国体制下竞技体育领域依然保持高质量发展至关重要。

1. 优秀运动员文化教育服务与职业转换支持

2010年，国家出台了《关于进一步加强运动员文化教育和运动员保障工作的指导意见》，指出：“运动员是我国体育事业发展的重要群体，加强运动员文化教育、切实做好运动员保障工作，对体育事业的全面、协调、可持续发展具有重要意义。”“要构建和完善运动员职业转换社会扶持体系，帮助运动员顺利实现职业转换。”

（1）我国优秀退役运动员职业转换的管理制度现状。目前，我国优秀运动员实行职业转换过渡期制度：运动员停训后一年仍然纳入运动员聘用合同的有效期，体育行政部门需要为优秀运动员提供技能培训与就业创业辅导工作。过渡期1年完成后，运动员与体育训练

单位解除合同。目前，国家体育总局通常会通过三条途径帮助优秀运动员完成职业转换[1]。①组织安置。由政府部门直接为退役运动员安排机关事业单位的正式在编岗位，包括两类录取方式：第一，对运动竞技水平非常优异的退役运动员采取直接考核的聘用方式。第二，各教育单位招聘体育教师、体育教练员等体育类专业技术人员时，对运动成绩优异且具有教师资格证的退役运动员采取直接考核招聘方式；对于其他具有教师资格证运动员，同等条件优先录用。②入学深造。2002年，国家体育总局等六部门联合下发《关于进一步做好退役运动员就业安置工作的意见》，为运动成绩非常优异的退役运动员提供入学深造的通道，但是每年能够入学深造的优秀退役运动员数量非常稀少。③自主择业。自主择业是目前大部分退役运动员的出口。我国对于本人自愿提出不需要组织安置，要求自主择业，经组织批准并在规定时间内办妥相关人事关系手续的退役运动员给予一次性经济补偿，包括基础安置费、运龄补偿费、成绩奖励三部分。

（2）我国优秀退役运动员职业转换的管理制度局限。目前，我国仅有少部分拥有优异运动成绩的退役运动员能够获得令人满意的职业转化服务，而获得“直接安置”和“入学深造”的机会仅是退役运动员的少部分，大部分退役运动员在缺乏充足指标的情况下，只能自愿申请自主择业，获得一次性的资金补偿。很多退役运动员由于长期以来从事专项训练，缺乏文化基础和其他专业技能方面的系统学习，1年的职业转换过渡期很难帮助其适应社会、适应市场。一批退役运动员获得一次性补偿后只能赋闲在家，长期积累的竞技体育训练经验很难有效地与全民健身、学校体育工作的相关领域形成有机融合。

（3）全面加强退役运动员的文化教育与创业就业培训。我国将大量竞赛训练资源用于优秀精英运动员的培养。但是，长期处于封闭的竞赛训练环境，导致运动员即便获得资金支持，但是也很难转化为能够被体育赛事公共服务体系、体育赛事市场经济可持续发展的人力资源。如何将退役运动员的竞技体育技能、训练经验转化为公共服务、市场运营的有效资源，则需要系统保障我国优秀运动员的文化教育，并围绕特定岗位开展退役运动员的创业、就业培训，具体包括以下内容。

①全面保障优秀运动员的文化教育。2022年新《体育法》颁布，其中“第三章　青少年和学校体育”第三十八条提出：各级各类体育运动学校应当对适龄学生依法实施义务教育，教育行政部门应当将体育运动学校的文化教育纳入管理范围；“第四章　竞技体育”第四十四条规定：国家依法保障运动员接受文化教育的权利，体育行政部门、教育行政部门应当保障处于义务教育阶段的运动员完成义务教育。

②全面加强退役运动员的就业创业培训。新《体育法》“第四章　竞技体育”第四十六条规定：各级人民政府加强对退役运动员的职业技能培训和社会保障，为退役运动员就业、创业提供指导和服务。在新《体育法》的引领下，我国各地均大规模开展退役运动员的就

[1] 赵冰，武胜军，杨雨凡，等. 我国优秀运动员职业规划与就业创业指导体系研究[J]. 北京体育大学学报，2015，38（2）：87–94.

业、创业培训。例如，2024年，上海市体育发展服务中心与上海市就业促进中心携手组织了退役运动员参加综合素质提升培训。

③针对性加强退役运动员的教师资格证培训。2020年印发的《关于深化体教融合 促进青少年健康发展的意见》指出："制定退役优秀运动员进校园担任体育教师和教练员制度……畅通优秀退役运动员、教练员进入学校兼任、担任体育教师的渠道，探索先入职后培训。"具体操作过程中，大批优秀退役运动员缺乏体育与健康学科的教师资格证，无法获得从教资格，为此针对体育教师岗位加强退役运动员考试，以获得教师资格证，具备体育教师就业资质，需要体育行政部门协同教育行政部门统筹安排做好退役运动员的教师资格证培训服务。

2. 围绕"公共场馆资源"推动体育公共服务升级

体育场馆是体育赛事运作的基础，是群众体育、学校体育、体育产业等细分领域公共服务质量的重要保障。自20世纪90年代我国成功举办北京亚运会开始，再到2008年、2022年北京奥运会胜利举办，以及我国各个城市申办全国运动会等综合性大型体育赛事，均投入高昂的公共财政资金用于基础建设。然而，全国各地举办完成大型体育赛事之后，由于群众体育赛事活动、学校体育赛事体系未能得到开发构建，导致很长一段时间我国各地大型体育场馆处于"无赛可办、无人问津"状态，甚至很多场馆因利用率过低而被拆除[1]。为此，围绕"大型体育场馆资源"完善体育公共服务产品的供给模式，是盘活全民健身、刺激体育消费升级的重要手段，是实现公共服务体系建设过程中形成"政府—社会—市场"三元主体共治架构的基础，大致包括以下重点改革举措。

围绕"公共体育场馆"开展低价或免费的体育赛事公共服务供给。2021年，《公共体育场馆基本公共服务规范》颁布，提出：进一步强调体育场馆"免费、低收费开放"，促进场馆举办公益性体育赛事活动、开展公益性体育培训，推动解决场馆闲置、利用率不高、群众满意度低的问题。2022年，为进一步推动公共体育场馆向社会免费或低收费开放工作，财政部、国家体育总局联合发布的《公共体育场馆向社会免费或低收费开放补助资金管理办法》中提到，补助资金是由中央财政设立，用于支持和鼓励各地体育行政部门所属公共体育场馆向社会免费或低收费开放。资金补助范围包括：各地体育行政部门所属的向社会免费或低收费开放、达到《公共体育场馆基本公共服务规范》要求的县级及以上公共体育场馆和全民健身中心。补助资金用于体育场馆免费或低收费开展基本公共体育服务所需支出，包括公益性体育赛事活动举办、公益性体育培训、体育场馆日常维护、能源费用、设备器械更新、体育场馆信息化服务等运营环境改善。不得用于支付各种罚款、捐款、赞助、投资等支出，不得用于编制内在职人员和离退休人员工资及津贴补贴、基本建设、大型维修改造，不得用于偿还债务。

[1] 金银哲，李柏，夏晚莹. 新时代体育场馆困境及发展路径研究[J]. 沈阳体育学院学报，2019，38（6）：55-61.

基于“公共场馆资源”推动体育赛事公共服务改革，吸引社会、市场资本合作投入。当前，我国公共体育场馆面临建设与运营的双重矛盾，一方面，公众对于场馆质量和规格的体验需求日益增长，而政府公共财政却相对有限；另一方面，场馆公益性和商业性运转之间存在相互排斥的矛盾，实现政府、社会、市场的相互衔接、相互支撑是公共服务体系科学合理建设的重要议题[1]。为解决上述矛盾，国家出台系列政策，包括：2020年10月，国务院办公厅发布《关于加强全民健身场地设施建设发展群众体育的意见》，提出：支持社会力量参与公共体育场馆的运营，同时提出编制并推广政府委托社会力量运营公共体育场馆示范合同文本；2021年8月，国务院印发《全民健身计划（2021—2025年）》明确提出：“完善多元投入机制，鼓励社会力量参与全民健身公共服务体系建设”；2021年10月，国家体育总局印发的《“十四五”体育发展规划》提出：推进社会足球场地设施建设、运营管理模式创新，鼓励社会力量投资建设运营社区足球场地设施。涉及两类公共体育场馆的“公私混合”运营模式，是指公共场馆引入市场力量参与公共服务产品供给和公共治理，包括两大类。

（1）公共体育场馆的委托运营。对于已建设但却闲置的公共体育场馆可以采用“租赁”或“委托管理”方式引入社会、市场力量。2022年，财政部印发《关于盘活行政事业单位国有资产的指导意见》，为我国各级体育行政部门、体育场馆管理中心做好盘活长期闲置公共体育场馆工作提供了政策依据。其中，在“二、盘活方式”中的“（七）开展资产出租或者处置”，鼓励探索行政事业单位国有资产统一管理、市场化运营的盘活方式。有条件的地方财政部门可建立资产集中运营平台或者委托专业机构，整合行政事业单位低效、闲置资产，实行专业化、市场化运营管理。我国各地体育行政部门所辖的“公共体育场馆”属于国资属性，可以通过租赁或者委托管理的方式全面融入体育公共服务供给过程，并且在引入市场参与治理的局部环节依法依规强化场馆相关服务的市场化运作，提高国有资产的使用效益。

（2）公共体育场馆的BOT运营。BOT英文名称是“Building-Operate-Transfer”，即“建设—运营—移交”，具体来说是指通常由国家公营机构承担的大型基础设施或工业项目的设计、建设、运营、融资和维护的权利被特许给国内外私营机构承担，并允许该机构在未来一定期限内对该设施进行运营并在收回前期成本的情况下获得合理、合法的市场回报，等运营许可期满后再交由政府进行管理[2]。对于新建场馆而言，可以采用BOT模式提前引入社会、市场力量参与建设，一方面大大缓解体育场馆公共服务的生产供给成本；另一方面BOT模式符合社会主义市场经济的根本规律，通过合理让渡场馆运营使用权的同时大大提高了闲置场馆的使用效率，也能够进一步反哺更高水平全民健身公共服务建设。一般来说，

[1] 江涵逸，陆亨伯，黄会，等. 新政背景下我国体育场馆PPP项目融资约束问题研究[J]. 中国体育科技，2019，55（11）：62-72.

[2] 陆歆弘，唐豪，陆小聪，等. 我国体育场馆的BOT运营模式研究[R]. 上海：上海大学，2005.

大部分嵌入场馆BOT模式的私营企业，在其许可经营期内会开展业余、群众性的体育培训活动，并基于此组织或者参与国家体育赛事体系，形成可持续的营利模式。

（二）为新型举国体制下提升体育赛事公共服务质量提供资金服务

1. “政府引导资金”对市场主体的服务

为构建与适应社会主义市场经济发展相适应的体育公共服务体系，将社会力量、市场力量平稳有序地吸引到体育赛事公共治理领域，需要加强对有意向、有能力投资体育赛事领域的市场主体提供资金，减少市场主体投资体育赛事的经济成本并分担必要的市场风险。我国体育产业“政府引导资金”的设置与使用可以追溯到2007年北京市政府为筹备北京奥运会而专门设置的政府专项资金，青海省（2009）、福建省（2011）、江苏省（2011）、云南省（2011）、广西壮族自治区（2012）、浙江省（2013）、山东省（2013）、天津市（2015）、广东省（2015）、湖北省（2016）等省、自治区、直辖市陆陆续续完成设立体育产业政府引导资金的政策设计。据统计，截至2017年，地方政府用于体育产业引导资金的累计金额达到64.6亿元[1]，其中很大一部分经费用于支持体育赛事组织运营方面。体育产业政府引导资金是政府为了支持体育产业发展的一种政策工具，通过公共财政预算安排，体现“政府间接引导、市场承担运行”基本原则，更好发挥公共财政杠杆作用，拉动社会资本投入。

2. “政府产业投资基金”对市场主体的服务

“政府产业投资基金”是政府运用公共财政资金服务“市场主体”的另一种方式，与“政府引导资金”存在区别。第一，政府投资基金是由政府单独投入，或者与其他社会资本确定相应的合作关系共同出资。政府财政与其他社会资本以股权投资的方式联合起来，相互间形成更加紧密的利益关联。而体育产业的政府引导资金是政府对申请体育企业或体育项目进行定向的财政转移支付。第二，政府投入公共财政设置的产业投资基金具有“有偿性”特征，具体来说基金在体育产业或体育赛事项目中获得投资收益后，政府作为出资人也会按照股权结构获得相应的投资回报。而政府引导资金是无偿的，政府不参与申请企业或者申请项目后期运营收益的分成。我国设置产业投资基金的历史可以追溯至1987年，中国银行、中国国际金融集团与一些境外投资机构在境外成立中国投资基金；1998年，中国国家开发银行与瑞士联邦对外经济部在北京共同出资设立中瑞合作基金；2006年设立的渤海产业投资基金是我国首个全中资投资基金。随着我国体育产业亟待市场资金注入，我国各地方政府需要充分运用公共财政力量为外部市场主体提供金融服务，成立了一批体育产业投资基金[2]。例如，浙江省乐清市体育产业投资基金、江苏省体育产业投资基金等，是由政府独立或者联合社会资本共同设立的体育产业投资基金，能够为我国体育赛事公共服务体系建设发展提供重要的资金支持。

---

[1] 张永韬，刘波．体育产业政府引导资金：概念、特征与效应[J]．体育与科学，2019，40（2）：68-74.

[2] 刘博涵．设立中国体育产业投资基金的若干法律问题[J]．体育科学，2020，40（3）：90-97.

3. “政府购买”对社会体育组织的服务

2006年，国家体育总局制定《“十一五”群众体育事业发展规划》，提出：政府要通过公共财政满足群众体育公共服务需求，同时社会和市场也要提供准公共体育物品和私人物品参与其中。2013年，《国务院办公厅关于政府向社会力量购买服务的指导意见》颁布，明确在体育公共服务等领域逐渐加大政府向社会力量购买服务的力度。2014年常州市体育局与市足球协会、扬子晚报社等18家社会机构签署合同；此后，全国各地体育行政部门开始与各单项体育协会、体育社团组织、相关行业事业单位等签订合同，购买运动竞赛组织、国民体质监测、体育设施管理维护等体育公共服务[1]，其中运动竞赛组织是政府购买的重要组成部分。在“政社脱钩”改革不断深化的当前阶段，国家及地方单项体育协会实体化改革后既缺乏政府财政支持，又无法短期内适应市场开发提升“自我造血功能”，因此对于政府购买的依赖性非常高。不过在该阶段，体育行政部门对单项体育协会等社会体育组织“财政转移支付方式”还只是一种阶段性的调整，绝大部分政府购买都是“非竞争性购买”。据统计，2019—2020年武汉市80%以上的政府购买公共服务项目采用非竞争性购买模式[2]。伴随着未来我国社会体育组织不断发展、体育产业发展逐步成熟，体育行政部门采用的“非竞争性政府购买”方式将会逐步向“竞争性政府购买方式”过渡。“竞争性政府购买方式”的本质就是采用合法、合规的招投标程序来遴选适合的社会体育组织承担政府任务，政府公共财政在体育公共服务供给过程中的杠杆效应也将变得越来越强。

【案例11-1】

退役运动员的再就业

每一名运动员都在彰显国家实力、促进体育文化建设、激发全民健身活力、推广体育运动发展等方面作出不可磨灭的贡献。但运动员的职业生涯非常短暂，退役再就业是每一名运动员不可忽视的问题。普通人更多熟知的是李宁、姚明、郭晶晶、王楠等知名运动员的华丽转型，在更换“赛道”后仍能被大众所看见，但更多非头部运动员正在遭遇转型之困。2002年，国家体育总局、劳动保障部等六部门就联合发布《关于进一步做好退役运动员就业安置工作的意见》，这是退役运动员再就业由传统包办到创新帮扶的重要转折点。2014年10月8日，国家体育总局又出台《关于进一步做好退役运动员就业安置工作有关问题的通知》，包括拓宽退役运动员就业安置渠道、做好职业转换过渡期的职业辅导工作等内容。当前，我国退役运动员的再就业方向主要包括教体工作、求学深造、互联网平台、自主创立品牌、娱乐行业、产业投资人、从

[1] 汪普奎，施成娥，陈钧，等. 政府购买公共体育服务高质量发展的困境表征、形成机理与实现路径[J]. 天津体育学院学报，2024，39（1）：71-77.

[2] 左爽. 武汉市体育社团承接政府购买公共体育服务研究[D]. 武汉：湖北大学，2021.

政工作和体育社会组织等。

在体教融合的大背景下，各地相继鼓励待就业运动员参加教师资格证培训班，到学校兼职体育教师。例如，许亚萍、傅园慧等知名运动员都多了个教师的身份。相对于传统的就业方式，在互联网的浪潮下，很多退役运动员积极入驻短视频平台，在社交媒体上科普体育知识、讲解运动经验和积极探索变现，既探索新的人生赛道、挖掘人生新的可能，又通过专业体育知识带动全民健身。例如，前乒乓球国手郭焱在退役后尝试当教练员、开俱乐部、当大学教师，并于2019年用起了抖音，发布了《乒乓球专项训练》《从0到11教学》等系列的讲解视频。在某种程度上，专业运动员既是“拆墙人”，拆的是专业体育和大众体育的墙；也是“引路人”，引的是大众对于体育的热爱。尤其是当运动员的IP效应、专业能力跟抖音上刮起的“全民健身”风潮相遇，他们创造的价值也成了他们自身价值的放大器。可以说，在体育赛场上，他们已退场；在体育推广的赛道上，他们仍在场。

［改编自：张子晴. 运动员退役后何去何从？短视频平台成新就业“蓄水池”[EB/OL]. （2024-07-31）[2024-10-10] https://www. 163. com/dy/article/J8ENLM4D0552UVG7. html. ］

思考题

1. 如何看待退役运动员的IP效应？
2. 如何利用退役运动员的IP效应带动全民健身？

第四节 我国体育赛事公共服务深化改革的重点领域

2022年北京冬奥会的胜利举行标志着我国进入了新型举国体制的深化改革阶段。尤其是2022年新《体育法》颁布，标志着体育事业总体朝着更高水平公共服务体系建设，大致包括以下几方面重要内容。

一、城市社区群众体育赛事活动公共服务建设

在城市社区公共服务领域，群众体育赛事活动公共服务建设是未来的重要任务。这一点在一系列政策中均有体现。

(1) 2014年10月20日，国务院颁布《关于加快发展体育产业促进体育消费的若干意见》，在“(五) 丰富市场供给”中提出:“丰富业余体育赛事，在各地区和机关团体、企事业单位、学校等单位广泛举办各类体育比赛，引导支持体育社会组织等社会力量举办群众性体育赛事活动。”

(2) 2014年12月25日，国家体育总局发布《关于加强和改进群众体育工作的意见》，其中的“(十一)”政策导向性非常鲜明，要求：各运动项目管理中心和单项体育协会要推动基层建立、健全单项体育协会和项目俱乐部等组织网络体系。

(3) 2014年12月30日，国家体育总局《关于推进体育赛事审批制度改革的若干意见》发布，其中指出除全国综合性运动会和少数特殊项目体育赛事外，包括商业性和群众性体育赛事在内的全国性体育赛事一律取消；打破社会力量组织、承办体育赛事的制度壁垒，建立办赛主体多元化的体育赛事体系。

(4) 2017年，国家发展和改革委员会联合八部委颁布《支持社会力量举办马拉松、自行车等大型群众性体育赛事行动方案》，以运动技术门槛相对较低、组织管理成本相对不高、易于广大居民群众参与的马拉松、自行车项目为试点，引入社会力量、市场力量组织运营马拉松、自行车等大型群众性体育赛事。

(5) 2021年7月18日，国务院印发了《全民健身计划 (2021—2025年)》，其中的“(四) 广泛开展全民健身赛事活动”提出:“开展全国运动会群众赛事活动，举办……全国社区运动会……举办运动项目业余联赛……”可见，群众体育赛事活动的规定和要求，城市社区群众体育赛事活动是公共服务的重要内容，也是公共治理的重要对象。

二、青少年和学校体育赛事公共服务建设

青少年和学校体育赛事是我国体育赛事运作管理体系的重要基础，也是改革最为复杂的领域，涉及教育行政部门、体育行政部门、各级人民政府、各级教育督导机构、各级各类学校、社会组织以及市场运营主体的各类协同和竞争关系。如何在复杂情境中构建出青少年和学校体育赛事多元服务体系有一定难度和阻力，但是对于竞技体育发展、群众体育升级具有重要的基础作用，是新时期深化改革的重点。虽然，我国青少年和学校体育赛事体系架构已经初步形成，但是从运转效果上来看依然表现出“合而不顺”问题[1]，即教育、体育行政部门之间协同效果不佳、体育行政部门与各类社会体育组织之间存在话语权力不

[1] 夏贵霞，饶称意，丁领，等. 中国青少年体育公共服务共建共治共享的治理路径[J]. 天津体育学院学报，2023，38 (2)：157-163.

平等、学生运动员培养过程中存在“学训矛盾”等。为此，我国未来应当基于共建、共治、共享原则，推动青少年和学校体育赛事可持续发展，建议：①完善“青少年和学校体育赛事”的顶层设计；②赋予“青少年和学校体育赛事”相关社会组织、企业更多权力，优化资源筹措的有效办法；③微观层面建立起“青少年和学校体育赛事”的家庭、学校、社区三不脱离场域，筹措相应资源和经费。

三、乡镇农村体育赛事公共服务建设

习近平总书记在党的十九大报告中提出“乡村振兴战略”[1]。2018年1月《中共中央 国务院关于实施乡村振兴战略的意见》发布，标志着中国公共治理重心开始由城市向乡镇农村转移。其中，乡镇农村体育赛事公共服务体系是乡村振兴的重要组成部分。2016年，国务院办公厅发布《关于加快发展健身休闲产业的指导意见》，推动乡镇农村体育赛事公共服务体系建设成为开发“青山绿水资源”的重要举措。根据相关政策，乡镇农村体育赛事的公共服务建设主要包括以下几方面重要任务。

（一）依托日常健身活动推动体育赛事公共服务体系的覆盖与普及

《关于加快发展健身休闲产业的指导意见》提出：在乡镇农村地区，引导多方参与公共服务供给，推广适合公众广泛参与的健身休闲项目，包括足球、篮球、排球、乒乓球、羽毛球、网球、游泳、徒步、路跑、骑行、棋牌、台球、钓鱼等。通过日常健身活动的普及，营造良好的体育氛围，为培育社会体育组织、孵化体育市场主体创造适合的土壤。

（二）发展户外运动吸引市场力量进入乡镇农村公共服务领域

《关于加快发展健身休闲产业的指导意见》为户外运动发展指明发展方向，指出：制定健身休闲重点运动项目目录，以户外运动为重点，研究制定系列规划，支持具有消费引领性的健身休闲项目发展。大致包括冰雪运动、山地户外运动、水上项目、汽车摩托车运动、航空运动以及特色项目。该意见还指出：支持和引导有条件的旅游景区拓展体育旅游项目，鼓励国内旅行社结合健身休闲项目和体育赛事活动设计开发旅游产品和线路。

（三）引导构建乡镇农村地区的各类社会体育组织、市场经营主体

《关于加快发展健身休闲产业的指导意见》大力鼓励在乡镇农村地区孵化各类社会体育组织和培育市场经营主体。

（1）孵化社会体育组织。推进体育类社会团体、基金会、民办非企业单位等社会组织发展，支持其加强自身建设，健全内部治理结构，增强服务功能。对在城乡社区开展健身

[1] 习近平．决胜全面建成小康社会，夺取新时代中国特色社会主义伟大胜利——在中国共产党第十九次全国代表大会上的报告[Z]．北京：人民出版社，2017.

休闲活动的社区社会组织，降低准入门槛，鼓励各类社会组织承接政府公共体育服务职能，发挥体育社会组织在营造氛围、组织活动、服务消费者等方面发挥积极作用。

（2）培育市场经营主体。充分利用运动员创业扶持基金，鼓励退役运动员创业创新；支持各类中小微健身休闲企业、运动俱乐部向“专精特新”方向发展；鼓励金融机构加大对健身休闲企业的支持力度等。

【案例11-2】

好运山东　和美乡村

2024年6月29日，“好运山东”2024首届户外运动休闲季暨“齐风鲁韵 悦动五阳”和美乡村生态体育嘉年华活动揭开大幕，标志着2024首届户外运动休闲季“跑”进乡村振兴“新赛道”。

1. 叫响名片，修炼内功

乡村大地上的山、水、林、草、沙正是天然的户外运动场地。如何发挥户外资源优势，让户外运动为乡村振兴增添新动力？石马镇给出的答案是：叫响名片、修炼内功。近年来，石马镇承办了十余项省市各级体育赛事，“大赛镇办”叫响了五阳湖运动休闲特色小镇的金字招牌；同时，不断完善各类户外基础设施建设，让石马镇成为国内知名的户外运动目的地。石马镇依托乡村山水林田湖草沙及古村落、古遗址等优势，开发了骑行、路跑乡村公路赛道，以及垂钓基地、沙滩排球场等一批运动休闲基础设施，建成20公里沿山水步道、6公里环五阳湖体育休闲绿道和3公里乡村彩色体育步道，在山水田园中打造户外体验新场景。

2. 体育赛事“流量”变“留量”

山东的和美乡村生态体育嘉年华活动不同于传统的旅行模式，可扎营、可民宿，可烧烤、可小酌，可骑行、可徒步，吸引年轻人在户外运动中释放活力、拥抱自然。嘉年华活动期间，主办方安排了淄博10公里精英赛、万人游泳赛、“无攀登 不五阳”攀岩邀请赛、山东省公开水域游泳锦标赛、山东省铁人三项锦标赛等多项体育赛事，并配套举行乡村体育活动展示、体育赋能乡村振兴集市、“映山色 澜湖光”皮划艇表演、“飞跃齐鲁 翱翔五阳”低空飞行体验等周边活动。“配套赛事吸引了千余名户外爱好者参与，仅五阳湖体育文化产业园一个地方每年就能接待省市运动队1.4万多人次，各地游客30多万人次，解决200多名农村剩余劳动力就业。”山东省体育产业发展服务中心主任高文清说：“和美乡村生态体育嘉年华就是要发挥户外赛事的综合效应，用户外赛事拉动餐饮、住宿、购物、文旅等消费，促进乡村经济发展，以体育发展赋能乡村振兴，以体育力量点亮和美乡村蓝图。”

［改编自：山东省体育局．户外运动赋能乡村振兴丨“好运山东”2024首届户外

运动休闲季嘉年华活动启幕[EB/OL].（2024-06-29）[2024-07-01]. http://ty. shandong. gov. cn/wap/xwzx/sjdt/202406/t20240629_4740039. html.]

思考题

1. 结合本案例，思考乡村地区发展户外运动的优势是什么？
2. 户外运动如何深层次地与旅游融合？

◎ 复习题

1. 什么是体育赛事公共服务？
2. 为什么要建设体育赛事公共服务体系？
3. 简述体育赛事公共服务体系建设的主要问题。
4. 我国体育赛事公共服务建设的核心策略主要有哪些？
5. 论述我国体育赛事公共服务改革的“放管服”逻辑。
6. 我国体育赛事公共服务深化改革的重点领域有哪些？

第十二章

体育赛事消费升级与我国体育产业结构优化

本章概要

- 公共服务建设与体育消费升级的关系
- 体育赛事消费升级的影响因素
- 体育赛事产业价值链的基本结构
- 群众体育赛事活动的融合发展

教学目标

- 理解体育公共服务建设、体育赛事消费升级与体育产业供给侧结构性改革的关系
- 了解体育赛事消费升级的影响因素
- 熟悉我国体育赛事产业价值链的基本结构

相关网站

- 国家体育总局体育经济司（https://www.sport.gov.cn/jjs/）
- 中国经济信息网（https://www.cei.cn/）
- 国家体育总局体育彩票管理中心官方网站（https://www.lottery.gov.cn/）

推荐书目

- 江小涓. 体育消费：发展趋势与政策导向[M]. 北京：中信出版社，2019.
- 江小涓. 体育产业的经济学分析：国际经验及中国案例[M]. 北京：中信出版社，2018.

●张建辉，黄海燕，诺瑞德. 国际体育产业发展报告[M]. 北京：社会科学文献出版社，2017.

●阮伟，钟秉枢. 中国体育产业发展报告（2014）[M]. 北京：社会科学文献出版社，2014.

国家持续推动体育赛事公共服务体系“放管服”改革，社会、市场力量有序引入体育赛事领域，将全面拓展全民健身的体育基础人口，为体育赛事消费升级奠定基础。伴随体育赛事消费不断升级，我国的体育赛事经济将得到全面发展，进而以体育赛事为龙头带动体育产业的结构优化。为此，本书将衔接上一章体育赛事公共服务建设的相关内容，重点讨论体育赛事消费升级的成因、体育产业体系结构优化以及体育赛事经济与相关产业的融合发展方式。

第一节 群众体育赛事公共服务体系建设赋能体育赛事消费升级

国家通过“放管服”改革有序推进体育赛事公共服务体系建设，有利于激发体育赛事消费升级，成为推动体育产业供给侧结构性改革的重要动力。

一、“群众体育赛事活动公共服务体系”是体育赛事消费升级的推动力

（一）“群众体育赛事活动公共服务体系”是体育公共服务升级的核心板块

2022年，《关于构建更高水平的全民健身公共服务体系的意见》颁布，专门在“五、构建多层次多样化的赛事活动体系”中明确提出：支持社会力量举办赛事、培育赛事活动品牌等；2021年，《全民健身计划（2021—2025年）》印发，专门在“加大全民健身场地设施供给”之后的显著位置，提出“广泛开展全民健身赛事活动”。可见，全民健身赛事活动是更高水平全民健身公共服务的核心内容，主要体现在两方面。

1. 全运会增设群众组别引导群众参与竞赛

我国以往全民健身公共服务的相关政策更多侧重“普及”、兼顾“提高”。近年来，我国全民健身公共服务内在逻辑发生调整，更多体现出以“提高”带动“普及”倾向。2017年，天津举办的第十三届全运会首次设置“群众组”竞赛内容，同时开设33项竞技比赛项目和19项群众比赛项目，新增的乒乓球、龙舟等群众项目打破了专业和业余、国际和国内的界限，在游泳、田径等6个项目上开放高水平业余运动员与专业运动员同场、同池竞技。2021年9月15日，第十四届全运会开幕。此届全运会在上届全运会的基础上对群众体育赛事活动的项目设置进行了进一步的调整，增加59个小项，并且首次将广场舞、广播体操、健身气功、太极拳4项展演类项目以线上比赛形式展开。综合可见，全运会的整体赛制逐步朝着群众体育的方向转型过渡，希望通过全运会赛制的安排推动地方投入更多资源用于群众体育赛事活动的推广中。

2. 健全群众体育赛事活动的规范性治理与运营制度

2023年9月，《群众体育赛事活动办赛指南　编制内容与评估指引》《群众体育赛事活动参赛指引　编制内容与评估指引》《群众体育赛事活动安全评估技术导则》以及《群众体育赛事活动运营服务规范》4项体育行业标准正式颁布。这4项行业标准是落实新《体育法》《体育赛事活动管理办法》《关于公布高危险性体育赛事活动目录（第一批）的公告》等文件的具体实施标准，全方位对各级、各类群众体育赛事活动组织运营的程序、标准、规则等进行了详尽规定，说明下一阶段全面推动建设群众体育赛事活动公共服务体系成为重要任务。

（二）“群众体育赛事活动公共服务体系”是体育赛事消费升级的重要动力

1. 群众体育赛事活动培养了“群众业余运动员”群体

近年来，我国将全面推动全民健身公共服务体系向更高水平发展，其中构建出系统化的群众体育赛事活动体系是“更高水平”的重要标志。《关于构建更高水平的全民健身公共服务体系的意见》在深化群众体育赛事活动建设方面提出以下举措：①全面衔接竞技体育与群众体育赛事活动体系，打通群众体育优秀业余运动员向上参赛的渠道，将竞技体育赛事与群众体育赛事活动衔接在一起，充分兼顾普及与提高；②全面构建群众体育赛事活动系统，整合群众业余体育赛事、青少年和学校校园体育赛事，制定相对统一的体育赛事“积分制”“资格制”“序次制”，激发群众体育赛事活动系统的能量；③配套建设群众体育赛事活动系统的“运动等级制”“教练员制度”等，依托体育赛事系统广泛培养业余运动员群体，助力竞技体育更高质量发展和全民健身普及，为体育赛事消费升级扩展基础人口。

2. “群众业余运动员”是体育赛事消费升级的重要动力

“群众性业余运动员”经常性参与群众体育赛事活动，往往具备较好的运动技能与训练经历，形成较为稳定的参赛习惯。往往这批优秀群众性业余运动员是体育消费动机最强的优质体育消费者，更有可能投入更高比重的资金用于观赛、付费训练、付费参赛及日常购买体育制造用品等。2014年，《国务院关于加快发展体育产业促进体育消费的若干意见》提出取消商业性、群众性体育赛事审批权。马拉松的运营成本相对较低，商业性体育赛事行政审批一经放开，各地均选择马拉松项目作为开展群众体育赛事活动的重要突破口。据中国田径协会发布的《2023中国路跑赛事蓝皮书》显示，2023年共举办699场马拉松赛事，总参赛人次为605.19万人次[1]。《2015年中国跑步人群调查研究报告》显示，中国跑步者每年用于购买时尚运动服和跑鞋等必要装备的人均花费为3601元，而经验丰富的跑步者人均花费达4594元。马拉松等一些群众性体育赛事也开始尝试群众体育赛事运动员的“注册制度”，均是为更好服务“群众业余运动员”，不断积累体育消费的核心中坚力量。

二、体育赛事消费升级的影响因素

群众体育赛事活动是推动体育赛事消费升级的重要推力。但是，存在系列因素对不同类型、层次群众体育赛事活动产生影响，间接引起“体育消费升级”效率的差异。

（一）区域经济发展水平

区域宏观经济发展水平显著影响体育消费水平，当宏观经济水平下滑时，居民倾向于储蓄，可能会减少体育无形消费方面的支出。同样，体育赛事主办方在平衡举办体育赛事收支时，要考虑到各个方面的因素，如体育赛事场馆上座率、带动场馆周边消费的效应等。居民消费预期变高，则体育消费变成日常生活消费的一部分而并非奢侈品，而刚性体育消费需求的弹性较低，并不会因为区域经济发展水平的高低而产生过多变化。在收入结构方面，收入分配的公平性会影响居民的消费能力。在收入分配较为均衡的地区，中产阶级的比例较高，这有助于推动体育消费的增长，因为中产阶级更可能投资于健康和休闲活动[2]。而部分研究表明，当地人均GDP水平与居民家庭的体育消费存在负相关关系，这可能是替代效应占据了主导，经济水平越发达就意味着体育运动的机会成本越高。

（二）居民收入和消费结构

区域经济水平的高低决定居民对于体育赛事的需求。例如，三、四线城市可能更多地需要小型体育赛事、面向当地居民的参与性体育赛事，而一、二线城市则可以承接大型体育赛事、高端品牌体育赛事等，举办何种体育赛事也进一步影响了当地体育消费。不同于体育竞赛表演业，居民个体的消费选择，如体育服装、体育耗材的消费则基本不受限于地区。而居民也可以通过各类交通工具跨省跨区亲临现场参与体育赛事消费。《2020年中国居

[1] 中国田径协会．2023中国路跑赛事蓝皮书[EB/OL]．（2024-03-22）[2024-10-29]．https://www. athletics. org. cn/news/marathon/2024/0322/599089. html.

[2] 黄海燕，朱启莹．中国体育消费发展：现状特征与未来展望[J]．体育科学，2019，39（10）：11-20.

民体育消费发展报告》指出，农村地区体育消费丰富程度较低、不同地区农村体育发展不平衡、农村居民体育消费重视程度较低[1]。大部分农村居民既没有钱也没有闲的现实情况，也说明了农村体育供给难以产生较好的经济效益。尽管我国在乡村振兴、建设新农村的步伐中，修建了运动场地和文娱活动室、健身器材等，但是其本身不产生经济效益，这类设施也无法谈及体育场馆的运营和收益，其在农村的地位中更多的是偏向于基础设施。但贵州“村BA”也表明体育消费并不完全由经济水平和消费结构主导。

（三）政府体育投入

从我国举国体制的竞技体育开始，到现如今商业体育赛事主导、当地文化旅游与体育局等相关部门参与的体育赛事举办形式。1998年至2008年，体育事业财政投入为243.55亿元，占体育事业经费的比重均值为62.61%，是我国体育事业经费的重要来源[2]。体育场馆的建设费用并不属于体育系统所有，资金主要来源于财政拨款和体育彩票公益金，可见政府力量在体育产业建设中的推动作用。从2009年起我国新建体育场馆中过半资金都来源于政府财政拨款，社会对于公共体育场地设施的投资金额和比重都大幅下降。同时，大部分体育场馆建成后难以保持收支平衡，后续维护保养等都需要追加政府投入。目前，我国的体育经济体制也决定了不能实现完全的商业化，政府不仅或多或少地参与，更是起到基础支撑的作用。体育场馆周边的人群接待承载力和道路运输能力也依赖于政府规划和基础设施投入。

细节了解

彩票公益金支持体育事业专项资金的补助范围和支出内容

（四）体育场馆设施

成功的体育赛事举办离不开地方政府多方投入，包括体育用地和体育场馆的修缮和维护。例如，在电子竞技赛事英雄联盟全球总决赛的比赛地点上就选择了具有代表性的上海东方体育中心和北京的鸟巢体育场，并且通过光效将宣传语印在武汉长江大桥和东方明珠塔上，经过多年的努力，上海成功建设起“电竞之都”的体育赛事品牌，与ATP（职业网球联合会）巡回赛、UFC（终极格斗冠军赛）之夜等体育赛事品牌一起，成为上海体育消费的优质供给，上海本地人口的高消费能力也进一步提高了每场体育赛事的收益上限。

（五）居民对体育消费的认知

居民的体育消费习惯和消费认知是体育产业发展的重要基础，它们影响着人们参与体育活动的频率、类型以及消费模式。例如，随着体育中考的全面铺开，我国青少年体育培训业爆发式增长，在“双减”政策全面落地后，家长群体“唯成绩论”“唯分数论”的观念根基有所松动。同时，在面向高三考生的强基计划中，多所著名大学都明确了对于体育达

[1] 张彦峰，钱若冰．2020年中国居民体育消费发展报告[M]．北京：社会科学文献出版社，2023.
[2] 李丽．我国体育事业发展的公共财政保障研究[M]．武汉：武汉大学出版社，2015.

标方面的硬性要求。在初高中青少年培养体制中，体育所占的比重越来越大，国家频繁出台政策保障青少年体育参与机会、最低体育时间、公平体育资源分配，国家体育总局和教育部联合印发了《关于深化体教融合　促进青少年健康发展的意见》，支持社会资本进入学校体育，进一步提高了学校体育服务的运行效率，同时对课外体育训练、学校运动队建设提出要求。这些举措，在宏观层面培养了青少年及其家长群体的体育习惯、塑造了体育消费认知。打破了以往“一个哨子两个球”的落后体育课观念。在以北上广深为首的各大城市，面向青少年的各项体育运动培训也逐渐增多。赛马、高尔夫球、卡丁车、攀岩等各种高端体育项目进入家长视野，新时代的家长也认同了体育运动和琴棋书画一样是培养下一代兴趣和身体的选项之一。这说明我国居民的体育消费习惯正在养成，部分群体已经认识到体育的重要性并愿意为体育服务付费。

《2023中国健身行业数据报告》显示，男性健身消费者占比提升，但女性仍是健身消费市场的主力军，占据55.41%，国内外体育品牌纷纷瞄准女性化市场推出产品，如含有防晒功能的运动衣等。

三、体育赛事消费升级倒逼体育产业的结构优化

（一）体育赛事消费升级与体育赛事经济

2021年，我国最终消费支出对内涵经济增长的贡献率达到65.4%，为国家经济平稳发展提供重要支撑[1]，国家相应进入消费需求持续释放、消费驱动经济发展的历史新阶段[2]。如何引领消费升级成为促进国家经济发展的重要方式与路径。但是，伴随着居民收入的不断提升，消费结构也相应发生了变化，居民消费比重开始朝着休闲、娱乐、体育、旅游等方向倾斜[3]，其中，体育消费水平相应得到发展提升。截至2020年底，全国居民体育消费总规模达1.8万亿元，比2015年上涨80%。全国居民人均体育消费支出达1330.4元，比2014年增长43.7%。居民端体育消费增长强劲。

究其原因，“群众体育赛事活动公共服务体系”培养的“群众业余运动员”是体育赛事消费升级的资源基础，有效推动体育赛事消费“扩容增质”。

（1）与普通居民的体育消费品类更多集中于体育鞋帽装备相比，“群众业余运动员”对于体育用品装备的科技感和体验感要求相对更高，同时也会投入更多经费用于消费群众体育赛事活动的相关服务产品。直接性群众体育赛事活动消费包括业余培训、参赛报名、损伤康复、运动装备等，间接性群众体育赛事活动消费包括参加比赛过程中产生的饮食、交

[1]　孟珂．2021年最终消费支出对经济贡献率为65.4%结构持续改善[N]．证券日报，2022-01-19（A2）．

[2]　王逊，张小林，周石其．消费升级驱动体育旅游产业高质量发展机理及实现路径[J]．体育文化导刊，2022（10）：15-20．

[3]　韩旭．消费升级背景下吉林省城市体育服务综合体的发展路径研究[D]．长春：吉林大学，2020．

通、住宿、旅游等相关费用。

（2）“群众业余运动员”作为最为忠实的球迷或体育迷，又是职业体育或高水平竞赛表演业最稳定的观赛客户群体，是购买各类竞赛表演门票或者交付竞赛表演转播费用的潜在优势客户。因此，可以说，在群众体育赛事活动公共服务体系的推动下，我国体育赛事消费升级持续扩展，表现出体育赛事经济持续、健康和有序发展。

（二）体育赛事经济发展对体育产业结构优化的推动作用

产业结构是指“国民经济各产业部门之间以及各产业部门内部的构成”。根据配第-克拉克定理，随着经济的发展，劳动力首先会从第一产业向第二产业转移，当经济再进一步提高时，劳动力便向第三产业转移。我国当前正处于消费持续升级的重要历史阶段，包括劳动力在内的各类资源禀赋会朝着第三产业聚合。体育赛事经济作为我国体育产业第三产业门类的集成者，在消费升级大潮之中不断发展、壮大，进而为我国体育产业结构的持续优化提供助力[1]。自20世纪90年代以来，我国体育产业更多依赖于体育用品制造业进行发展，我国一大批体育用品制造企业普遍采用贴牌生产“OEM（原始设备制造商）模式”成为世界体育用品制造行业的代工厂，并借助巨大人口红利获得发展，成为长期以来我国体育产业结构的基础构成。体育产业结构整体是以体育用品制造业为基础架构起来。但是，伴随我国群众体育赛事活动公共服务体系发展，各级、各类“群众业余运动员”围绕群众体育赛事活动不断培养发展而起。由于他们拥有更高的体育锻炼体验需要，对运动技能竞争水平有着更加强烈的内在追求，也相应具备着更高水平的体育运动欣赏需要。为此，体育消费需求一侧不断提升，倒逼体育产业供给侧发生适应性变化：以职业体育为代表的竞赛表演业需要改进体育赛事水平、传播方式，以增加竞赛表演产品质量、提高竞赛对抗精彩程度；体育用品制造业需要不断融合科技创新提高产品的体验感、科技感；高水平的业余竞赛训练与培训也将得到有效发展，帮助更多“群众业余运动员”提高运动成绩，并在各级、各类群众体育赛事活动中斩获名次并获得运动等级的认定，进而收获巨大的精神荣誉。

【案例12-1】

商业性、群众性体育赛事审批取消，体育产业迎来发展机遇

很长时期以来，我国体育赛事在商业化的过程中，相关的审批和行政化的要求较高，许多市场化的体育赛事活动需要政府部门、运动管理中心或者地方政府的审批后才能顺利举办，这既提高了体育赛事的运营成本，也耽误了体育赛事的举办时间，一直被社会所诟病。同时，在体育赛事审批的背后，由于体育赛事资源被体育行政部门

[1] 张瑞林．我国体育产业结构的优化研究[J]．体育学刊，2011，18（2）：21-26.

所垄断，体育赛事活动的审批费用、审批程序等没有公开、透明、规范的标准，难免会出现“自由裁量权”和“权力寻租”的问题，不但抑制了市场主体的活力，也容易滋生腐败。

2014年，国家体育总局发布《关于推进体育赛事审批制度改革的若干意见》，旨在放开竞赛表演市场，给商业体育赛事和群众性体育赛事松绑，降低办赛的门槛，促进竞赛表演业的发展，也带动相关产业的发展。为解决体育赛事审批取消后出现的责任主体、安保交通协调以及有关体育赛事事务办理接口不通畅的问题，要求地方建立体育赛事活动组织举办的协调和服务机制。全国性单项体育协会更多从技术、规则等方面进行指导和服务。体育赛事审批取消后，许多地方都纷纷举办全国性的体育赛事，甚至参赛队伍和奖金都超过了“国家队”所举办的体育赛事，成都和上海等地都直接与国际性组织合作，直接举办国际性赛事。中国田径协会公布的数据显示，全国马拉松及相关路跑赛事从2014年的51场增加至2019年的1828场，5年时间数量增长超过30倍。但相关赛事在数量呈现井喷态势的同时乱象丛生，一些劣质比赛存在“方案美如画，执行烂成渣”的问题。“白银马拉松”事件也暴露出了对于体育赛事组织、监管不到位的问题，不仅影响马拉松赛事的举办，更为整个国内体育赛事的举办敲响警钟。此后，国家体育总局等11部门联合印发了《关于进一步加强体育赛事活动安全监管服务的意见》，提出进一步明确各部门职责，强化监管举措，统筹发展和安全；建立体育赛事“熔断机制”，要求密切关注体育赛事进程，在办赛条件发生变化时，及时作出相应调整。

思考题

1. 结合体育产业的发展，你认为体育赛事行政审批取消的作用是什么？
2. 请思考新时期体育赛事监管的作用有哪些？

第二节 体育赛事经济促进体育产业价值链的融合式发展

新型举国体制背景下，体育赛事经济迎来爆发式增长，将带动体育产业与国民经济体系相关产业门类的发展，体育产业价值链融合旅游、文创、传媒等行业，衍生大量高附加值的服务、产品，带动体育产业价值持续增值。

一、我国体育赛事产业价值链的构成

“价值链”最早是由哈佛商学院教授迈克尔·波特在1985年出版的《竞争优势》中提及。波特认为，每个企业都处于产业链中的某一环节，一个企业要赢得和维持竞争优势不仅取决于内部价值链，也依赖于企业赖以生存发展的外部价值链，需要不断与上游供应商、销售商及顾客价值链进行链接。企业处于特定产业中，需要不断与上下游企业及顾客产生价值互换、产品交易和信息沟通，从而谋求自身最优化的竞争力。体育产业则主要是满足居民健身健美、娱乐休闲和精神需求，从事体育劳务产品的生产和经营服务的体育部门、机构、社会团体、企业和其他法人，以及其各种活动而产生的群落[1]。以此类推，体育赛事产业价值链可以理解为专门从事体育赛事运营组织及相关衍生产品生产和经营服务的企业或其他法人。结合产业价值链理论，体育赛事产业价值链结构也可以划分出上游产业、中游产业和下游产业三个层次。

（一）体育赛事产业价值链的上游——体育赛事IP的孵化与运营

体育赛事产业价值链上游主要涉及体育赛事IP孵化与运营。体育赛事系统的构建要重视高价值体育赛事IP的培育，以及做好体育赛事IP的价值分割。2023年1月1日，《体育赛事活动管理办法》开始实施，标志着国家对于体育赛事的管理方式发生质的改变，从传统的“重审批轻监管”转向“轻审批重监管”，在办法“第三条”中明确提出“体育赛事活动应当坚持政府监管与行业自律相结合的原则”，意味着各类型符合条件的社会力量、市场主体能够更全面地嵌入体育赛事价值链的上游，投入更多成本孵化体育赛事IP。办法“第十条”指出：机关、企事业单位、社会组织和个人均可以依法组织和举办体育赛事。办法“第二十五条”规定：体育赛事活动的名称、标志、徽记、吉祥物、口号、举办权、赛事转播权和其他无形资产权利受法律保护，主办方和承办方可以进行市场开发依法依规获取相关收益，任何组织和个人不得侵犯。体育赛事活动主办方、承办方应当增强权利保护意识，主动办理商标、专利、著作权等知识产权手续，通过合法手段保护体育赛事活动相关权益。

（二）体育赛事产业价值链的中游——体育赛事IP直接性市场开发

根据《体育赛事活动管理办法》，体育赛事主办方和承办方有权合理合法地对体育赛事IP进行市场开发。而体育赛事IP的直接性市场开发处于体育赛事产业价值链的中游，包括：冠名权的市场开发、票务销售权的市场开发、转播权的市场开发。

[1] 常丽英，杨永强. 我国体育产业价值链整合及其策略探讨[J]. 北京体育大学学报，2011，34（4）：35-39.

1. 冠名权的市场开发

冠名权最初是指冠名者通过支付一定金钱后获得的为某一座建筑、设施等以他所选择的名字命名的权利。随着社会发展，冠名权逐渐演变为一种特殊商品，成为可以市场开发的重要无形资产，可定义为：冠名权是特定主体将其所拥有的某一具有社会认知性的所属物（包括有形与无形的物）的命名权予以转让，从而给转让双方都带来直接经济利益或商业机会的权利。后来，体育赛事冠名权交易成为各类企业、社会组织赞助体育赛事的重要目标。2004年“西门子移动”冠名“中超联赛”，从而产生“西门子移动中超联赛”冠名形式，西门子借助中超联赛的平台极大推动了自身的品牌影响力。

2. 票务销售权的市场开发

票务销售权是体育赛事IP衍生而出的一种重要的高价值产权，可以定义为“体育赛事主办方为满足目标市场中的消费者现场观赏体育竞技表演而提供的一种服务”。内核是为观众提供指定的体育竞赛表演，外延包括体育赛事主办方为现场观众提供的场地座位、体育赛事信息、现场餐饮娱乐、安全保障、公众责任保障等。由于面对不同类型客户观赛的需求以及所愿承担的成本，预测不同场次比赛的票务市场容量，围绕场馆不同位置、空间的观赛差异化，决策制定票务销售的组合策略。由于大型体育赛事的规模较大，票务营销具有很高的复杂性，一般主办方会将“票务销售权”通过委托代理的方式交给票务公司或票务平台[1]。

3. 转播权的市场开发

体育赛事转播权是体育赛事的核心知识产权之一，是指体育赛事组织者对其举办的比赛通过电视、网络等媒体进行转播的专有权利[2]。法律层面上，体育赛事转播权被界定为“媒介物权”，权利主体是体育赛事组织者[3]。《关于加快发展体育产业促进体育消费的若干意见》在“三、政策措施　（七）优化市场环境”中提出：推进赛事转播权、运动员转会权、无形资产开发权等具备交易条件的资源公平、公正、公开流转。按市场原则确立体育赛事转播的收益分配机制，促进多方参与主体共同发展。可见，转播权市场开发是体育赛事IP又一重要的直接性市场开发活动。

（三）体育赛事产业价值链的下游——体育赛事IP间接性市场开发与产业聚集

另外，体育赛事IP还能够划分出商业运营权，围绕体育赛事的赛前、赛中和赛后，向相关目标人群提供相关衍生制造或服务产品。这一过程伴随着典型的产业结构聚集效应。一般而言，产业聚集是指以基础产业为支撑面，主导产业为龙头，主导产业、基础产业和一般产业有机结合形成新的经济增长点，进而通过辐射和吸引，带动一个区域经济的腾飞，从而产

[1] 杨亦斌．中国商业体育赛事的票务营销策略[D]．上海：上海交通大学，2009.

[2] 赵毅，储贝贝．作为新兴权利的体育赛事组织者转播权：入法及解释[J]．北京体育大学学报，2023，46（5）：127-137.

[3] 崔国斌．大数据有限排他权的基础理论[J]．法学研究，2019，41（5）：3-24.

生数倍于单个产业效应之和的效应。我国群众体育赛事活动体系逐步呈现“渐进下沉”的改革态势，在城市社区、乡镇农村的特定区域内不断发展、激活各类单项的群众体育赛事活动IP，将围绕不同基层区域产生积极有效的体育赛事产业链的产业聚集效应。围绕体育赛事IP，针对体育赛事观赛游客或居民的相关需求，各类型制造、服务产业围绕体育赛事进行聚集，形成区域性的体育赛事产业体系分工。为此，围绕城市社区、乡镇农村的热门体育赛事IP，能够有效聚集一批旅游、休闲、餐饮、交通等配套商业服务，为当地居民或外来游客提供观赛之外的配套性有偿服务，是体育赛事服务产品衍生的一类产品。

二、群众体育赛事活动是价值链跨界融合发展的基本面

（一）群众体育赛事活动与医疗康复领域的融合发展

1. “体医融合”的内涵及其产业聚合的内在机制

伴随群众体育赛事活动的社会影响力不断扩展，全民健身的规模与质量将得到全面提升。经常参加群众体育赛事活动的“群众业余运动员”对于科学训练、健康竞赛的诉求变得越来越强烈。“群众业余运动员”一方面希望通过科学训练提高自身在业余竞赛中的运动成绩，另一方面更希望通过系统科学的训练保持良好的竞技状态。因此，伴随群众体育赛事活动的下沉，各类群众体育赛事活动IP的价值积累越来越强烈，无形之中群众业余体育爱好者逐步形成突破自我的参赛需要，希望能够通过科学训练拥有更好的运动技能、拥有更强的运动体能，有效避免运动损伤，并在相应级别的群众体育赛事活动中获得优异成绩，实现健康生活的终极目标。为此，群众体育赛事活动不断发展过程中，一批“群众业余锻炼者”转化为常态化的“群众业余运动员”，更加重视科学化的自我训练与损伤、疾病预防。在此背景之下，群众体育赛事活动IP价值增长，一定会进一步带动“群众业余运动员”竞赛培训行业与医疗康复领域的深度融合。2015年3月，全国政协委员钱利民教授在政协十二届三次会议首次提出“体医融合”，后来逐渐成为重要的体育融合性发展问题，也是深入理解群众体育赛事活动与医疗康复深入融合的关键问题。“体医融合”是将体育运动的方式与现代医学理念、医学技术方法在医学环节中科学地融入体育运动[1]，将运动医学、运动康复、运动风险评估以及运动处方等众多知识集合，运用“医疗康复+运动干预”的手段实现健康促进模式。在群众体育赛事活动热门IP带动下，越来越多的“群众业余运动员”对于科学化的训练康复手段产生显著消费需求，也全面推动相关医疗机构、企业围绕“体医融合”融入中高端消费市场。

细节了解

体医融合

2. 群众体育赛事活动与医学领域的产业融合模式

群众体育赛事活动IP发展，将会吸引大量医疗、健康产业的社会、市场主体投入资金、

[1] 李璟圆，梁辰，高璨，等. 体医融合的内涵与路径研究——以运动处方门诊为例[J]. 体育科学，2019，39（7）：23-32.

技术开发“群众业余运动员”或者“群众业余锻炼者”广大消费市场。不同类型主体因为前期自身的资源基础差异甚大，造成各类“体医融合”的项目模式也存在较大差别，包括三种类型：医院主体融合模式、运动主体融合模式、基层社区融合模式。

（1）医院主体融合模式。该模式即在医院场域内开展运动健康服务机构或运动处方门诊，为就诊者提供体质监测、科学健身、运动康复和医疗诊治等“医疗+体育”健康服务模式。北京市北太平庄医院附属的体质健康监测指导中心是医院主体融合模式典型案例，指导中心配置医师均接受专业运动康复及医疗培训，不仅能够从事常见疾病的诊断与诊疗，还能够根据问诊者的具体情况设置指导营养膳食、开具运动处方、指导科学训练与健身[1]。

（2）运动主体融合模式。该模式与医院主体融合模式存在较大差别，是以体育俱乐部、体育运动健身场馆为依托，在固定的运动场馆空间内针对体育健身锻炼者的运动行为，有机融入医疗资源，很大程度上能够为“群众业余运动员”的健康促进、运动康复提供专业服务。例如，北京郡王府阳光康曼俱乐部专门开设了国民体质健康监测、健康体检与锻炼健身等综合业务。以体育俱乐部、运动健身场馆为依托的“体医融合”项目往往更加聚焦针对不同类型客户开具不同类型的运动处方和锻炼方案，同时面临着严峻的市场竞争。

（3）基层社区融合模式。该模式是依托社区体育行政机构、社会组织，对居民进行体质监测、健身指导及运动康复的一类健康服务模式。基层社区融合模式相比医院主体、运动主体融合模式，更加贴近居民日常，能够更好地为居民提供便利的运动健康诊疗服务，可以和基于城市社区、乡镇社区的全民健身赛事活动相互配合，也能够有效融入中小学课后四点半的青少年业余训练和竞赛。

（二）群众体育赛事活动与旅游行业的融合发展

伴随我国群众体育赛事活动体系中各类体育赛事IP价值不断提升，具有较高参赛竞争动机、观赛鉴赏能力的“群众业余运动员”群体规模、质量不断发展，为体育旅游产业的聚合性发展提供重要的消费市场资源。

1. 群众体育赛事活动对旅游产业的拉动效应明显

群众体育赛事活动植根于城市社区、乡镇农村，往往是在特定区域内定期反复举行，不需要新建体育场馆承办比赛；每年仅需要投入必要经费用于维护维修，相比大型体育赛事的成本更低；且体育赛事旅游者既可以是当地居民也可以是外来游客，既可以是参赛者也可以是体育赛事观众，多重身份交织于一身，大大提高消费黏性和体育赛事品牌的传播口碑。另外，体育赛事与当地的社会、文化高度契合，成为城市形象或者乡村形象的代名词，更加有利于辐射周边区域固定消费人群，围绕特定体育赛事能够形成一个稳定的群众运动员“交流圈”。并且随着体育赛事IP价值的不断提升，“交流圈”会不断辐射扩展。当地体育赛事举办时，体育赛事IP辐射圈的业余运动员们都会根据赛制到达举办地，也会产

[1] 王波，董杰，盛磊，等. 体医融合内涵、模式及路径探讨[J]. 体育科技，2018，39（3）：30-31，36.

生大量随行人员前往举办地。体育赛事举办期间，参赛者、随行人员以及慕名而来的体育赛事旅游者会为当地旅游业带来巨大的消费贡献。可以说，中小型体育赛事因反复举办性、参赛者的黏性甚至比大型体育赛事的持续性旅游拉动效应更加明显。

2. 群众体育赛事活动与旅游产业融合发展的重点方向

当前，城市社区、乡镇农村的群众体育赛事活动建设相对较为松散和分散，其间会有一些影响力较大的城市社区、乡镇农村的群众体育赛事活动，但尚未形成体系，对于旅游产业的融合拉动效应也相对有限。未来，伴随我国"简政放权"改革不断深入，社会体育组织不断健全，尤其是植根城市社区、乡镇农村的体育社团建设逐步体系化、系统化，加之国家从顶层设计出发统筹管理当前松散化、分散化的基层群众体育赛事活动，根据不同地区、不同单项制定出官方认定的群众体育赛事活动目录、业余运动员等级认定等，将群众体育赛事活动体系网络进一步与竞技体育的"奥运备战体育赛事体系"相贯通，全面拓宽竞技体育后备人才向上输送的通道，释放群众体育赛事活动IP价值，使旅游产业融合发展效果得到提升。总体包括两个重点建设发展方向。

（1）城市社区群众体育赛事活动建设与旅游产业融合。城市体育赛事旅游是一项新兴的复合性概念，存在两个显著特点：①体育赛事是城市旅游的重要吸引物和旅游产业发展促进的重要动力；②城市旅游要素融入体育赛事传播营销，为体育赛事IP的价值增值提供助力[1]。2015年，商业性群众体育赛事活动行政审批权被全面取消，一时之间全国各地兴办群众马拉松赛事，大大拉动了举办地的旅游业发展。马拉松项目相对是技术门槛较低、培养周期较短、组织成本不高的运动项目，是国家推动城市体育赛事消费升级的突破口，未来伴随着我国全民健身的社会组织网络不断健全、各个单项运动的群众推广不断深入，各个单项项目均能够逐步建立起依托城市社区的体育赛事网络，届时我国群众体育赛事活动体系整体对城市旅游业的拉动效应、融合效果将会更加显著。

（2）乡镇农村群众体育赛事活动建设与旅游产业融合。2017年国家体育总局办公厅下发的《关于推动运动休闲特色小镇建设工作的通知》提出：建设运动休闲特色小镇，是满足群众日益高涨的运动休闲需求的重要举措，是推进体育供给侧结构性改革、加快贫困落后地区经济社会发展、落实新型城镇化战略的重要抓手，也是促进基层全民健身事业发展、推动全面小康和健康中国建设的重要探索。其中，明确提出：运动休闲特色小镇需要"具有成熟的体育赛事组织运营经验，经常开展具有特色的品牌全民健身赛事和活动"，进而通过浓厚的体育文化氛围实现体育旅游、体育传媒、体育会展、体育广告、体育影视等相关业态共享发展，运动休闲与旅游、文化、养老、教育、健康、农林、林业等业态融合发展。在休闲运动特色小镇的引领下，一批基于乡镇农村的群众体育赛事活动脱颖而出并收获了一定的组织运营经验。直到2022年，贵州省黔东南台盘乡台盘村"村BA"爆火全网，基于

[1] 和立新．体育赛事与城市旅游互动视角下北京、上海国际体育中心城市构建研究[M]．北京：北京体育大学出版社，2018.

乡镇农村建设的群众性体育赛事体系的社会影响力、市场影响力被全面激活，多年来全国范围内运动休闲特色小镇建设的前期铺垫得到释放和发挥。2023年7月，国家体育总局印发《关于恢复和扩大体育消费的工作方案》，鼓励各地因地制宜，推动“村BA”“村超”“村排”等群众身边的“三大球”赛事活动广泛安全开展。一时之间，各乡镇农村地区迅速推动相关项目的群众性体育赛事组织，并借助乡镇体育赛事IP打造推动了当地旅游产业的发展。据统计，2023年“村BA”赛事期间台江县接待游客达到18.19万人次，旅游综合收入大幅增长至5516万元[1]。

【案例12-2】

巴黎奥运会中国奥运“00后”健儿的鲜活形象与冰墩墩的火爆出圈

随着巴黎奥运会的闭幕，中国体育代表团共摘得40枚金牌，其中26枚金牌由“00后”摘得，足以说明新生代已经成为国际赛场摘金夺银的主力军，包括因“水花消失术”出名的跳水女子单、双人十米台金牌得主全红婵，冷面神枪少年、“光靠干饭就打破奥运纪录”的射击10米气步枪混合团体、射击男子10米气步枪金牌得主盛李豪，出生于2005年的小轮车“新女王”金牌得主邓雅文，男子100米自由泳、男子4×100米混合泳接力金牌得主的“中国飞鱼”潘展乐，网球女子单打金牌得主郑钦文，等等。不仅是运动员，受众群体也呈年轻化态势，年轻似乎成为巴黎奥运会的显著标签。“00后”大军逐渐接管官方账号，紧跟体育赛事“热梗”，奥运营销也更加鲜活。前脚有潘展乐夺冠后向“央妈告状”，后脚就有网友调侃19岁正是爱告状的年纪，斩获首金的黄雨婷和盛李豪因夺冠后十分淡定被网友调侃为“淡人”。观赛氛围的变化、运动员的年轻化也使得赞助商的营销方式更加鲜活，尤其是奥运IP的营销方式也更加多样。这就让人不禁回想到北京冬奥会的“冰墩墩”。

冰墩墩作为北京冬奥会的吉祥物，其实早在2019年便已发布，但在前期由于营销较少，甚至还被网友评价说丑。2022年2月4日，北京冬奥会开幕式上，冰墩墩作为吉祥物获得大量曝光的机会，同时由于冬奥会的传统是赛后先颁发纪念品，第二天再颁发奖牌，因此金色的冰墩墩成为奖牌的象征，获奖运动员手持冰墩墩的照片随着新闻报道很快在社交媒体上传播，也让更多的人认识到这只熊猫。国家主席习近平在会见摩纳哥元首阿尔贝二世亲王时，将冰墩墩作为礼物赠送给亲王的两个孩子，也让冰墩墩成为“国礼”，提升了作为奥运吉祥物的意义。“冰墩墩”以国宝熊猫为载体，与冰晶外壳相结合，体现出了时尚科技感与冰雪运动的特性，并在各种营销手段的加持下，使得冰墩墩从“破圈”到成为真正的“顶流”。

[1] 李卫红，马刚，熊诚，等. “一场赛”的新观察——解码贵州旅游恢复增长之台江“村BA”[N]. 贵州日报，2023-08-08（1）.

思考题

1. 如何看待冰墩墩的成功出圈？

2. 结合本案例，你认为新时代如何打造体育赛事IP？

【**案例**12–3】

跟着赛事去日照　激发消费新动能

近年来，日照市利用得天独厚的旅游、生态、体育等特色优势，以景办赛、倚山办赛、借海办赛。做实、做细、做活参赛游、观赛游、场馆体验游、户外休闲游等体育旅游产品，构建文体旅商融合发展新局面。

1. 运动休闲大会引领“跟着赛事去日照”

日照2024中国运动休闲大会暨体育旅游季日前在日照开幕。作为大会配套赛事的大青山太极拳邀请赛吸引了来自新加坡、澳大利亚、马来西亚等8个国家的17名外籍运动员和国内1000余名运动员参赛。在赛事的带动下，举办地五莲县的酒店及民宿客流迎来一波小高潮，入住率达到近八成。赛事期间，恰逢该县叩官镇董家楼村的樱桃园迎来收获季，一颗颗玛瑙般的红樱桃缀满枝头，晶莹剔透，令人垂涎欲滴。参加邀请赛的天津籍运动员董如意兴奋地说：“我是第一次来五莲，早就听说五莲樱桃是国家地理标志保护产品，真是百闻不如一见，个大皮薄核小，味甜多汁、口感特别好，我要多采摘些带回去让家里人也尝尝。”

“我们县依托良好的生态环境和独特山地运动资源优势，以自主品牌‘中国五莲·绿水青山’运动会为主线，串联各级赛事，先后成功举办了8届大青山太极拳大赛、4届中国山马越野系列赛等一系列有规模、有特色、有影响的国家级赛事。”五莲县文体旅游局相关负责人介绍，“下一步，我县将持续推进体育赛事进景区、进街区、进商圈，加强体育、文化、旅游、商务等项目一体谋划、一体发展，推动‘体育+’‘+体育’产业深度融合，吸引更多国内外游客来五莲休闲健身、观光旅游、投资兴业，进一步促进赛事‘流量’成为经济发展的‘增量’”。

2. 赛事经济溢出效应显威力

不久前刚刚结束的上水咖啡2024全国网球团体锦标赛，吸引了21个省、区、市的60支代表队参赛，总参赛规模达1100人，创近年之最。赛事还吸引了众多市民及外地游客前来观赛，带动周边交通、住宿、餐饮、零售等消费500余万元。一场精彩的赛事，足以成为爱上一座城市的理由，激发人们“跟着赛事去旅行”的热情。比赛间隙，一些参赛队员还到“海边最美网球场”诗意挥拍，到安泰·海洋美学馆的青石板路漫步徜徉，到“日照的济州岛”星岛蓝碳打卡留念……队员们不由自主地赞叹道："日照真是一座来了就不想走，走了还想来的城市"。

为了充分发挥赛事经济助推城市综合发展的带动效应，日照市体育局积极引导、规范和支持各类市场主体依法组织、承办各类赛事。例如，日照体育发展集团承办了国际篮联三人篮球国家联赛，山海大象集团承办了中国围甲联赛，安泰体育培育打造了自主IP赛事日照"太阳城"网球公开赛……去年（即2023年，编者注），日照先后承办了93项省级以上重大体育赛事，其中国家级赛事50项。今年将举办62项国家级赛事和46项省级赛事，构建了"强球类、优户外、重多元"的赛事新格局。2024全国网球团体锦标赛承办单位日照安泰体育产业发展有限公司相关负责人表示，接下来他们将继续致力探索"体育+文旅"新路径，把体育赛事和旅游景点有机结合，打造"赛事+观光""赛事+体验"等多模式"体育+旅游"产品，助力将体育赛事"流量"转化为文旅项目"留量"，释放"体育+文旅"活力潜力。

3. 全民健身赛事打造消费新场景

近年来，日照市把赛事作为推动全民健身、刺激体育消费和塑造城市品牌的重要抓手，坚持以赛兴城，以赛惠民，加快打造现代化海滨体育名城，有效激发了城市动力活力。去年全市全年举办各级各类群众体育赛事活动3600余场，参与群众62.4万人次，有效带动当地各项消费。例如，去年7月承办的NYBO青少年篮球公开赛全国总决赛，共有4000多名运动员参赛。为期7天的赛事带来了超过1.5万名由家庭和篮球俱乐部组成的"体育游客"，带动了"吃住行游购娱"全要素消费近1亿元，让赛事"流量"成为城市经济发展"增量"。举办日照"太阳城"网球公开赛暨冠军之夜活动，融合网球赛事、音乐演出、后备箱集市、咖啡美食等运动时尚元素，吸引网球运动员、市民、游客等5000余人参加；五莲县举办首届体育休闲季活动，以"'嗨'啤激情盛夏，悦动醉美五莲"为主题，配套首届青岛啤酒节、健身达人挑战赛、"全民健身日"展演、"莲BA"篮球赛、"谁是球王"乒乓球比赛等赛事活动，入驻商家50余家……近年来，日照市创新打造体育消费新场景，开展时尚体育消费季，连续3年发放体育惠民消费券，激发体育消费新活力，点旺城市"烟火气"。

如今，多元化的体育赛事在助力日照市高质量发展的同时，也为广大游客和日照市城乡居民的美好生活提供了更多选项。

［改编自：跟着赛事去日照　激发消费新动能[N]. 中国体育报，2024-05-17（1）.］

思考题

1. 体育赛事如何带动体育消费？

2. 结合本案例，你认为地方政府可以采取哪些措施发挥体育赛事对消费的带动作用？

◎ 复习题

1. 体育赛事消费升级的影响因素有哪些？
2. 我国体育赛事产业价值链的基本结构是什么？
3. 简述体育赛事经济对于体育产业结构优化的作用。
4. 新时代如何促进群众体育赛事活动与旅游行业的融合发展？

第十三章

体育赛事系统的科技赋能

本章概要

- 科技引领运动训练科学化的具体表现
- 体育赛事传播的数字化运用
- 智能体育场馆的建设与应用
- 体育赛事电子信息管理系统与通信服务网络的基本构成

教学目标

- 了解科技引领运动训练科学化的发展历程
- 掌握运动训练科学化的内涵
- 熟知科技引领运动训练科学化发展的具体表现
- 了解智慧体育场馆的基本架构
- 了解体育赛事信息管理系统的组成

相关网站

- 国家体育总局体育信息中心（https://www.sport.gov.cn/xxzx/）
- 华奥星空（http://www.sports.cn/）
- 赛迪网（http://www.ccidnet.com/）

推荐书目

- 崔俊铭，庞静．体育赛事现场直播技术与应用[M]．武汉：华中科技大学出版社，2023.
- 黄黎新．体育赛事传播研究[M]．成都：西南交通大学出版社，2023.

- 中国建筑业协会．智慧体育场馆系统工程技术规程：T/CCIAT 0035-2021[S]．北京：中国建筑工业出版社，2021.
- 伍晓峰．体育赛事信息技术教程[M]．广州：暨南大学出版社，2017.
- 《体育赛事信息化与网络安全》编写组．体育赛事信息化与网络安全[M]．北京：电子工业出版社，2022.
- 朱燕．中国特色信息化发展道路[M]．北京：经济科学出版社，2019.

体育赛事相关领域科技赋能进程加剧，在提升体育赛事运作管理效率的同时，也显著降低了体育赛事的组织管理成本。本章围绕体育赛事运作的运动训练、传播推广、场馆运营、电子信息系统四大环节，分类阐述体育赛事系统科技赋能相关内容。

第一节　科技引领运动训练科学化发展

科学化是当前与未来一段时间内运动训练发展的主基调，而科学技术正是引领变革的重要力量。虽然不能将科技的引领作用简单等同于运动训练效果和竞技比赛成绩的提升，但无论是欧美发达国家还是我国的实践经验都表明科技对于运动训练具有积极作用。目前，运动训练的科学化水平还远远不能达到人们对于“更快、更高、更强”的目标追求，对于科技引领运动训练的科学化发展，人类仍然处于试错、纠错的路上。为此，面对我国竞技体育在国际赛场上的严峻形势与未来目标，更要将科学化的技术、思想和理念融入日常运动训练，将运动训练的科学化水平转化为国际竞技体育赛场的核心竞争力。

一、科技引领运动训练科学化发展的概述

（一）科技引领运动训练科学化的发展历程

1. 西方国家科技引领运动训练科学化的发展历程

自1908年伦敦奥运会采用电子计时以来，科技就开始在运动训练、体育竞赛中应用。

20世纪60年代，苏联等国家建立了完善的体育实验室，采用专门的训练设备培养出一批国际一流运动员。1983年，芬兰奥卢大学电子系发明了第一台无线心率遥测仪——Polar PE-2000，首次使用可穿戴设备监控运动训练的过程，打开了运动训练科学化的大门；1984年洛杉矶奥运会期间，使用当时最先进的16毫米胶卷记录比赛全过程，通过对胶卷进行数据化的分析，以指导运动员的日常训练。20世纪90年代，一种便携式的可穿戴气体交换分析仪COSMED-K4b创新出世，将以往仅能在实验室环境下进行的能量代谢实验搬至训练场[1]。21世纪以来，西方发达国家通过持续的科技创新赋能运动训练过程，实现在国际赛场上争金夺银的目标。

美国通过对运动数据的采集与分析，帮助运动员提高运动水平，并辅助教练员与管理者作出正确的决策。例如，NBA利用Sport VU系统实现动态追踪，其原理是在球馆天花板上配置6个3D高清摄像头，并将所拍摄的信息传输至电脑进行数据分析，包括平均带球速度、传球和运球效果、精确防守间距、干扰投篮准确度、传球形成助攻率、控球距离等，从而辅助教练作出更为科学、合理的战术布置。再如，Catapult Sports小型监控器能够追踪运动员的加速度、变向、膝盖与脚踝的压力指标，帮助教练员了解运动员的身体状况，以便合理调整上场时间和休息时间。英国是老牌的竞技体育强国，但在1996年的亚特兰大奥运会上，英国派出了超过300名运动员参赛，仅获得了15枚奖牌，其中金牌1枚，使得英国奖牌数下降到金牌榜的36名。此次奥运会的成绩对于英国体育事业来说是沉重打击，为此英国通过优化管理体制、加大经费投入、出台相关政策和利用科技赋能等方式深化竞技体育改革[2]。实践证明，最为成功的是英国自行车项目成绩的突破，英格兰体科所先后投入3000万英镑用于赛车和服装的研发，并明确提出“如果可以通过科技提高1秒，那么就绝不通过训练”，最终实现了2008年北京奥运会自行车项目的崛起，以及在2012年伦敦奥运会、2016年里约奥运会和2020年东京奥运会上持续保持该项目的竞争优势，充分展现了科技力量对于竞赛成绩的促进作用。

2. 我国科技引领运动训练科学化的发展历程

我国早在1964年就成立了体育科学工作委员会，专门负责全国体育科技工作的开展；1978年国家体委设立科教司，负责政策规划的制定、组织科研攻关[3]；1978年5月，国家体委下发《关于加强体育科学技术工作的意见》，要求重视体育科技工作；1996年，国家体委发布《关于贯彻科教兴国战略 加速体育科技进步的意见》明确指出，进一步推动运动训练的科学化；1997年，国家体委制定《奥运争光计划科技工程》，要求紧紧围绕奥运争光计划中心，针对竞技运动中普遍存在的关键性问题，充分运用先进理论、方法和技术，促进竞

[1] 李海鹏，陈小平，何卫，等．科技助力竞技体育：运动训练中可穿戴设备的应用与发展[J]．成都体育学院学报，2020，46（3）：19–25.

[2] 黎涌明，陈小平．英国竞技体育复兴的体系特征及对我国奥运战略的启示[J]．体育科学，2017，37（5）：3–10.

[3] 刘洪涛．我国体育科技政策历史变迁研究[D]．北京：北京体育大学，2011.

技体育的快速、健康发展[1]。2002年国家体育总局出台《2001—2010年体育科技发展规划》，要求竞技体育科技工作要以运动训练为主战场，以备战亚运会、奥运会为主要任务，进一步推动运动训练科学化。2002年3月16日，科技部发布《奥运科技（2008）行动计划》，要从解决运动训练实践中的难点和痛点出发，应用现代科技理念、集成科学训练方法，全面提高我国运动员的科学训练水平[2]。2002年11月，国家体育总局发布《2001—2010年奥运争光计划纲要》，指出全面实施奥运科技行动计划，加大科技对运动训练的指导和支持力度，建立与完善科学训练监控服务体系。2012年3月，国家体育总局印发《中长期体育科学与技术研究指导纲要（2011—2020）》，要求通过加强科研攻关、体育科技条件建设，体育科技管理制度建设，体育科技成果转化等，为体育强国建设提供科技支撑。《体育事业发展“十二五”规划》强调，加强奥运会的科技支持和保障，加强对科学选材、基础训练的研究，着力解决重点运动项目关键技术难题。

党的十八大提出创新驱动发展战略，强调科技创新是提高社会生产力和综合国力的战略支撑。在体育方面，尤其是在世界百年未有之大变局的当下，以奥运会为代表的国际体育赛事更是成为彰显综合国力、提升国际形象的重要舞台。2019年印发的《体育强国建设纲要》中提出“科技助力奥运工程”，通过培育国际化体育科技合作平台、组建国家队复合型科研医疗团队、建设国家队训练大数据管理系统和组建大型体育赛事科研医疗保障营等手段，做好科技助力奥运备战保障工作。2021年发布的《“十四五”体育发展规划》中提出，坚持“三从一大”科学训练原则，借鉴国际先进训练经验，创新训练理论、方法和技术。在备战东京奥运会期间，国家体育总局作出“科技助力奥运备战”的总体部署，在科学化系统训练、科技创新支撑和科技团队等的共同努力下打好东京奥运翻身仗。2022年，国家体育总局体育科学研究所启动了“科技助力巴黎奥运备战科技攻关工作”，聚焦国家队重点运动员科技保障，助力运动员在奥运赛场上再创佳绩。

（二）科技引领运动训练科学化发展的背景

1. 对标国际发展趋势

20世纪20年代，丹麦的诺贝尔奖获得者A. Krogh发明了第一台“功率自行车”，使教练员能够更加准确地测量和评估运动员的心肺功能和下肢运动能力，深刻改变了运动训练的方式。2000年，澳大利亚SPEEDO公司推出第一代“鲨鱼皮泳装”，能够提升游进速度的3%～7.5%，帮助澳大利亚运动员伊恩·索普在悉尼奥运会上一举夺得3枚金牌。2008年北京奥运会上，英国凭借高科技的比赛服和新型赛车，收获了7枚金牌。长期的竞技比赛成绩证明，科学技术的发展是提高竞技水平的重要杠杆。在巴黎奥运会备战周期内，世界竞技

[1] 国家体委. 奥运争光计划科技工程[J]. 体育科学，1997，17（3）：1-8.

[2] 中华人民共和国科学技术部. 奥运科技（2008）行动计划[EB/OL].（2002-03-16）[2024-10-29]. https：//www.most. gov. cn/ztzl/kjay/kjaygzdt/kjaygzbs/200708/t20070827_52721. html.

体育强国纷纷借助科技力量精准备战。美国奥委会与硅谷投资机构合作研发，打造出以数字化为基础、网络化为载体和智能化为核心的科技辅助体系；英国奥委会组建了多学科运动表现的保障团队，通过数据评估运动员的训练效果，制定“高水平竞技系统数据战略”，保障巴黎奥运会重点项目的备战；法国启动高水平备战中心项目打造科训一体化训练基地，部署“蓝色野心高效训练计划”提供科技支撑，多部门联合制订“体育优先研究计划”，加强对于研究所、学校的扶持；日本基于东京奥运会的遗产，并针对巴黎奥运会上的夺金项目出台“OSAKA”梦想计划，围绕不同项目分类提供医疗恢复、训练基地建设维护和科技助力等支持[1]。

2. 聚焦我国现实需求

（1）竞技体育争金夺银的目标。我国奥林匹克梦想实现的过程也是见证自身从体育大国向体育强国转变的过程，更是一个世界大国民族自豪感建立与提升的过程。中华人民共和国成立之初形成了以在国际赛场上争金夺银为目标的举国体制，并于1995年颁布的《奥运争光计划》确立了奥林匹克事业在我国体育事业发展过程中的地位。1996年亚特兰大奥运会，我国派出了495人组成的体育代表团赢得了16枚金牌，以50枚的奖牌总数跻身世界体育的第一阶梯。2016年里约奥运会，我国派出了史上最大规模的境外奥运代表团，但却收获了自1996年亚特兰大奥运会以来最差的参赛成绩——美国奖牌数依旧遥遥领先、英国奖牌数历史性地超越我国。这主要是由于奥运赛事的竞争越来越激烈，但我国代表队对于形势和困难的估计不足，且训练理念和训练方法的创新不足。面对东京奥运会延期、巴黎奥运会备战周期缩短及2028年洛杉矶奥运会中美竞争的严峻局势，以科技引领运动训练科学化水平是聚焦我国竞技运动成绩提升的现实需求。国际赛场作为和平年代的“无烟战场”，面对西方体育强国的科技备战举措，我国更应该针对面临的不确定性形势和风险挑战，以科技引领训练的科学化。

（2）后备人才培养现实问题。未来国际竞技体育的竞争优势体现在后备人才的数量和质量上，但我国存在后备人才培养的新旧体制机制冲突和人才模式转换的问题，导致好苗子过早消耗、频繁损伤和提前夭折。同时，长期受奥运争光计划的目标驱使，以及在教练员专业知识欠缺、训练体制不合理、竞赛制度等因素的共同影响下，传统训练方法停留在以往经验的沿袭和已有训练方法的机械重复，导致运动员深受伤病困扰和运动寿命普遍偏低。当前，随着创新科技的发展，竞技体育运动员的自身能力和比赛胜负条件已从个人天资禀赋转变至训练、科研、人力服务、资金投入、服务保障等综合实力的比拼。为此，针对当前运动员的伤病困扰和未来后备人才的培养问题，需要充分借助科技的力量“保备战、促备战、强备战”。

---

[1] 彭国强．世界竞技体育强国备战巴黎奥运会的举措及启示[J]．武汉体育学院学报，2024，58（4）：82-88.

（三）科技引领运动训练科学化发展的内涵

1. 运动训练科学化的内涵

对于运动训练的传统评估只是简单等同于竞赛成绩，竞赛成绩好则说明运动训练有效，反之成绩不好则会进行更多的机械性、重复性的训练。但随着运动技术学科、运动人体科学、心理学、康复治疗学等学科的发展，人们对于运动训练有了更清晰的认识。运动表现发生在训练投入之后，表明无法通过事后的运动表现去调整事前的训练投入，为此，人们意识到这种运动表现的迟滞性无法合理评价运动训练的科学性和有效性。科研人员、教练员逐步将运动训练的评估转至运动训练负荷的量化评估和训练全过程的监管。早期对于训练负荷的认识只是基于超量恢复和人体适应的理论模型研究，后出现以实验数据为依据的负荷模型，以及2000年后随着科技的发展出现基于大数据的负荷模型的研究应用等[1]，以满足竞技体育发展的实际需要。表明运动训练的科学化是伴随着科技的创新发展，主要是满足竞技体育发展的实际需求和重点关注“三位一体”的训练模式、运动训练负荷的量化投入、能量代谢研究、体能训练认识等多方面。基于此，本书认为，运动训练科学化是基于现代科学方法与先进技术手段，通过建立“三位一体”的训练模式、量化运动训练负荷投入、加快能量代谢研究、深入认识体能训练等，实现运动员竞技水平的提升、保障机体健康和促进综合能力的提升[2]。

2. 科技引领运动训练科学化的优势

（1）提高竞技成绩。自1894年国际奥委会成立以来，现代奥林匹克运动已经走过130余年，也一直在追寻着“更快、更高、更强”的目标。历代运动员在长此以往的训练过程中，其运动能力也逐渐接近身体极限，且竞赛成绩提升缓慢的同时运动损伤风险增加[3]。对此，当前体育强国纷纷探索“三位一体”的训练模式，即科研、训练和保障的衔接与融合。具体实践中，科技帮助教练员“个性化地练”。教练员针对性地了解运动员的身体状态和训练需求，制定个性化的训练方案并靶向监控运动员的训练全过程；科技帮助运动员“精准地训”。科技有利于运动员进行自我导向的评估与训练，使得抽象的训练过程变得更具体；科技帮助科研人员“全方位地保”。在科技力量的加持下，帮助科研人员厘清运动训练过程、结果的内在机理与多因素机制，为运动员日常训练、教练员日常教学提供依据[4]。在教练员、科研人员和运动员的共同努力下，通过现代科技的融入与应用提升我国竞技体育成绩。

（2）保障机体健康。运动员因为身体疲劳、兴奋度不够、准备活动不充分、技术动作不合理、运动负荷过高、能力发展不平衡等原因导致身体损伤已经成为影响运动训练和竞赛

[1] 陈小平．从助力到引领——竞技运动训练科学化的转折与发展[J]．体育与科学，2023，44（3）：1-10.

[2] 陈辉，魏小斌，苏炳添，等．竞技运动训练科学化进展——基于东京北京双奥备战训练的思考[J]．沈阳体育学院学报，2023，42（4）：90-98.

[3] 陈小平．科技助力奥运训练：形势、进展与对策[J]．体育学研究，2018，1（1）：76-82.

[4] 钟亚平，吴彰忠，陈小平．数据驱动精准训练：理论内涵、实现框架与推进路径[J]．体育科学，2021，41（12）：48-61.

成绩的最大障碍。但在实践中，由于训练过程中不能准确地建立训练负荷与运动表现之间的量化关系，容易产生非功能性的过度训练或过度训练综合征，如女排运动员存在腰伤等，这足以证明保障运动员机体健康的重要性。当前，多项教练员（体能、康复和技术）与多学科的科研人员（生物力学、生理学和营养学）等组成的复合型团队，从运动训练负荷调整、能量代谢提升和日常体能训练等多维度保障运动员的机体健康。科技助力运动训练负荷方面，基于运动员竞技能力的提升，从降低损伤风险、延长运动寿命、量化康复训练等方面，实现精细化和个性化的剂量训练负荷投入；从运动员的能量代谢角度看，科技能够依据运动项目特点和结合运动员自身条件打造科学合理的高水平能量供应系统，进而从能量代谢角度制定运动训练方案；对于运动员的体能训练而言，运动本质上是以能量代谢和神经支配为内在驱动，通过肌肉收缩呈现的一种身体活动，其能力大小主要与人的体能有关[1]。而科技的出现使得体能训练变得智慧化、精准化和科学化。如NBA的部分球队部署了人工智能重量训练平台“Perch”，全面的指标数据帮助教练员和运动员了解身体数据和训练表现，进而实现负荷管理并降低运动员伤病风险。

（3）优化训练装备。国际体育赛事不仅是竞技体育盛会，更是创新科技展示的舞台。当今，竞技水平提升的过程也是“高精尖”训练装备创新研发的过程，训练赛场上的“黑科技”应用有效提升了运动训练的效率和科学化水平。传统冰雪运动训练受季节和气候的影响较大，在科技部重点研发项目和国家体育总局的支持下，我国建立了集冬季项目风洞训练体系、运动姿态优化减阻技术、队列优化减阻技术、赛道赛时环境风评估与应对技术、运动装备风阻性能评测技术等于一体的全套风洞技术应用体系，有效解决了冬季项目训练场地开放周期短、维护成本高的问题。同时，体育风洞能够准确测量运动员受到的风阻力，并将教练员的经验、运动员的体验和高精度的数据相结合，更容易发现问题和改进动作。在实践中，风洞技术帮助国家钢架雪车运动员优化滑行姿态，平均减阻率达到了11.78%。

二、科技引领运动训练科学化发展的具体表现

（一）训练计划制订环节

1. 训练目标设定

除运动训练的过程外，如何快速消除疲劳、实现身体恢复、防止过度训练和运动损伤等也是训练目标设定需关注的信息。训练目标的设定不仅要结合运动员的技术水平，更要着重考虑运动员身体机能状态等多方面数据信息，形成以“训练刺激—身体疲劳—体能恢复—超量恢复”为生物学基础的运动损伤预防和技战术训练制定的体系。美职篮作为全世

[1] 陈辉，魏小斌，苏炳添，等．竞技运动训练科学化进展——基于东京北京双奥备战训练的思考[J]．沈阳体育学院学报，2023，42（4）：90-98.

界最成功的职业篮球联盟，也拥有着强大的科技力量，助力球员的赛后康复、伤病康复，包括超低温康复设备、反重力跑台、NormaTec脉冲按摩设备、GAME ready冰浴加压恢复仪、Hypervolt肌筋膜冲击仪等，以提升球员的健康水平和维持运动员的高水平竞技状态。

2. 训练方案制定

科技助力运动员训练过程中的数据收集，经过教练员的信息解读后，从而发现问题、提出解决思路，并将方案融入日常训练之中。体操项目是我国优势项目，但随着项目的发展与人们追求的提升，技术动作的难度逐渐增加，也对运动员提出更高要求。在备战巴黎奥运会期间，在体操中心的指导与统筹协调下，为国家体操队的备战构建了集机能监控、情报信息、规则对策、伤病预防、康复营养、心理调控、体能训练、技术诊断与分析等10多个领域在内的科技助力体系。大数据为教练员提供客观、精准的分析，有利于教练员制定个性化、针对性的训练方案，实现了体操训练从依赖传统经验向运用科技转变。

（二）训练控制环节

1. 运动员技术提升

运动训练科学化很大程度上得益于新技术信息采集能力和数据处理能力，通过智能可穿戴设备、红外等技术对运动员的训练动作精准捕捉和科学监控，并采用算法、人工智能等对原始数据进行提取、计算和分析后得出训练报告，有利于教练员结合训练报告针对性地提升运动员的技术。在备战巴黎奥运会期间，我国国家射箭队利用人工智能手段进行辅助训练，包括延迟摄影系统（对运动员的技术动作进行多角度实时回放）和人工智能动作捕捉系统，相比于过去通过红外摄像和在运动员身上标点进行动作识别的方法，人工智能动作捕捉系统能够改善传统红外摄像因天气、湿度和温度等因素导致数据不准确的问题，自动记录运动员在射箭过程中的头部、肩部、手臂等多部位活动范围的一万多个数据，并在算法、人工智能的处理后形成训练报告。

2. 体育赛事战术优化

随着大数据、人工智能等技术的应用，帮助教练员团队实时精准掌握运动员的状态、对手动态以及比赛环境的细微信息，为竞赛、训练过程中的战术决策提供有力的数据支持。谷歌旗下的DeepMind公司和利物浦足球俱乐部提出名为“TacticAI”的“AI足球助教”，主要是为足球竞赛、足球训练提供角球战术建议，其本质是根据球员的跑动位置、身高和体重等信息精准预测角球被踢出去后的第一个触球球员，然后利用人工智能技术生成进攻或防守角球的战术，以达到预期的效果。

（三）训练评估阶段

1. 后备人才选拔

当前，借助于大数据、人工智能等科技手段，分析运动员身体、技术、心理等维度的数据信息，形成以量化指标为核心的“冠军模型”，有利于为我国孕育更多优质的“种子”选手。“冠军模型”又称优秀运动员专项能力结构模型，现在已被广泛应用于竞技体育后备人才的选拔工作中。其本质是在建立量化“冠军标准”的基础上，通过对运动员进行全面的体能和技能测试，运用科学技术综合分析运动员在体能、心理、体质等方面的数据，选拔出最具潜力的竞技体育后备人才。同时，由于基因监测与运动员的运动天赋密切相关，故提出了基于现代遗传学理论和技术的基因选材方法，通过监测和分析运动员的基因信息，以评估其运动潜能和运动天赋，在一定程度上提升了选材的准确率和培养的成功率[1]。2018年平昌冬奥会，我国代表团的参赛率仅为52%，为快速提升冬奥会的竞技成绩，我国运用冠军模型进行跨界选材，通过夏季奥运会的人才优势弥补冬奥会的人才短板，最终在北京冬奥会上实现了我国奥运代表团的全项目参赛。

2. 运动表现评估

科技助力运动表现评估是基于姿态分析和身体力学模型等，及时采集可穿戴设备和传感器技术发展动态，精准捕捉运动员的心率、血红蛋白、血乳酸等生理生化指标和技术动作、战术执行等运动数据，并结合数据分析技术、人工智能和算法的应用等对运动数据进行深度分析，进而实现对于运动员训练和比赛的科学评估。谷爱凌在北京冬奥会训练期间，需要对腾空高度、滑行速度等进行专项训练，但仅凭肉眼难以对运动过程中的人体姿态和关节角度进行三维定量分析，对此我国创新研发“3D+AI”技术，能够准确计算出运动员的三维姿态及关节的三维角度，并将采集到的滑行速度、腾空高度、落地远度、旋转角度等数据与三维画面叠加，实现运动训练效果的全流程评估。

3. 运动损伤预防

运动员在运动训练和竞技比赛过程中，容易出现软组织损伤、关节和韧带损伤、骨折、脑震荡、半月板损伤等运动损伤，不仅会影响常规的训练和比赛，甚至会对运动员造成终身性的伤害。在科学技术的加持下，基于大量的训练数据，通过算法分析不同项目、不同类型、不同水平的运动员发生损伤的规律和特征，实现对常见的运动损伤的预警，以保障运动员的身体健康。例如，极限飞盘运动具有频繁的切割动作，极易造成交叉韧带的损伤，对此研究人员利用可穿戴设备，追踪了12名女运动员在16场极限飞盘比赛中的运动数据，重构了运动员的半身训练学和绕场运动学。最终，通过计算切割运动的加速度、速度和膝关节屈曲角度，量化了运动员前交叉韧带损伤风险的类型及概率，同时明确了不同水平下运动员的前交叉韧带损伤的患病率、危险因素和保护因素。

[1] 李鑫，李赞，赵慧敏，等. 新质生产力赋能我国竞技体育高质量发展：内涵特征、基本逻辑与实践路向[J]. 沈阳体育学院学报，2024，43（3）：1–8.

【案例13–1】

国家跳水队　有位"001号"教练员

科技助力体育，是当前体育赛事竞争的全球趋势。中国跳水队作为"梦之队"，辉煌成绩的背后除了运动员和教练员的努力拼搏外，还离不开科技的力量——"3D+AI"跳水辅助训练系统。

从2019年开始，百度研究院的资深工程师卢飞翔带领科研团队，与中国跳水队的教练员们一起通力合作，花费近两年时间研发出了人工智能辅助训练系统。"这套系统具有真正意义上的'火眼金睛'和'最强大脑'，能够自动捕捉跳水动作的细节，实现快速反馈、实时量化分析，并拥有超强记忆能力，当前动作与历史最佳动作进行'同场竞技'，通过简洁直观的对比，帮助运动员查漏补缺，优化动作细节，随着数据的积累与经验知识的融入，能够不断优化跳水运动的冠军模型。"卢飞翔总结道。

这套为中国跳水队量身定做的系统将3D和AI（人工智能）技术融入队伍日常训练中，采用云、边、端一体化技术，实现数据采集、量化分析、结果呈现的全流程自动化与智能化。具体来说，就是首先通过图像采集端，对运动员跳水全过程进行全方位记录；其次通过人工智能技术和大数据分析技术，自动抽取运动员的关键动作，实现360度自由视角的空间定格，并可将运动员一连串动作进行多帧融合，多视角查看运动员在完成动作过程中出现的瑕疵；最后在视频回放的过程中对运动员身体骨架进行直接编辑和2D/3D标注，与完美动作标准进行对比，从而提出优化方案，来矫正、完善整体动作的流畅度和精准度。

"跳水运动员从起跳到入水，时间在1.8秒之内，空中动作快速且复杂，对所有动作细节精益求精，是中国队'水花消失术'的关键。用传统的方法录制视频不仅无法清晰捕捉每个动作细节，而且数据分析费时费力，无法做到现场即时反馈，改进训练。"卢飞翔说，这套训练辅助系统实现了在几秒内"看得清""看得准""看得全""看得懂"，把竞技体育更精细化地定格在时间和空间维度中，突破了跳水运动数据的量化评价和分析的难题，在数据采集、数据标注、科学训练等方面取得进展，为竞技体育树立了一个全新的科技标杆。

［刘昕彤. 综合科医保障体系为备战添动能[N]. 中国体育报，2024–07–10（07）.］

思考题

新时代，创新科技如何促进运动训练的提升？

第二节 体育赛事传播的数字化运用

当今社会，传播对于体育赛事影响重大，体育赛事的价值需要通过传播桥梁加以释放。在传播手段不断丰富、现代信息技术不断发展的背景下，体育赛事传播呈现出多角度、大视角和综合性特点，充分展现体育赛事的魅力，也吸引更多的观众观看各类体育赛事盛宴。

一、体育赛事传播概述

（一）体育赛事传播的发展历程

体育赛事的职业化、商业化与媒体的发展息息相关。英国是现代奥林匹克运动会的发源地，更是许多竞技体育项目诞生的摇篮，但英国现代体育的兴起很大一部分要归功于报纸、期刊等媒体的宣传。早在英国报纸行业发展初期就与体育运动结合起来，体育为报纸提供持续且稳定的新闻来源，报纸为体育运动扩大宣传、为商业化注入能量。此时，企业家在围绕休闲活动做生意时，报纸正是其最常用的促销手段[1]。我国的体育赛事传播可追溯到第二次鸦片战争之后。随着英、德等资本主义国家文化的渗入，体育赛事传播也出现苗头。1864年4月18日的《上海新报》中刊出的《第一日跑马单》是迄今发现的最早的体育赛事相关报道；1909年上海中国体操学校体育界杂志社创办的《体育界》被认为是最早的体育刊物；五四运动后体育赛事报道进入新阶段，出现上海的《申报》和天津的《大公报》；1950年《新体育》杂志是我国最早的体育专业期刊，随后出现《体育报》《中国体育报》等报刊。同时，体育赛事的广播传播也在20世纪30年代出现。1930年，上海亚美广播和浙江广播合作播报了中华民国第四届全国运动会的信息；1936年柏林奥运会期间，国民党中央广播电台特别设置《转播世界运动会的消息》的节目；1950年，苏联体育代表团访华，中央人民广播电台对友谊赛进行实况转播，开创了我国体育赛事实况转播的先河；

[1] 杨松. 19世纪英国体育运动的发展及其在帝国传播研究[D]. 西安：陕西师范大学，2019.

1955年4月，中央人民广播电台创办了第一个体育节目——《体育谈话》[1]。

此后，我国出现了电视转播体育赛事。1958年6月19日，北京电视台转播了“八一”男女篮的友谊赛；1961年，我国承办的第26届乒乓球锦标赛中，首次转播国际体育赛事；1978年，中央电视台通过国际卫星回传信号对第11届世界杯足球赛进行现场直播；1995年1月1日，中央电视台体育频道（CCTV-5）正式开播，此后地方的体育频道也相继创办。2008年北京奥运会的传播将我国体育赛事转播带入新时代；在2022年北京冬奥会期间，转播和通信技术得到极大突破，奥林匹克转播服务公司（OBS）首次在奥运会上提供4K+HDR公共信号，以及相当数量的8K体育赛事公共信号。基于5G通信和智能云网能力应用创新了云转播平台，将传统以现场为主的转播工作划分为前端信号采集、云端传输处理和远程导播制作环节，实现了转播设备的云端化和人员服务的远程化，通过大规模的数字技术向全世界转播体育赛事盛会，开辟了我国体育赛事转播的新纪元。

奥运会的全球传播也是得益于媒体的发展，使关于奥运赛事的信息能够广泛及时地传播到全球。1924年，巴黎奥运会中首次有广播报道体育赛事，人们通过收音机了解体育赛事实况，而报纸、广播的传播形式侧重于对体育赛事活动场面的文学性描述和体育赛事的专业性分析[2]。1936年柏林奥运会开创体育赛事传媒的趋势，首次用电视播放的形式传递比赛信息，观众可以远程观看比赛。以电视转播的方式可以实现赛场的真实场景模拟和再现，观看体育赛事获得视觉上的刺激，实质是将体育赛事变为一种娱乐表演。1964年东京奥运会上，通过“辛康3号”通信卫星向全世界进行奥运会实况转播，实现了全世界收看奥运的愿望。在报纸、广播和电视三大媒体在奥运会赛场上相继展现其传播威力后，互联网的出现打破了体育赛事观看的时空限制。1996年，在亚特兰大奥运会上首次使用互联网的方式直播了开幕式，运用3个网络计算机系统扩大奥运文化在世界范围内的影响；2008年北京奥运会上，基于光纤通信技术和数字技术，首次向全世界提供了高清的转播信号，真正实现了全民参与；2010年温哥华冬奥会上，体育赛事直播首次出现在电视以外的直播平台上，也被称为“第二屏幕奥运会”（Second-screen Olympic Games）；2012年伦敦奥运会成为首届“社交奥运会”；2014年索契冬奥会上，数字平台已成为观看体育赛事直播和获取奥运信息的首选，被称为“数字化奥运会”；2016年里约奥运会上，网媒和社交网络成为奥运媒介的新主流，“移动+视频+社交”的传播范式创新涌现[3]；2022年北京冬奥会的传播上，践行“科技冬奥”的理念，综合运用各种高清转播、虚拟现实、人工智能等技术，全媒体、全方位、全时段、多终端、多角度地呈现奥运精彩。当前，随着媒体对信息技术的投入，以视频流、文字流与音频流为主的流媒体不再是传统电视在移动端的补充，已逐渐成为不可忽视的媒介力量，呈现出个性化、沉浸式、陪伴式、参与性、延伸性、垂直化和轻量化

[1] 王瑜. 我国体育赛事传播的发展历程及特点解析[J]. 新闻界，2013（10）：67-71.

[2] 张佳，王东林. 后疫情时代体育赛事沉浸式传播嬗变[J]. 青年记者，2023（3）：57-59.

[3] 刘晓丽. 全媒体时代体育赛事危机传播管理研究[D]. 武汉：武汉体育学院，2019.

的特征，不仅再现了体育赛事情景，也提升了跨时空传播的能力，保持了较强的时空延伸能力。

（二）体育赛事传播的功能

1. 促进体育赛事的市场开发

体育赛事作为一种具有广泛传播性和商业价值的娱乐形式，已经成为一个巨大的市场，通过体育赛事与其他商业活动的结合，可以有效提升经济效益和社会效益。对于体育赛事而言，主要的盈利收入包括赞助商、媒体、广告宣传、版权出售等方式，但盈利收入的多少还是取决于体育赛事的品牌和知名度。因此，通过体育赛事的传播提升体育赛事的影响力、得到大众的认可是进行体育赛事市场开发的关键所在。同时，成功的资源开发能为体育赛事提供更多的资源，反过来进一步促进体育赛事的传播。

2. 利于体育赛事转播权的出售

体育赛事转播作为一项权利最早来自国际奥委会。1936年柏林奥运会出现电视转播技术；1948年伦敦奥运会确立了电视转播付费的原则；1958年《奥林匹克宪章》首次确立了奥运会的电视转播权归属于国际奥委会，但实际最终是为国际奥委会和主办城市提供资金支持。随着体育赛事商业化的运作和产业化的发展，体育赛事的市场关注度和消费需求度增加，体育赛事本身体现出的人类情感和体育赛事所蕴含的深厚文化成为信息传播的焦点内容[1]，使得转播权的出售成为体育赛事一项重要的收入来源。体育赛事转播权出售是体育赛事举办方、媒体和消费者共同推动的结果，不仅可以为体育赛事举办方带来收入，也可以提升体育赛事的形象和知名度。美职篮在1992年正式进入中国市场，通过与中国媒体达成战略合作，获得大量体育赛事在中国的直播权、转播权，以体育赛事直播与社交媒体的运营方式打开中国市场、植根于中国市场。

3. 实现文化的广泛传播

体育赛事已经成为文化现象，为不同文化、民族背景的人们提供交流和互动的平台。同时，体育赛事的社会影响力大，通过其独有的文化表现形式展示体育赛事举办地的文化魅力，如开幕式、比赛项目等。尤其是对于国际大型体育赛事而言，体育赛事传播已不仅仅是体育赛事信息的散播，已经成为带有政治功能、意识形态及价值色彩的政治行为。中华优秀传统文化源自五千年的历史传承和中国特色社会主义的伟大实践，并在中国梦的实现过程中得以再生再造和凝结升华。体育不仅是一种文化软实力，更是文化传播的载体，通过信仰、道德、价值观念等无形力量潜移默化地影响人的思想、改变人的行为，或者通过思维、精神创造新的价值体系等精神形态的成果，在发展进程中形成的中华体育精神，对于丰富人民精神文化生活、提高民族自信心具有重要意义。2008年北京奥运会深刻改变了世界对于中国的看法，在奥

细节了解 中华体育精神

[1] 许正林. 体育传播学[M]. 上海：上海交通大学出版社，2010.

运会以前国际社会对于中国的了解相对有限，而奥运会的举办让全世界看到了开放、富强的中国，可以说此次体育赛事是提升我国国家形象的国际公关事件；2022年，在世界百年未有之大变局和新冠疫情肆虐的背景下，我国成功举办了北京冬奥会，有利于展示国家和民族致力于推动构建人类命运共同体的决心与能力，增强了各国人民对于中国的认识。

（三）体育赛事传播数字化运用的特点

1. 精准化

传统的体育赛事传播内容广泛、无所不包，且只是一种单向的传播方式，传播者和受众间的互动频率低，传播效果有待提升。现代信息技术的出现使得目标受众精准、传播内容精准，这就需要对受众需求做到充分了解。当前，依托大数据、算法、人工智能等技术，精准掌握受众的年龄、价值取向、需求偏好等信息，基于用户画像的构建进行个性化、针对性的内容推送。同时，数字时代能够形成传播者和受众的虚拟交流、沟通、互动空间，通过全方位地了解用户有利于进行差异化、精准化的传播内容制作。2022年北京冬奥会期间，基于多主题引导的冬奥赛事专题快速生成技术、上下文感知的视觉内容生成技术、跨模式检索技术和基于多头自注意力模型的冬奥赛事信息精准推荐技术等，实现了冬奥赛事的精准传播。

2. 流量化

现代体育赛事已不仅仅是一场体育竞赛，更像是一场社会文化活动，其所衍生出来的综艺、周边、收藏品、电子游戏、影视节目等使得体育赛事向流量IP演进。体育赛事流量IP的本质是粉丝效应和球迷效应，现代信息技术的广泛应用使得体育赛事传播速度更快、范围更广，最大限度地扩大受众群体，促进体育赛事IP的打造。同时，体育赛事IP的衍生产品能够吸引不同消费偏好的用户和扩大市场范围，促进现象级IP和超级IP的打造。“村超”凭借其群众性、文化性、开放性的特点迅速爆火，但引起巨大社会反响和传播热潮离不开互联网的助推。央视频联手“村超”组委会策划新媒体节目——《一起看村超》，探索乡村体育赛事传播的融媒模式；榕江县动员1.28万个村寨新媒体账号，形成了以官方账号为核心、众多子账号为辅的传播矩阵，在消息的裂变中形成一种现象级的传播现象，最终打造成顶流“村IP”。

3. 情景化

体育赛事传播的本质是将体育赛事信息传播到受众面前，此时广播、电视都只是传播的中介工具。无论是体育赛事转播过程中的固定场景、移动场景、媒介场景，最大限度地还原真实场景才是传播的意义所在。进入数字时代，体育赛事传播已从传统的视听语言升级为拟态情景，使传播重构为远程呈现、远程感知，也被称为沉浸式传播。尤其是对于互动感、参与感强的体育赛事，技术有效打破实体地理空间和网络虚拟空间的藩篱，营造的

“身体在场感”使得体育赛事的仪式感、情景凝聚力和文化认同感最大化地发挥作用[1]。北京冬奥会期间，由于新冠疫情的影响，对于现场观众的要求较为严格，也在一定程度上对体育赛事转播提出了更高要求。为此，中央广播电视总台积极构建“5G+4K/8K+AI”的战略格局，为观众带来更真实、震撼的观赛体验。同时，体育赛事期间推出“VR看冬奥”产品，搭配3D场景渲染、VR体育赛事直播、视频实时编解码播放等技术，带来沉浸式、情景化的观赛体验[2]。

二、体育赛事传播的数字化实践

（一）体育赛事危机传播

体育赛事危机是指在体育赛事举办过程中，破坏赛场秩序和运行规律，并威胁体育赛事正常运行的事件。体育赛事存在诸多风险和危机，随时都可能成为重大的社会议题，特别是数字时代为危机的传播提供了多样的传播平台，更是加剧了危机传播的速度和广度。体育赛事危机传播是在遵循新闻传播的规律基础上，通过各种手段对体育赛事危机进行干预，实施有效控制的信息传播活动。

（二）数字时代体育赛事危机传播管理

1. 去中心化管理

互联网时代，信息传播的最大特点是去中心化。去中心化不是没有中心，而是相对于传统危机管理中的“集权”而言，管理过程中权力逐渐被分散。我国体育赛事受举国体制的影响长期实行中心化、集权式的管理方式，加之我国媒体垂直式管理模式的影响，导致在危机管理、风险管理过程中形成中心化的管理方式。但在万物互联的时代，垂直式、集权式和中心化的危机管理方式被弱化，取而代之的是人人都可成为信息的生产者和传播源，使得体育赛事危机管理呈现去中心化的特征[3]。

2. 交互式管理

交互式管理是相对于单向度管理而言，传统的体育赛事危机管理受观念的桎梏和利益的牵绊，在实践中具有封闭性，而忽视了与公众、媒体的沟通，只是被动地接受危机处理的结果。而随着数字时代的到来，体育赛事的危机传播管理呈现交互的特征，信息技术平台为体育组织、新闻媒体、社会公众和体育赛事组委会等提供交流的媒介，在交互传播的过程中对话，最终实现危机的有效处置与解决。

[1] 张佳，王东林. 后疫情时代体育赛事沉浸式传播嬗变[J]. 青年记者，2023（3）：57-59.
[2] 徐若寒，刘贺娟. 技术赋能下北京冬奥赛事的场景化传播[J]. 视听理论与实践，2022（4）：67-73.
[3] 刘晓丽. 全媒体时代体育赛事危机传播管理研究[D]. 武汉：武汉体育学院，2019.

第三节
智慧体育场馆的建设与应用

体育场馆智慧化建设是实现体育赛事科技赋能的硬件保障，也是国家推行数字体育发展战略重要一环。本节系统阐述智慧体育场馆基本内涵、价值功能，并介绍智慧体育场馆建设的权威标准，值得体育赛事从业人员关注。

一、智慧体育场馆概述

（一）国外智慧体育场馆的发展趋势

现代奥运会等大型体育赛事自举办以来，比赛曾长期在户外运动场地举办。随着竞技体育的专业化、商业化和观赏性的提高，比赛开始转至室内场地，也对场馆建设的要求越来越高[1]。美国职业体育发展迅速，其体育场馆的建设也愈发先进，呈现现代化、科技化的发展趋势。美国职业体育发展初期，门票收入是整个比赛的核心收益，场馆的维护是体育赛事运营的主要环节；随着“电视革命”的兴起，赛场观众较之前有所减少，为吸引观众重回赛场观赛，体育赛事主办方开始提供豪华座位、配置专门的停车场；此后，职业体育赛事进入“娱乐革命”时代，出现体育赛事转播权、商务权等收益，为体育场馆的运营和综合利用创造了条件；科学技术的创新、新材料的研发广泛应用于场馆的建设与运营中，场馆的科技含量越来越高。体育场馆不仅是用户休闲消费的场所，也成为展示社会科技进步的载体[2]。现阶段，美国体育场馆的智慧化主要体现在场馆分析（设备数据分析、消费者行为分析、视频流分析、运动行为分析等）、运动员实时追踪、直播全息服务、金融服务、电子票务、安全管理和网络支持等，有效地提升了用户体验和提高了场馆管理效率。

（二）我国智慧体育场馆的发展历程

1. 关注场地布局与构造层面阶段（1949—1985 年）

中华人民共和国成立初期，党中央将改善人民健康状况、增强人民体质作为一项重要

[1] 林显鹏．现代奥运会体育场馆建设及赛后利用研究 [J]．北京体育大学学报，2005（11）：6–9.
[2] 张强．智慧体育场馆建设与应用研究 [D]．苏州：苏州大学，2020.

政治任务，“劳卫制”的实施也促进了体育运动的开展。但由于当时国家财政紧张，在中华全国总工会和中央体委联合召开的全国职工第一次体育工作会议上提出，着重在几个重点城市建设体育场地。1950年，广州市政府着手建设一个带看台的体育场——越秀山体育场，被视为我国体育场馆建设的起点；1961年2月北京开始兴建我国第一个万人体育馆——北京工人体育馆，这是当时国内建筑规模最大、设备最齐全的室内体育馆。改革开放后，随着经济的发展和财政实力的增强，中共中央、国家体委和地方政府将场地设施建设列入发展规划。同时，受“体育社会化”的影响，场地设施供给呈现供给主体多元化的特征。1988年第三次全国体育场地普查数据报告中显示，全国新建的场地中体委系统建设的数量仅为2.7%，其余的97.3%都为社会系统、单位等投资建设[1]。但此时竞赛场馆的建设局限于“场地布置与构造层面”，仅能满足基本体育竞赛需求[2]。

2. 实施单体智能化技术阶段（1986—2000年）

为迎接1990年的第11届亚运会，北京市从1986年11月至1990年7月共新建体育场馆20座、新建练习馆8座、改建和扩建体育场馆13座。1997年上海市为举办第8届全国运动会，投资建设了上海八万人体育场，率先搞起了智能化。此时体育场馆的设计和建设逐渐与国际接轨，出现楼宇自控系统、安全防范系统、综合布线系统、计时计分系统及场地扩声系统等，实施单体智能化技术。可以认为，该阶段的场馆建设以产品技术为核心，并已经出现了智慧体育场馆的雏形[3]。但该阶段的体育场馆虽在原始场馆的基础上升级信息+转播的功能，但在赛后面临利用率低、社会参与度不高、能耗负担沉重及场馆功能单一等一系列现实难题。

3. 智能体育场馆时代（2001—2013年）

2001年7月13日，北京获得2008年奥运会举办权，我国体育场馆的建设迎来大发展时期。2009年，我国发布《体育建筑智能化系统工程技术规程》（JGJ/T179—2009），从设备管理系统、信息设施系统、专用设施系统、信息应用系统工程和机房工程五部分提出体育场馆智能化系统的设计和施工要求，标志着智能体育场馆时代的开启。2005年10月，南京奥林匹克体育中心是我国首个高度智能化的体育场馆，既是全国十运会的主赛场，也是2008年北京奥运会的演练场，为此南京奥体中心的智能化系统建设在当时变得尤为重要。当时，南京奥体中心就已经实现了实时运行信息的发布和历史数据的储存、系统间的联动、系统综合分析和处理、远程系统维护[4]。北京奥运会筹办期间，科技部发布《奥运科技（2008）行动计划》，要求将奥运与数字技术结合起来，建设一批标志性示范工程。在北京奥运会场馆建设过程中，搭建了覆盖奥运会赛场的信息网络“INFO 2008系统”和服务于组

---

[1] 陈元欣．综合性大型体育赛事场馆设施供给研究[D]．武汉：华中师范大学，2008.

[2] 张强，王家宏．新时代我国智慧体育场馆的发展现状、困境及推进策略研究[J]．天津体育学院学报，2022，37（5）：566-572.

[3] 徐永清．基于大数据的智慧体育场馆规划的探讨[J]．智能建筑，2018（10）：13-17.

[4] 十运会选用智能场馆——同方打造南京奥体中心IBMS[J]．每周电脑报，2005（27）：33.

委会管理的GMS系统（Game Managing System，赛事管理系统），服务于奥运赛场的信息采集、处理、存储、传输和发布，保证了奥运会的顺利举办。北京奥运会场馆的智能化应用也为我国其他场馆的智能化探索提供经验借鉴，推动我国场馆建设的科技化应用。

4. 2014年至今：智慧体育场馆时代

《“十四五”体育发展规划》中提出“数字体育建设工程”，要求加快体育场地设施数字化改造，推动地方数字化升级改造不少于1000个体育场馆，打造一批智慧体育场馆。2019年发布《关于促进“互联网+社会服务”发展的意见》，要求推进包括公共文化体育场馆在内的社会服务主体的信息化建设，拓展管理与服务的智慧化应用。我国体育场馆的智慧化建设和改造经过两年的摸索，已经卓有成效，但体育场馆的建设与运营结合不足、赛后有效运营不充分、配套服务不足、设施管理的支撑不足、跨系统数据的融合不足，且体育场馆智慧化建设距离全方位实现的便利化、智慧化、人性化、特色化和专业化仍有差距。为此，浙江省体育局于2021年1月发布了《大中型体育场馆智慧化建设和管理规范》，对智慧体育场馆的系统架构、业务应用、平台要求、安全管理和保障管理作出明确规定。2022年4月，国家体育总局体育信息中心联合华为技术有限公司等制定了《体育场馆智慧化标准体系建设指南》，确立了体育场馆智慧化标准体系，概括出体育场馆智慧化参考解决方案，以标准助力体育场馆智慧化建设[1]。我国体育场馆也逐步走上了以场景为驱动，以人工智能、云计算、大数据等为核心技术，运营服务能力显著提升的智慧化时代。

（二）智慧体育场馆发展背景

1. 满足用户的多元需求

智慧体育场馆建设满足消费者需求。长期以来，我国体育场馆运营一直被认为是公共事业的一部分，导致场馆的资源利用率不高、管理不善、开放不足。2018年，国家体育总局办公厅下发了《关于在全国开展公共体育场馆“改造功能、改革机制”试点工作的通知》，推行体育场馆两改试点工作，其核心在于提高场馆的公共服务能力。随着全民健身战略的实施，要求将专业体育场馆、健身房等场地设施进一步融入百姓生活。在此基础上，智慧体育场馆的建设重塑业态布局和市场营销，并跟随消费者的个性化需求不断改造升级，同时满足消费者的个性化、多样化的需求成为体育场馆发展的核心诉求。

2. 实现体育场馆的赛后利用

大型体育赛事申办过程中，城市为展现自身综合实力，场馆建设也在过分追求“更大、更多、更好”，这不仅已经偏离了奥运会等大型体育赛事举办的宗旨，也存在赛后场馆的资源开发和利用问题，如1996年美国亚特兰大奥运会的富尔顿县体育场在赛后第二年被爆破拆除、2016年里约奥运会的体育场被沦为废墟等。赛后体育设施出现闲置的主要原因有：

[1] 国家体育总局体育信息中心．体育场馆智慧化标准体系建设指南正式发布[EB/OL].（2022-07-14）[2024-10-29]. https：//www. sport. gov. cn/xxzx/n5594/c24486050/content. html.

由于举办城市为片面追求政绩而搞“形象工程”；为保证体育赛事的顺利举行，比赛场馆一般远离市中心，为赛后全民健身活动的开展带来困难；举办城市的体育主管部门“只建不管”，只为举办体育赛事而忽略体育设施的长期规划[1]。顾拜旦先生很早就曾指出奥运会筹办过程中很多经费支出用于没有必要的永久性场馆建设；罗格先生也提出，把握奥运场馆最合适的规格，以便赛后的充分利用[2]。

针对大型体育场馆体育赛事后运营存在的运营效能不佳、持续发展动力不足、服务能力不强等问题，2013年10月，国家体育总局等八部委联合发布《关于加强大型体育场馆运营管理改革创新 提高公共服务水平的意见》，其中就指出运用现代信息技术手段，提高场馆运营网络化服务和信息化管理水平。2014年国务院发布《关于加快发展体育产业促进体育消费的若干意见》，提出推行场馆设计、建设、运营管理一体化模式，将体育赛事功能需要与赛后综合利用有机结合。2015年7月31日，我国成功获得北京冬奥会的举办权，在场馆建设时围绕“科技冬奥”行动计划和“绿色办奥”的办赛理念，统筹考虑近期和远期、现状和新建等问题，将智慧场馆建设融入场馆的建设与改造过程中，充分体现出可持续发展理念[3]。例如，“鸟巢”依托智慧场馆系统，实现场馆的安全管理和运营服务的品质提升；“冰立方”利用增强现实、视频体感、人机互动等数字化手段，打造沉浸式的服务体验；“冰丝带”以智慧管理平台为支撑，推进馆内导航、票务管理、体育赛事信息等多功能的集成应用等。在北京冬奥会结束后，我国为推进冬奥遗产的赛后利用，文化和旅游部、国家发展改革委和国家体育总局联合发布《京张体育文化旅游带建设规划》，其中就场馆的赛后利用问题提出明确要求，包括建设并举办区域体育赛事活动、建设冰雪运动训练基地等，并通过借助现代化科技降低场馆能耗，实现场馆运营的开源节流等。

3. 大型体育赛事的办赛需求

大型体育赛事的承办是驱动体育场馆智慧化建设、改造的重要因素。当前，体育赛事的举办不仅对场馆的安全、舒适、环境提出要求，也对场馆的科技水平提出更高要求。尤其是在新发展理念的引领下，需要新技术、新材料的不断应用以降低能源消耗、促进低碳环保。北京冬奥会期间，国家速滑馆“冰丝带”在建设过程中，针对场馆智慧化运行、赛后高效管理和多样化的服务需求实施智慧场馆的建设，基于BIM（建筑信息模型）智慧建造技术使主体结构的工期减少使用钢材2800吨；建立数字孪生和智能化集成管理平台，有效解决了场馆相关设备多样、协议复杂等一体化管控的难题，实现了场馆运行数据采集、趋势研判、提前预警和分析决策的综合智慧管理。成都世界大学生运动会遵循“绿色、节俭、必须”办赛原则，体育赛事场馆的建设充分利用了建筑信息模型、预制清水混凝土等新型建筑技术，使新建场馆达到绿色建筑二星级标准。在能源方面，多个场馆使用了“多能互

[1] 胡振宇. 现代城市体育设施建设与城市发展研究[D]. 南京：东南大学，2006.
[2] 林显鹏. 现代奥运会体育场馆建设及赛后利用研究[J]. 北京体育大学学报，2005，28（11）：6-9.
[3] 孙葆丽，张矛矛，叶凡希，等. 北京冬奥遗产可持续发展创新探究[J]. 武汉体育学院学报，2024，58（7）：1-6.

补、智能耦合”的地源热泵能源管控体系，通过数字技术使用清洁可再生能源达到绿色减排的目的。

（三）智慧体育场馆的内涵与功能

1. 智慧体育场馆的内涵

2006年，我国发布《智能建筑设计标准》、2009年住房和城乡建设部出台《体育建筑智能化系统工程技术规程》，可以看出此时更多使用“智能建筑”“智能化建筑”等表述。智能建筑指的是以建筑物为平台，兼备信息化的应用、管理系统，向人们提供安全、高效、便捷的建筑环境。随着物联网、大数据等数字技术的发展，场馆的科技应用已不仅仅局限于信息系统的搭建，而是转向基于数据的采集、分析、识别用户需求后主动提供个性化服务。为此，基于“智慧城市”的概念，出现“智慧体育场馆”的说法。智慧体育场馆的核心是基于体育行为的主动感知，运用云计算等技术对信息进行处理和分析，并对各种需求作出快速响应与智能决策。《“十四五”体育发展规划》中指出，智慧体育场馆是指拥有以数字平台为核心且具有全面感知、泛在互联、综合分析、辅助决策和智能控制等功能的融合基础设施，体现专业、便利、安全和节能环保等特点的体育场馆。

相比于传统的体育场馆，智慧体育场馆的内涵包括以下三个方面。

（1）注重生态化。传统体育场馆在规划、设计和建设等过程中，更多考虑周边消费水平、交通网分布等要素，对于生态环保的综合考量不足。当前，在可持续发展理念的引领下，运用环保材料和创新技术实现体育场馆的可持续发展已经成为不可忽视的议题。智慧体育场馆的建设不仅能提升运营的智能化和高效化，也在一定程度上降低场馆能耗，提升场馆的生态化、绿色化。例如，在建设过程中使用节能型建筑材料、可再生材料和循环利用材料，采用绿色能源技术、节能设计技术、水资源管理技术等，引入智能化管理系统、智能化服务系统、数据化运营分析系统等，共同推动智慧体育场馆的节能环保。

（2）服务优质化。智慧体育场馆的建设、升级和改造等都是围绕着提供更加优质的服务而展开。智慧体育场馆通过提升服务的便捷性、舒适性、沉浸式、互动性和个性化，从而丰富用户的观赛体验和满足多样化健身需求。

（3）运营高效化。智慧体育场馆通过构建立体化的物联网监控系统，实现对场馆内的人员、设备等的实时监测和自动化管理；引进人脸识别、自主业务一体机等设备，通过精准识别用户，基于大数据和算法等数字技术对相关数据进行统计分析，从而更有针对性地提供指导、营销等，促进运营的高效化[1]。

2. 智慧体育场馆的功能

（1）建设智慧化。智慧体育场馆的建设智慧化主要体现在设计环节和建设环节的科技

[1] 傅钢强，刘东锋．我国体育场馆智慧化转型升级：基本内涵、逻辑演进、关键要素和模式探究[J]．体育学刊，2021，28（1）：79-84.

化。一方面，先进的技术能够提升场馆的设计效率、优化设计方案、增强建筑的功能性和美观性。体育场馆在设计环节需着重考虑方案与社区整体规划相协调和未来场馆综合功能的拓展，以保证场馆的后续运营和价值功能的实现[1]。人工智能、VR（虚拟现实）等技术与体育场馆建筑设计的不断融合，使得体育场馆建筑行业进入一个全生命周期的信息化建筑设计时代。如VR建筑设计是基于虚拟现实技术发展而来，并被广泛应用于体育场馆的规划设计中。在设计的实地调研阶段，利用VR技术生成建筑基地环境的地形模型和视频动画，帮助设计师走进虚拟空间感知周边环境空间；在建筑的方案设计环境，采用模型导入虚拟空间中，进行材质的确定、建筑材料选取等，能够辅助建筑师在VR虚拟空间进行交互式创造和设计方案推敲，并生成科学的决策方案。另一方面，在场馆的建造环节，科技赋能提升体育场馆建造的效率，也在一定程度上保证了施工的质量和安全性，如机器人能够执行重复、繁杂和危险的任务。

（2）服务智慧化。智慧体育场馆的核心是提升服务质量，提升服务的品质化。智慧场馆的根本目的在于用户体验提升和商业增值效应扩展。①提升用户体验。通过技术突破传统场馆的物理限制，实现从传统阵地的服务到新型延伸服务的泛在化转变[2]。2020年腾讯电竞与中国联通、上海久事体育集团、VSPN在上海联合打造了全国首个5G网络覆盖的智能化体育电竞场馆，即上海体育馆。该场馆中心所具备的5G高清多视角直播+AR（增强现实）/VR全景直播功能，不仅为参赛运动员提供了更高速稳定的体育赛事网络信号，还通过5G数字服务方案为现场观众带来了沉浸式、交互式电竞参与体验。②场馆商业增值效应扩展。通过打造移动APP终端，完善线上场地预约、租赁合作、电商票务等服务功能，有助于提高大型体育赛事场馆赛后市场化开放运营的效率，实现“体育竞赛表演业+体育健身培训业、体育会展业”等业态的融合发展，便于向人民群众提供线上订场、约球、社交、培训、比赛、电商、健康等智能化服务。

（3）管理智慧化。智慧体育场馆的关键在于实现管理的智慧化和高效化。在数字时代，运用物联网、大数据、云计算等技术赋能体育场馆，通过构建智慧场馆的管理系统帮助场馆的智慧化转型，实现场馆的实时在线监控、节能低碳、智慧运维巡检等。①场馆业务的数字化运营。场馆业务的数字化运营主要体现在设施设备管理、工作人员管理和用户管理等方面。在设施设备管理方面，通过智能传感监测设备实时监测设备的使用情况，以减少设备故障带来的损失；在用户管理方面，基于大数据和算法帮助运营者掌握用户画像，了解消费需求与行为习惯，从而实现精准营销和针对性管理。②场馆的可视化指挥。场馆的可视化指挥是基于构建地理信息系统，通过实物拍摄、数据抽象采集技术构建三维实景地图，能够将数据库和地图上的每个实景地图链接，直观展现警力、监控点、警用设施等信

[1] 傅钢强，魏歆媚，刘东锋．人工智能赋能体育场馆智慧化转型的基本表征、应用价值及深化路径[J]．体育学研究，2021，35（4）：20–28.

[2] 同[1].

息，并通过RFID（射频识别技术）将人员位置、资料呈现，实现更加真实的“可视化”指挥。③场馆的轻量化运行。智慧场馆的运行有效精简了管理行政人员和场馆工作人员，从而降低场馆的运行成本。如智慧票务综合管理系统提供票源、票价制定、验票和复核在内的一站式票务管理，不仅能够解决高峰期的人员排队问题，也将工作人员从烦琐、机械的工作流程中解放出来，转变为“无人值守、自助入场”的模式。

二、智慧体育场馆的基本架构

智慧体育场馆的总体架构主要包括应用展示层、业务应用层、基础平台层、核心技术层和硬件感知层（图13-1）。

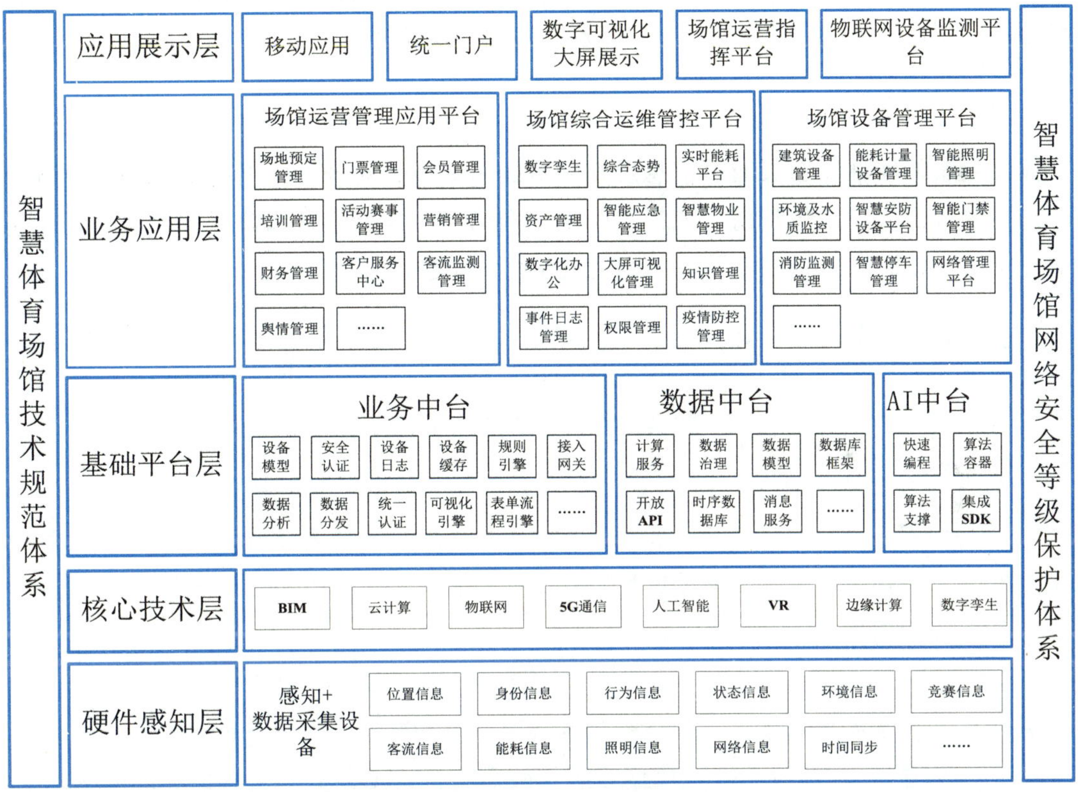

图13-1　智慧体育场馆的基本架构

（引自：浙江省体育局. 大中型体育场馆智慧化建设和管理规范：DB33/T 2305—2021[S]. 杭州：浙江省市场监督管理局，2021：3.）

（一）应用展示层

应用展示层包括移动应用数字可视化大屏展示、统一门户、场馆运营指挥平台、物联网设备监测平台等设施设备，通过全局掌握场馆的运营信息，实现综合性、集中化的场馆运营管理。

（二）业务应用层

业务应用层包括场馆运营管理应用平台、场馆综合运维管控平台和场馆设备管理平台，是场馆管理平台。

（三）基础平台层

基础平台层由业务中台、数据中台和AI中台组成，是业务数据管理系统的集合，实现后端业务资源向前台应用的转化。

（四）核心技术层

核心技术层是基于BIM、云计算、物联网、人工智能、VR、数字孪生等现代信息技术，为场馆的运营提供信息计算、储存、传输和决策等的保障和服务。

（五）硬件感知层

体育场馆的硬件感知层通过信息感知和数据采集设备对场馆内的基础设施、设备、人员等进行物理感知，采集身份、能耗、照明、网络、行为等信息和数据。硬件感知层通过与业务应用层和基础平台层联动，实现信息的互通和支撑平台的运行[1]。

【案例13–2】

智能化为场馆带来什么

随着科技的不断发展，智能化已成为体育场馆服务的重要趋势。智能化究竟能给体育场馆带来什么？记者近日在改造后的北京工人体育场采访时，了解到“智慧场馆”正从改善建设运营、服务管理和促进消费三个维度提升自我造血能力。

1. 线上管理实现降本增效

“智慧工体系统”是工体场馆智能化建设的核心，它服务于工体的商管团队、商业品牌方、北京国安足球队、每年的4500万访客和500多万北京国安球迷，以及未来数百个合作商家。“国内原来管理体育场馆的系统往往是在一个大型机房，由四五台电脑管理不同的区域和功能，新工体使用一个管理系统就可以统筹所有功能。”中赫工体智慧化信息负责人鲁金告诉记者，运营一个庞大的体育场需要消耗大量的能源，使用非常多的人力，每天都有大量资金投入，但是通过这套智能化管理系统，可以精确地知道哪个房间有人、有多少人，这些人待了多长时间，从而精确地控制每个空间的灯光、暖气、空调等设备。当某一处有事故发生时，系统会精确地把最近的工作人

[1] 浙江省体育局. 大中型体育场馆智慧化建设和管理规范：DB33/T 2305—2021[S]. 杭州：浙江省市场监督管理局，2021：3.

员派到事发现场，大幅度减少场馆运营人员。这些技术的运用为球场运营降低了资金消耗，减少了人力成本，为新工体实现了降本增效。

2. 智慧系统升级小商户管理

新工体拥有38.5万平方米的建筑面积，20万平方米的商业空间。鲁金说："每个比赛日，到场观众约4.3万名，他们大约在这里停留4小时，其中只有一个半小时用于观赛。目前新工体规划有餐饮、体验、培训等多元化商业机构入驻，商户增多会提升房屋的出租率。'智慧工体系统'能够实时监控球场的人流热图，自动分析商户数据，为商户提供更加精准的业务决策支持。同时，系统还可以通过智能化算法，为商户提供更加个性化的服务，帮助商户更好地了解客户需求，提升销售额和客户满意度，有利于商户获得更大的经济效益。"

3. 为消费者提供综合服务平台

新工体小程序上包含咨询、票务、餐饮、停车、导航等多个模块。鲁金介绍："小程序的建设是以会员为核心，为消费者提供一站式的综合服务平台，而非单纯营销或购票渠道，满足消费者各种服务需求。如车主可以通过移动端了解停车场的详细信息；未来能够支持在线点餐、预约点餐、场内送餐，缓解高峰期就餐压力；为消费者提供更加精细的场地场馆预约服务，同时也为场馆带来更多商机。"

美国亚马逊人工智能专家秋本真表示，体育场馆是智能化技术非常好的落地应用场景，世界上很多现代体育场馆都在利用这些技术来实现降本增效、绿色发展，智能化、数字化技术正在让体育场馆变成一个巨大的"聚宝盆"。

[改编自：赵萌. 智能化为场馆带来什么？[N]. 中国体育报，2023-12-06（2）.]

思考题

智能化体育场馆如何赋能体育赛事的运作管理？

第四节

体育赛事电子信息管理系统与通信服务网络

体育赛事组织运行的复杂化和体育赛事体系的商业化运行，在面对庞大的信息源时，传统的体育赛事组织与管理方法已经不适应现代体育赛事发展的需要。为解决大型体育赛事中复杂的管理问题，人们开始将信息技术引入体育赛事的管理过程，利用体育赛事信息系统的信息储存、信息表达、赛程管理与赛程执行等功能赋能体育赛事的高效率组织运转，承担起比赛信息的采集、整合、传输与发布，以及体育赛事的协调、组织与管理工作。整体而言，体育赛事组织与管理的电子信息管理系统主要包括赛事成绩系统（GRS）、赛事管理系统（GMS）、赛事支持系统（GSS）与主运行中心系统（MOC）（图13-2）。

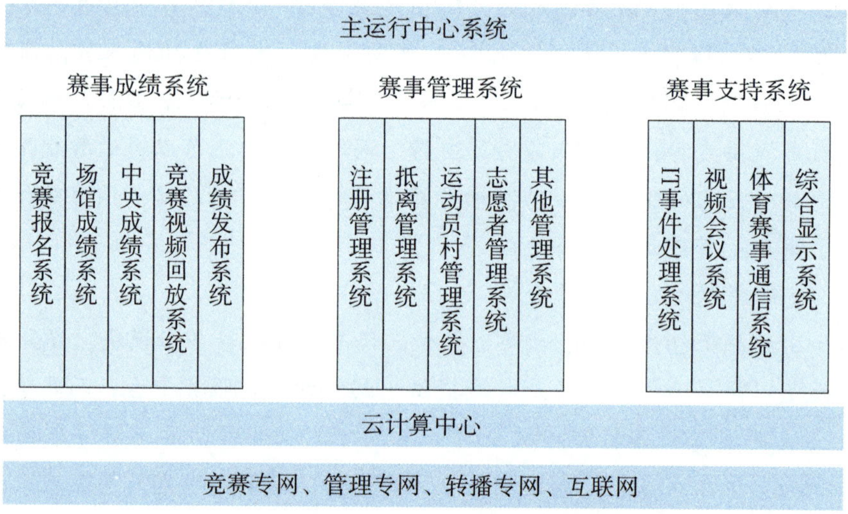

图13-2　体育赛事电子信息管理系统与通信服务网络

一、体育赛事电子信息管理系统概述

（一）体育赛事电子信息管理系统的概念

信息系统是用以收集、处理、存储与分布信息的相互关联而组建的组合，作用在于支持组织的决策与控制。体育赛事电子信息管理系统以竞赛信息服务为核心，为竞赛管理、成绩处理、信息发布等各环节提供稳定的应用服务，常见的系统包括赛事成绩系统、赛事管理系统、赛事支持系统等。

（二）体育赛事电子信息管理系统的组成

1. 硬件设备

硬件设备为体育赛事电子信息管理系统提供技术支撑，主要包括计算机主机及输入、输出设备。

2. 软件系统

软件系统分为系统软件、支撑软件和应用软件三类。系统软件是控制和协调计算机及其外部设备的一类计算机软件；支撑软件介于系统软件和应用软件之间，是提供应用软件的开发、测试、评估等功能的一种辅助软件；应用软件是用户可使用的各种程序设计语言，以及各种程序语言编制的应用程序的集合。

3. 存储介质

存储介质是数据存储的载体，常见的有移动硬盘、U盘等，既可以存储原始素材，也可以储存经加工处理后的各种信息。

4. 通信系统

通信系统是用于信息传输的技术系统的总称，分为有线通信系统与无线通信系统。

5. 工作人员

对于各种设备进行操作的人员，有系统管理员、通信工程师、程序设计员等。

（三）体育赛事电子信息管理系统的分类

1. 事务层面

面向事务层面的系统指的是信息技术支持体育赛事运行的最基本的日常业务处理活动，如运动员注册系统、裁判员管理系统、成绩发布系统等。

2. 管理层面

面向管理层面的系统是为体育赛事管理人员进行计划、决策和控制等工作提供的信息支持系统。这类系统主要是在事务层面系统的基础上抽离出的数据，使之具有能够为管理层提供辅助决策帮助的信息。

3. 决策层面

面向决策层面的系统是为体育赛事管理、决策人员提供半结构化决策的一种人机系统。

（四）体育赛事电子信息管理系统的内容

1. 主运行中心

主运行中心是体育赛事组织管理中心，一般是由执委会直接控制。通过与赛事成绩系统、赛事管理系统、管理支持系统，以及交通管理部门、卫生管理部门等与体育赛事相关的职能部门的数据连通，为体育赛事的组织运行提供状态监控与决策支持，并对竞赛管理、场馆综合管理、人员管理、媒体管理、安全管理、交通管理、舆情管理、公众服务等所有工作进行统筹安排与实时跟踪，以保障体育赛事的顺利运行。在2022年北京冬奥会期间，在主运行中心能够清楚看到体育赛事场馆的运行实时画面，事件跟踪、比赛成绩及住宿抵离等体育赛事信息系统，以及能够与各场馆、各机构、各方面相互联系的会议系统，可以有效了解奥运场馆的运行情况，也为指挥决策提供信息支持。

2. 体育赛事成绩系统

体育赛事成绩系统一般由竞赛报名系统、场馆成绩系统、中央成绩系统、竞赛视频回放系统和成绩发布系统五类组成。

（1）竞赛报名系统：为代表队、代表团成员提供线上报名服务，涉及参赛项目、人员数量及相关信息等。一般对于大型、综合性体育赛事而言，该系统部署在云计算中心，并在赛前6个月就会上线，以减少临时报名的工作量。

（2）场馆成绩系统：主要功能是处理体育赛事成绩，属于裁判员工作序列。由于项目的独特性使得每项体育赛事都有专门的场馆成绩系统，既要满足各项体育赛事规则，又要满足体育赛事主办机构对于竞赛项目的特殊规程，以及项目独特的工作流程。一般场馆成绩系统由计时记分系统、现场成绩处理系统、技术统计系统、公共显示屏控制系统、电视字幕系统及评论员信息系统六类组成。

（3）中央成绩系统：是体育赛事成绩系统的核心，在比赛时需要收集成绩处理系统、竞赛视频回放系统、竞赛报名系统及成绩发布系统内的数据，经数据加工处理后为其他系统提供体育赛事信息服务。

（4）竞赛视频回放系统：根据比赛项目、场馆的不同，为运动员、教练员及工作人员等提供直观的竞赛监控、仲裁路线及比赛成绩等，一般由竞赛监控系统、仲裁录像系统、视频直播系统与竞赛闭路系统组成。

（5）成绩发布系统：它的价值与功能在于为主运行中心、官方网站等提供规范、官方的数据源。在杭州亚运会上，在场馆内的记分牌背后接入的就是“云计算”建设的成绩发布系统，再将收集到的成绩信息推送到云端上的“中央成绩系统”进行统一汇总，然后输出给官网、评论员信息系统、INFO系统等各类系统调用。

3. 体育赛事管理系统

体育赛事管理系统是辅助体育赛事执委会对外提供各种服务的各子系统的总称。对于大型综合性的体育赛事而言，涉及近80个职能领域。因体育赛事需求的不同，体育赛事管理系统的设计不尽相同，但至少应建立注册管理系统、抵离管理系统、运动员村管理系统和志愿者管理系统[1]。

（1）注册管理系统。注册管理系统是管理和组织体育赛事参与者的在线系统，通过运用数字技术对运动员、教练员、体育赛事工作人员以及体育赛事志愿者进行注册和管理。注册管理系统按照体育赛事规则提供对应的报名资格的注册和报名限制，降低体育赛事主办方工作量的同时提高注册报名的准确度。主要功能是对体育赛事参与者的身份信息进行收集和验证、为不同类型的用户（如运动员、教练员、裁判员）分配不同的用户权限、公告比赛的信息以及对体育赛事咨询者提供在线帮助和支持等。

（2）抵离管理系统。抵离管理系统主要由体育赛事执委会的抵离中心使用，旨在收集、更新与管理各代表团成员、技术官员、媒体记者及体育赛事参与人员的抵离信息，通常在赛前的3～6个月上线。北京冬奥会期间的抵离信息系统在大数据、云计算等信息技术的基础上，通过多系统间的无缝对接与数据共享，为涉奥人员提供信息录入、信息使用、信息管理、信息提醒、语言选择与信息发布六项服务。

[1] 《体育赛事信息化与网络安全》编写组. 体育赛事信息化与网络安全[M]. 北京：电子工业出版社，2022.

（3）运动员村管理系统。运动员村管理系统主要是为综合保障部与运动员村部提供使用，包括基础数据管理、客房管理、物业管理、访客管理和费用结算五个板块，一般会在赛前的3～6个月上线。运动员村管理系统主要流程是基于抵离管理系统与注册管理系统获得抵离信息和用户身份信息，自动生成客房信息，并实现客房分配。通过费用结算板块对人员的住宿餐饮费用进行管理、核对与结算。

（4）志愿者管理系统。志愿者管理主要负责志愿者的招募、培训、考试与日常管理工作，而志愿者管理系统由执委会的志愿者部使用，设置有基础数据管理、团队招聘管理、个人招聘管理、招募确认管理、培训管理、协议管理、岗位分配管理和志愿者绩效管理板块，一般在赛前的6～10个月上线。

4. 体育赛事支持系统

（1）IT事件处理系统。IT事件处理系统部署于云计算中心，通过互联网接入，主要为体育赛事筹备阶段与体育赛事举办期提供IT服务工作，能够为IT的请求与故障处理提供快速响应与高效跟踪，具有事件管理、知识库管理、基础信息管理、系统管理与基础数据管理的功能，一般在赛前的1～2个月上线。

（2）视频会议系统。视频会议系统是为大型体育赛事的竞赛场馆、主媒体中心及主运行中心等提供沟通与协调的技术手段。

（3）体育赛事通信系统。体育赛事通信系统指的是通过数据电路将异地的数据终端设备与计算机系统相连接，从而达到数据传递、交互、存储和处理的功能。因此体育赛事的通信系统主要是用于在体育赛事中实现数据传输和通信的系统。主要功能是通过网络通信实现实时体育赛事信息的数据交互，使得体育赛事过程中的各种体育赛事设备之间实现数据传递以及及时将体育赛事成绩与信息传达给体育赛事参与者。

（4）综合显示系统。综合显示系统部署于云计算中心，用于竞赛信息的监控、执委会信息监控、竞赛视频监控、体育赛事进程状态监控、设备运行监控与大屏幕显示控制，一般在赛前的1～2个月内上线运行。

二、体育赛事通信服务网络

（一）竞赛专网

竞赛专网是为体育赛事管理、成绩发布、信息公告等提供专用支撑的网络，服务于体育赛事所有信息的传递[1]。一般而言，竞赛专网分为接入层、汇聚层和骨干层三个层面。接入层是场馆内的局域网，汇聚层是跨区域的数据汇聚网，骨干层是跨区域的高速骨干网，

[1] 肖文平. 大型赛事中竞赛专网的建设方案[J]. 通讯世界，2020，27（12）：184-185.

包括云计算中心和骨干核心路由器[1]。

（二）转播专网

转播专网是大型体育赛事进行电视报道、媒体宣传的重要基础设施，主要功能在于完成各类转播信号的本地传输，通常由光纤网络、相关设备和传输端口组成。在进行体育赛事转播专网的设计时，要充分考虑信号质量的要求、场馆地理位置、场馆间距离、传输线路安全性以及设备性能等要素[2]。在体育赛事转播时，场馆转播车会制作完成各种转播信号，并通过转播专网接入国际广播中心（IBC）。按照持权转播商的预定，通过国际广播中心汇聚—分配—传送机房（IBC CDT）传送给各家持权转播商的使用（图 13–3）。

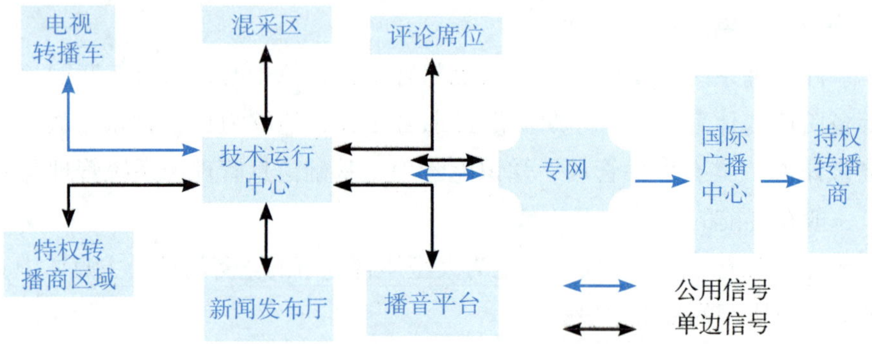

图13–3　体育赛事中的转播专网流程

（三）互联网

互联网主要供代表团成员、技术官员、贵宾、媒体记者及体育赛事保障等五类持注册卡人员使用。一般而言，用于竞赛场馆（田径、体操、游泳）带宽不低于1000兆比特/秒、足球、排球等场馆带宽不低于800兆比特/秒、主媒体中心不低于6000兆比特/秒、运动员村不低于1000兆比特/秒、主运行中心不低于1000兆比特/秒、云计算中心互联网总出口不低于1万兆比特/秒。

【案例 13–3】

上海马拉松赛事信息系统的建立

马拉松赛事信息系统为用户提供比赛报名、比赛实况、赛事导航、赛事咨询、赛事成绩、赛事照片等服务，并为马拉松赛事的主办方提供后台管理功能，包括成绩管理、抽签管理、报名管理与会员管理等，能够简化日常工作，并极大提升用户体验。

[1]　《体育赛事信息化与网络安全》编写组. 体育赛事信息化与网络安全[M]. 北京：电子工业出版社，2022.

[2]　徐枫，王长丰，刘志恩. 大型体育赛事电视转播专网系统设计与实现[J]. 广播与电视技术，2022，49（4）：51–55.

同时，增加上马商城板块，提供上马周边、跑步配饰、跑步服饰的购买服务，进一步拓展上马产业链。

系统功能架构如下（图13–4）。

门户网站	首页	会员中心	赛事资讯	赛事路线	赛事报名
	成绩查询	证书生成	照片查询	在线支付	积分申领
移动APP	首页	会员中心	赛事咨询	赛事路线	赛事报名
	成绩查询	证书生成	照片查询	在线支付	积分申领
	实时赛况	赛道导航	信息分享	跑量排名	意见反馈
后台管理	会员管理	成绩管理	积分管理	榜单管理	赛事管理
	运营管理	报名管理	抽签管理	支付管理	线路管理
	机构管理	地图管理	系统权限分权管理	系统日志	用户日志

图13–4　上海马拉松赛事信息管理系统

［资料来源：李战克．马拉松赛事信息系统的构建与运行[J]．电脑与电信，2017（3）：49–51.］

1. 门户网站

赛事的门户网站是赛事的信息与宣传中心，也是用户与粉丝的聚集地。

（1）会员中心。用户能够在此编辑个人信息，如生日、昵称、性别、紧急联系人等。

（2）赛事资讯。通过滚动条banner和列表的形式对用户进行新闻引导，呈现赛事实时新闻资讯。

（3）赛事路线。赛事路线主要提供赛事线路图、赛事规程。

（4）赛事报名与在线支付。支持包括精英、赞助商、运动员的预报名与报名等，提供支付宝、微信等报名支付方式。

（5）成绩查询。运动员个人成绩、排名、配速等信息查询。

（6）证书生成。根据个人信息自动生成证书。

（7）照片查询。照片主要包括赛事组委会发布的官方照片和个人照片的浏览。

（8）积分申领。进行马拉松赛事积分申领与积分查询。

2. 移动APP

移动APP主要针对手机、平板等客户端，其功能与门户网站相似，但增加实时赛况、赛道导航、信息分享、跑量排名与意见反馈等板块。

(1) 赛事导航。用户可在该界面中查看装备领取地、比赛起点和终点、补给分配地，同时可查看周边住宿、餐饮、交通等服务信息。

(2) 实时赛况。在实时赛况板块，用户能够随时查看比赛时的相关信息，如配速、时间、分段计速等。

(3) 信息分享。用户、参赛运动员能够分享个人成绩、排名、荣誉，并在社区中分享比赛经验。

(4) 意见反馈。根据个人情况与需求可向赛事主办方提供意见与反馈信息。

3. 后台管理

赛事后台管理有提供赛事报名功能、赛程安排与比赛结果管理、场馆和设备管理、观众和媒体管理、数据统计与分析的功能。当前，对于一个成功的赛事而言，高效的赛事后台管理系统有助于赛事主办方更好地组织、推广与管理赛事，甚至最大限度地实现赛事商业价值。马拉松赛事的后台主要负责会员管理、成绩管理、积分管理、榜单管理、运营管理、报名管理、抽签管理、赛事管理、支付管理、线路管理、机构管理、地图管理、系统权限分权管理、系统日志与用户日志等。

思考题

体育赛事电子信息管理系统服务的用户类型和提供的服务内容有哪些？

【案例 13–4】

科技塑造杭州亚运会，数实融合开启赛事新时代

杭州第19届亚运会的举办，秉持着“智能、绿色、可持续”的理念，无论在筹办、举办、收尾阶段，还是办赛、参赛、观赛环节，无不体现出“智能亚运”的理念。正如国际奥委会主席巴赫的评价，“杭州亚运会将树立新标杆，我们将看到利用中国和杭州数字专业技术的赛事组织”。

1. 首创“1+6”数字指挥平台

杭州亚运会总指挥部的综合指挥平台（MOC），是首创的一体化办赛平台，像组织运行的“智慧大脑”，通过对各类数据的汇聚、整合与分析，实现对赛事的多维度调控与高效率指挥。以及通信、网络、无线电和办赛、观赛、参赛6个专项平台。

2. 阿里云的云计算奠定智能亚运基石

阿里云采用云计算代替传统数据中心（IDC），为各类应用与系统提供云底座支持。云计算平台汇集赛事成绩、运动员信息等关键数据，通过开放的接口连接，并以

标准的格式对外开放。赛事管理系统、赛事成绩系统及赛事支持系统三大核心系统在云计算底座上实现了数据通和信息通，通过从云端获取开放数据，开展下一步工作和服务。

3. 杭州亚运会首次实现云上转播

克服传统卫星转播的宽带和线下设备的限制，即使没有卫星接收设备的中小型媒体也能在“云”上获取赛事信息，实现向亚洲乃至全球的赛事转播。同时云转播的网络速率提升至Gbps级别，甚至扩展到1TB级别，保证了转播信号的快速稳定。

4. 杭州亚运会搭建全球首个大型体育赛事的一体化办赛平台——“亚运钉”

在临时、虚拟的组织架构中，将56个场馆、40个竞赛大项目、45个国家和地区的代表团及百家省市单位的超10万人汇聚到同一平台，实现快速上线、高效找人和实时协作。同时，“亚运钉”集成293个应用，打通各系统间的连接，创造出了“地表最强的协同创新模式”。

［改编自：张泽远，朱涵. 科技塑造亚运　亚运展现未来——杭州“智能亚运”绽露数实融合时代[EB/OL].（2023-10-06）[2024-10-10]http://www.zj.xinhuanet.com/20231006/c8bec88c43854b4b837d521a28d3c62b/c.html. ］

思考题

数实融合为举办大型体育赛事带来了哪些变化？

◎ 复习题

1. 什么是运动训练科学化？
2. 科技如何引领运动训练的科学化发展？
3. 体育赛事传播数字化运用的特点是什么？
4. 什么是智慧体育场馆？它有什么功能？
5. 体育赛事信息管理系统包括什么？

第十四章

体育赛事的风险管理与绿色治理

本章概要

- 体育赛事的风险类型
- 体育赛事风险管理原则
- 体育赛事风险管理过程
- 体育赛事的低碳化运营

教学目标

- 了解体育赛事风险的定义、类型
- 了解体育赛事风险管理的发展、定义与原则
- 熟悉体育赛事风险管理过程
- 熟悉体育赛事低碳管理的流程

相关网站

- 国家体育总局（https://www.sport.gov.cn/）
- 体育资讯网（https://www.sportinfo.net.cn/）
- 新华网（http://www.news.cn/）

推荐书目

- 高岩．体育赛事风险管理研究：基于项目管理理论视角[M]．北京：北京体育大学出版社，2017.
- 朱燕．中国特色信息化发展道路[M]．北京：经济科学出版社，2019.
- 杨铁黎．商业性体育赛事风险管理[M]．北京：北京体育大学出版社，2010.
- 刘新立．风险管理[M]．2版．北京：北京大学出版社，2014.
- 李春洋．赛事遗产可持续利用研究：以第七届世界军人运动会为例[M]．北京：中国社会科学出版社，2023.

2016年，国际奥委会对于主办城市合同的运营要求中，明确提出应制订风险管理计划。《体育法》中指出，体育赛事活动组织者应当履行安全保障义务，制定风险防范及应急处置预案等保障措施，维护体育赛事活动的安全。我国早在2007年就颁布实施《大型群众性活动安全管理条例》，以防止体育赛事、文艺活动等大型群众性活动的安全事故、治安和刑事案件的发生。2020年我国颁布实施《体育赛事活动管理办法》，并陆续出台《关于加强体育赛场行为规范管理的若干意见》《关于进一步加强体育赛事活动安全监管服务的意见》《关于建立健全体育赛事活动"熔断"机制的通知》等配套政策文件。2022年《体育法》进行了修订，其中39处涉及"赛事""体育赛事"或"体育赛事活动"，增加了"监督管理"一章，规定了各部门的监督管理职责；明确体育赛事活动的安全保障义务、建立体育赛事活动的"熔断机制"；建立完善经营高危险性体育项目、举办高危险性体育赛事活动的行政许可制度，表明国家对于体育赛事安全和风险管理的重视。为贯彻新修订的《体育法》，2022年12月22日，国家体育总局第二次局务会议审议通过《体育赛事活动管理办法》，新增了"高危险性体育赛事活动许可"章节，对申请方法、举办决定作出规定；增加体育赛事主办方的组织义务规定、承办方的义务规定；增加对体育赛事活动意外伤害保险投保义务的规定；新增体育赛事"熔断机制"；增加"体育赛事活动监管问责机制"相关表述[1]。

第一节

体育赛事风险管理的概述

体育赛事风险是体育赛事运作管理的重要内容。本节重点解读体育赛事风险的基本内涵，逐一分析体育赛事风险的具体类别，进而系统阐述体育赛事风险管理概念内涵、必要性和实施原则。

一、体育赛事风险的相关概述

（一）体育赛事风险的定义

"风险"一词可起源于远古时期，渔民在出海前要祈求神灵保佑出海时能够风平浪静，因为他们从实践中深深体会到"风"就是"险"[2]。在国际标准组织ISO发布的ISO Guide

[1] 临泽县人民政府．新修订体育赛事活动管理办法与旧版内容对比[EB/OL]．(2023-02-01)[2024-09-01]．http://www.gslz.gov.cn/zfxxgk/fdzdgknr/jczwgkly/ggwhfw/202302/t20230217_986890.html．

[2] 刘超．我国城市马拉松赛事风险管理研究[D]．武汉：武汉体育学院，2024．

73：2009《风险管理——术语》中，认为风险是不确定性对目标的影响。而风险的不确定性又主要表现在事件发生与否的不确定、发生事件的不确定、发生状况的不确定和发生结果的不确定。在该定义中，“不确定性”是源于个人的心理状态，与个体或者单位对估计风险、处理风险的能力有关系。而从客观角度看，风险指的是实际结果与预期目标间的变动程度，若变动程度大则风险高，反之变动程度小则风险低。为此，本书认为，体育赛事运作风险是指体育赛事在组织实施过程中，受到内部运行条件和外部客观环境等突发因素的影响，导致实际结果偏离预期，进而产生负面影响或损失的可能性。

（二）体育赛事的风险类型

1. 人员风险

体育赛事运作过程中的人员风险主要包括工作人员风险、参赛人员的风险和现场观众的风险三大类。具体而言，常见的工作人员风险主要有裁判员弄虚作假、徇私舞弊，工作人员的能力与资质不符合比赛要求，裁判员及技术人员等未能准时参加比赛。常见的参赛人员风险有使用兴奋剂、赛风赛纪问题、参赛人员伤病、参赛人员发生冲突和打骂工作人员等。常见的现场观众风险有观众滋事、拥挤踩踏、闯入赛场、观众席超员和看台坍塌引发的事故等。

2. 场地设施设备风险

场地设施设备风险主要指的是场地设施设备治理和安全风险。

3. 经济风险

经济风险包括活动预算风险、赞助商风险及其他财务风险等。2016年3月，万达与国际足联签下15年的合作协议，成为中国首个国际足联顶级赞助商。但万达集团未能按时支付合同款，导致其赞助商权益被国际足联暂停。

4. 自然灾害风险

自然灾害风险主要有水旱灾害、气象灾害、地震灾害、地质灾害、海洋灾害、生物灾害和森林草原火灾等风险。在体育赛事举办期间，若出现突发不可抗力的自然灾害，体育赛事举办方为确保参赛者和观众的安全，避免对场地和设施造成损害，体育赛事主办方通常会选择推迟甚至取消比赛。

5. 事故灾难风险

事故灾难风险包括各类安全事故、交通事故、公共体育设施和设备事故、环境污染和生态破坏事件等。2016年里约奥运会期间，水上运动比赛场地的水质处于严重污染级别，所有水质监测样本的含菌量均不符合安全标准，不仅影响体育赛事活动本身，运动员更有因患上严重疾病而无法参与比赛的风险。

6. 公共卫生事件风险

体育赛事的公共卫生事件风险包括传染病疫情、食品安全及其他严重影响公众健康和生命安全的事件等。例如，受新冠疫情的影响，原定2020年举办的东京奥运会延期到2021

年7月23日举办，大大增加了场地维护管理费、竞技团体举办资格赛等的成本。

7. 社会安全事件风险

体育赛事的社会安全事件风险主要包括恐怖袭击事件，经济安全事件，涉外突发事件，出现示威或政治活动，宗教、种族性宣传行为等。其主要是由于体育赛事的关注度高，恐怖组织、示威团体等社会组织借助体育赛事制造影响力，体育赛事常被当作谋求和实现“政治诉求”的场所。

8. 舆情风险

体育赛事的舆情风险包括新闻采访与发布会风险，官方新闻宣传风险，突发事件处置不当产生的舆情，利用体育赛事活动开展赌博，出现破坏民族团结、分裂国家、反社会倾向等方面的言论、旗帜和标识等。当前，体育赛事的数量和规格不断攀升，在体育赛事危机事件发生后，一旦被爆料转录到网络场域中，极易演化为席卷全国的体育赛事危机事件网络舆情，这将对体育赛事的品牌形象和体育产业的健康发展产生不利影响[1]。

9. 信息安全风险

体育赛事的信息安全风险主要包括参赛人员信息安全泄露风险、违法使用或泄露体育赛事活动相关信息的风险等。

体育赛事风险类型及常见风险点见表14-1。

表14-1　体育赛事风险类型及常见风险点

风险类型	常见风险点
人员风险	工作人员风险：裁判员弄虚作假、徇私舞弊，工作人员的能力与资质不符合比赛要求，裁判员及技术人员等未能准时参加比赛。参赛人员风险：使用兴奋剂、赛风赛纪问题、参赛人员伤病、参赛人员发生冲突和打骂工作人员等。现场观众风险：观众滋事、拥挤踩踏、闯入赛场、观众席超员和看台坍塌引发的事故等
场地设施设备风险	场地设施设备治理和安全风险
经济风险	活动预算风险；赞助商风险及其他财务风险
自然灾害风险	水旱灾害、气象灾害、地震灾害、地质灾害、海洋灾害、生物灾害和森林草原火灾等风险
事故灾难风险	安全事故，交通事故，公共体育设施和设备事故，环境污染和生态破坏事件
公共卫生事件风险	传染病疫情，食品安全和职业灾害及其他严重影响公众健康和生命安全的事件
社会安全事件风险	恐怖袭击事件，经济安全事件，涉外突发事件，出现示威或政治活动，宗教、种族性宣传行为等
舆情风险	新闻采访与发布会风险，官方新闻宣传风险，突发事件处置不当产生的舆情，利用体育赛事活动开展赌博，出现破坏民族团结、分裂国家，反社会倾向等方面的言论、旗帜和标识等
信息安全风险	参赛人员信息安全泄露风险、违法使用或泄露体育赛事活动相关信息的风险等

[1] 陈玉萍，刘嘉毅，冯加付．体育赛事危机事件网络舆情演化的动力因素、演化机理与应对策略[J]．成都体育学院学报，2023，49（4）：48-55.

二、体育赛事的风险管理概述

（一）体育赛事风险管理的发展

“现代风险管理”一词最早出现在1921年马歇尔（Marshall）在《企业管理》中提出的“风险负担管理”。在1921—1933年世界经济危机期间，各企业意识到企业风险管理的重要性。但重大转折点可追溯到1953年美国通用汽车的火灾事件，最终导致直接经济损失3000万美元，间接经济损失超过1亿美元。此时，各企业逐渐开始设立风险管理部门，专家学者也加强了对企业风险管理的研究。随着人们对“风险管理”认识的逐渐深入，金融和工商界对于风险管理的依赖越来越大，并使风险管理逐步拓展至其他领域，衍生出保险产业。随着大型体育赛事举办的增多，体育行政部门、国际奥委会、国际体育组织意识到体育赛事风险管理的重要性。尤其是随着西方发达国家体育赛事商业化进程的加快，体育保险业出现并逐渐走向成熟。法国在1905年最早建立运动员保险互助组织，通过从运动员工资里面扣除一部分用来补偿运动员的伤残保险；美国最早创建赛德勒（Sadler & Company）保险公司等。当前，体育险种逐渐增多，包括运动员伤残险、广告延误险、电视转播险等。

我国直至20世纪90年代才引入风险管理理论，最初也只限制于金融、商业等领域。1998年，中华全国体育基金会、国家体委训练局医务处等对我国运动队做了前期调研工作，制定了涉及“国家队运动员伤残保险”等内容的文件。由于我国传统举国体制的影响，运动员的伤病全都由国家负责，基本不会涉及商业保险。为加强体育竞赛的宏观管理，国家体育总局于2000年发布《全国体育竞赛管理办法（试行）》，首次明文规定我国体育竞赛实行审批登记制度。而体育赛事风险管理开展已经到2001年，在北京奥运会申办成功之际，国际奥委会要求主办方通过保险的方式规避风险[1]。2021年，针对我国体育赛事安全管理中存在的薄弱环节，国家体育总局等11部门联合印发了《关于进一步加强体育赛事活动安全监管服务的意见》，要求牢牢守住体育赛事活动安全风险的底线，切实维护人民群众的身体健康和生命安全。

（二）体育赛事风险管理的定义

马歇尔（Marshall）在《企业管理》中提出风险处理有排除和转移两种办法，即事前的预估与防治、事后的保险和补偿。随着风险管理学科的兴起与发展，专家学者对于风险管理的看法也存在差异。本书认为，风险管理是对由于突发特殊事件所造成的人员、资金的风险进行控制，是经济主体通过对风险的识别、评估，以可确定的管理成本代替不确定的风险成本的过程。其内涵主要包括以下三点：①风险管理的主体是经济单位，包括政府、社会组织和个人等；②风险管理的基础是对风险的识别和评估，采用可行的手段加以控制是重点；③风险管理的实质是利益最大化的过程，即以最小的成本谋求最大的安全保障。

[1] 刘东波．我国承办大型体育赛事风险管理机制研究[D]．长春：东北师范大学，2010.

体育赛事由于具有组织复杂、涉及面广、传播性强、影响度高、不确定性大等特征，使得其面临政治、经济、人员、自然灾害等各种突发风险。体育赛事运作风险管理的本质是探索体育赛事不确定性因素变化的规律，评估体育赛事可能产生的风险，并采取合理的对策使风险的损失尽量减少或避免，以保障体育赛事正常举办的过程。

（三）体育赛事风险管理的必要性

1. 体育赛事作为一项重要的社会活动，其风险的负面影响显著

体育赛事的参与人员众多，尤其是大型体育赛事会吸引数以亿计的观众，涉及成千上万的运动员、教练员、裁判员及相关工作人员，这就意味着体育赛事中发生的任何一件微小的事件都可能会被无限地放大。尤其是在传统主流媒体和网络大众传媒的有效互动下，官方报道、网络短视频传播会让海量公共素材产生多维度、全要素的热搜话题圈层。在体育赛事风险发生时，观众极易根据主观情绪和片面内容形成不可控的舆论，其规模和影响力不可控制。甘肃白银举行的2021年（第四届）黄河石林山地马拉松百公里越野赛发生重大事故，暴露出我国体育赛事安全监管的不到位。但同时应清醒地认识到，这次事故的影响远超过体育赛事本身，已经波及国内其他马拉松赛事，甚至是我国整个体育赛事行业的生态。

2. 体育赛事组织复杂，风险发生的可能性较大

体育赛事，尤其是大型体育赛事一般设有综合行政部、人力资源部、财务和审计部、市场部、新闻宣传部、活动策划部、外事联络部、后勤保障部、场馆器材部、体育竞赛部、信息技术部、电视传媒部、安保部、志愿者服务部等几十个部门，各部门的工作都是独立且相互影响的，但庞大且复杂的体育赛事组织也意味着体育赛事风险发生的可能性更大。

3. 体育赛事商业化对体育赛事风险管理提出更高要求

1984年洛杉矶奥运会是具有里程碑意义的一次商业盛宴，通过举办奥运会实现巨大的经济效益，也催生出了许多赚钱的生意。至此，体育赛事的举办不仅要为参赛运动员和教练员等负责，更要保证赞助商和广告商的利益。而对于赞助商和广告商而言，他们希望看到体育赛事的成功举办，避免因任何体育赛事风险而遭受经济的损失和声誉的降低。同时，体育赛事的利益主体众多，包括政府、运动员、教练员、裁判员、观众、媒体等，采取有效的风险管理措施能够提升利益相关者的信心，维护利益相关者的权益。

4. 体育赛事本身具有激烈对抗的特征

体育赛事，尤其是竞技性体育本质是运动员对人体极限的探索和挑战，有些体育项目不可避免地产生身体对抗，极易对人的身体健康造成威胁。更有在足球、篮球和橄榄球等体育赛事中，出于攻击性、报复心理或者其他非体育精神等因素，还可能会出现恶意犯规的现象，导致运动员的身体损伤。为此，建立体育赛事的风险管理体系，能够避免损失或者说将损失降至最低。

（四）体育赛事风险管理的原则

1. 政府监管与行业监管相结合

体育赛事监管要按照“谁审批（备案）、谁负责”“谁主办、谁负责”“谁主管、谁负责”的要求，加强体育赛事的安全风险管控。体育部门要承担起所辖区内的体育赛事监管职责，若发现体育赛事存在重大安全问题，应当及时提出整改意见，并联合公安、气象、卫生等部门合作协同落实监管工作。各运动项目管理中心、单项体育协会也要切实担负起体育赛事的监管责任，并通过不断完善体育赛事活动的标准体系、制定办赛指引，提高体育赛事的安全管理水平。主办方、承办方和协办方对于体育赛事安全负有直接责任，赛前要签订书面协议明确职责分工，强化安全防范意识、责任意识，将各项工作落实到位。

2. 体育赛事分级分类管理

体育赛事分级是根据体育赛事的规模和影响力等因素，结合体育项目的管理办法，将体育赛事划分为不同的级别；体育赛事分类是依据项目的不同，将体育赛事细分为不同类别，如自行车赛事类型包括公路赛、场地赛和山地赛。体育项目的不同体育赛事的分级分类管理本质是通过细化体育赛事的级别与类型，明确不同部门、级别管理机构的职责和权限，强化对于体育赛事风险的监管和安全服务。

3. 体育赛事事中、事后的全过程监管

体育赛事要注重赛中与赛后的全过程监管，通过实施以信息为基础的精准监管和以协同高效为原则的联合监管，提升体育赛事的监管能力与监管水平。但需要明确的是，体育赛事风险管理具有优先级：第一，确保运动员、观众、公众人员及志愿者的人身安全；第二，避免体育赛事的取消、中断或推迟；第三，保护场地、设备、信息系统等资产；第四，保护体育赛事、政府、体育赛事组委会、体育赛事赞助商等的形象和声誉。

4. 体育赛事监管与服务相结合

体育赛事的风险管理不仅要提升风险处置能力，更要做好前期风险排查工作，并制定应急预案，为体育赛事的顺利举办全程做好服务保障工作。

【案例14-1】

慕尼黑奥运会恐怖袭击事件

1972年8月26日，第20届奥运会在联邦德国慕尼黑召开，这是当时奥运史上规模最大的、耗资最高的奥运盛会，参赛运动员和参赛国家都超过以往任何一届。对于联邦德国而言，希望借奥运盛事向世界展示已经恢复为一个文明的国家形象，以抹去人们心中对于二战和希特勒留下的阴影。为此，奥运会的决策官员将大量资金用于购买体育器材，而缩减了安保开支，但是这也为慕尼黑奥运会埋下了风险隐患。1972年9月4日，由于慕尼黑奥运会安保举措存在漏洞，不法分子潜入运动员住宿区劫持人质，酿成惨剧。最终，当地警方营救失败，导致11名人质和1名警官遇难。

思考题

1. 你认为体育赛事存在的风险有哪些？
2. 如何规避体育赛事中潜在的风险？

【案例14-2】

打击饭圈乱象要拿起法律武器

在饭圈乱象肆无忌惮地到处蔓延之际，北京警方依法对巴黎奥运会乒乓球女单决赛后“恶意编造信息、公然诋毁他人，造成恶劣社会影响”的一名犯罪嫌疑人予以刑拘，赢得了苦饭圈久矣的广大网民的普遍支持。谣言未必止于智者，但肯定会止于法律。

在巴黎奥运周期，饭圈乱象干扰和破坏国家队备战参赛有愈演愈烈的趋势，不仅严重干扰了运动员的心理状态，侵害了特定个体的相关权益，也侵害了风清气正的行业生态、平台生态和社会生态。

尽管社会各界态度鲜明地呼吁、引导、批评、抵制了一次又一次，饭圈乱象还是毫不犹豫地冲出国门，通过巅峰对决的奥运舞台，冲击到了正在奥运赛场上为国拼搏的体育健儿。

饭圈乱象之所以能够野蛮生长，最直接的原因无非有两点。第一，被其侵害的特定个体在如此强势的社会乱象之下处于绝对弱势地位，举证、对抗以及维权的时间、金钱和精力等方面的成本都极其高昂。且不说相对缺乏舆情应对经验的运动员、教练员难以应对，近年来也有越来越多的新闻媒体从业者在被动卷入其中，成为被网暴对象之后，也都深刻体会到了这种饭圈乱象之痛。第二，在其无差别地对行业、平台、社会生态及国家形象等公共利益进行侵害的同时，不仅不需要支付同等对价的成本，而且还可以隐藏在利益链条的不同环节获取不菲的收益。

无论是国家形象还是风清气正的体育行业生态、网络空间生态以及社会生态，都是不容侵犯的公共利益。正如污染了江河与大气等自然生态要受到法律惩处一样，饭圈乱象在行业生态、社会生态以及国家形象等公共利益面前，也应当受到法律约束。无论是在赛事平台还是网络空间，每个人的合法正当权利都值得被保护和尊重，但是任何平台和空间都不应是法外之地。

［葛会忠. 打击饭圈乱象要拿起法律武器[N]. 中国体育报2024-08-08（01）.］

思考题

1. “饭圈”乱象对于体育赛事舆情风险防范的影响是什么？
2. 如何看待“饭圈”乱象对于体育赛事发展的影响？

【案例14-3】

蒙特利尔奥运会

1976年，第21届夏季奥运会在加拿大蒙特利尔举办。而在此次成功举办前，蒙特利尔先后经历了5次申办，在1972年险些拿到主办权，仅以一票之差败给德国慕尼黑。这让蒙特利尔非常不甘心。在第21届夏季奥运会申办期间，蒙特利尔提出两个决胜条件，即奥运会期间免费招待各国代表团的食宿和自筹资金，举办一届最简朴最完美的奥运会。

蒙特利尔是加拿大最大的城市之一，也是世界上最大的海港之一。但在筹备期间，蒙特利尔为彰显本土文化，投入大量资金新建大型体育场、游泳池、奥运村等。但是在建造一半时发现，原本准备的资金不够，虽有各市、民众自发筹集资金，但终归是杯水车薪。所以加拿大开始向国际上贷款，当时认为奥运会开幕式门票可以偿还这笔债务，但是举办期间的各种花销和场馆建设，已远远超出预算，导致蒙特利尔政府面临至少10亿美元的亏损，也使得蒙特利尔的税收体系崩溃，直至2006年才偿还完所有的债务。

思考题

你认为蒙特利尔奥运会产生财务风险的主要原因是什么？

第二节 体育赛事的风险管理过程

体育赛事风险管理需要遵循科学化的固定流程，包括体育赛事的风险评估、体育赛事的风险应对、体育赛事的风险监控三个部分。

一、体育赛事的风险评估

（一）体育赛事风险评估概述

1. 体育赛事风险评估的定义

风险评估是在风险识别的基础上，估计和预测风险发生概率，并为风险应对提供决策依据的过程[1]。体育赛事风险评估是针对体育赛事举办过程中的不确定性且能对体育赛事成功举办造成威胁的因素进行分析，并为体育赛事主办方和执行单位等主体提出合理建议的过程，包括风险识别、风险分析和风险评价。

2. 体育赛事风险评估的作用

体育赛事风险评估是体育赛事风险管理的重要环节。第一，评估可以降低体育赛事风险带来的损失。风险评估的核心是识别潜在威胁，有利于体育赛事主办方提前采取相应的措施减轻风险带来的损失。第二，评估可以为体育赛事运作管理者提供决策依据。风险评估有利于帮助体育赛事主办方了解方案的优缺点，并在此基础上作出更加合理的抉择。第三，风险评估可以促进体育赛事资源的合理分配。评估可以确定体育赛事风险处置的优先级，从而合理分配人力、技术、资金等资源要素。第四，风险评估可以提升体育赛事的应急响应能力。风险评估可以提升体育赛事参与主体的风险意识和应对能力，并依据事先制定的应急预案和风险防范措施，实现快速响应和有效应对。

（二）体育赛事风险评估的主体

1. 体育赛事举办部门

①由县级以上的政府举办的体育赛事，一般由政府指定的部门进行风险评估；②由单项体育协会主办的体育赛事由协会自主评估；③由多部门联合举办的体育赛事一般由牵头单位进行评估；④教育、协会和其他社会组织联合举办的体育赛事，由牵头的主办单位进行评估。

2. 体育赛事的第三方

体育赛事风险评估可以自评，也可以要求专家学者、专业机构、社会组织、相关部门及群众代表等组成风险评估小组进行评估。

（三）体育赛事风险评估内容

根据《体育法》《体育赛事活动管理办法》《关于进一步加强体育赛事活动安全监管服务的意见》等政策文件，本书认为体育赛事的风险评估主要集中在体育赛事的合法性、合

[1] 姜鑫．中国马拉松参赛者参赛风险评估与控制路径研究[D]．长春：东北师范大学，2019.

规性、合理性、可行性和可控性五个方面[1]。

1. 体育赛事合法性评估

体育赛事的合法性评估主要包括体育赛事活动是否符合法律、政策文件的要求；体育赛事活动内容是否属于政府行政部门公布的体育运动项目；体育赛事的业务主管部门是否对赛事组织具有批准和审批的权力；体育赛事活动是否列入体育总局外事活动计划；体育赛事是否涉及海域、空域及地面敏感区域等特殊领域等。

2. 体育赛事合规性评估

体育赛事合规性评估包括体育赛事举办方是否具有举办资格；体育赛事名称是否规范，与赛事是否相符；体育赛事名称是否存在具有宗教含义的文字；是否按照国家相关要求正确使用“一带一路”“金砖国家”等含有政治、外交和国防属性的文字；体育赛事举办主体是否是境外非政府组织且是否审批报备；体育赛事活动若有境外人员参与，是否完成相关手续。

3. 体育赛事合理性评估

体育赛事合理性评估包括竞赛规程是否合理，体育赛事的基本信息是否准确；体育赛事是否给举办地带来诸多影响和不便；体育赛事的安保措施是否得当；体育赛事组织的必要性和预期目标；体育赛事活动是否公开且是否会引发社会舆情。

4. 体育赛事可行性评估

体育赛事可行性评估包括体育赛事举办是否具备相应的管理人员、技术人员和志愿者等；体育赛事是否购买意外伤害等保险；体育赛事有无制定医疗急救、安全保卫、交通运输等方案措施，且事故发生后是否有应急预案；主办方是否根据体育赛事的专业性、规模和裁判员管理的规定确定裁判员的人选；体育赛事举办是否按照标准、要求等布置场地、设施和器材等。

5. 体育赛事可控性评估

体育赛事可控性评估包括体育赛事主办方是否成立专门的安全组织机构；是否在体育赛事活动现场成立安全工作指挥协调部门；是否存在恐怖袭击、公共卫生事件爆发等安全隐患；体育赛事若因风险产生变更（延期、中断、取消等），是否建立补偿机制等。

（四）体育赛事风险评估程序

体育赛事风险评估的程序会根据体育赛事的类型有所不同。一般存在一定风险的体育赛事活动，评估程序较为简易，包括开展专题分析会议、查找体育赛事风险点、制定体育赛事化解措施和填写风险评估程序登记表。2023年，国家体育总局发布《关于做好高危险性体育赛事活动管理工作的通知》，并公布了《高危险性体育赛事活动目录》，包括潜水、

[1] 浙江省体育局．浙江省体育局关于印发浙江省体育赛事活动社会风险评估工作实施细则（试行）的通知[EB/OL]．(2022-08-31) [2024-10-29]. http：//tyj. zj. gov. cn/art/2022/9/14/art_1229134876_2424151. html.

航空运动、登山、攀岩、滑雪登山、汽车摩托车等6大类18小项被列入第一批公布的高危险性体育赛事活动。在具体工作中，要结合体育赛事活动的级别、参与人数等进行综合判断体育赛事风险类型以开展评估。对于存在较大风险的重大体育赛事活动，需要在制定评估方案、分析论证和确定风险等级的基础上编制评估报告。

1. 风险评估准备

体育赛事的事前评估准备有以下内容：①明确体育赛事所处的环境及预计达到的目标；②基于相关政策文件、标准、实践经验等信息，确定体育赛事可容许的风险；③明确体育赛事风险评估的权责利关系；④向组委会索要体育赛事举办方案。

2. 原始风险识别

风险识别是风险管理的基础，体育赛事的原始风险包括参赛运动员、天气、策划、场地设备和突发事件五类，需要结合评估前准备和项目特征对原始风险加以识别。

3. 原始风险估计

原始风险估计主要是结合历史相关数据、经验和专家的判断对风险发生的可能性和风险的严重程度进行分析、评估。需要注意的是，风险的严重程度一般以伤害范围、人身健康伤害、财产损失和诱发次生危害为定级标准。

4. 风险评价分级

风险评价是结合风险发生的可能性和风险的严重程度估算风险等级，一般分为微小、较小、中等、较大和重大5个等级。

5. 评估报告编写

风险评估报告的编写应至少包含以下五方面内容：

（1）编制说明，即风险评估遵循的法规、标准等相关依据和体育赛事主办方提供的相关资料。

（2）风险评估报告中涉及的概念予以说明。

（3）体育赛事的基本情况介绍，即体育赛事的主办方、承办方、协办方；体育赛事举办时间、地点、活动内容、规模、体育赛事规划、体育赛事举办地简介等基本信息。

（4）体育赛事评估结论，即赛事等级、主要风险点、管控措施等级。

（5）体育赛事风险应对措施，即体育赛事风险来源、风险评价表、管控措施及应对措施等[1]。

[1]　北京奥邦体育赛事评估有限责任公司. 体育赛事活动风险评估标准[EB/OL].（2021-09-06）[2024-10-29]. https：//new. qq. com/rain/a/20210927A0FEX000.

二、体育赛事的风险应对

（一）体育赛事风险应对概述

1. 体育赛事风险应对依据

体育赛事风险应对是在体育赛事风险评估的基础上，根据风险的性质与体育赛事主办方对风险的承受能力而制定出的风险处置的意见或方案。基于此，本书认为体育赛事风险应对主要依据风险管理计划、风险等级、风险认知和体育赛事主办方的风险处置能力。

2. 体育赛事风险应对程序

体育赛事风险应对包括体育赛事风险发生前的控制风险要素，降低风险发生的可能性；风险发生过程中，及时处置以降低体育赛事损失；风险发生后进行充分的补救或进行经济补偿，最大限度地降低间接损失。但无论是哪种风险的应对，都离不开以下风险应对的程序：确认风险影响、制定风险应对策略、研究风险处置技巧、执行风险解决方案和风险防范监控。

（二）体育赛事风险应对策略

1. 体育赛事风险控制

体育赛事风险控制是指为降低体育赛事风险发生的可能性以及潜在损失所做的各种措施，主要有风险回避和损失控制两种。①体育赛事风险回避是当风险损失的可能性较大时，采取主动放弃以避免风险。但风险回避的同时意味着放弃了该环节、流程带来的利益，故主要用于风险发生可能性大、后果严重且可控性低的风险。②损失控制是通过降低体育赛事风险发生的机会和损失的严重性来处理风险[1]。

2. 体育赛事风险转移

体育赛事风险转移是将体育赛事风险的结果及风险应对的权利转移给第三方，常见的有合同转移和购买保险两种方式。①合同转移是指体育赛事主办方与其他体育赛事参与主体（赞助商、承办方、供应商）签订合同，以明确规定双方的风险责任，从而将风险分散和转移给不同主体。②保险的本质被视为一种风险转移的机制，个人或组织支付保险公司一定的保险费用，以换取在特定时间内减轻或消除风险带来的经济负担。当前，尤其是对于大型体育赛事而言，购买保险是最常见的风险转移措施，通过邀请保险公司提前介入，参与体育赛事风险评估，提前做好承保方案。经过20余年的发展，我国出现了运动员意外伤害保险、体育赛事公众责任险、体育赛事延误险、体育赛事组委会财产险等。杭州亚运会是我国首次由保险公司全面参与的国际综合风险管理赛事，全面覆盖了财产、财务损失、货物运输、网络安全、责任和人身六大险种。北京冬奥会期间，中国人民保险集团与北京

[1] 卢文云，熊晓正. 大型体育赛事的风险及风险管理[J]. 成都体育学院学报，2005（5）：18-22.

冬奥组委签约，成为该项综合体育赛事的官方合作伙伴，提供车险、财险、责任险、人身意外险和冬奥旅游保险等服务。

三、体育赛事的风险监控

（一）体育赛事风险监控的概念

体育赛事风险监控是在体育赛事举办全过程中，以风险管理计划为依据，检查风险发生情况和风险处置情况的过程。

（二）体育赛事风险监控的目的

由于体育赛事风险发生的不确定性和随机性，故需要密切关注各种潜在风险和已发生风险的状态和处置情况，并根据实时情况进行风险管理计划的调整完善。体育赛事风险监控的目的主要有三点：①监控体育赛事风险情况；②检查风险处置方案是否有效；③识别潜在风险，并针对性制定有效方案与对策。

第三节 体育赛事的低碳化发展

自英国工业革命以来，人类进入工业时代，温室气体的排放量急剧增加，导致冰川消融、海平面上升、极端恶劣天气增加等现象，严重威胁人类的生存环境。应对生态气候变化，提升生态系统质量和稳定性是人与自然和谐共生的重要基础。体育赛事作为提升人民群众幸福感、满足感的重要途径，更要从被动的“生态遵从”向主动的“生态优势”转变，从试探性研发向大手笔投入绿色低碳技术转变，从将低碳作为边缘战略向核心战略转变，不断提升体育赛事的生态环保优势。2019年，生态环境部印发的《大型活动碳中和实施指南（试行）》提出，体育赛事组织者应结合实际情况，控制二氧化碳排放，再通过碳抵消等手段中和大型体育赛事实际产生的碳排放，实现碳中和。

一、碳中和概述

（一）碳中和的背景

应对生态气候变化，提升生态系统质量和稳定性是人与自然和谐共生的重要基础。我国早在中华人民共和国成立之初就关注环境保护问题，但此时更多的是以群众动员为主。1972年，我国派代表团出席了联合国人类环境会议，并总结了“全面规划，合理布局，综合利用，化害为利，依靠群众，大家动手，保护环境，造福人民”的32字方针；1973年，我国召开了第一次全国环境保护会议，通过我国第一部环境保护的法规性文件——《关于保护和改善环境的若干规定》。尤其是在党的十一届三中全会后，在国家发展思路的整体转变下，环境保护由过去的群众动员转变为政府管理为主，“九五”规划将可持续发展战略列为国家的基本战略，“十五”规划明确环境保护的阶段性目标，党的十七大首次将建设生态文明作为全面建设小康社会的奋斗目标。步入新时代，我国更是将“生态文明建设”摆在全局工作的突出位置：党的十八大提出“美丽中国”概念，党的十九大要求坚持“人与自然和谐共生”的基本方略，并在2018年5月召开的全国生态环境保护大会上正式提出习近平生态文明思想，针对“为什么建设生态文明、建设什么样的生态文明、怎样建设生态文明”等问题作出回答，是新时代我国生态文明建设的根本遵循[1]。

2020年9月22日，在第七十五届联合国大会一般性辩论上，习近平总书记强调，中国二氧化碳排放力争于2030年前达到峰值，努力争取2060年前实现碳中和。2021年10月24日，《中共中央　国务院关于完整准确全面贯彻新发展理念做好碳达峰碳中和工作的意见》中再次明确指出，把碳中和纳入经济社会发展全局，坚定不移走生态优先、绿色低碳的高质量发展道路，确保如期实现碳中和。就国际环境而言，在经济全球化背景下，生态环境问题的全球性、系统性、综合性、关联性的特征不但会影响到其他国家，同时会影响自己。中国是世界第二大经济体，要积极参与全球生态气候问题改善，成为重要的参与者、贡献者、引领者。将碳中和目标规划为顶层战略布局是中国展示大国担当的世界窗口。就国内发展而言，实现“碳中和”是党中央统筹国内国际两个大局做出的重大战略决策，是着力解决生态环境问题的重大决策，是中华民族永续发展的必然选择。同时，我国已经进入高质量发展阶段，传统产业比重较高、能源消耗巨大、生态气候问题日渐严重，亟须通过绿色低碳科技创新，推动我国社会主义现代化强国建设。就现实需要而言，做好碳减排工作、实现碳中和目标是推进经济社会发展全面绿色低碳转型、实现生态环境质量改善的主动选择，是满足人民群众对美好生活向往的本质要求。

[1] 刘涵. 习近平生态文明思想研究[D]. 长沙：湖南师范大学，2019.

（二）碳中和的内涵

“碳中和”一词最早出现在1997年，是由西方环保人士所倡导的概念，并逐渐被人们所接受。如今多个国家提出碳中和的目标，并出现“气候中和”“净零碳排放”“净零排放”以及其他混用的表述，但目标都集中于温室气体的净零排放。IPCC（政府间气候变化专门委员会）认为，碳中和是人类经济社会活动所必需的碳排放通过森林碳汇和其他人工技术或工程手段加以捕集利用或封存，而使排放到大气中的温室气体净增量为零。其中，碳中和的“碳”是指以二氧化碳为代表的温室气体，包括二氧化碳、甲烷、氧化亚氮、全氟化碳等，“中和”是指气体排放与吸收达到平衡，实现“零增加”。本书认为碳中和是指以节能减排为目标，采取碳替代、碳减排、碳封存、碳循环四种形式以减少温室气体的排放，最终实现排放与吸收的平衡。

二、体育赛事低碳管理概述

（一）我国体育赛事低碳管理的背景

体育不是一个碳密集型产业，但与其他行业相比，体育赛事的极强关联性会引发上下游众多相关产业的碳排放。20世纪80年代，国际奥委会开始注重环保的问题。1994年，在巴黎召开的百年奥运大会后，将环境视为奥林匹克精神中除体育和文化以外的第三个层面，并于1995年国际奥委会决定成立体育与环境委员会，负责制定奥林匹克运动相关的环境保护和可持续发展等方面的政策。1999年，由国际奥委会体育和环境委员会协同编制的奥林匹克环境保护方面的纲领性文件——《奥林匹克运动21世纪议程》获得通过，把体育作为参与全球治理的重要力量，促进体育赛事绿色可持续发展成为奥林匹克运动的目标之一。在2008年北京奥运会筹办期间，我国确立了“绿色奥运、科技奥运、人文奥运”的三大理念。北京奥组委按照国际奥组委的总体要求，积极践行绿色奥运的理念，并编制《奥组委环境管理体系手册》，建立体育赛事的环境管理体系，探索“绿色奥运”。但从实践看，2008年北京奥运会期间，国内外普通观众在交通饮食等方面的碳排放量高达98万吨，运动员、教练员等的交通和住宿排放二氧化碳8万吨，奥组委相关活动碳排放量接近2万吨，表明我国加快体育赛事的低碳管理仍有很长一段路要走。

2017年10月，国际奥委会颁布《IOC可持续发展战略》，指出体育赛事举办要考虑温室气体的净零排放；2018年6月，国际奥委会发布《主办城市合同：运营要求》，要求奥运会主办城市提交《碳管理计划》[1]；2018年12月，国际奥委会与联合国气候变化框架公约秘书处启动了“体育促进气候行动框架”，旨在通过体育的影响力宣传应对气候变化的认

[1] 任慧涛，易剑东. 大型体育赛事碳中和管理：国际奥委会的倡议[J]. 北京体育大学学报，2022，45（2）：25-38.

知[1]。与此同时，在新发展理念的指引下，体育竞赛表演业领域也在不断改革创新，尤其是2022年北京冬奥会的成功举办，绿色办赛的理念深入人心，体育赛事低碳管理的相关政策更加清晰具体，明确规定了低碳管理的目标、方向，从长期以及全过程视角规范体育赛事的低碳管理，并通过典型案例的经验交流和宣传推广等方式为其他体育赛事实现碳中和提供典型示范，起到榜样带动作用，保障大型体育赛事的低碳管理。大型体育赛事低碳管理的相关政策参见表14-2。

表14-2　大型体育赛事低碳管理的相关政策一览表

发布日期	发文机构	政策文件	主要内容
2018年12月11日	国际奥委会、联合国气候变化倡议组织	《联合国体育促进气候行动框架》	把体育作为团结工具，提升全球公民的气候意识
2019年5月29日	生态环境部	《大型活动碳中和实施指南（试行）》	弘扬低碳社会新风尚，规范大型活动碳中和实施
2019年6月23日	北京冬奥组委	《北京2022年冬奥会和冬残奥会低碳管理工作方案》	倡导全社会低碳生活，创造奥运会碳普惠制的“北京案例”
2020年5月15日	国际奥委会、国际残奥委会和北京冬奥组委	《北京2022年冬奥会和冬残奥会可持续性计划》	指导北京冬奥会开展可持续发展工作，创造奥运会和地区可持续发展的新典范
2021年4月10日	陕西省生态环境厅	《“零碳全运—碳中和”行动实施方案》	全面排查生态环境问题，稳步推进碳中和目标实现
2021年9月22日	中共中央、国务院	《中共中央　国务院关于完整准确全面贯彻新发展理念做好碳达峰碳中和工作的意见》	把碳中和纳入经济社会发展全局，坚定不移走生态优先、绿色低碳的高质量发展道路，确保如期实现碳中和
2021年10月8日	国家体育总局	《“十四五”体育发展规划》	坚持新发展理念，加快绿色可持续发展
2023年1月1日	国家体育总局	《体育赛事活动管理办法》	严格落实生态保护等相关措施

（二）体育赛事碳排放环节

1. 交通排放

交通领域是体育赛事举办阶段的重点碳排放领域，尤其是对于国际大型体育赛事而言，运动员的参赛和观众观赛会产生大量的交通碳排放。包括体育赛事同期的城市出行需求（旅行出行需求、流动人口出行需求）和体育赛事交通需求（体育赛事举行期间的客运需求和货运需求）[2]。2018年俄罗斯世界杯期间，交通碳排放占整个体育赛事碳排放的74%，其中国际出行57%、城际出行15%、城市内出行2%。据国际足联公布的《卡塔尔世界杯温室气体

[1]　李雨珊，刘嘉林，苏虹任，等. 大型体育赛事碳中和行动解析与实现路径[J]. 沈阳体育学院学报，2023，42（1）：108-114.

[2]　郭继孚，马毅林，刘雪杰，等. 大型体育赛事交通战略研究[J]. 城市交通，2021，19（4）：19-26.

核算报告》，卡塔尔世界杯期间的温室气体排放量为363万吨，而交通产生的温室气体排放量为187.8万吨，约占总排放量的52%。

2. 住宿餐饮排放

住宿餐饮环节的碳排放主要是体育赛事的志愿者、运动员、教练员、工作人员等在住宿、餐饮时的碳排放。体育赛事的工作人员众多，故碳排放量不可小觑，如卡塔尔世界杯期间的食宿碳排放量占总排放量的20%。

3. 场馆建设排放

基于全生命周期理论，场馆的建设包括永久性建筑和临时建筑的规划、设计、建造、运行、拆除等过程，这一过程中会有大量的碳排放。例如，在场馆运行期间，会涉及资源的消耗、废弃物排放与分解造成的环境污染等。同时，大型体育场馆由于场地面积较大，对于生态环境的影响会更大。

4. 其他碳排放

此外，体育赛事还涉及废弃物处理产生的排放，化石燃料燃烧排放，相关电力、热力排放，组委会办公等的碳排放。

（三）体育赛事低碳管理的流程

1. 制订体育赛事低碳实施计划

体育赛事的低碳实施计划应包括体育赛事名称、举办的时间和地点、活动内容、预估的碳排放量、具体减排措施、碳中和抵消方式和预期实现碳中和的时间[1]。

2. 实施碳减排行动

体育赛事实施碳减排行动，要求针对场馆建设、住宿餐饮和交通等主要的碳排放源，有意识地主动控制碳排放量。例如，体育赛事交通系统设置应综合考虑交通设施布局、场馆席位数、城市人口分布、参赛者及观众的抵离规律等信息，为运动员、教练员设立体育赛事专用通道，缩短宿舍、训练场馆、比赛场馆间的距离，降低运动员、教练员路途中的碳排放。同时加快城市轨道交通、公交专用道、快速公交系统等大容量公共交通基础设施建设。

3. 低碳气体排放核算

低碳气体的碳排放核算要基于体育赛事筹办、举办和收尾的全过程，对温室气体排放量进行计量、统计和分析的过程。根据《IPCC国家温室气体清单指南》，纳入排放量计算的气体包括二氧化碳、甲烷、氧化亚氮、氢氟碳化物、全氟化碳、六氟化硫和三氟化氮7种。当前，主要运用的碳核算方法包括基于计算的排放因子法、质量平衡法和基于测量的实测法。

[1] 生态环境部. 大型活动碳中和实施指南（试行）[EB/OL].（2019-05-29）[2024-10-23]. https://www.gov.cn/gongbao/content/2019/content_5430516.htm.

4. 实现碳抵消

碳抵消是指利用可再生能源、碳捕获利用与封存等技术手段，通过吸收大气中的二氧化碳或增加碳封存（植树造林、土地复育），以补偿其他地方产生的温室气体排放。体育赛事活动的碳抵消方式主要有：①体育赛事主办方购买碳配额或碳信用的方式抵消活动产生的碳排放量；②通过新建林业项目或参与现有的造林绿化工程，产生碳汇量以抵消体育赛事的碳排放；③单位或个人捐赠的碳配额抵消体育赛事的碳排放；④碳普惠是指将企业等的减排行为进行量化和记录，并通过交易变现、政策支持或商业奖励等渠道实现其价值。例如，2024长三角国际田径钻石赛就采用碳普惠交易达成体育赛事“碳中和”目标。体育赛事低碳管理流程如图14-1所示。

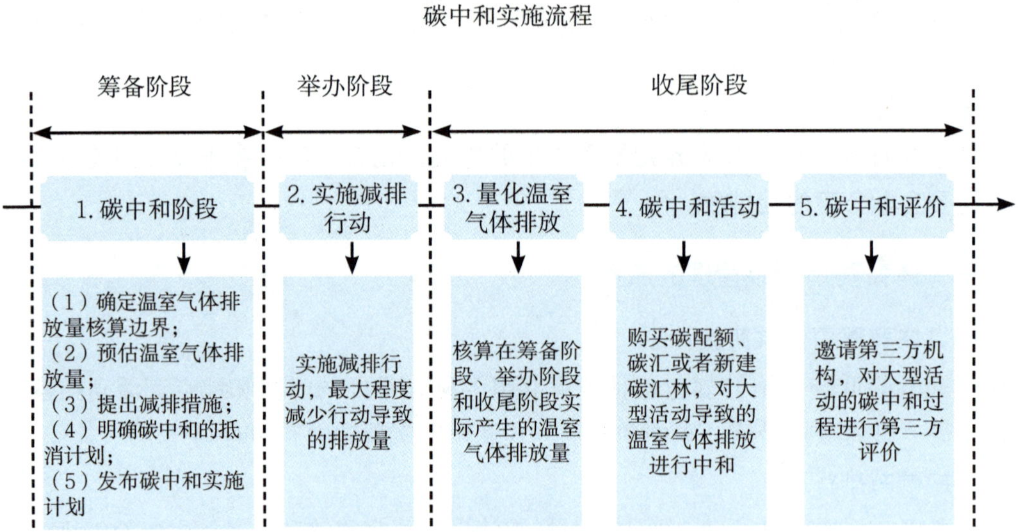

图14-1　体育赛事低碳管理流程

【案例14-4】

北京冬奥会多措并举求低碳

北京冬季奥运会自2015年7月31日北京携手张家口获得举办权以来，始终坚持绿色、低碳、可持续原则，将绿色低碳理念与办奥目标深度融合，“碳”索创新，整合多方资源，多措并举打造低碳奥运新样本。2021年10月27日，国务院新闻办公室宣布北京冬奥会将实现碳排放全部中和。北京冬奥会作为举世瞩目的重大体育赛事，公开宣布碳中和承诺，对于引导公众践行低碳理念，彰显中国实现碳中和决心具有重要意义。第一，2022年是“两个一百年”奋斗目标的历史交汇期，通过冬季奥运会的窗口，讲好中国故事，向世界展示中国特色社会主义现代化国家的进程，展示中国作为世界大国的担当。第二，打造大型活动碳中和示范样板。通过使用低碳新能源、打造低碳新场馆、建设低碳新交通、开展低碳新生活等多方面开展碳中和工作，为其他大型体育赛事的举办贡献“中国典范”“北京案例”。第三，带动区域碳中和目标的实现。冬奥会有北京赛区、延庆赛区和张家口崇礼赛区，北京市已经达到碳达峰，要把握冬奥会碳中和的有利契机助推北京市碳中和及张家口地区碳达峰进程。第四，引导社会公众养成可持续发展理念，广泛调动社会居民形成低碳生活新风尚。北京冬奥会的遗产不仅包括场馆、资源等有形资产，更包括居民可持续发展理念的确立、绿色低碳社会价值观等无形资产。第五，刺激供应链转型。制定严格的低碳标准，提高行业门槛，倒逼体育产业供应链中产品设计、产品采购、生产包装、产品物流、产品销售全流程低碳转型升级。

一、北京冬奥会低碳管理的模式

国家与地方政府高度重视北京冬奥会碳中和目标的实现，建立了多元联动的工作机制，形成中央政府领导、地方政府主导、冬奥组委会统筹、社会各界协同的组织保障，为冬奥会开展可持续工作奠定坚实基础。第一，中央政府层面。提出“绿色、共享、开放、廉洁”的办奥理念，将“绿色”摆在办奥理念之首，表明国家对于2022年北京冬奥会碳中和目标实现的决心。冬奥会筹办期间，成立以副总理韩正为组长的第24届冬奥会工作领导小组，建立中央政府、地方政府、冬奥会组委会三级联动的协同工作机制，专门颁布《北京 2022 年冬奥会和冬残奥会筹办工作总体计划和任务分工方案》文件，为体育赛事碳中和目标的实现提供保障。第二，地方政府层面。北京市、河北省及张家口市作为冬奥会的举办城市，分别成立北京市 2022 年冬奥会工程建设指挥部办公室和河北省第 24 届冬奥会工作领导小组办公室、张家口市冬奥办，推进冬奥筹办各项工作，通过文件规定可持续任务、低碳任务的工作要求，统筹规划环保、交通、国土、财政等各领域，充分落实中央政府层面对于冬奥会的战略部署。第三，冬奥组委会层面。成立以冬奥会秘书长为组长的“可持续性工作领导小组”，并在总体策划部设立可持续发展处，专门负责可持续、碳减排、碳中和工作。发布《北京2022年冬奥会和冬残奥会可持续性计划》，明确可持续性任务与具体实施细则。与各单位建立有效沟通机制，通过专项工作会、总结汇报等形式推进碳中和目标的实现。第四，社会层面，成立可持续性咨询和建议委员会，针对碳中和具体工作提出意见建议。同时，动员社会成员力量、非政府组织积极参与体育赛事的碳减排工作。

二、北京冬奥会低碳管理的措施

1. 使用低碳新能源

加快解决能源转型是实现大型体育赛事碳中和的关键所在，要坚持以节能为中心的能源减排战略，持续推进能源领域的绿色低碳创新。北京冬奥会在整个赛事周期代替传统以石油、煤为代表的“黑色”能源，取而代之使用太阳能、氢能、风能等“绿色”能源，从源头上促进节能减排的实现。第一，2020年6月29日正式投入使用的张北 ± 500kV柔性直流电网工程，该工程将实现比赛场馆电力需求全部使用可再生能源，为冬奥会电力需求奠定坚实、稳定的基础，到2022年冬残奥会结束，利用低碳能源预计可减少二氧化碳排放量32万吨。第二，氢能作为世界上公认最清洁的能源之一，同等质量下氢能产生的热量大约是煤炭的4.5倍，具有燃烧值高、可持续性等特征，欧美等发达国家已经将氢能的开发利用上升到国家能源战略高度。2020年，河北省发展和改革委员会公示《河北省2020年氢能产业重点项目清单》，项目涵盖制氢、储氢、运氢、加氢站全产业链条，为北京冬奥会碳中和目标的实现提供能源支持，提前做好战略规划布局。

2. 打造低碳新场馆

加快绿色低碳技术的前沿布局，提升比赛场馆的智慧化、低碳化程度是体育赛事碳中和目标实现的有力抓手。第一，北京是唯一一个“双奥”之城，充分利用2008年北京夏季奥运会的场馆“遗产”，对其低碳化改造，将会极大减少新建比赛场馆的能源消耗。冬奥会北京赛区共设有13个体育场馆，其中对11个场馆进行了绿色低碳改造。比如，“鸟巢”将重新被作为比赛开闭幕式的场馆，利用转换技术将“水立方”打造为“冰立方”，作为开展冰壶和轮椅冰壶的比赛场地。第二，河北省发布的《绿色雪上运动场馆评价标准》为其他冰雪赛事场馆提供低碳标准，对于场馆评价等级更加多元化，评价指标更加综合化。冬奥会新建的永久体育比赛场馆全部符合绿色低碳建筑的等级要求，在体育赛事结束后，部分场馆将会被改造成为居民健身活动中心，减少场馆赛后闲置的可能性，实现场馆利用最大化。第三，提升比赛场馆的智慧化、信息化程度是冬奥会筹办的重要目标之一。随着新兴数字技术的快速发展，场馆智慧化的程度也在不断提高，在提升观赛体验、智能化服务的同时，也可以提高场馆的运营管理效率。北京冬奥会与中国联通签署合作关系，在“5G赋能智慧冬奥”的发布会上，联通表示将会实现从观众入场到离场全流程实现智慧化管理，提供智慧运营保障。

3. 建设低碳新交通

大型体育赛事举办期间，大量的人口同时涌入同一个城市，导致城市交通出现客流量陡增、运营压力明显增大、碳排放增加等问题。为解决交通碳排放的痛点，冬奥会提出以下解决方案：第一，北京、延庆、张家口三个赛区内的交通基本实现低碳能源车辆全覆盖。由于北京赛区滑雪场地势高、温低坡陡的自然地理环境，要求北京赛区驾驶纯电动、天然气车辆，在张家口、延庆使用氢燃料车辆，同时完善充电桩、加氢站、加气站等基础建设。据相关部门统计，小客车届时将100%使用低碳能源车辆，占所有车辆比重85.84%，整个体育赛事举行期间，交通领域碳减排预计1.1万吨，大约是5万亩森林的年碳汇蓄量。第二，通过京张高铁实现不同赛区间的人员转运。建立冬奥专用通道，缩短观众、乘客站内换乘和通行时间，缓解交通运输部门运营的压力。第三，利用智能交通系统提升智慧化程度。针对短时客流量急剧增加、交通堵塞等现实问题，基于大数据技术，通过移动终端交通信息查询系统为观众实时提供便捷查询服务，有效提升出行效率。正如习近平总书记所说："要加快形成绿色低碳交通运输方式，加强绿色基础设施建设，推广新能源、智能化、数字化、轻量化交通装备，鼓励引导绿色出行，让交通更加环保、出行更加低碳。"

4. 开展低碳新生活

北京冬奥组委会在体育赛事举行期间积极倡导全民共同参与低碳活动，形成绿色冬奥"新"遗产。冬奥会举办的社会影响包括社会心理、社会价值观等方面，通过北京冬奥会的平台，向公众传递低碳社会的新理念、培养低碳生活新习惯。第一，综合利用、改造废旧厂房。利用北京首钢厂区旧址，修缮改建为绿色低碳的北京冬奥组委会办公区，通过使用办公自动化系统、视频会议等现代办公技术，有效地减少因会议产生的交通碳排放、餐饮碳排放等。第二，创新性研发"低碳冬奥"小程序，引导居民践行绿色生活方式，实现低碳冬奥的目标，共同应对生态气候变化。在小程序中，以积分换礼品、颁发低碳冬奥证书等多样化的形式鼓励居民积极参与绿色出行、绿色办公、绿色餐饮、绿色外卖、旧物回收、绿色金融等活动。第三，通过进社区开展以"践行绿色低碳，共建美丽家园"为主题的系列宣讲，在奥林匹克日开展"奔向2022、绿色起跑 、全民开动"慢跑活动，在植树节开展以"添绿冬奥、低碳有我"为主题的植树活动，号召全民共同参与，为冬奥会的举办营造良好的社会环境。

思考题

1. 结合国家发展，谈谈北京冬奥会实现碳中和有什么意义？
2. 北京冬奥会如何实现碳中和？

◎ 复习题

1. 什么是体育赛事风险？
2. 体育赛事风险有哪些类型？
3. 体育赛事风险评估的主要内容是什么？
4. 简述体育赛事风险评估程序。
5. 简述体育赛事低碳管理的流程。

第十五章

体育赛事的运作管理流程

本章概要

- 体育赛事的申办程序
- 体育赛事的筹备内容
- 体育赛事的实施流程
- 体育赛事的评估重点

教学目标

- 了解体育赛事申办程序
- 掌握体育赛事组织模式
- 掌握体育遗产管理
- 学会制定体育赛事实施方案

相关网站

- 华奥星空网（https://www.sports.cn/）
- 体育大生意官网（http://www.sportsmoney.cn/）
- 中国文化体育旅游网（http://www.chinacsta.com/）

推荐书目

- 刘清早．体育赛事运作案例精选[M]．北京：人民体育出版社，2007.
- 刘清早．体育赛事运作管理流程[M]．北京：人民体育出版社，2010.
- 曹可强，刘清早．体育赛事运作[M]．北京：高等教育出版社，2015.
- 温阳．体育赛事管理理论与实践[M]．北京：北京体育大学出版社，2021.
- 李海，姚芹．体育赛事管理[M]．重庆：重庆大学出版社，2018.
- 陶卫宁．体育赛事策划与管理[M]．重庆：重庆大学出版社，2015.

体育赛事管理运作管理遵循一套严格的流程程序，一般按照时间顺序可以划分为赛事申办、赛事筹备、赛事实施、赛事收尾与评估，每一个阶段都有对应该阶段的工作任务。本章聚焦每一个体育赛事运作阶段的任务目标、任务内容、任务流程和重点难点，加深读者对体育赛事运作管理的深刻理解。

第一节 体育赛事的申办

体育赛事申办是体育赛事运作管理流程首个环节，需要体育赛事运作管理者对赛事定位做出明确判断，进而对赛事申办可行性进行评估。决策启动申办工作后重点关注申办报告撰写、申办竞争对手评估、公关活动组织、申办现场陈述等重要事项，努力获得赛事所有权方通过申办审批获得举办权。

一、体育赛事申办的战略定位

（一）体育赛事申办者的诉求

1. 政治诉求

体育赛事不仅是运动竞技比拼的擂台，更是早已成为展示国家或地区综合实力、形象的重要舞台。尤其是举办国际性体育赛事，有助于提升举办国国际影响力、促进国家间交流与合作等。举办小型、社区型体育赛事也有助于促进区域体育基础设施建设，带动当地体育事业发展。

2. 经济诉求

举办体育赛事具有明显的经济动机，除了体育赛事期间门票销售、赞助商合作、相关产业发展等短期收益外，还包括通过举办体育赛事改善投资环境、提升举办地的品牌知名度，吸引更多商业合作，推动地方经济长期可持续发展。

3. 文化诉求

举办体育赛事有助于通过其展示地方文化特色、促进文化交流与融合、推动文化产业发展等。例如，当前贵州借“村BA”之力，在体育赛事举办期间穿插苗族非物质遗产古歌、苗族舞曲及芦笙音乐表演等传统文化展演，展示贵州乡村独特的文化魅力，并以文化力量带动当地文化产业、旅游产业等的发展。

（二）体育赛事利益相关者的确定

体育赛事利益相关者是指在体育赛事举办过程中承担一定风险的个人或组织。确定体育赛事利益相关者是体育赛事申办战略定位的关键。

1. 体育赛事利益相关者的分类

（1）核心利益相关者。核心利益相关者主要包括举办地的当地政府、体育赛事所有权人、体育赛事组织运营机构、赞助商、运动员、教练员、裁判员等。

（2）蛰伏利益相关者。蛰伏利益相关者包括观众、体育赛事工作人员、志愿者等。他们会对体育赛事的举办产生一定影响。

（3）边缘利益相关者。边缘利益相关者包括体育设施生产商、体育赛事中间代理商及体育赛事周边商业机构等其他利益相关者。

2. 体育赛事利益相关者的协调

由于体育赛事申办过程中，各利益主体的诉求不同，可能存在矛盾与抵触，故加强利益相关者间的协调，尤其是核心利益相关者的沟通与协调，旨在争取各方的支持。当前，常见的协调方式主要包括经济协调、政治协调、法律协调与道德协调四种。此外，体育赛事申办时还应了解体育赛事审批单位的要求与偏好，诸如北京奥运会申办期间，需识别国际奥委会的要求，以提升体育赛事申办的成功率。

二、体育赛事申办的可行性评估

（一）宏观环境评估

1. 政治环境评估

政治环境评估主要是确保体育赛事举办符合国家战略方向，且保证体育赛事的合法、合规，避免体育赛事因政策冲突导致停办、延办的现象。我国体育赛事举办的资金来源中，财政资金占据绝大部分比例，故事先应对体育赛事税收优惠、财政支持政策、体育赛事行政审批等系列政府支持内容进行系统了解与评估。此外，对于大型国际性体育赛事而言，还应对国际政治关系进行评估。

2. 经济环境评估

体育赛事申办时对申办方的经济环境进行评估旨在确保体育赛事财务的可行性，避免资金链的断裂。同时，预估与衡量体育赛事对于区域经济发展的拉动效应。一般而言，体育赛事申办时的经济环境评估主要包括三个方面：一是城市的经济发展水平，对于大型、综合型体育赛事而言，应考虑城市生产总值、经济增速和第三产业占比等经济指标。二是体育赛事的融资能力，包括政府财政补贴额度、商业赞助潜力等。三是成本控制能力，包括城市存量场馆的利用、志愿者的预期招募等。

3. 社会环境评估

社会环境评估是体育赛事申办可行性评估的重要一环，对于化解潜在风险、维护社会和谐、提升体育赛事形象等方面具有重要作用。当前，体育赛事的社会环境评估主要包括两个方面。

（1）体育赛事的公众支持度。通过事前了解公众对于体育赛事申办的态度和期望，并后续采取相应措施提升公众的满意度与参与度，减少体育赛事可能引发的抵触情绪与社会矛盾。例如，2016年里约奥运会举办前夕，巴西民众举行游行抗议政府因筹办奥运会而无钱支付公共部门投资，侵犯公民权益，便是公众抵触体育赛事举办的典型案例。

（2）体育赛事的文化适应性。体育赛事申办时需对当地文化背景进行全面了解，包括当地历史文化、风俗习惯、宗教信仰等，是否存在赛事活动与区域文化之间的潜在冲突。

4. 生态环境评估

体育产业被视为绿色产业、朝阳产业，但是体育赛事（尤其是大型体育赛事）对于生态环境的影响同样不可忽视。体育赛事场馆建设的碳排放问题、体育赛事举办期间外地人口过度涌入问题、体育赛事举办后场馆闲置带来的资源浪费问题等都亟待解决。体育赛事举办是否会为当地带来生态危害，危害程度达到怎样的水平？这些都需要提前做好体育赛事举办的生态环境评估。生态环境评估的具体内容包括：①生态敏感度评估，包括场馆建设对自然环境的影响、体育赛事期间的碳排放评估等；②环保技术的应用，如可再生能源占比、废弃物回收率等；③生态修复计划，即临时设施拆除后的生态复原计划、生物多样性补偿措施。

（二）专项能力评估

1. 体育场馆场地设施水平评估

进行体育场馆场地设施评估是为了确保体育场馆场地硬件符合体育赛事等级要求，避免因体育场馆场地硬件设施导致体育赛事举办过程中不可控风险的发生。对于存量体育场馆场地，评估内容包括数量、布局、场地技术标准、无障碍设施等；对于新建或改建体育场馆场地，评估内容包括场馆赛后利用方案、临时设施赛后拆除生态复原方案、设施快速搭建能力、建筑的环保水平等。

2. 地区服务能力评估

地区服务能力事关参赛者和观众的体验感，直接影响体育赛事的组织与运营水平。地区服务能力评估主要包括交通便利性评估、住宿条件评估、餐饮供应评估、医疗保障评估、志愿者服务评估等。

三、体育赛事申办的重要事项

（一）体育赛事申办报告的撰写

体育赛事申办报告主要围绕体育赛事申办的目的与计划进行阐述，回应审批单位的相关问题，并确定体育赛事拟组织计划与流程。以北京2008年奥运会申办委员会撰写的《北京2008年奥运会申办报告》为例，该报告分为三卷，共18个部分：第一卷包括国家、地区及候选城市特点，法律，海关和入境手续，环境保护与气象，财政，市场开发6个部分；第二卷包括比赛项目总体构想、比赛项目、残疾人奥运会、奥运村4个部分；第三卷包括医疗和卫生服务、安全保卫、住宿、交通、技术、新闻宣传与媒体服务、奥林匹克主义与文化7个部分。第18个部分是保证书。

（二）申办竞争对手状况

体育赛事申办过程中，对竞争对手的全面分析是制定申办策略的关键，主要内容包括：一是竞争对手优劣势分析，对竞争对手的资源储备、硬件设施、社会基础等进行分析，并对竞争对手可能存在的短板进行挖掘，在制定策略中注意扬长避短；二是竞争对手与审批单位关系，即竞争对手是否与审批机构存在长期合作或信任基础；三是竞争对手的准备情况，包括方案的完整性、筹备执行进度、媒体舆论状况等。

（三）公关活动

体育赛事申办过程中，加强公关活动有利于提升体育赛事申办竞争力、塑造社会公信力，具体的做法包括以下内容。一是争取业界知名人士的支持，即充分发挥退役运动员、体育明星的号召力，邀请其担任体育赛事申办形象大使，并通过参与公开演讲、在社交媒体发声等方式为体育赛事申办背书。二是强化与审批单位及相关体育社会组织间的关系，争取获得与体育赛事申办相关的第一手资料，并不断传递申办该项体育赛事的决心。三是利用媒体争取舆论支持，充分运用当下主流媒体、体育专业平台、社交媒体等传播渠道争取社会认可，营造全民支持体育赛事申办的氛围。

（四）申办现场陈述

体育赛事申办时，需要申办城市代表、运动员代表、政府官员等就申办城市动机、政府支持等做现场陈述，展现申办城市的基础条件、优势与决心。例如，1993年我国申奥代表团进行北京2000年奥运会申办现场陈述时，中国奥委会名誉主席何振梁在陈述中强调：“所有的申办城市都同样有能力办好2000年奥运会。但是，如果这个荣誉授予北京，我们将竭尽全力，使奥林匹克理想以前所未有的规模得到传播，并使奥林匹克主义的普遍性原则获得充分的体现。”

四、体育赛事审批

（一）体育赛事审批的范围

2014年，国务院印发了《关于加快发展体育产业 促进体育消费的若干意见》，明确指出“取消商业性和群众性体育赛事活动审批”，“简政放权”的改革力度得到进一步加强，标志着体育赛事将更大程度地向社会开放。同年年底，为加快体育赛事审批制度改革，建立办赛主体多元化的办赛体系，国家体育总局颁布《关于推进体育赛事审批制度改革的若干意见》，明确基本原则与具体相关要求。2023年，国家体育总局颁布《体育赛事活动管理办法》，明确了体育赛事活动申办和审批相关要求，并会同相关部门颁布《高危险性体育赛事活动目录（第一批）》（以下简称《目录》）。但是，在体育赛事“放管服”改革推进过程中，社会、市场主体更加独立自主的同时，体育行政系统也承担了更多的体育赛事行政监管责任。另外，由于国际体育赛事需符合外事管理要求、高危险性体育赛事需确保安全要求、境外非政府组织的登记、一些体育赛事需多部门管理等现实因素，部分体育赛事仍需经行政审批后方才允许举办。此外，还有部分体育赛事存在较高特殊性，但目前尚未列入《目录》，仍需体育行政部门对此类赛事从严审查，保障其安全顺利举办。

这批特殊体育赛事的种类包括以下四类。

1. 国际体育赛事

为确保体育赛事举办符合国家外事管理规定和国际体育组织的要求，下列国际体育赛事需向国家体育总局或国务院审批：①体育总局主办或共同主办的重要国际体育赛事；②涉及奥运会、亚运会资格或积分的体育赛事；③跨省（区、市）组织的国际体育赛事活动；④涉及海域、空域及地面敏感区域等特殊领域的国际体育赛事活动等。

2. 高危险性体育赛事

依据《目录》，高危险性体育赛事主要分为潜水、航空运动、登山、滑雪登山、汽车和摩托车相关体育赛事活动六类。具体工作中，原则上由体育赛事活动的主办方提出许可申请，受主办方委托的承办方也可提出许可申请。

3. 多部门协同举办的体育赛事

实际工作过程中，部分体育赛事举办涉及公安、市场监管、卫生健康、交通运输、海事、外事等多个部门，故应按部门规定办理体育赛事审批。

4. 其他体育赛事

当前，我国各地已出台相关高危险性体育赛事活动许可细则，其中部分体育赛事由于其项目特殊性或区域特殊性，仍需按照相关行业标准进行审批。此外，境外非政府组织在我国境内举办体育赛事活动，需依法登记设立代表机构，或经省级体育行政部门同意并报同级公安机关备案。

（二）高危险性体育赛事活动许可

1. 体育赛事审批材料

体育赛事审批材料主要包括申请书、专业技术人员的资格或资质证明材料、体育场地设施等硬件符合相关标准与要求的说明材料、体育赛事活动组织用以约定职责分工的书面协议、风险评估与处置报告、法律及政策文件规定的其他相关材料。

2. 体育赛事审批部门

在省域范围内，体育赛事审批原则上由县级以上体育行政部门或履行政府综合审批职能机构负责；若涉及跨区域体育赛事审批，则由共同的上级体育行政部门或履行政府综合审批职能机构审批。

3. 体育赛事审批流程

体育赛事审批流程主要包括受理、核查与决定，即体育赛事审批主体在接收到体育赛事申请后需进行实地核查，或委托检验机构、认证机构对申请人提交材料的真实性进行核查，并作出审批决定。若审批通过则作出书面决定，不通过则书面告知申请人理由。此外，需要注意的是各地的审批时限有所不同。例如，同样针对高危险性体育赛事活动，2023年出台的《江西省高危险性体育赛事活动行政许可实施细则》中规定："地方各级体育行政部门应当自收到申请之日起30日内进行实地核查，并作出批准或者不予批准的决定。"同年印发的《湖北省举办高危险性体育赛事活动许可规范指引》中则规定："地方体育行政部门自受理之日起，15个工作日内进行实地核查（含现场核查和问题整改时间），审批流程于5个工作日内办结。"

（三）体育赛事审批的内容

1. 体育赛事名称审批

2023年1月开始施行的《体育赛事活动管理办法》第十一条要求体育赛事活动的名称应当符合下列规定：

（1）与举办地域和体育赛事活动的项目内容相一致；

（2）与主办方开展活动的行业领域和人群范围相一致；

（3）与其他自然人、法人或非法人组织举办的体育赛事活动名称有实质性区别；

（4）不得侵犯其他自然人、法人或非法人组织的合法权益；

（5）不得含有欺骗或可能造成公众误解的文字；

（6）不得使用具有宗教含义的文字；

（7）按照国家法律法规、政策要求使用"一带一路""金砖国家""上合组织"等含有政治、外交属性的文字；

（8）相关法律、法规和规章的其他规定。

该办法的第十二条还规定：中央和国家机关及其事业单位、全国性社会组织主办或承办的国际性、全国性体育赛事活动，名称中可以使用“世界”“国际”“亚洲”“中国”“全国”“国家”等字样或具有类似含义的词汇，其他体育赛事活动不得使用与其相同或类似的名称。

2. 高危险体育赛事审批

依据体育赛事活动的特性，对于高危险赛事具体审批内容有所不同，应结合相关政策文件具体情况具体分析，如室外跳伞体育赛事活动，需对气象条件、使用空域，起飞场、降落场等场地，比赛用飞机，参赛人员资质，保险等内容进行许可。潜水体育赛事活动的许可条件包括：场所条件，办赛资质，参赛运动员、赛事安全员、裁判员、医务人员资质，工作手册、安全预案、急救预案、事故处理预案、保险等规范的赛事活动文件。

第二节 体育赛事的筹备

体育赛事筹备是一项系统工程，首先需要搭建体育赛事组织机构，进而制订体育赛事计划、整合体育赛事资源，为赛事举办做好充分准备。

一、体育赛事组织架构的搭建

（一）体育赛事的组织机构

1. 体育赛事组委会

体育赛事组委会是体育赛事最高决策和管理组织，负责体育赛事的整体规划、决策和协调工作，具体而言包括体育赛事目标制定、政策文件发布、资源整合、对外联络、风险管理、监督和评估等工作，其工作实质是把握体育赛事工作的全局方向，明确“做什么”的问题。

2. 体育赛事执行机构

体育赛事执行机构是体育赛事组委会直接领导下的具体实施部门，负责将体育赛事组委会的战略规划转化为部门可操作落地的执行方案，一般包括办公室、竞赛部、新闻宣传部、安全保卫部、财务部、行政部、大型活动部等部门，其工作实质是负责体育赛事的各项筹备与组织工作，回应“怎么做”的问题。例如，第七届世界军人运动会的指挥层由联合指挥部及其所辖的1办8部1委、城市运行保障机构组成，负责对军运会赛时运行进行统一指挥、控制和协调。在指挥层的领导下，执行层机构由38个竞委会、18个专项工作中心和军运村运管会组成（图15-1）。

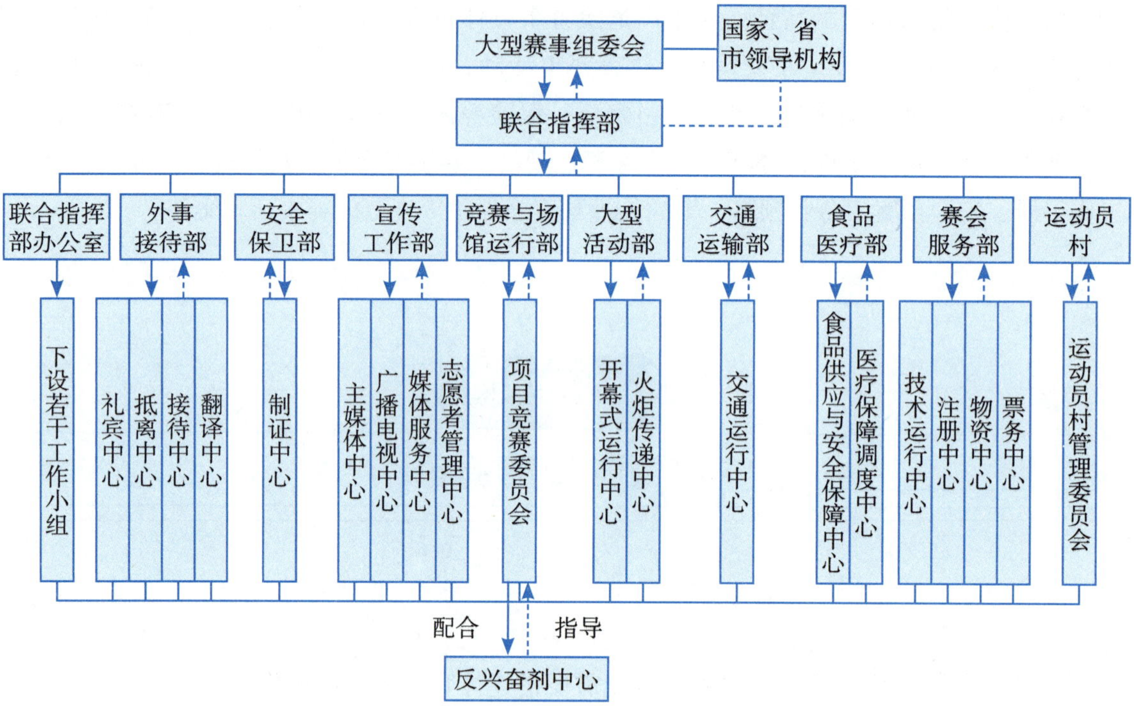

图15-1 大型体育赛事运行组织架构关系图

3. 体育赛事分支机构与执行单位

体育赛事分支机构与执行单位是在区域或职能部门的延伸执行单元，承担体育赛事细分任务。其工作实质是负责体育赛事具体事项的落地，解决“谁来做、在哪做”的问题。

（二）体育赛事的组织结构

1. 直线型组织结构

直线型组织结构中权力从上向下流动，且上级管理者对下属有直接职权，下属只需向一位管理者直接报告。此组织结构管理层级少、管理成本低，一般适用于社区体育活动、学校运动会等体育赛事周期短、参赛人数少、组织复杂程度低的体育赛事。

2. 职能型组织结构

职能型组织结构按照职能划分为竞赛部、后勤部等不同部门，每个部门都由专业人员组成，但其协调难度较大。此结构专业性较强、分工明确，一般适用于参赛人数和组织程度适中的中等规模体育赛事或专业性较强的体育赛事，如地方性体育赛事、单项锦标赛等。

3. 矩阵型组织结构

矩阵型组织结构将职能分工与组织合作相结合，有利于促进组织职能与专业协作。但工作人员既需向项目负责人汇报，也需向职能负责人汇报，存在关系多头、协调困难的特点。一般而言，矩阵型组织结构适用于多个项目和多部门协调的体育赛事，如城市运动会等综合性运动会。

4. 项目型组织结构

项目型组织结构是以项目为中心，所有资源都需围绕项目配置，直至项目结束后解散，具有临时性、集中性的特征。一般而言，项目型组织结构适用于大型国际体育赛事或短期大型体育赛事，如奥运会、世界杯、国际单项体育赛事等。

二、体育赛事计划的制订

（一）体育赛事范围计划的制订

1. 体育赛事范围计划的定义

体育赛事范围计划界定体育赛事边界，是包括体育赛事主要工作任务、交付成果、资源和时间框架等在内的核心文件，确保所有参与者就体育赛事目标、内容达成共识，即明确体育赛事“做什么”。

2. 体育赛事范围计划书的主要内容

（1）体育赛事目标。体育赛事目标需明确赛事的最终目的和期望达成的成果，且目标应具体、可衡量、可实现、相关性强，并有明确的时间节点限制。

（2）体育赛事可交付成果。体育赛事可交付成果是对赛后所呈现的效果或达成的目标予以明确，一般包含有形交付成果和无形交付成果。有形交付成果包括财务决算报告、赛后遗产评估报告、财务决算报告等，无形交付成果包括比赛、体育赛事服务、文化展演、品牌曝光度等。

（3）排除责任。体育赛事涉及主体较多，难以对每项责任进行概括界定，故一般常采用排除的方式，即明确规定体育赛事主办方不应承担的工作事项与责任。

（二）体育赛事进度计划的制订

1. 体育赛事进度计划的定义

体育赛事进度计划描述体育赛事所有任务的时间顺序、资源分配及里程碑事件的界定，明确“何时做”“做多久”的问题。当前，体育赛事进度计划制订过程中常利用甘特图，通过条形图的方式展示各任务的前后顺序及进度。

2. 体育赛事进度计划的主要内容

（1）目标设定。体育赛事进度计划制订过程中，明确体育赛事具体目标与时间安排是基础。实践过程中，首先要明晰体育赛事总体时间框架，即筹备阶段、比赛阶段、收尾阶段的具体周期；其次要明确各子任务、子项目间的顺序；最后要厘清关键事项的具体时间节点，如宣传推广启动时间、报名截止时间、赛程发布时间、财务结算时间等。

（2）任务分解。任务分解是将项目分解为诸多任务和子任务，直至任务小到无法继续分解。同时，要列出体育赛事的具体任务清单，至少明确任务名称、具体内容、负责人、开始时间与截止时间等信息。

（3）进度跟踪。进度跟踪包括进度监控与调整两部分，既要保证任务进度与原计划保持相对一致，又要根据实际工作情况对任务进度和资源进行调整，保证项目的高效率推进。此外，体育赛事的各任务负责人应定期生成进度计划，并向体育赛事组委会或利益相关者汇报，获取各方对体育赛事组织的信任。

三、体育赛事资源的整合

（一）体育赛事信息资源的整合

1. 现代信息系统的搭建

现代信息系统的搭建是实现体育赛事信息资源整合的基础与关键，本质是通过组委会信息平台搭建整合体育赛事管理数据、参与者信息、城市运行数据、商业及用户行为数据等，能够提升赛事运营效率、优化用户体验等。从实践来看，现代体育赛事信息系统由体育赛事成绩发布系统（RDS）、体育赛事管理系统（GMS）及体育赛事支持系统（GSS）组成。一般而言，我国国际性、大型体育赛事由当地市政府牵头，组委会信息技术部统筹，联合公安、交通等行政部门，并辅之以技术企业提供硬件支持与系统搭建等。如杭州亚运会期间，依托云计算搭建亚运会体育赛事核心系统，实现核心系统与应用服务的云上打通，保障场馆、人员、比赛信息、成绩信息的高效互通。

2. 体育赛事信息宣传与推广

（1）体育赛事信息宣传与推广的影响因素。体育赛事信息宣传与推广是将竞技价值转化为市场价值的关键。一般而言，体育赛事的市场部负责体育赛事信息宣传与推广，其推广的程度受体育赛事规格、出席体育赛事的政府官员级别、项目影响力、体育赛事影响力、知名运动员参赛、体育赛事精彩程度等的影响。此外，体育赛事媒体的宣传可能还受当日其他体育赛事新闻的影响，倘若当日有其他更具有社会影响力、经济价值的体育赛事举办，则对于此体育赛事的报道与宣传会有一定程度的影响。

（2）体育赛事信息宣传与推广的主要工作。对于负责体育赛事信息宣传与推广的部门而言，体育赛事类型、规格、影响力等其实已超出控制与管理的范围。其工作核心与挑战在于与媒体建立良好关系，并主动向媒体提供更具宣传价值的素材，同时警惕负面新闻的报道。为此，体育赛事信息宣传与推广部门的主要工作包括：一是成立媒体宣传部门，制定体育赛事宣传推广的整体规划与阶段性任务；二是与媒体形成良好合作关系，并配合服务部门做好媒体记者的接待工作；三是制定重大事件、关键节点的体育赛事宣传工作并组织实施；四是向媒体提供体育赛事宣传报道素材；五是通过发布会、新闻报道及各种展板、易拉宝等进行体育赛事宣传；六是实时检测负面新闻报道并做好舆情防控；七是做好媒体宣传资料的存档备份与事后总结。

（3）体育赛事信息宣传与推广的主要流程。一是前期策划。体育赛事宣传与推广的前期策划中应注意明确体育赛事宣传目标（为提升体育赛事知名度、吸引赞助商抑或是其他），并制定时间表与预算表。此外，我们需要调研目标受众的年龄、兴趣、消费习惯等特征，以便为后期宣传推广打下坚实的基础。二是挖掘亮点。市场部应精准掌握体育赛事的竞技特征、文化特色，并通过体育赛事花絮短视频、赛前预热直播、选手图文故事等方式制作多形态内容。三是多渠道传播。当前体育赛事多采用社交媒体、官网、直播平台等线上渠道与传统媒体、户外广告等线下渠道相结合的方式进行多渠道分发。此外，不可忽视的是，体育赛事与旅游、文化部门的跨界联动，推出“体育赛事套餐”，以增加体育赛事的影响力、深度释放体育赛事的经济价值。四是监督与评估。实时跟踪体育赛事曝光量、传播率等传播数据，并实时调整宣传推广策略。最终通过数据赛后评估宣传推广对于品牌提升、经济拉动的效应。

（二）体育赛事物资资源的整合

1. 体育赛事物资资源的分类

体育赛事物资资源主要包括竞赛物资、场地设施、宣传物资、后勤物资与安保物资等（表15-1）。需要注明的是体育赛事不同，其竞赛物资也有所不同，如游泳赛事中至少包括泳池设备、计时系统、救生设备等；田径赛事至少包括起跑器、计时设备、田赛器械等。

表15-1　体育赛事物资资源

物资类别	具体物资
竞赛物资	比赛器材、设备、用品等
场地设施	临时看台、场地围栏、照明设备等
宣传物资	宣传海报、展板、横幅、媒体设备、赛事手册、徽章等
后勤物资	食品饮料、医疗用品、办公用品等
安保物资	对讲机、安检设备、监控设备、灭火器、消防栓、应急照明等

2. 体育赛事物资资源管理

合理规划和调配物资是提高资源利用效率、控制成本的关键。一般而言，体育赛事物资资源管理由后勤保障部门或专门成立的物资管理部门负责，主要包括需求分析、采购管理、库存管理、分配与调度、质量控制等环节。

3. 体育赛事物资资源的再利用

体育赛事物资资源的再利用能够减少库存管理成本、提升资源利用的灵活性。实践过程中，赛后物资管理部门或后勤保障部门会将剩余物资进行分类回收，一般会分为通用物资、专用物资和特殊物资，主要采取公开拍卖、场馆有偿留用、供应商回购、折价转让等多种方式进行处置。此外，部分体育赛事组委会选择将部分物资捐赠给公益、福利事业或政府部门，或者将具有意义的大型体育赛事的开闭幕式道具、演出服装与档案部门、文物部门或相关博物馆沟通进行保护、处置。

（三）场馆场地资源

1. 体育赛事场馆运营管理主体

大型体育赛事举办过程中，场馆是连接体育赛事组织方、参赛者、观众及社会公众的重要物理空间。一般场馆主任是场馆团队的总负责人，下设后勤、媒体、安保等副主任，统筹做好观众服务、票务管理、餐饮供应、交通调度、语言支持、礼宾接待等服务，为体育赛事运行做好保障。体育赛事场馆通用组织结构如图 15–2 所示。

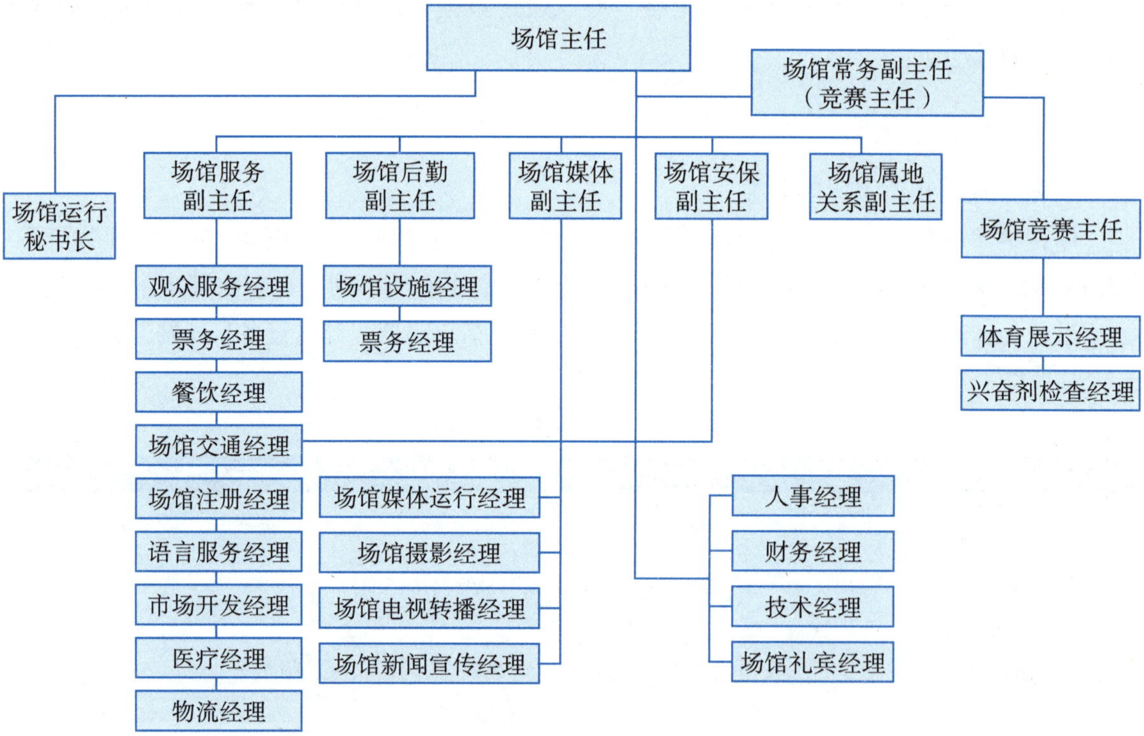

图15–2　体育赛事场馆通用组织结构

（资料来源：李海，姚芹. 体育赛事管理[M]. 重庆：重庆大学出版社，2018.）

2. 体育赛事场馆场地资源管理工作

（1）体育赛事场地确定与布置。体育赛事场地确定前应首先明确体育赛事主题，根据体育赛事要求明确场地空间要求，除常规的场地大小外，更要注重场地选址的交通便利性，尽可能满足体育赛事举办期间公众的停车需求。此外，场馆中心在布置体育赛事场地时，需根据体育赛事需求合理划分竞赛区、观众区、媒体区、服务区、安保区等区域，并对标识与指示牌、场地卫生、赛事氛围营造等方面进行细节布置。

（2）设施设备检查与维护。在体育赛事筹备期间，场馆中心需对设施设备进行检查与维护，一般包括对地面设施、墙面及屋顶、照明与电气设施、水电设施、安全防护设施、体育器材设施、环境与绿化、供暖、通风与空调系统等进行维护与保养，确保设施设备在体育赛事举办期间正常运行。

（3）场馆清理与恢复。体育赛事结束后，场馆中心配合将场馆内的设施设备归还至原单位，并对场馆内各区域进行彻底清理，确保体育场馆恢复到正常运营状态。

3. 体育场馆场地经营管理

（1）事业单位企业化运作模式。事业单位企业化运作模式是指在保留体育场馆事业单位性质的基础上，体育场馆仍由原经营管理人员进行管理活动，只是引入了企业化的管理理念与运营模式，以提高体育场馆的市场化运营水平和经济效益。但在实践过程中，由于场馆运营单位仍属于事业单位性质，仍受传统行政体制的影响，且需自行承担运营风险，其市场化运作易受限。

（2）PPP模式。PPP模式又称公私合作模式（Public-Private-Partnership），是指政府与社会资本合作建立伙伴关系，共同参与体育场馆基础设施项目的建设与运营。广义的PPP模式是指政府与私人部门为提供公共产品或服务建立的一种伙伴关系；而狭义的PPP模式则是项目融资模式的总称，包括BOT模式、TOT模式、DBFO模式等。具体实践过程中，政府需先确定体育场馆建设项目，并通过公开招标、委托等方式选择社会资本参与建设与运营，此后在项目运营期结束后，社会资本将项目移交给政府部门。其优点在于吸引社会资本积极参与体育场馆场地的建设中，缓解政府财政资金不足的问题，同时政府与社会资本共担项目风险，但仍存在项目实施不规范、风险分配机制不完善、监管体系不健全等一系列问题。鸟巢是我国首次尝试PPP经营模式的体育场馆，北京市政府出资58%、中国中信集团联合体出资42%，承担投融资、建设工作，并负责30年特许经营期内的国家体育场赛后运营服务工作。

（3）委托经营管理模式。委托经营管理模式是指在不改变体育场馆产权性质与功能定位的基础上，委托其他社会组织或专业运营管理公司进行日常运营与管理。在日常运营管理、经费管理过程中，体育场馆经营者与所有者通过签订合同协议的方式，经营者将先进经营理念与管理方式引入场馆运营中，而体育场馆所有者无须直接参与日常运营。

第三节 体育赛事实施

体育赛事实施是介于体育赛事开幕式、闭幕式之间的赛事举办过程，既包含履行体育赛事竞赛规程、竞赛日程、竞赛方法的常规性实施工作，也涉及体育赛事商业开发的系列任务。

一、体育赛事实施工作

1. 体育赛事竞赛规程的制定与发布

竞赛规程是竞赛活动的计划和依据，详细规定比赛项目、参赛资格、比赛规则、赛程安排、奖项设置、注册、规程解释权归属单位、注意事项与未尽事宜等内容[1]。一般而言，小型赛事的竞赛规程由赛事主办单位或组委会在赛前1～3个月发布，大型体育赛事的竞赛规程可能提前至6～12个月发布。马拉松竞赛规程内容见表15-2。

表15-2　马拉松竞赛规程内容

总体内容	具体内容
组织架构	主办单位、承办单位、技术指导单位、认证单位、协办单位、运营单位、执行单位
比赛项目	比赛项目及规模、配套项目及规模
时间安排	比赛日期及具体时间
比赛线路	比赛地点、具体线路安排
竞赛方法	发令方式、起跑顺序、比赛检录、计时办法、关门时间及距离、存取衣物服务、补给与医疗救护、成绩证书、其他参赛详情
参赛办法	参赛者年龄要求、参赛者身体要求、报名及缴费方式、报名费用
奖励办法	奖金分配规则、参赛礼包分配、完赛奖牌、证书下载、奖金发放等
其他	处罚办法、保险、自甘风险、熔断机制、规程解释权归属单位、联系方式等

2. 开、闭幕式举办

（1）开幕式流程。开幕式本是展示体育赛事形象的重要平台，如今更是逐渐成为传播与弘扬地方特色文化的重要载体。开幕式规模的大小与体育赛事规模密切相关。一般而言，大型体育赛事的开幕式包括方队入场、介绍出席嘉宾、升国旗、奏国歌、领导致辞、运动

[1] 叶庆晖. 体育赛事运作研究[D]. 北京：北京体育大学，2003.

员与裁判员宣誓、文艺表演、点火仪式、主持人宣布赛事开幕等环节。小型体育赛事的开幕式相对简单，可能会简化或取消文艺表演、节庆活动等过程。

（2）开幕式注意事项。一是时间与流程的把控。开幕式流程繁杂，故应严格遵循时间表与彩排计划，保证各流程衔接顺畅。二是安全保卫。开幕式到场人数较多，为此维护现场秩序、合理规划进出场路线显得尤为重要。

3. 兴奋剂检测

（1）兴奋剂检测流程。

①检测计划制订。兴奋剂检测与运动项目、运动员类别、样本采集类型及检测类型等都息息相关，且由于运动员可能会在任何时间、任何地点被通知接受兴奋剂检测，故应提前制订兴奋剂检测计划。

②兴奋剂样本采集。运动员赛外兴奋剂检测时，兴奋剂检查人员一般临时到运动员在系统内登记的住所进行上门检测，仅有出现运动员外出的现象，兴奋剂检查人员才会在最后20分钟内打电话通知运动员到场。在兴奋剂检测样本采集时，兴奋剂检查人员需主动出示有效证件和授权书。在此期间，运动员应时刻在兴奋剂检查人员或陪护员的视线范围内，倘若运动员在颁奖、新闻发布会等合理情况下未能立即到场，可以申请延迟报到。

③报到和候检。运动员在抵达兴奋剂监测站时应进行出入登记，并在候检区等候检查。

④挑选样本采集器材。兴奋剂检查人员指导运动员进行手部卫生消毒后，从备选取样杯中选择使用。

⑤样本提供。与运动员同性别的兴奋剂检查人员应监督运动员样本提供的全过程，确保检测的公正性。

⑥样本分装与密封。兴奋剂检查人员应指导运动员进行样本的分装与密封，并确保样本瓶的瓶盖、瓶身、包装盒与号码上的编码相同。

⑦填写兴奋剂检查文件。兴奋剂检查人员填写兴奋剂检测的记录单，确认运动员基本信息与样本信息，最终由相关人员签字确认。

（2）兴奋剂检测注意事项。

①样本完整性。样本采集、运输、存储及检测过程应严格遵守国际反兴奋剂机构（WADA）及其他相关组织的严格规定，不得污染、损坏样本，更不得篡改样本检测结果。

②运动员隐私保护。运动员在兴奋剂检测过程中，有权要求兴奋剂检查人员出具资质证明，并拒绝非相关人员、非授权人员在场。此外，兴奋剂检测机构应当将检测结果进行保密，仅向授权机构披露检测报告，不得向媒体、营利机构提前泄露。

4. 成绩统计与公布

（1）成绩统计。比赛过程中对于计时项目应使用专业计时设备进行数据统计，非计时项目由裁判员现场评分，并由专人负责实时记录比赛成绩。

（2）成绩上报。一般大型体育赛事会搭建专门的赛事成绩发布类系统（RDS），能够保证成绩数据实时传输到统计中心。小型体育赛事则采用制定的各类比赛项目成绩表进行成绩统计与上报。

（3）成绩公布。体育赛事结束后，由裁判长进行签字确认，并由成绩公布人员核对成绩确认无误后进行公布与展示。

（4）宣布超、创、平纪录。对体育赛事成绩进行数据比对，并由体育赛事组委会或相关体育协会对体育赛事超、创、平纪录进行官方确认，最终通过官方网站、新闻媒体进行成绩公示。

5. 颁奖仪式

按照体育赛事举办惯例与程序，在体育赛事成绩公布后主办方应向获奖者颁发证书或奖牌，这不仅是对运动员成绩的认可，更是传递体育精神的重要时刻。一般而言，颁奖流程具有以下环节。

（1）准备环节。颁奖前应按照体育赛事等级定制奖牌或奖杯，并检查选手姓名、项目与名次的准确性，避免出现乌龙。同时，对颁奖团队进行培训，最好统一服装、统一姿势，并明确上台动线。且应注意的是奖牌递送顺序为铜牌、银牌与金牌，颁奖礼仪最好站在颁奖嘉宾的右侧45°的位置。

（2）运动员候场。裁判长应事先将体育赛事成绩提交至仲裁委员会，经审核后由秘书处或其他部门工作人员通知获奖选手到指定候场区准备颁奖。

（3）执行颁奖仪式。随着主持人宣布颁奖仪式开始并同时播放背景音乐，由颁奖礼仪引导获奖选手入场、引导颁奖嘉宾至颁奖区。此后，由嘉宾向获奖选手颁发奖牌、奖杯、纪念品等，最后进行升国旗奏国歌、合影环节。

（4）退场。颁奖礼仪人员有序引导嘉宾与获奖选手按指定动线退场。

6. 体育赛事接待

（1）体育赛事接待的对象。体育赛事组委会需对嘉宾、各界名人、运动员、裁判员、教练员、赞助商、媒体、观众等提供接待服务，且基于接待对象的不同提供针对性服务。

（2）体育赛事接待工作的内容。体育赛事接待工作因接待对象不同而有所差异，一般而言主要包括报道与注册、住宿安排、交通服务、餐饮服务、信息咨询、安全保障等内容。诸如运动员还需额外提供医疗保障、媒体需提供信息支持与技术支持等[1]。

7. 体育赛事安全保卫

（1）体育赛事安全保卫主体。综合性体育赛事举办过程中，安全保卫部是负责安保工作的主要部门，一般由具备大型活动筹备经验的政府职能部门人员担任安保协调小组组长，并由公安、国家安全机关、出入境、武警等部门和机构派驻代表组成安全保卫部[2]。例如，

[1] 顾小霞，杜秀芳，马俊文. 体育赛事的经营与管理[M]. 太原：山西人民出版社，2009.

[2] 李海，姚芹. 体育赛事管理[M]. 重庆：重庆大学出版社，2018.

北京冬奥会期间的安保协调小组组长由公安部常务副部长担任；杭州亚运会组委会安全保卫部部长由杭州市公安局副局长担任。

（2）体育赛事安全保卫级别。一般而言，体育赛事一级安保负责比赛场馆、嘉宾接待中心等重要场所的安全，以及为体育赛事的主要人员提供安全保护。例如，比赛场馆、开闭幕式场馆、运动员驻地等是体育赛事的重要安保区域，国家元首、国际组织负责人等重要嘉宾出席，应从专属动线设计、近身安保团队、交通闭环管理、住宿安保等多方面进行统筹规划。二级安保主要维持体育赛事的秩序与安全，协助处理突发事件，提供紧急救援与医疗服务等。三级安保负责体育赛事的辅助安保任务，为媒体、志愿者和其他非主要人员提供安保保护，协助管理和维护赛事的公共设施与场馆。四级安保主要负责后勤保障，需为安保人员提供食品、住宿等保障。

二、体育赛事市场开发

（一）体育赛事市场开发概述

1. 体育赛事市场开发目的

（1）促进体育赛事发展和品牌宣传。通过市场开发策略，吸引社会更多关注与社会资源，推动体育赛事的规模与营销量的持续扩大，为体育赛事的长期发展奠定基础。

（2）筹集体育赛事资源。通过与赞助商、合作伙伴及供应商建立合作关系，获得相应的资金、物资、技术和服务支持。

（3）展示企业品牌形象。赞助企业通过体育赛事营销，为体育赛事赞助企业提供展示品牌形象、体现服务价值的市场营销平台，传递企业文化与品牌价值。

2. 体育赛事市场开发资源

（1）使用体育赛事“合作伙伴”“赞助商”“供应商”的称谓。

（2）在一定区域内使用体育赛事名称、会徽、吉祥物等特定称谓和特殊标志进行广告和市场营销活动。

（3）享有体育赛事特定产品或者服务类别的排他权。

（4）享有体育赛事电视转播、网络、报刊等媒体以及各类印刷品刊登广告，城市公共场所户外广告的优先购买权。

（5）享有在体育赛事场馆（含运动员村）现场展示产品或服务、售卖等资格。

（6）体育赛事筹备及体育赛事期间住宿提供。

（7）体育赛事各种证件的制作，开闭幕式及比赛的门票制作、销售。

（8）为宣传体育赛事所举办各种主题活动的冠名。

（9）依据国家法律及相关章程应当属于体育赛事所有的其他专有权类资源。

3. 体育赛事市场开发类别

市场开发的主要类别包括赞助招商、特许经营、门票销售、社会捐赠、其他商业资源开发等。

（1）赞助招商。按照企业的赞助额度和享受的权益回报进行赞助招商。

（2）特许经营。体育赛事执委会授权生产商在其产品上使用赛事标志，并允许企业相关产品在全国范围内生产、销售，从而收取标志使用费、参与销售提成；授权开发纪念币、纪念品、邮品等经营活动。

（3）门票销售。体育赛事执委会通过销售体育赛事比赛门票获取收入的经营活动。

（4）社会捐赠。企事业单位、社会团体和个人自愿捐资、捐物支持体育赛事承办工作的公益行为。

（5）其他商业资源开发。其他商业资源开发包括与体育赛事相关的奖牌制作、体育赛事、各类宣传广告、文化旅游主题活动等。

4. 体育赛事市场开发主体

大型体育赛事市场开发一般会在体育赛事执委会领导下，成立体育赛事市场开发协调小组，协调小组由执委会的市场开发部统筹，各部门按照各自工作职责协调配合，保障市场开发工作的顺利推进。

（1）市场开发部：负责具体的赞助权益统筹工作；制定赞助企业类别排他权的执行规范；收集无形资产使用方案与无形资产个性化营销推广方案；制定赛事广告实施方案；打击体育赛事隐性市场行为；协调企业参与赛事特许经营；提供客户管理与综合报告等其他服务等。

（2）综合部：负责落实体育赛事赞助企业赞助权益的协调工作；配合开展体育赛事反隐性市场行为检查工作；协助市场开发部邀请赞助企业参与体育赛事相关活动等。

（3）竞赛部：负责在各项目竞赛委员会设立市场开发工作部门，在各单项体育赛事组织过程中配合做好赞助企业权益的落实工作；配合做好赛场广告实施方案的制定工作；配合做好赞助企业排他权益的维护工作；配合做好隐性市场行为的防范工作。

（4）场馆部：负责配合做好赛场广告实施方案的制定工作；赛场广告的设置、管理、维护与存放工作；负责在场馆及场馆周围提供企业标识识别的展示区域；负责在场馆及场馆周围为赞助企业提供现场展示的空间及相关保障服务；配合做好赞助企业排他权益的维护工作；配合做好隐性市场行为的防范工作。

（5）新闻宣传部：负责协调转播平台，配合赞助企业做好广告投放事宜；负责在主媒体中心、场馆体育赛事新闻采访功能用房及专用区域提供赞助企业标识识别的展示区域；负责在体育赛事官方网站、新闻发布会、官方仪式及其他由体育赛事组委会举办的宣传活动中落实赞助企业的相关权益等。

（6）对外联络部：负责在指定接待酒店提供赞助企业标识识别的展示区域；负责赞助企

业的接待工作等。

（7）大型活动部：负责审核火炬传递活动的商务开发方案；配合落实赞助企业参与火炬传递活动相关权益；配合落实赞助企业参与系列文体活动商业开发的权益。

（8）综合保障部：负责在运动员村提供赞助企业标识识别的展示区域；负责在运动员村及周围为赞助企业提供现场展示的空间及相关保障服务。

此外，安保部、信息技术部、财务部、人力资源部等部门仍需做好赞助企业的排他权益维护工作；隐性市场的防范工作。

（二）体育赛事市场开发的主要内容

1. 体育赛事赞助

（1）体育赛事赞助商的类型。结合历届奥运会TOP计划赞助商名单（表15–3）可以看出，当前赛事赞助商主要包括饮料类、电子与信息技术类、金融服务类、运动装备类、能源与化工类、汽车与交通类、保险类、物流类、办公设备类、支付类、计时计分类、传媒类、云计算与科技服务类、房地产类等。

表15–3　历届奥运会TOP计划赞助商名单

赞助周期	TOP计划赞助商
1988年汉城奥运会周期	可口可乐、柯达、VISA、时代、松下、兄弟、飞利浦、3M、联邦快递
1992年巴塞罗那奥运会周期	可口可乐、柯达、VISA、时代／体育画报、松下、兄弟、飞利浦、3M、美国邮政、博士伦、玛氏、理光
1996年亚特兰大奥运会周期	可口可乐、柯达、VISA、时代／体育画报、松下、施乐、IBM、恒康保险、UPS、博士伦
2000年悉尼奥运会周期	可口可乐、柯达、VISA、时代／体育画报、松下、施乐、IBM、恒康保险、UPS、三星、麦当劳
2004年雅典奥运会周期	可口可乐、柯达、VISA、时代／体育画报、松下、施乐、斯伦贝谢／ATOS、恒康保险、swatch、三星、麦当劳
2008年北京奥运会周期	可口可乐、柯达、VISA、松下、ATOS、三星、麦当劳、GE通用电气、强生、联想、宏利保险、欧米伽
2012年伦敦奥运会周期	可口可乐、VISA、松下、ATOS、三星、麦当劳、GE通用电气、DOW陶氏、Acer宏碁、宝洁、欧米伽、宝洁
2016年里约奥运会周期	可口可乐、VISA、松下、ATOS、三星、麦当劳、GE通用电气、DOW陶氏、宝洁、丰田、普利司通、欧米伽
2020年东京奥运会周期	爱彼迎、阿里巴巴、安联保险、可口可乐／蒙牛、ATOS、GE通用电气、DOW陶氏、欧米伽、松下、宝洁、三星、VISA、丰田、普利司通、英特尔
2024年巴黎奥运会周期	百威英博、爱彼迎、阿里巴巴、安联保险、可口可乐／蒙牛、ATOS、德勒、欧米伽、松下、宝洁、三星、VISA、普利司通、丰田、英特尔

（2）体育赛事赞助的形式。

①现金赞助。现金赞助是体育赛事中最常见的赞助形式，即由赞助商直接向体育赛事组委会提供资金支持。

②技术赞助。技术赞助一般是由高科技企业为体育赛事提供技术支持，如在杭州亚运会上，支付宝（中国）网络技术有限公司为其提供了技术支持。

③实物赞助。实物赞助是指赞助商提供的运动器材、服装、食品饮料等实物产品。

④服务赞助。体育赛事中的服务赞助包括医疗保障、安保服务、法律咨询等服务。

（3）体育赛事赞助商的级别。当前体育赛事赞助商一般被分为官方合作伙伴（第一层级）、官方赞助商（第二层级）、官方独家供应商（第三层级）、官方供应商（第四层级）等。

2. 体育赛事特许经营

体育赛事特许经营是指体育赛事组委会授权合格企业设计、生产和销售带有体育赛事会徽、吉祥物及相关知识产权的徽章、T恤衫、棒球帽等具有庆祝和纪念意义产品的市场开发行为。

（1）特许商品运营。特许商品包括徽章、服装服饰及配饰、玩具、文具、工艺品、陶瓷、金银制品、珠宝首饰、家居饰品及其他商品。一般而言，体育赛事组委会负责制定特许经营管理政策，向特许企业授权并监督执行。特许企业依据授权定点生产、定点销售。其中，特许生产商主要进行特许商品的设计开发生产，特许零售商主要从事特许商品的销售。

（2）纪念币发行与销售。大型体育赛事会发行与销售纪念币，主办国货币当局是唯一合法的纪念币（钞）发行和管理机构，以排他的方式享有与赛事主题相关的纪念币（钞）的发行权利，实施纪念币发行与销售计划。在我国，中国人民银行是唯一合法的纪念币（钞）发行和管理机构。

（3）纪念邮票发行与销售。大型体育赛事一般会选择主办国的邮政部门作为合法的邮票发行和管理机构。诸如武汉军运会执委会授权中国邮政集团公司以排他的方式，享有与武汉军运会邮票及相关产品的发行权利，实施军运邮票计划。且中国邮政集团公司具体负责军运邮票及相关产品的发行及销售工作，主要通过中国邮政集团公司的网络销售体系，并通过武汉军运会组委会授权的特许商品零售店进行销售。

3. 票务计划

（1）票务工作内容。票务计划包括场馆票务运行、门票宣传促销、技术系统运行维护等管理工作，组织实施体育赛事开、闭幕式和各项体育赛事全部门票的定价、制作、销售、配送、查验等各项工作。

（2）票务工作运作模式。票务计划通常采取“赞助+组委会票务运营经费‘零投入’+票务独家供应商承担全部运营成本+双方参与门票销售收入分成”的模式，按照赞助商征集的流程，向社会公开征集票务独家供应商；具体事务性工作和执行工作由票务独家供应商承担。

（3）比赛场馆座席安排。根据大型体育赛事惯例，体育比赛座席按分配方式划分为注册座席、占用座席、应急座席、大客户座席与公众座席（表15–4）。实践过程中，大客户可通过大客户专用渠道提交购票申请、取得订单确认，并最终缴纳购票款项。

表15–4　大型体育赛事座席类别

座席类别		具体座席类别
不可销售座席	注册座席	贵宾座席、运动员座席、教练员座席、技术官员座席及代表团官员座席、媒体座席、现场安全警员及安保人员预留座席等
	占用座席	摄影摄像及转播设备占用座席、优待群体座席、安保防涨座席等
	应急座席	注册人员溢出座席、观众座席纠纷座席、场馆座席减少座席、座席损坏座席等
可销售座席	大客户座席	各类机关座席、体育赛事赞助企业座席、单项体育联合会座席、执委会座席、其他大客户座席
	公众座席	普通公众座席

三、体育赛事市场营销

（一）体育赛事产品策略

1. 体育赛事产品

体育赛事产品是指围绕体育赛事所开发与提供的各种产品与服务的总称。实践来看，体育赛事产品主要包括门票、场地广告、冠名、特许销售与赛事转播等（表15–5）。

表15–5　体育赛事产品类别

门票	场地广告	冠名	特许销售	赛事转播
开幕式门票 闭幕式门票 决赛门票 预赛门票	场地围挡广告 场地内广告 观众席广告 场地入口广告	赛事名称冠名 赛事标志冠名 赛事活动冠名 赛事宣传冠名 运动队冠名	纪念品销售 服饰销售 运动装备销售 食品饮料销售	电视转播 网络直播 赛事回放 赛事专题节目

2. 体育赛事产品营销

依据产品生命周期理论，体育赛事产品可以划分为体育赛事产品引入期、体育赛事产品成长期、体育赛事产品成熟期、体育赛事产品衰退期。体育赛事产品生命周期管理不仅能够科学规划资源投入，还能够通过动态调整促销方式、营销策略实现价值最大化。

（1）体育赛事产品引入期。体育赛事产品引入期对应体育赛事的筹备阶段，体育赛事尚未正式推出、体育赛事产品初入市场，其知名度与影响力较低，且赞助商和观众较少，但同时收入少、经营成本较高，一般体育赛事的市场部会采用低价策略，通过活动促销或公共宣传的方式打开市场，如推出限时折扣门票、早鸟票等。

（2）体育赛事产品成长期。体育赛事产品成长期是指体育赛事市场逐渐打开，观众和赞助商数量都有明显提升，并伴随着销售量和利润的快速增长。此阶段是赞助商合作与权益兑现时期，但需要进一步明确体育赛事特色，加强体育赛事品牌形象建设，并通过定价策略的调整扩大利润。

（3）体育赛事产品成熟期。体育赛事产品成熟期的市场影响力几乎达到巅峰，观众和赞助商的数量趋于稳定，市场占有率和利润达到最高点。在此阶段，营销目标在于强化体育赛事IP价值，通过开发纪念品、特许商品等衍生产品，实现赛事的多元化收入。

（4）体育赛事产品衰退期。体育赛事产品衰退期一般是体育赛事的收尾阶段，体育赛事热度下降、用户流失。在此阶段，体育赛事营销的目标在于清理库存，进一步挖掘体育赛事剩余价值，其核心在于折扣甩卖及IP授权与内容的二次开发。诸如将体育赛事素材授权给视频平台或者游戏厂商，通过开发纪录片、手游等衍生内容进行进一步的市场开发。

体育赛事产品生命周期不同阶段的产品营销方式见表15-6。

表15-6　体育赛事产品生命周期不同阶段的产品营销方式

<table>
<tr><th>生命周期</th><th>对应体育赛事阶段</th><th>特点</th><th>目标</th><th>促销方式</th></tr>
<tr><td>引入期</td><td>筹备阶段</td><td>体育赛事产品初入市场，知名度与影响力较低，但同时收入少、经营成本较高</td><td>打开市场</td><td>采用低价策略，如推出限时折扣门票、早鸟票等</td></tr>
<tr><td>成长期</td><td rowspan="2">举办阶段</td><td>市场逐渐打开，赞助商数量提升，利润快速增长</td><td>体育赛事品牌建设</td><td>多渠道宣传推广；
体育赛事特色强化；
动态化调整定价策略；
拓展体育赛事衍生产品进入</td></tr>
<tr><td>成熟期</td><td>观众和赞助商的数量趋于稳定，市场占有率和利润达到最高点</td><td>强化赛事IP价值</td><td>体育赛事品牌传播与文化融合；
开发衍生产品；
联名跨界融合；
开展体育赛事周边活动</td></tr>
<tr><td>衰退期</td><td>收尾阶段</td><td>体育赛事热度下降、用户流失</td><td>清理库存、挖掘赛事剩余价值</td><td>门票促销；
特许商品清仓；
体育赛事相关旅游资源开发；
体育赛事衍生服务开发</td></tr>
</table>

（二）体育赛事产品定价

1. 门票定价策略

体育赛事门票定价需兼顾市场渗透率与收益最大化，即既要根据赛事热度、观众支付意愿等动态调整价格以吸引更多观众观赛，提升赛事知名度，又要执行差异化、分层定价以吸引高客单、高消费人群，提高赛事利润。此外，赛事门票定价还包括捆绑销售，如家庭票、多日票及门票与衍生品的捆绑销售等。例如，中超联赛各球队主场出售球迷协会套票，此类套票销售工作由球迷协会统一办理，球迷协会会员购买套票后可观看整个赛季的主场赛事。

2. 场地广告定价策略

（1）曝光度分级定价。赛事广告包括静态广告牌、LED电子屏、地面广告、运动员服装广告等。而实践工作中，场地广告的定价与曝光时长、场地可见性与媒体属性等相关。一般在球门正后方、直播镜头的焦点区为黄金展位，其定价最高；而如场馆外围、边线等位置的滚动广告定价相对较低。

（2）长期合约与权益绑定。为鼓励赞助商签订多年合约，提供独家权益、增强合作黏性，赛事组委会与企业签订长期合约的方式，承诺品牌标志（LOGO）、标识在相应区域、时间、周期内曝光。

3. 冠名权定价策略

冠名权通俗讲就是在某种事物前面加上自己名号的权利，如“2025上海浪琴环球马术冠军赛”“东风汽车·2025十堰马拉松”等体育赛事，即是在体育赛事名称前面加上企业名称。体育赛事冠名权定价本质上是品牌价值与体育赛事IP的捆绑定价，一般定价时会综合考虑体育赛事影响力、受众匹配度、权益独占性三要素。但冠名权出售也会考虑品牌冠名位置，如“东风汽车·2025十堰马拉松”是将企业品牌放在赛事名称前面，而“2025上海浪琴环球马术冠军赛”则是将企业品牌放在赛事名称中间，故而一般体育赛事会设定基础费用，并根据企业品牌的位置追加费用。值得注意的是，奥林匹克运动会不会直接出售冠名权，但奥运体育场馆一般会在赛后会出售冠名权，以缓解场馆日常运营经费不足的问题。

4. 特许商品定价策略

特许商品定价一般根据市场需求、库存水平和时间因素动态调整价格。此外，体育赛事特许商品定价一般还会采用溢价定价法，即通过较高的定价来体现商品的高端形象。这种定价方法适用于限量版、高端定制或具有收藏价值的特许商品，如限量版签字球鞋、限量版纪念品等。

5. 体育赛事转播权定价策略

（1）国外体育赛事转播权定价。奥运会、足球世界杯、英超等国际顶级体育赛事通常通过全球竞标确定转播权价格，其定价多与体育赛事品牌价值、观众覆盖规模及体育赛事商业潜力有关。此外，国际知名体育赛事转播权通常按区域划分市场，并采用分层定价的方式。如美职篮的转播权销售采取分层销售的模式，将转播权拆分为全国直播、区域直播与流媒体，且创新开发出球迷共创模式，即允许球迷购买单节或者单场的转播权，甚至为迎合球迷的偏好，提供“球员视角”专属镜头。

（2）我国体育赛事转播权定价。2000年1月24日颁布的《国家广播电影电视总局关于加强体育比赛电视报道和转播管理有关问题的通知》中明确赋予了央视在国内外大型体育赛事转播权购买与谈判中的垄断权，致使我国体育赛事转播权长期依赖行政定价。当前，虽然体育赛事转播权的定价与市场需求、体育赛事影响力、媒体平台的支付意愿等多种因素相关，但实践来看多采用长期与单一媒体平台合作的垄断模式，一般仅“咪咕”“爱奇艺”“腾讯”等头部媒体平台参与竞争。如CBA转播权的定价，2025年“咪咕”以5年40亿同CBA续约，独家IPTV+互联网转播权覆盖全国，地方台需高价购买转播权的分销权。同时，腾讯避开了CBA的联盟规则直接与俱乐部签约，获得“CBA俱乐部杯”的独家转播权。但应注意的是，由于我国用户消费意愿较低，媒体平台多依赖广告、转播权分销、版权二次开发等方式才可能实现回本。

（三）体育赛事产品分销

1. 体育赛事产品分销的类型

体育赛事产品分销是指通过有效的渠道将体育赛事产品与服务推广到目标市场，实现商业价值最大化的过程。一般而言，产品因素、市场因素、竞争对手因素、企业因素、中间商因素等都会影响分销渠道的选择。就体育赛事产品分销而言，分销产品有门票、特许商品、体育赛事转播权等，涉及主体包括体育赛事组委会、供应商、制造商、代理商等。

2. 体育赛事产品分销的形式

体育赛事产品分销形式见表15–7。

表15–7　体育赛事产品分销形式

产品类型	分销形式
门票	自有平台分销、间接分销渠道分销
特许商品	官方自有平台分销、官方授权社交媒体分销、线下零售店分销、赛事现场销售分销、合作零售商分销、特许生产商分销、特许零售商分销、相关邮政部门与金融机构分销
体育赛事转播权	独家授权、分区域授权、版权分销等

（1）体育赛事门票分销形式。一是自有平台分销。当前，体育赛事产品官方分销主要通过官网、官方APP、官方小程序等自有平台及体育赛事场馆售票处、品牌旗舰店等线下直营网店的方式进行产品售卖。二是间接分销渠道分销。间接分销渠道包括与市场主流票务

平台合作或通过跨界渠道整合，如通过抖音、飞猪等知名软件嵌入体育赛事门票购买入口。一般情况下，体育赛事组委会与分销商会签订保底分销协议，即明确规定分销商的基本服务费及分销商佣金比例等事宜。

（2）体育赛事特许商品分销。特许商品分销形式主要包括官方网站、电商平台的官方旗舰店、官方授权的社交媒体平台账号、线下零售店、体育赛事现场销售、合作零售商、特许生产商、特许零售商等。此外，大型体育赛事会制定纪念邮票和纪念币计划，与体育赛事组委会合作的邮政部门（一般是中国邮政集团公司）和金融机构也属于官方授权的分销商。

（3）体育赛事转播权分销。体育赛事转播权分销是指体育赛事组委会、联盟等体育赛事版权所有者通过签署合同方式，将体育赛事转播权授权给其他媒体平台进行转播的行为。如腾讯与美职篮签下5年15亿的独家版权协议，腾讯为扩大盈利点，将版权分销给咪咕、百视等分销商。

第四节 体育赛事收尾与评估

体育赛事收尾与评估是对赛事申办、筹备与实施的总体性概括与总结，有利于吸收赛事运作管理的优秀经验，明确赛事运作管理过程中存在的问题与短板，为未来优化体育赛事运作管理工作提供参考。

一、体育赛事收尾

（一）赛事总结

1. 部门内部总结

赛事各职能部门的基层员工及直属领导负责整理部门内的任务、目标达成情况，并对重大问题进行汇总与分析，提炼工作核心亮点与改进建议，最后形成部门总结报告。

2. 赛事跨部门总结

赛事跨部门总结一般由体育赛事组委会代表、各行政职能部门负责人、体育赛事承办单位代表及主要赞助商就体育赛事筹备、执行情况，体育赛事财务收支与资产管理，体育赛事创新点与不足之处等进行全面总结。

3. 高层总结

政府部门代表、组委会代表对体育赛事整体成果进行总结，涵盖体育赛事计划、筹备、主办、运行等全过程，主要包括体育赛事基本情况、财务数据、体育赛事影响、可持续发展计划等。

（1）体育赛事基本情况：包括运动员参赛人员数量，创、平纪录情况，男、女运动员参赛比例，工作人员数量，国内运动员获奖情况，观赛人员数量等。

（2）体育赛事影响：包括新闻机构及持权转播商数量、注册媒体人员数量、赛事转播信号覆盖地区、赛事转播技术应用等。

（3）可持续发展计划：包括体育赛事遗产利用工作情况及全民健身开展状况等。例如，北京冬奥会体育赛事总结时，对于冰雪运动参与人数、冰雪装备制造业、旅游休闲业、服务培训业、冰雪运动特色学校、场馆对外开放等进行总结。

（二）体育赛事遗产管理

1. 体育赛事遗产分类

（1）有形遗产。有形遗产是指在赛后仍能被持续使用的实物资产，可直接用于体育活动或公民日常使用，主要包括体育场馆设施和基础设施。一般而言，因体育赛事修建或改建的场馆是体育赛事最直接、最可观的有形遗产，赛后一般用于全民健身、文化活动展演、体育赛事活动举办等。此外，体育赛事筹备期间所进行的交通基础设施、住宿等方面的建设也被视为体育赛事的有形遗产。

（2）无形遗产。体育赛事的无形遗产包括社会遗产、文化遗产、环境遗产等，对于品牌价值塑造、体育赛事文化影响、技术标准传承、社区凝聚力提升、体育文化普及等具有重要作用。此外，体育赛事筹备期间培养大量专业人才，虽然部分会在赛后回归原单位或解散，但这些人才日后仍可在新的体育赛事中或当地体育事业发展中持续发挥作用。

2. 体育赛事遗产管理策略

（1）赛后场馆运营。奥运场馆的“白象效应”[1]引发人们对于场馆设施建设的隐忧，如何统筹体育赛事的顺利举办与场馆赛后运营之间的关系已成为政府关注的重点。当前，场馆的赛后运营主要包括进一步完善场馆功能，实现不同活动的灵活切换；举办各类文化、娱乐活动；融入城市发展，发展旅游产业；场馆品牌与知识产权开发等。如在北京冬奥会周期内，在申办之初就已成立北京2022年冬奥会和冬残奥会遗产协调工作委员会，并由北京冬奥组委执行副主席担任委员会主任，并在此后相继发布《遗产战略计划》《北京2022年

[1] “白象”指消耗庞大资源却没有物尽其用或无价值的计划或设施。

冬奥会和冬残奥会遗产报告（2020）》等文件[1]。实践过程中，始终遵循“反复利用、综合利用、长久利用”的原则，对于适合向公众开放的场馆探索多元化运营，对于不适合大众推广的场馆采取专业路线，引入国际国内大型赛事举办、供运动员日常训练等。

（2）知识产权开发。体育赛事知识产权包括商标权、著作权、专利权等。在我国，赛后知识产权开发主要包括体育赛事组委会进行品牌授权或进行商业合作及纪念品、服装等周边衍生产品的开发。

（三）体育赛事收尾工作

体育赛事收尾阶段是指按照申办报告以及体育赛事总体工作方案完成全部的竞赛组织工作，对体育赛事进行总结、剩余工作收尾，直至最终提交总结报告与审计（财务）报告的过程。其中涉及：对主办单位、政府部门、赞助商、工作人员、志愿者、捐赠者的致谢与表彰；体育赛事组织运营过程中的纸质文件、电子文件等的归档与整理；器材、设备的交接、处置工作；财务结算、财务报告撰写等工作；体育赛事运作的全面总结与评估工作[2]。

二、体育赛事评估

（一）体育赛事评估主体

1. 内部评估主体

（1）体育赛事组委会自评。体育赛事组委会作为赛事组织者与运营者，理应成为体育赛事自评的核心主体。一般而言，体育赛事组委会自评内容主要包括运营效率评估、财务合规性评估、目标达成度评估。此外，考虑到未来体育赛事的组织，体育赛事组委会会通过体育赛事日志、会议记录等资料，总结体育赛事执行过程中的纰漏，并提出日后改进方向。

（2）主办单位评估。体育赛事主办单位主要包括政府、企业与体育社会组织，作为体育赛事的发起方或投资方，其赛后评估主要侧重于体育赛事是否推动产业发展、带动全民健身战略实施、提升主办方形象、形成长期可持续发展遗产等。

2. 外部评估主体

（1）第三方专业机构评估。为保证体育赛事评估的全面性、科学性和客观性，当前常会请第三方专业机构进行体育赛事专业评估，其工作重点包括体育赛事专业度、体育赛事的社会经济效益、品牌塑造、媒体传播等综合维度，最终提供具有公信力的体育赛事评估报告。

---

[1] 王海燕，王润斌．北京2022年冬奥会遗产实现传承路径的多维阐释：基点·过程·趋向[J].首都体育学院学报，2024，36（1）：43–56.

[2] 李海，姚芹．体育赛事管理[M]．重庆：重庆大学出版社，2018.

（2）政府评估。政府对于体育赛事评估更加关注政策执行与公共治理层面，主要审查体育赛事是否符合相关法律法规、政策文件的要求，体育赛事对于社会效益提升的作用，即是否促进就业、改善民生或推动区域协调发展等。

（3）媒体与公众评估。媒体与公众评估主要以社会舆论与感知价值为核心，其反馈是体育赛事影响力的重要体现。当前，媒体与公众评估主要包括主流媒体、自媒体报道数量与报道的情感倾向；公众的体育赛事评价；体育赛事舆情评估。当前，尤其是随着体育"饭圈化"的日趋严峻，极端粉丝、恶意媒体借机煽动公众情绪，对运动员、教练员与体育赛事管理人员进行辱骂、诋毁，已严重影响体育赛事的正常秩序，为此对于体育赛事舆情风险的防控与评估已成为大型体育赛事评估的重要内容。

（二）体育赛事组织运营评估

1. 体育赛事财务评估

（1）体育赛事收入构成分析。市场开发是体育赛事收入的重要组成部分，包括合作伙伴、赞助商、供应商等不同级别的赞助收入及特许经营收入，以及门票、住宿、收费卡、利息、资产处置等其他收入。此外，如奥运会的收入还包括国际奥委会开发的市场收入和电视转播权收入中按协议分配给主办城市的部分。

（2）体育赛事成本费用分析。体育赛事成本费用包括人员支出、公用支出、专项费、转播费用、设备购置费、竞赛费用、场馆建设经费等部分。其中的专项费用包括新闻宣传、群体活动、医疗卫生、接待服务、保险、安全保障、法律咨询、兴奋剂检测、志愿者工作、车辆租赁、火炬传递支出等。

（3）资本成本分析。从大型体育赛事的整体运作看，成本支出的主体费用一般是基础设施建设部分，需对运动场馆建设、通信建设、电网建设、交通建设等固定资产的总投入值、折旧金额、折旧年限等进行概算[1]。

2. 体育赛事赞助效果评估

体育赛事赞助效果评估能够全面了解赞助商通过赛事赞助所获得的回报与价值，能够提升赞助商满意度并增加合作的稳定性。一般而言，完整的体育赛事赞助报告由体育赛事简介（包括体育赛事概述、赞助合作意义）、企业赞助权益总结（包括赞助签约、权益落实情况）、体育赛事营销成果回顾（包括媒体传播成果、线下营销成果）、体育赛事回顾与展望（包括体育赛事回顾、展望未来）等部分组成（表15–8）。

[1] 朱泰倩. 大型体育赛事的财务评价研究[D].上海：上海体育学院，2010.

表15-8　体育赛事赞助报告内容

体育赛事赞助报告框架		体育赛事赞助报告具体内容
体育赛事简介	体育赛事概述	赛事基本信息、赛事影响等
	赞助合作意义	品牌价值提升、市场份额占有等
企业赞助权益总结	赞助签约	签约时间及地点、赛事服务供给、赞助商权益等
	权益落实情况	产品类别排他权益、无形资产使用权益、识别权益、广告宣传权益、现场展示及氛围营造权益、活动权益、款待权益、反隐性营销权益、特许经营和独家销售特定产品权益等
体育赛事营销成果回顾	媒体传播成果	线上媒体传播、电视媒体传播、官方媒体传播、短视频媒体传播等
	线下营销成果	款待资源、主题活动、火炬传递、识别及广告、场馆冠名等
体育赛事回顾与展望	体育赛事回顾	企业与赛事合作回顾、企业服务供给、企业收获
	展望未来	长期经济影响、长期社会影响、长期文化影响

（三）体育赛事外部影响评估

1. 体育赛事社会影响评估

在我国，政府通过制定政策和提供各类资源支持体育赛事的举办，因此需要通过社会影响评估确保体育赛事符合社会发展的整体目标。当前，国际上仍未有公认的方法评估体育赛事的社会影响，多采用问卷调查形式的“居民感知法”测量体育赛事的社会影响[1]。结合当前学者研究，体育赛事的社会影响评估主要包括对于民生影响、价值观传播、健康教育促进、社会公平、社会参与、就业拉动等方面。

2. 体育赛事可持续性评价

（1）体育赛事可持续性评价内容。2024年，北京市发布《大型活动可持续性评价指南》，其中对照国际奥委会五大可持续性主题，结合《大型活动可持续性管理体系 要求及使用指南》（GB/T 31598—2015），综合运用ISO 20121、ISO 14001、ISO 26000三项国际标准，选取适用于各类大型活动可持续性评价的维度，具体评价内容包括基础设施与场地、采购与资源管理、生态环境保护与管理、交通与物流、低碳与气候变化、人员与社会影响、智慧与创新实践七类。

（2）体育赛事可持续性评价流程。进行体育赛事可持续性评价前应明确评价的时间范围、地点、人员及其他相关要求，完成评价前的准备工作。评价过程中应依据相关评价标准或指南对体育赛事可持续性进行评价，最终确定评价等级并出具评价报告。

3. 体育赛事经济影响评估

（1）直接经济影响。体育赛事直接经济影响是指体育赛事直接产生的经济收益，主要包括门票收入、赞助收入、媒体转播权收入、广告收入、特许商品销售收入等。

（2）产出效应。体育赛事的产出效应是指体育赛事通过产业链传导带动的经济活动，以

[1] 张宏，吴爱玲，邓善萍，等. 体育赛事社会影响的定量评价研究[J].体育学刊，2022，29（2）：59-65.

及长期衍生的经济增值。体育赛事产出效应的计算主要包括体育赛事对“吃、住、行、游、购、娱”旅游六要素的拉动效应，此外，还应包括因体育赛事举办提升城市品牌后，吸引企业落户、扩建、投资等诱发的经济影响。《2024上海市体育赛事影响力评估报告》显示，2024年上海市体育赛事创造的直接经济影响为113.78亿元，产出效应高达309.90亿元。

（3）税收贡献。税收贡献是指因体育赛事举办而对当地税收的贡献。体育赛事税收收入包括直接税收与间接税收。直接税收包括门票销售税、赞助收入税、媒体转播权税等。间接税收是指体育赛事对相关产业的拉动作用所增加的税收收入，包括增加的旅游行业税收、餐饮行业税收、交通行业税收等。

（4）就业拉动。体育赛事在筹办、举办及后期运营中会创造大量的就业机会，不仅包括体育赛事整个举办周期所创造的短期临时岗位，还包括赛后形成的场馆维护运营、体育赛事策划及体育培训等衍生行业的长期稳定岗位。

【案例 15-1】

用好北京冬奥遗产

体育遗产是北京冬奥会最直接也是最重要的遗产，管理好、运用好北京冬奥遗产，打造冰雪运动健身圈，在后冬奥时代将有助于大众更好参与冰雪运动，促进全民健身发展。本届冰雪季期间，北京市将充分利用冬奥场馆及配套设施，统筹场馆赛事训练和全民健身功能，支持部分冬奥场馆灵活运营，在特定时间段免费或低价向市民开放。

北京速度滑冰公开赛、北京滑雪公开赛等冰雪季系列群众冰雪赛事，如今纷纷走进冬奥场馆。在“冰丝带”参与一场速滑比赛，在“雪飞燕”参加一次群众滑雪比赛，后冬奥时代一系列北京冬奥会场地设施，在继续承办相关国际、国内赛事的同时，也吸引了众多群众前来打卡参赛。

与此同时，本届冰雪季还将协同建设京张体育文化旅游带，推动延庆区打造最美冬奥城市和国际知名休闲度假旅游目的地，努力实现冬奥遗产利用效益最大化。

［节选自：冰雪激情 燃动京城[N]. 中国体育报，2024-11-26（4）.］

思考题

结合冬奥会奥运遗产开发，说明如何通过赛事遗产带动“体育+”发展。

【案例15-2】

简化赛事审批流程　释放万亿体育消费市场

提振消费是2025年经济工作的重中之重。近日，中共中央办公厅、国务院办公厅印发了《提振消费专项行动方案》(以下简称《行动方案》)，对各行业而言，这是一场政策及时雨，也对万亿级体育消费领域产生了深远影响。

《行动方案》明确指出，要优化营业性演出、体育赛事和各类大型群众性活动审批流程，推行“一次审批、全国巡演”。这一创新机制让赛事审批流程大幅精简。“过去每场赛事要跑多个部门盖章，每到一个新城市举办赛事，都要重新走一遍复杂的审批流程，耗费大量时间和精力。为了一个赛事的审批，常常需要花费数月时间，人力、物力成本极高，导致很多赛事筹备计划不得不搁置或推迟。”华羿体育有限公司总经理王镡广对此深有感触地说，“现在只需在首演地完成全流程审批，这一系列政策的实施，将极大地简化赛事审批流程，提高赛事筹备效率，让我们能够更专注于赛事本身的质量提升和市场推广。

[节选自：王辉. 政策引领　万亿体育消费市场强势崛起[N]. 中国体育报，2025-03-25（2）.]

思考题

结合我国实际，简述高危险性体育赛事审批流程。

◎ 复习题

1. 体育赛事申办的可行性评估包括哪些内容?
2. 体育赛事的组织结构有哪些?
3. 体育赛事市场开发资源有哪些?
4. 如何进行体育赛事进度计划的制订?

第十六章

体育赛事的编排方法

本章概要

- 竞赛编排的原则
- 常用竞赛的方法
- 体育竞赛编排的基本程序

教学目标

- 掌握并运用竞赛编排的共性原则
- 熟练计算循环赛制的名次
- 了解淘汰制号码位置数的选择

相关网站

- 国家体育总局体育信息中心网站（https://www.sport.gov.cn/xxzx/）
- 华奥星空网（http://www.sports.cn/）
- 赛迪网（http://www.ccidnet.com/）

推荐书目

- 张孝平．体育竞赛组织编排[M]．北京：北京体育大学出版社，2008.
- 常生．田径竞赛组织与裁判[M]．北京：高等教育出版社，2019.
- 中国游泳协会裁判委员会．游泳竞赛组织与裁判方法[M]．北京：人民体育出版社，2015.

体育竞赛涉及不同单项体育赛事的组织与安排，如何有效激发参赛者内在良好的竞争体验？除了高水平竞技水平和竞赛对抗外，科学的体育赛事制度安排也能够有效激发、提升各类体育竞赛的竞争激烈性。其中，单场体育赛事的竞赛编排工作就是体育赛事制度的核心。围绕不同的单项内容，针对参赛选手的竞技水平与状态，综合考虑体育赛事办赛时间计划和成本基础，对体育赛事进行合理编排，是提高体育赛事精彩性、观赏性的重要手段。

第一节 体育赛事的编排原则与基本程序

体育赛事编排是体育赛事从业者的基本业务素养，需要遵循公平性、效率性、科学性、灵活性、参与性的基本原则，并经历赛前编排、赛中调整、赛后汇总的基本程序。其中，数字化转型大大提高了体育赛事编排的效率，值得我们关注。

一、体育赛事的编排原则

（一）公平性

公平性不仅体现体育精神，更是体育竞赛编排工作的首要原则。公平的竞赛编排是保障运动员参赛权益的根本要求，能够有效预防各种非客观因素给运动员带来的不利影响，保证运动员能够在相似、相近的公平环境中进行对抗与比赛，是比赛真实性的首要条件。作为竞赛的执裁者和督导者，裁判员在执行判罚的过程中要保持中立，判罚尺度不能偏离，时刻维护比赛的公平与正义。公平与公正是体育竞赛的底色，是体育道德和风尚的体现，二者更是不可分割的整体。在竞赛编排的过程中，尤其在编排对阵方式及分组时，体育赛事主办方必须严格遵守相关项目的竞赛规则和竞赛规程，在有关官员、裁判员或运动员的参与下对竞赛编排工作采取随机抽签的形式进行确定，从根源上防止黑箱操作的情况发生。

（二）效率性

竞赛编排工作作为体育竞赛的重要环节，在保证公平公正的前提下，通过对体育赛事进行合理规划与管理，达到以较小投入获得较大产出。在时间效率方面，合理安排比赛时间和场次，可以减少运动员、裁判员、观众等体育赛事参与者的等待时间与闲置资源的浪费；在资源利用效率方面，精细化编排场次和工作人员安排，可以充分利用场地、器材等体育赛事资源以及人力资源；在管理效率方面，使用数字化工具和预设应急预案措施，可以有效降低人为疏忽带来的损失，确保体育赛事信息快速准确传达以及迅速应对体育赛事可能出现的突发情况。

（三）科学性

竞赛编排工作是竞赛组织与管理的前期准备工作之一，科学编排是确保运动员能够在比赛中发挥出自身技战术水平的前提条件之一。在竞赛编排的工作中，要根据竞赛项目的特点以及现实情况，合理制定不同组别、单项的比赛场次，尤其是具有高强度对抗性的项目，要保证运动员有充足的休息时间来恢复和应对比赛带来的运动疲劳，在避免运动员受伤的同时确保运动员能以最饱满的精神和体力去面对竞赛。

（四）灵活性

对于体育赛事而言，赛事风险是不可避免的。因此，在进行竞赛编排工作时，应具备一定的灵活性，能够根据实际情况及时优化赛程，保障体育赛事的顺利进行。针对如参赛人数的变化、天气情况的突变、场地资源的受限等可预见的体育赛事风险，应提前做好相应的预案，在面对相应的风险时可以迅速对赛程或人员安排进行调整。同时，对不可预见的体育赛事风险也要建立应急处理机制，在保障人民群众生命安全的同时确保体育赛事的成功举办。

（五）参与性

竞赛表演业已经成为现代体育产业的重要支柱，观赏体育赛事也已成为当今人民群众的重要文化娱乐方式。如果失去观众，不仅会对体育产业造成经济上的冲击，也会使比赛活动黯然失色。因此，在竞赛编排的过程中，需要着重考虑观众的参与性。充分了解观众的生活作息规律，在竞赛编排的过程中尽量把话题性高的场次，半决赛、决赛等关键性场次以及受众广的项目和运动员的比赛安排在晚上、节假日等闲暇空闲时段；对热度较高或关键性的比赛场次，竞赛编排的过程中要将其安排在有利于摄像机能够清晰捕捉运动员精彩瞬间的比赛场地，使得观众能够更加方便地欣赏比赛；对于比赛场地，尤其是同场竞技的项目，在竞赛编排的过程中要进行合理布局，保障观众的观赛体验感。总而言之，如果要让观众能够更加投入到观赏比赛的过程中，就需要站在观众的角度进行竞赛编排工作，这样做的目的不仅是能够更好地使观众投入到观赛的氛围中，为体育赛事吸引更多的关注和人气，创造更高的赛事价值，同样有利于运动员创造优异的运动成绩，使得比赛更加精彩。

二、体育赛事编排基本程序

体育赛事编排是确保体育赛事能够顺利进行的前提条件。无论是何种竞赛项目，完整的体育赛事编排基本程序一般都包括三个环节：赛前编排、赛中调整和赛后汇总。其中，赛前编排是竞赛项目的整体统筹规划和安排；赛中调整强调在竞赛的过程中面对突发情况时的及时应对和优化；赛后汇总是对竞赛过程和体育赛事结果进行总结评估。三个环节之间紧密相连，共同保障赛事的顺利进行。

（一）赛前编排

赛前编排是指体育赛事开始之前的编排准备工作。这部分的编排工作要求相关工作人员做好准备工作，一般包括编排前的准备工作、不同项目的编排工作、编排竞赛日程、编印总秩序册和编印体育赛事活动日程安排表五个部分。

1. 编排前的准备工作

在正式开始进行竞赛编排工作前，应充分做好前期的相关准备工作，具体包括以下四个方面。

（1）了解和熟悉竞赛项目的规则和竞赛规程。要开始竞赛编排的相关工作，首先应对竞赛规则有充分的认识。根据竞赛项目的特性去确定比赛的赛制，以确保比赛的合理性和公平性。同时，还需要依据竞赛规程明确比赛的具体要求，例如竞赛的日程、参赛单位的条件和性质、奖惩办法等内容。

（2）竞赛器械的准备。需要提前准备好在竞赛过程中不同主体必须或可能会用到的相关器材，包括：运动员在该竞赛项目中会使用到的器械和场地设施、竞赛组委会可能会用到的文具及办公用品、裁判员会使用到进行判罚或辅助判罚的工具等。

（3）审核报名表。对参赛单位或运动员的报名表进行资格审核，审核的内容一般包括运动员的资格是否符合标准、运动员的基本信息是否清晰、报名人数是否超额等。

（4）编排不同项目的参赛名单。根据审核合格的报名表上的信息，对不同项目的参赛运动员名单进行统计。

2. 不同项目的编排工作

根据竞赛项目的特点、比赛的赛制、项目报名的人数、场地设施和器械的数量、各赛次的录取名额等情况，编排和填写相应的竞赛秩序册或竞赛编排表，有些竞赛项目还需要在裁判员、运动员以及技术官员的协调配合下进行抽签，以保证体育赛事的公平公正。

3. 编排竞赛日程

竞赛日程是竞赛的活动安排，可分为竞赛时间、竞赛地点[1]。竞赛日程的编排是否合理会对比赛的进程产生直接影响。因此，在编排竞赛日程的过程中，应依据实际情况进行编

[1] 付新健，李迎香. 我国职业技能竞赛政策现状、问题与对策[J]. 中国成人教育，2024（6）：60-66.

排，需要考虑的内容包括：体育赛事的规模、竞赛项目的性质、运动员的竞技水平、场地设施和比赛器械的条件、工作人员（包括裁判员）的工作水平、赛前准备的时间等。同时，在编排的过程中还应考虑运动员兼项的情况，有些竞赛项目还有先后顺序（例如田赛是先进行100米跑后进行200米跑）、恢复时间（如游泳比赛两项之间需有充足的恢复间隔）、场地转换（如篮球场转化为排球场的过渡时间）等特殊要求。编排的竞赛日程表基本上都应有运动员的检录时间、入场时间、比赛时间等，具体情况依据竞赛项目的规则和竞赛规程的要求而定。

4. 编印总秩序册

一般来说，总秩序册会包含以下内容：①竞赛规程和补充通知；②体育道德风尚奖的评选办法；③组委会名单；④组织本次竞赛的机构以及相关工作人员名单；⑤技术代表、技术官员以及仲裁委员会名单；⑥裁判员名单；⑦各代表队及所属运动员名单。

5. 编印体育赛事活动日程安排表

一般来说，体育赛事活动日程安排表包含以下内容：①各项竞赛的日程表；②各项竞赛的对阵表；③竞赛场地的导引图；④竞赛注意事项。个别竞赛项目还会加印赛事的最高纪录表，如游泳、田赛、径赛等。

（二）赛中调整

赛中调整是指竞赛编排工作需要根据赛事进程、人员变动、场地资源等实际情况进行灵活调整和动态优化，一般包括临场编排工作、竞赛成绩公示、竞赛成绩统计三个部分。

1. 临场编排工作

竞赛编排工作需要根据赛事进程进行临时调整。例如，在羽毛球比赛中，当有个别场地的比赛进程推进较为缓慢，而其他场地已经结束该时间段的比赛安排时，则可以将该场地的比赛场次临时调整到其他场地进行，以推进比赛进程，保障后续阶段赛事的正常进行。

2. 竞赛成绩公示

竞赛成绩需要在每一轮比赛结束后及时更新，并且裁判员需要及时提交比赛成绩进行汇总，汇总后将比赛成绩分享给赛事的成绩统计人员、赛会领导、赛会新闻中心，编印每日成绩秩序册并于次日上午发给各参赛单位的领队或负责人。另外赛事总决赛结束后，还需要及时告知协调颁奖组相关工作人员，提前做好颁奖事宜的充分准备。

3. 竞赛成绩统计

赛事接近尾声时，应做好竞赛成绩的统计工作，对各个参赛单位的获奖名次和团体总分进行统计。统计结束后将竞赛成绩统计信息贴在公示栏上，以供各参赛单位了解与核对有关比赛情况。

（三）赛后汇总

赛后汇总是指赛事主办方通过系统复盘对本次竞赛的成绩和经验进行归纳总结，并针对赛事组织运转过程中暴露的问题进行分析，指导未来赛事优化管理。因此，赛后汇总工作主要包括以下几项。

（1）编印总成绩册。对本次竞赛的成绩进行汇总编印，并及时印发给各个参赛单位及相关部门。

（2）成绩证明。为获得比赛名次的选手颁发奖章和奖状，同时若是国家规定的可以获取运动员等级的比赛，则需要为获奖运动员出具相应的成绩证明。

（3）赛后工作总结。比赛结束后，需要对比赛过程中的文件资料进行整理，提交主办单位进行存档。同时，对相关竞赛手续进行清理，如场地租赁、聘用合同、人员保险等。最后，根据比赛过程中产生的问题进行反馈与总结，吸取经验为下一次的竞赛编排工作做好准备。

三、数字信息技术赋能体育赛事编排

随着现代通信科技的不断发展，越来越多先进的人工智能、信息通信科技被应用于体育赛事领域之中。其中，充分利用计算机科技赋能“竞赛编排”是体育赛事科技赋能的重要内容。传统基于“人力”的赛事编排工具耗时、耗力、耗财，并且还存在不小误差易导致赛事进程与运转不畅。相对于传统竞赛编排方式，数字信息技术应用于赛事编排工作可以大幅提高编排准确性，并大幅节省开支。当前，我国已经将数字信息技术普及应用到竞赛编排工作中，既包括全国性或地方性的大型体育赛事（如全运会、学青会、省大学生运动会等），也包括一些民间资本投资运营的中小型体育赛事。体育赛事编排工作在采用数字信息技术的同时，一般还会保留人工编排。为了协调两者之间的关系，有四点编排工作原则需要明确。

（1）关系明确。编排记录公告组的主裁判全权负责竞赛编排组的各项工作事宜，数字信息技术操作组应被纳入管理之中，二者具有从属关系。

（2）分工明确。尽管人工编排组与数字信息技术操作组均属于编排组，但二者的工作侧重点有所不同。人工编排组主要负责对赛事成绩的核对和公告，并汇编成总秩序册、每日秩序册和总成绩册。数字信息技术操作组则主要负责对赛事成绩和赛事进程进行实时更新，同时保障数字信息系统的正常运作。

（3）配合明确。编排记录公告组指派一名主裁判专门负责与数字信息技术操作组进行协调对接，并于正式开赛前商议各项工作具体配合的方法。

（4）手续明确。人工编排组和数字信息技术操作组双方在赛前各指定一名专人，负责组间各项材料手续的取送与流通，并签字存档备查。

第二节 体育赛事编排方法

体育赛事编排方法主要包括循环赛制编排方法、淘汰赛制编排方法以及混合赛制编排方法、瑞士制编排方法、佩奇制编排方法。

一、循环赛制

循环赛是指每个参赛运动员或队伍之间都要进行比赛的赛制。依据循环次数的不同，循环赛可以分为单循环赛和双循环赛[1]。作为被广泛应用于赛事组织过程中的赛制之一，循环赛通过使所有参赛的运动员或队伍之间依次进行一次对抗，最后根据循环下来的胜负场次决定比赛积分，以积分获取的大小决定名次。采用循环赛制可以很好地反映参赛的运动员或队伍的真实水平，一般多应用于以队伍为单位的集体竞赛项目的比赛中，例如美国的四大职业体育联盟赛事、中国的职业篮球联赛、欧洲的足球联赛等均是采用循环赛制进行。然而，尽管循环赛制能够给不同参赛的运动员或队伍有更多的交流机会，但是同样存在一定的缺点。第一，时间和资源成本消耗大。由于循环赛制要求每个参赛单位之间都需要进行对抗，这也就意味着比赛场次和人力物力消耗的增加，一定程度上对赛事的成本产生更大的负荷。第二，增加运动员的身体负担。比赛场次的增加势必会给运动员的身体带来一定的疲劳和损伤，也会对其的运动表现产生不利的影响。第三，赛事观赏性存疑。由于循环赛制的特殊性，容易出现水平相差过大的情况，对赛事观赏性充满不确定性。第四，公平性存在疑虑。在循环赛制进行到末尾的时候，参赛的运动员或队伍在已经确定自身名次的前提下，可能会在不影响自身的同时给其他参赛的运动员或队伍提供作弊的机会[2]。

（一）单循环

单循环赛制是指将参加比赛的运动员或队伍彼此之间都进行一次比赛，最后按照各运动员或参赛队伍的胜负场次确定比赛积分，根据比赛积分的大小确定名次。这里需要注意

[1] 董东风. 循环赛通用编排方法研究[J]. 湖南邮电职业技术学院学报，2018，17（1）：14–17.
[2] 张孝平. 体育竞赛组织编排[M]. 北京：北京体育大学出版社，2018：1，18–21.

的是，当存在积分相同的情况时，则可以通过计算得失分率、统计比赛得分、两者胜负关系等方式来确定最终排名。

1. 适用场景

单循环赛制由于自身的特殊性，所要求的比赛场次较多。因此，该赛制适用于参赛队伍较少（通常不超过8支球队）、竞赛日程相对充裕、场地资源较为丰富的情况。例如，在羽毛球比赛的过程中，某一单项报名参赛的运动员数量为7人，为了满足一定的比赛场次和竞赛时间，可以选择采用单循环赛制进行对阵。最终，通过胜负场次决出优胜者。

2. 场次与轮次计算

在单循环赛制中，“一场”是指每两个（支）运动员或队伍之间比赛一次，“一轮”则是指每个（支）运动员或队伍均出场比赛一次。轮次与场次的比赛计算公式如下所示。

（1）单循环赛制场次计算公式：n（n–1）/2=场次，n为运动员或队伍的数量。例如，5个队参加单循环比赛，则比赛场次为：5（5–1）/2=10场。

（2）单循环赛制轮次计算公式：n–1=轮数（n为偶数），当参加比赛的运动员或队伍数量为6（偶数）时，则单循环轮数为6–1=5轮；n=轮数（n为奇数），当参加比赛的运动员或队伍数量为5（奇数）时，则单循环轮数为5轮。

3. 赛前编排工作

单循环赛制的赛前编排工作主要包括两个方面。

（1）确定参赛运动员或队伍序号。赛事主办方可以依据往届赛事的成绩对参赛运动员或队伍进行排序，如李四上一届比赛成绩是第一名，王二上一届比赛成绩是第二名，则李四的序号为1号，王二的序号为2号，以此类推。当赛事主办方发生以下情况，例如无法确定参赛运动员或队伍的真实水平、参赛运动员或队伍第一次参加比赛、赛事主办方第一次举办比赛等情况时，可以根据参赛运动员或队伍的报名时间或以随机抽签的形式确定参赛序号。

（2）确定比赛轮次。在单循环赛编排时，将各参赛运动员或队伍的序号平均分为两列，左边由1号依次由上往下排序，右边则是由尾号或者轮空号（0号）为首依次由下往上排序，将相邻的两个数字进行相连，就是单循环赛的第一轮对阵秩序表（表16–1）。

表16–1 循环赛制初始轮对阵秩序表

1（主）	—	N（0）（客）
2（主）	—	N–1（客）
…	—	…
N/2–1（主）	—	N/2（客）

引自：薛宇．循环赛制中不同编排方法的比较研究[J]．体育科技文献通报，2023，31（11）：80–84.

4. 编排方法

单循环赛制首轮参赛运动员或队伍的对阵秩序如表16–1所示，从第二轮开始各个（支）

运动员或队伍依次进行轮转。单循环赛制的轮转方法主要有三种，分别是逆时针轮转法、顺时针轮转法和贝格尔轮转法。本书对单循环赛制的逆时针轮转法和顺时针轮转法只固定以“1号位”作为支点进行轮转，但这里需要强调的一点就是赛事主办方不仅可以固定以“1号位”（左上角）作为支点，也可以通过固定右上角、左下角以及右下角来改变比赛顺序。单循环赛制的轮转方式不管如何调整，都不会影响比赛的公平性和结果，因为不管如何设计，每个参赛运动员或队伍都会进行一次比赛[1]。

（1）逆时针轮转法。逆时针轮转法从第一轮开始后，以“1号位”作为轮转支点固定不动，其余序号依次往逆时针方向轮转一个位置，依次类推。如果参赛运动员或队伍数量为奇数的话，则用轮空号“0号位”代替尾数位置，凡是遇到轮空号的运动员或队伍，则本轮比赛轮空。例如，6支队伍使用逆时针轮转法的编排方式见表16–2。

表16–2　6支队伍使用逆时针轮转法编排的秩序表

第一轮	第二轮	第三轮	第四轮	第五轮
1—6	1—5	1—4	1—3	1—2
2—5	6—4	5—3	4—2	3—6
3—4	2—3	6—2	5—6	4—5

例如，5支队伍使用逆时针轮转法的编排方式见表16–3。

表16–3　5支队伍使用逆时针轮转法编排的秩序表（轮空）

第一轮	第二轮	第三轮	第四轮	第五轮
1—0	1—5	1—4	1—3	1—2
2—5	0—4	5—3	4—2	3—0
3—4	2—3	0—2	5—0	4—5

（2）顺时针轮转法。“顺时针轮转法”与“逆时针轮转法”方法一致，只是轮转的方位不同，以“1号位”作为轮转支点固定不动，其余序号依次往顺时针方向轮转一个位置，依次类推。例如，6支队伍使用顺时针轮转法的编排方式见表16–4。

表16–4　6支队伍使用顺时针轮转法编排的秩序表

第一轮	第二轮	第三轮	第四轮	第五轮
1—6	1—2	1—3	1—4	1—5
2—5	3—6	4—2	5—3	6—4
3—4	4—5	5—6	6—2	2—3

例如，5支队伍使用顺时针轮转法的编排方式见表16–5。

[1]　薛宇．循环赛制中不同编排方法的比较研究[J]．体育科技文献通报，2023，31（11）：80–84.

表16-5　5支队伍使用顺时针轮转法编排的秩序表（轮空）

第一轮	第二轮	第三轮	第四轮	第五轮
1—0	1—2	1—3	1—4	1—5
2—5	3—0	4—2	5—3	0—4
3—4	4—5	5—0	0—2	2—3

（3）贝格尔轮转法。贝格尔轮转法是一种被广泛应用于排球比赛的循环赛制，从第二轮开始，最大号位或轮空号位在对阵表中左右摆动，其余号位以逆时针的方向进行轮转。通过首行数字的摇摆，实现“主客交替平衡”的目的[1]。例如，6支队伍使用贝格尔轮转法的编排方式见表16-6。

表16-6　6支队伍使用贝格尔轮转法编排的秩序表

第一轮	第二轮	第三轮	第四轮	第五轮
1—6	6—4	2—6	6—5	3—6
2—5	5—3	3—1	1—4	4—2
3—4	1—2	4—5	2—3	5—1

例如，5支队伍使用贝格尔轮转法的编排方式见表16-7。

表16-7　5支队伍使用贝格尔轮转法编排的秩序表（轮空）

第一轮	第二轮	第三轮	第四轮	第五轮
1—0	0—4	2—0	0—5	3—0
2—5	5—3	3—1	1—4	4—2
3—4	1—2	4—5	2—3	5—1

（二）双循环

双循环赛制是指所有参赛的运动员或队伍彼此之间进行两次单循环比赛。这种方法可以使所有参赛的运动员或队伍都能遇见两次。与单循环赛制一样，按照各运动员或参赛队伍的胜负场次确定比赛积分，根据比赛积分的大小确定名次。

（1）适用场景。双循环赛制一般常见于大型体育赛事，适用于具备主客场条件、赛事经济效应大、赛事周期长、需要长期积分排名的联赛制比赛，如CBA、美职篮、美国国家橄榄球联赛等。

（2）编排方法。双循环赛制的编排方法与单循环赛制相同，第2次单循环赛制的编排方法一般与第1次保持一致，也可以通过重新抽签进行编排，这里就不再一一赘述。

二、淘汰赛制

淘汰赛制是一种常见的体育竞赛赛制，通常可以分为单淘汰制和双淘汰制两种。淘汰

[1]　董东风．循环赛通用编排方法研究[J]．湖南邮电职业技术学院学报，2018，17（1）：14-17.

赛制具有较强的对抗性，每一轮淘汰赛都会淘汰一半的参赛运动员或队伍。参赛双方需直接展开对决，负者一方将彻底无缘冠军的争夺。因此，相较于循环赛制而言，由于淘汰赛制中的参赛运动员或队伍之间不存在妥协的空间，也不会受第三方的影响或对第三方产生干扰，可以最大限度地体现比赛的公平性和竞技的纯粹性。此外，淘汰赛制还具有赛事安排紧凑、比赛进程迅速的特点，常应用于隔网对抗项目，例如世界羽联（BWF）巡回赛中的各站赛事以及足篮排项目比赛的第二阶段比赛，例如美国男子职业篮球联赛的季后赛等。然而由于偶然性强、合理性差的缺陷，使用淘汰赛制容易导致一些实力较强的参赛运动员或队伍提前相遇或因失误而提前出局。因此，赛事主办方需要合理设置“轮空”“抢号”“种子”等措施来进行竞赛编排工作。

（一）淘汰赛制基本规则

1. 淘汰赛制号码位置数选择

适用于淘汰赛制第一轮的位置数目称为号码位置数。在最理想的情况下，根据参赛运动员或队伍的数量确定淘汰赛制的号码位置数为2n，才能保证在每一轮的比赛中，都正好是两名运动员或队伍进行比赛。但现实情况里，参赛运动员或队伍的数量往往略低于或高于号码位置数。因此，需要设立“轮空”和“抢号”来满足号码位置数。

2. “轮空”和“抢号”

（1）号码位置数选择——“轮空”。“轮空”，是指在第一轮淘汰赛中没有比赛的运动员或队伍。当参赛运动员或队伍数量略少于号码位置数时，则需要设置一定数量的“轮空”位来满足淘汰赛号码位置的数量。因此，号码位置数-运动员（队伍）数=“轮空”数。“轮空”位置数的选择应根据两方面确定：

①“种子”选手优先。“种子”选手即上届比赛中获得比赛名次的运动员或队伍，按照种子顺序优先与“轮空”位置对阵。

②根据竞赛项目的“轮空”位置表确定“轮空”位置号码。先根据参赛人数，选择最接近的2n号码位置数，计算出“轮空”数后，由左向右在相应的竞赛项目“轮空”位置表中选出小于比赛号码位置数的号码，即为轮空位置号码。本书以柔力球比赛作为案例，假设本次柔力球比赛有122位运动员，则从64～128人轮空位置表由左向右进行查找，2，127，34，95，18，111为本次比赛的轮空位置号码，见表16-8。

表16-8　柔力球64～128人轮空位置表[1]

2	127	34	95	18	111	50	79
10	119	42	87	26	103	58	71

[1]　国家体育总局．柔力球竞赛规则·网式项目（2023）[EB/OL].（2024-01-11）[2024-04-01]. https://www.sport.gov.cn/stzx/n5434/c27323509/part/27323560.pdf.

续表

6	123	38	91	22	107	54	75
14	115	46	83	30	99	62	67
4	125	36	93	20	109	52	77
12	117	44	85	28	101	60	69
8	121	40	89	24	105	56	73
16	113	48	81	32	97	64	

（2）号码位置数选择——“抢号”。“抢号”与“轮空”不同，当参赛运动员或队伍数量略多于号位位置数时，则需要设置一定数量的“抢号”位来满足淘汰赛号码位置的数量。因此，运动员（队伍）数－号码位置数＝“抢号”数。“抢号”位置数的选择与“轮空”位置数的选择一样，均使用“轮空”位置表进行确认。假设本次柔力球比赛有67个人参加，则从32～64人轮空位置表由左向右进行查找，2，63，18为本次比赛的抢号位置号码，见表16-9。

表16-9 柔力球32～64人轮空位置表[1]

2	63	18	47	10	55	26	39
6	59	22	43	14	51	30	35
4	61	20	45	12	53	28	37
8	57	24	41	16	49	32	

3. “种子”确认

“种子”的确认是根据运动员或队伍的竞技水平来评定的，竞技水平主要看运动员在各级比赛中所获得的成绩而定，例如奥运会、世锦赛、洲际赛、各站积分赛事、全运会、省锦标赛、市运会等体育赛事等。在考虑参赛运动员或队伍的比赛成绩时，要以近期比赛和其所参加的高一级的比赛成绩作为标准，坚持远的服从近的、低的服从高的的原则。值得注意的一点是在双打比赛中确定“种子”时，要以原配对成绩为主，除依据上述原则外，还可参考单打比赛或其中一人的双打成绩，混合双打的成绩则是以男运动员成绩为主。对于“种子”数量的设置，应根据参赛人数和录取名次等实际情况进行综合考量，设置的数量应为2n。若是运动员人数如果少于25名，可设2或4名“种子”；运动员人数为25～48名时，可设4或8名“种子”；运动员人数超过48名时，可设8或16名“种子”。此外，不同竞技项目对“种子”位置的确认也有所不同，本书将以柔力球、网球和乒乓球比赛进行举例说明。

（1）柔力球。柔力球项目是依据轮空位置表确定“种子”位置。按照比赛所设的种子数目，从轮空位置表由左向右数出相应的个数，奇数位上的号码减1，偶数位上的号码加1，

[1] 国家体育总局. 柔力球竞赛规则・网式项目（2023）[EB/OL].（2024-01-11）[2024-04-01]. https://www.sport.gov.cn/stzx/n5434/c27323509/part/27323560.pdf.

即为相对应的种子位。例如，本次柔力球比赛有14位参赛运动员，需要用到16个位置号码。从8～16人轮空位置表中由左往右依次数出两个轮空位置号码，分别为2和15，奇数位是2，减1为1；偶数位是15，加1为16。因此，得出一号种子在1号位；2号种子在16号位，见表16–10。

表16–10　柔力球8～16人轮空位置表[1]

2	15	6	11	4	13	8	

（2）网球。根据网球ATP/WTA（职业网球联合会/国际女子职业网球联合会）网球赛事对“种子”选手的预设，“种子”选手的签位安排遵循“强者后遇”原则，确保高排名选手不会在比赛初期相遇。本书以32位运动员为例讨论选手位置安排，见表16–11。

表16–11　网球32签中种子选手位置安排表[2]

“种子”号码	位置号码	具体位置
1	1	签表最上方，固定位置
2	32	签表最下方，固定位置
3	9或24	四分之一区，抽签决定
4	9或24	四分之一区，抽签决定
5	8，16，17，25	四个位置随机抽签分配
6	8，16，17，25	四个位置随机抽签分配
7	8，16，17，25	四个位置随机抽签分配
8	8，16，17，25	四个位置随机抽签分配

（3）乒乓球。根据最新的乒乓球比赛规则与裁判法，对“种子”号码的设置进行了规定，见表16–12。

表16–12　乒乓球种子位置表[3]

“种子”号码	安排方式	具体位置
1	固定安排	上半区顶部
2	固定安排	下半区底部
3～4	抽签决定	上半区底部&下半区顶部
5～8	抽签决定	单数1/4区底部&双数1/4区顶部
9～16	抽签决定	单数1/8区底部&双数1/8区顶部
17～32	抽签决定	单数1/16区底部&双数1/16区顶部

[1] 国家体育总局. 柔力球竞赛规则・网式项目（2023）[EB/OL].（2024–01–11）[2024–04–01]. https://www.sport.gov.cn/stzx/n5434/c27323509/part/27323560.pdf.

[2] 董杰. 网球教程[M]. 3版. 北京：高等教育出版社，2022：217.

[3] 中国乒乓球协会. 乒乓球竞赛规则（2022）[M]. 北京：北京体育大学出版社，2022：32–33.

（二）单淘汰制

单淘汰制是指参赛运动员或队伍按照竞赛编排的秩序两两对决，负者直接淘汰，胜者进入下一轮，直到决出最后胜利者为止。本书以8名运动员为例，对阵秩序表如图16-1所示。

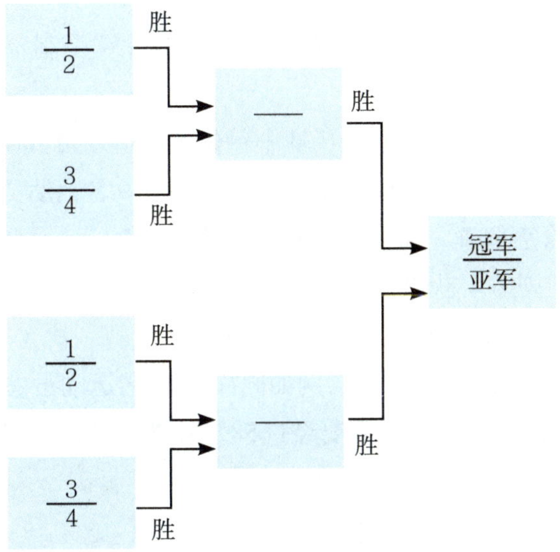

图16-1　单淘汰赛秩序表

一般而言，单淘汰赛只决出冠亚军，3、4名并列第3名，4～8名并列第5名。赛事主办方若是要具体到前6名或前8名的全部名次，可在比赛进程推进到1/8决赛后增加附加赛。附加赛沿用淘汰赛制的比赛方式，胜者进入下一轮，负者被淘汰，但是负者仍需要再进行一场相应的名次赛。本书以前8名的附加赛为例，对阵秩序表如图16-2所示。

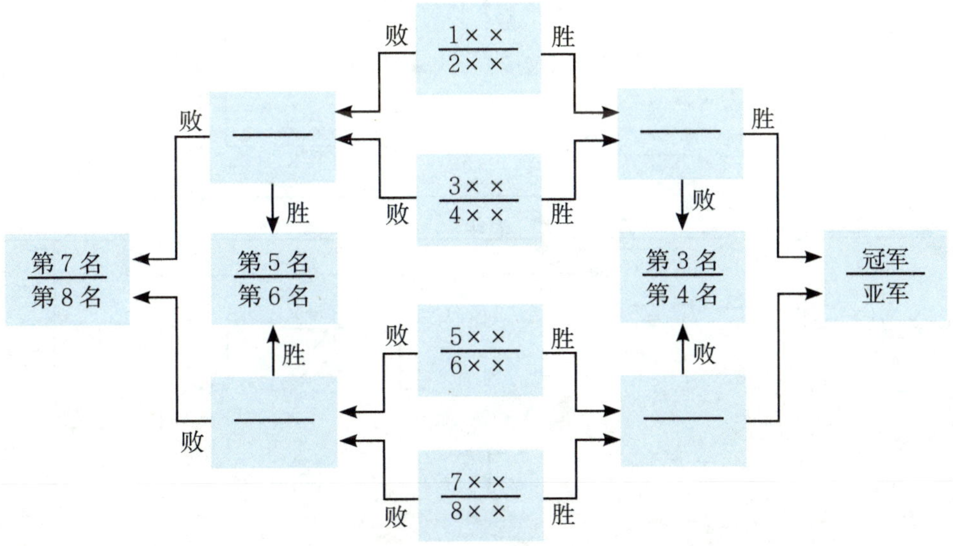

图16-2　单淘汰附加赛

1. 适用场景

单淘汰制适用于参赛人数较多（一般超过16人）和竞赛日程紧张的比赛。因此，单淘汰制常见于隔网对抗类项目中，如网球的四大满贯、羽毛球的全英公开赛、乒乓球的世锦赛等。但为使比赛更具有观赏性，部分同场对抗类项目会在比赛第二阶段采用单淘汰制。

2. 编排方法——场数和轮数计算

对于淘汰赛制的竞赛编排工作而言，场数和轮数的计算是制定竞赛日程和赛程安排的重要依据。

（1）单淘汰制轮数。轮数是指在本轮比赛中每位参赛运动员或队伍均出赛一次（轮空场次也包括在内），2n中的n即是单淘汰赛的轮数。例如有59名运动员参加比赛，那么应选号码位置数为64，有5个轮空位置，需要比赛6轮，说明某个运动员需要获得6场比赛胜利才能夺得冠军（如有轮空，则需要获得5场比赛胜利）。

（2）单淘汰制场数。场数是指每两名运动员或队伍比赛一次（“轮空”不算），单淘汰制的场数=n−1（n是运动员或队伍数量）。例如同样是59名运动员参加比赛，那么比赛场数为58场（不含附加赛），说明该项比赛需要经过58场比赛才能决出最后的胜利者。

（三）双淘汰制

双淘汰制又称双败淘汰制，与单淘汰制相似，负者都彻底无缘冠军的争夺。双淘汰赛分为两个平行组进行，分别是胜者组与负者组。当第一轮比赛结束后，胜者进入胜者组，负者进入负者组，之后的每一轮都淘汰负者组中的失败者，胜者组的失败者则降为负者组，直至最后失败一场者为亚军，全胜者为冠军，对阵秩序表如图16-3所示。

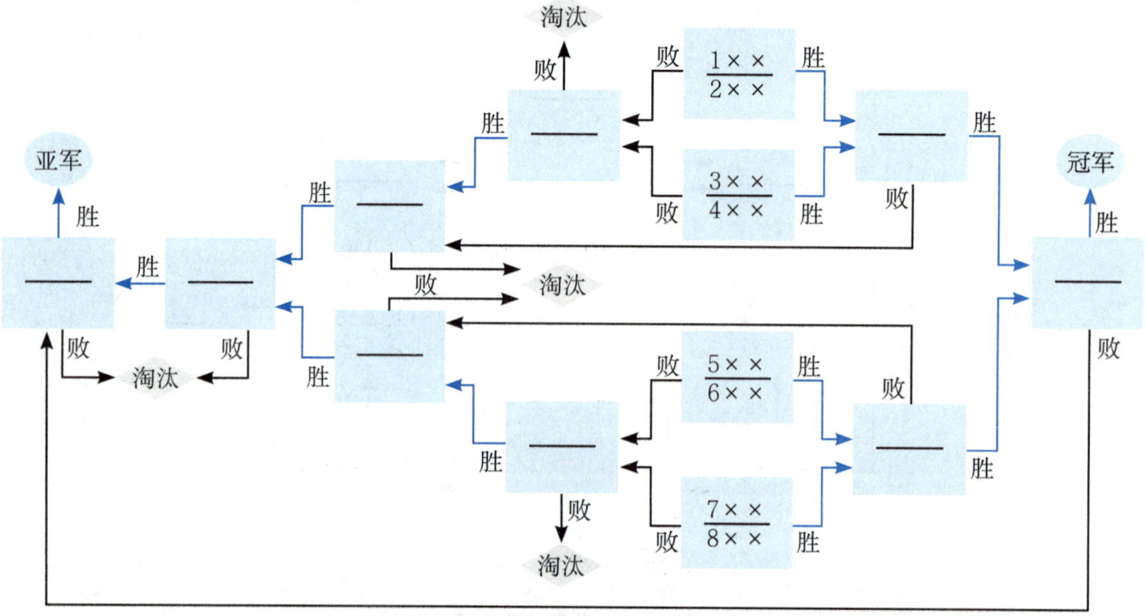

图16-3　双淘汰比赛秩序表

1. 适用场景

双淘汰制尽管也属于淘汰制，但与单淘汰制不同，适用于对抗性强、偶然性大、参赛规模适中（8～32人/队）且赛事资源充足、观赏性和公平性要求较高的竞技项目，常见于电子竞技项目的比赛中。例如，DOTA 2的国际邀请赛（简称TI）采用的就是双淘汰制。

2. 编排方法——场数和轮数计算

由于存在胜者组和负者组的缘故，双淘汰制场数与轮数计算方式都与单淘汰制不同。

（1）双淘汰制轮数。胜方轮数+负方轮数 = $n+(n-1)\times 2=3n-2$。例如，有30名运动员参加比赛，那么应选号码位置数为32，胜者组需要比赛5轮，负者组需要比赛8轮，那么比赛的总轮数为13轮。

（2）双淘汰制场数。双淘汰制的场数 = $2n-3$（n是运动员或队伍数量）。例如，同样是30名运动员参加比赛，那么比赛场数为57场（不含亚军复活赛），说明该项比赛需要经过57场比赛才能结束比赛。

三、混合赛制

在某些竞赛项目中，通常会根据实际需求将比赛划分为若干阶段，各阶段的竞赛可以采用相同或不同的竞赛编制方法。在一次完整赛事的不同阶段中，若分别采用循环制、淘汰制等不同的竞赛方式进行编排，则将此类赛制统称为混合制。

（一）先循环后淘汰

先循环后淘汰，是指在赛事初期采用循环赛制，通过积分排名确定晋级资格，随后进入淘汰赛阶段决出最终名次。

1. 适用场景

常用于部分竞赛项目的团体赛，如羽毛球的苏迪曼杯和汤姆斯杯、网球的霍普曼杯、乒乓球的世界锦标赛的团体赛等。除此之外，篮球、排球、足球等国际性赛事也常使用该种赛制。在循环赛阶段保证参赛运动员或队伍都有充分的比赛机会，淘汰赛阶段能够增加比赛的对抗性和观赏性。

2. 编排方法

详情见前面的循环制与淘汰制的竞赛编排方法。

（二）先淘汰后循环

先淘汰后循环，是指在赛事初期采用淘汰赛制，迅速筛选出获胜运动员或队伍，在后续阶段采用循环赛制，通过全面对抗确定最终名次。相较于先循环后淘汰的混合赛制，该赛制较少使用。

1. 适用场景

先淘汰后循环赛制适用于参赛规模较大且需要快速筛选优胜者，同时对最终名次有较高准确性要求的赛事。该赛制特点是前期通过淘汰赛提高效率，后期采用循环赛确保实力相近的选手进行充分对抗。

2. 编排方法

详情见前面的循环制与淘汰制的竞赛编排方法。

四、瑞士制

瑞士制，又可称为积分循环制、瑞士轮。该赛制集合循环制和淘汰制的优点，一方面该赛制不设淘汰。所有参赛运动员或队伍均需要完整参与全部轮次的比赛；另一方面主办方可以根据参赛人数、竞赛日程、竞赛安排等综合因素制定轮数。当参赛运动员或队伍过多时，赛事主办方可以根据实际情况制定轮数，无须像循环制进行特定轮数的比赛，以达到减少赛事成本的目的。

（一）适用场景

瑞士制适用于参赛规模较大、竞技水平参差不齐且竞赛日程紧凑的体育赛事，多用于智力类（如国际象棋、围棋、桥牌等）及电子竞技项目。例如，英雄联盟全球总决赛S13开始在小组赛阶段引入瑞士制比赛。尽管相比以往小组赛阶段减少15场比赛，但是瑞士制的引入使比赛更具悬念和竞争性，强者与强者、弱者与弱者之间的对决吸引更多观众收看，并创下1.33亿欧元的媒体价值[1]。

（二）编排原则

瑞士制编排的基本原则主要有八个[2]。

（1）相遇限制原则：两名选手之间不重复对阵。

（2）积分优先原则：对阵编排顺序应以本轮累积积分由高到低进行排序。

（3）同分对阵原则：每轮比赛中应优先安排积分相同或相近的选手相互对阵，避免强弱悬殊。

（4）成绩区分原则：积分高的选手逐轮对抗，积分低的选手逐步退出名次争夺。

（5）抢分难度均等原则：在每一轮比赛中，对阵双方的比赛积分尽可能接近，防止强弱对抗严重失衡。

[1] ŠIMIĆ I. Shikenso reports League of Legends 2023 Worlds media value at €133m[EB/OL]. Esports Insider（2023-12-05）[2024-09-18].https：//esportsinsider.com/2023/12/shikenso-league-of-legends-worlds-media-value.

[2] 蒋家珍，钟秉枢. 瑞士制积分赛在大众羽毛球赛事中的编排原则、方法与应用效果研究[C]// 2015第十届全国体育科学大会论文摘要汇编（一）. 北京：中国体育科学学会，2015：201-203.

（6）积分合理分布原则：在每一轮次的比赛结束后，选手积分应呈合理分布态势，低排位选手的积分不会高于高排位选手的积分。

（7）同一半区对手绝对值恒定原则：保持同一半区对手竞技水平的对抗性和积分排名的合理性。

（8）编排效率原则：在满足前面七项原则的前提下，赛事主办方应尽可能减少编排工作，避免无效对阵。

（三）场数和轮数计算

瑞士制运用的关键是有效地调整场数和轮数[1]。

1. 轮数计算

瑞士制的比赛轮数以2为底数，其比赛轮数为$2n \geqslant m$（n为最大轮数值&轮数值，m为参赛运动员或队伍数量），若是需要减少比赛场次，则可将原所需的最大比赛轮数减1。

2. 场数计算

瑞士制的场数取决于参赛人数的奇偶性和轮数影响。

（1）偶数。当参赛运动员或队伍数量为偶数时，场数$=m \times n \div 2$（m为参赛运动员或队伍数量，n为比赛轮数）。

（2）奇数。当参赛运动员或队伍数量为奇数时，场数=（m−1）×n÷2（m为参赛运动员或队伍数量，n为比赛轮数）。例如，当有15支队伍参赛时，那么最大比赛轮数为3轮。此时，由于参赛队伍是奇数的缘故，设置一个轮空位置，则总比赛场数为（14−1）×3÷2=21场。

（四）编排方法

瑞士制的竞赛编排方法通常包括以下步骤。

（1）根据参赛人数、竞赛日程、赛事目标等因素，主办方需明确赛事轮数的设置。

（2）在首轮比赛中，采取抽签的方式、赛前的排名或报名的次序等方式确定对阵顺序。自第二轮起，根据前一轮的比赛结果，按照累积积分的高低对参赛运动员或队伍进行排序（通常是胜2分，和1分）。按照编排原则，将积分相同或相近的运动员或队伍优先安排对阵，同时确保两两之间不重复对阵。

（3）若是参赛运动员或队伍数量为奇数时，应合理设置轮空位置。

（4）在全部轮次比赛结束后，应根据所有运动员或队伍的累积积分进行最终排名。若是出现积分相同的情况，则可以通过对手分、全体对手分、两者胜负关系进行评判，必要时可以进行加赛处理。

8支队伍使用瑞士制的编排方式见表16−13。

[1] 徐伟庭，吴国铣，陈文长．“瑞士制”应用于运动竞赛之策略探讨[J]．中华体育季刊，2009，23（1）：117−127.

表16-13　瑞士制模拟对阵秩序表（8支队伍）

号码	对手	首轮	对手	第二轮	对手	第三轮
1	2	胜	3	胜	7	胜
2	1	负	4	胜	5	负
3	4	胜	1	负	8	负
4	3	负	2	负	6	胜
5	6	胜	7	负	2	胜
6	5	负	8	负	4	负
7	8	胜	5	胜	1	负
8	7	负	6	胜	3	胜

7支队伍使用瑞士制的编排方式见表16-14。[1]

表16-14　瑞士制模拟对阵秩序表（7支队伍）

号码	对手	首轮	对手	第二轮	对手	第三轮
1	2	胜	3	胜	7	胜
2	1	负	4	胜	5	负
3	4	胜	1	负	6	负
4	3	负	2	负	轮空	胜
5	6	胜	7	负	2	胜
6	5	负	轮空	胜	3	胜
7	轮空	胜	5	胜	1	负

五、佩奇制

佩奇制是一种介于单淘汰制和双淘汰制的竞赛编排方式，主要用于四强阶段名次的争夺。佩奇制的优点与双淘汰制相似，能够保障在常规赛表现优异的运动员或队伍在进入决赛阶段后，即使出现失误，依然有争夺冠军的机会，在一定程度上降低赛事的偶然性。此外，佩奇制在保证竞赛公平性的同时，相较于双淘汰制，具有所需比赛场次、赛程安排更为紧凑的特点。

（一）适用场景

1978年，国际垒球联合会开始在其主办的比赛中推行佩奇制，后被广泛应用于垒球、足球、乒乓球、冰壶等比赛的团体项目中，主要适用于参赛运动员或队伍竞技水平接近、赛事规模较小且需要分出前四名的体育赛事。

[1] 徐伟庭，吴国铣，陈文长．“瑞士制”应用于运动竞赛之策略探讨[J]．中华体育季刊，2009，23（1）：117-127.

（二）编排方法

由于佩奇制的应用主要集中在决赛阶段四强名次的确认，因此，佩奇制的竞赛编排通常包括以下阶段。

（1）确认晋级队伍。通过常规赛或循环赛的积分排名，确定晋级佩奇赛阶段的参赛运动员或队伍（通常取前四名）。

（2）确认对阵编排。按照排名编排对阵，第一轮中的第一名和第二名对阵，胜者直接晋级决赛，负者进入附加赛。第三名和第四名对阵，负者直接被淘汰，胜者进入附加赛。

（3）决出最终胜者。附加赛中的运动员或队伍进行对阵，负者获得季军名次；胜者晋级决赛，与第一轮的胜者争夺冠军。佩奇制的对阵秩序如图16–4所示。

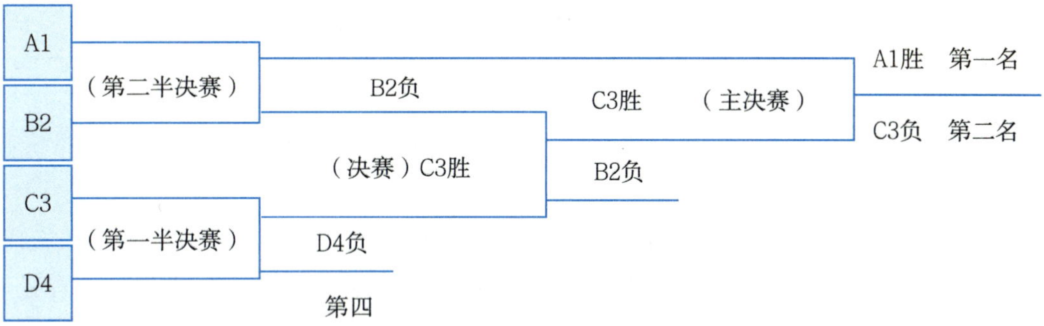

图16–4　佩奇制的对阵秩序图（四强赛）[1]

【案例16–1】

全国围棋定段赛的赛制改革

2025年全国围棋定段赛进行了重大改革，优化分组与定段名额，向海外棋手敞开大门。一系列改革为这一传统赛事注入新活力，中国台北棋手许育豪抓住机会，通过本次定段赛成功跨入职业围棋大门。在赛制方面，本届定段赛初赛采用积分编排制，而到了复赛和决赛阶段则采用双败淘汰制。新赛制要求棋手必须尽量下好每一个阶段的每一盘棋，能够更好地锻炼和考察棋手的能力。

另外根据竞赛规程，中国围棋协会通过本次改革还专门为比较有潜力的小棋手设立了一个英才名额。在本届定段赛未定上职业段位，但进入少年男子、女子组复赛的2012年1月1日（含）以后出生的棋手，可参加由国家队组织的单独设组的选拔赛（男女混合），排名第一的棋手也将被授予职业初段。

[1]　杨瑞山．佩奇制产生发展与再研究[J]．体育函授，1994（Z1）：65–67.

［节选自：葛会忠．全国围棋定段赛定段名单出炉［N］．中国体育报，2025-07-22（3）．］

思考题：

体育赛事赛制改革的因素有哪些？

第三节 田径竞赛的编排方法

田径项目赛事是最为常见的单项赛事类型，田径竞赛的编排方法相对更为广泛普及。本节选择田径项目作为代表，详细叙述田径比赛常见的编排方法，对于大部分体育赛事从业人员均比较实用。

一、田径竞赛的编排原则

田径竞赛的单项规模巨大，大致又可以划分出径赛、田赛两类竞赛的编排方法[1]。

（一）径赛的编排原则

径赛的编排原则主要包括七个方面。

（1）分组时应尽可能确保各组之间人数相对均衡，若不能平均分配，原则上各组人数最多相差1人。

（2）除决赛阶段外，在竞赛编排的过程中尽量避免将同一参赛单位的运动员编入同一组（特殊情况如人多组少或不分组项目除外）。

（3）如采用成绩录取时，应将成绩相近的运动员编入同组中；如采用名次录取，则应将技术水平较高的运动员打散并合理平均地分配到各组中。

（4）如某项只设一个组别，则该轮比赛即为决赛，直接确定最终的名次。

（5）在竞赛编排的过程中不得将不同的竞赛项目、竞赛距离、年龄、性别的运动员进行

[1] 廖培．体育竞赛组织管理与编排［M］．兰州：甘肃教育出版社，2015.

混编。

（6）当长距离项目参赛运动员数量较多时（一般超过12个），则可采用分组编排的方式并将竞技能力、成绩水平相近的运动员编入同组，每组参赛运动员人数不宜超过15人。

（7）对于800米及800米以下的分跑道项目，首轮比赛采取抽签方式确定分组顺序，后续轮次的跑道分配则依据每组运动员的成绩分三批抽签确定：前四名运动员抽3～6道，五、六名运动员抽7、8道，七、八名运动员抽1、2道。1500米及以上的不分道项目，则是通过预赛阶段的抽签结果决定起跑时的站位顺序（通常由里道向外道排列）。一般而言，径赛的抽签工作应由技术代表或裁判长负责，但是在基层赛事中也可由竞赛编排的工作人员代为完成。

（二）田赛的编排原则

田赛的编排原则主要包括两个方面。

（1）跳跃与投掷项目一般不进行分组编排，运动员出场顺序由技术代表通过抽签的形式决定。同一单位运动员的出场序号不得连续，原则上应交替安排在出场顺序中的前、中、后不同位置，以确保比赛的机会均等。

（2）当参赛运动员数量较多时，可采用及格赛或将参赛运动员分为若干个小组进行比赛。比赛顺序由赛事大会抽签决定，并尽量避免同单位运动员集中编排。如场地资源有限，可按照先后顺序安排，成绩较好的组别在第二组比赛，三次试跳或试掷结束后再放在决赛场地进行。如果具备两个条件相等（助跑方向一致等）的场地，则可同时进行各组比赛。其中，将成绩较好的一组安排在决赛场地比赛。

关于资格赛，需要特别注意两点：①及格标准。依据报名成绩采用“偏高递补”法。②录取人数。按照竞赛规则，应确保至少有12名运动员晋级决赛。

二、田径竞赛的编排方法

由于田径赛事的竞赛项目众多，不同项目之间由于竞赛的形式、人数、场地设施、评分标准等因素的不同，所用的竞赛表格也不尽相同[1]。因此，本书在参照梁华伟《体育赛事组织与管理》中的表格的前提下，依据竞赛编排的基本程序对田径竞赛编排工作进行介绍。

（一）赛前编排

田径竞赛的赛前编排工作，需要提前准备各项竞赛所需的表格，主要包括竞赛的报名统计表、竞赛项目的记录卡片、竞赛项目的分组表、竞赛日程的编排表等。

[1] 梁华伟．体育赛事组织与管理[M]．上海：上海交通大学出版社，2019.

1. 竞赛的报名统计表

田径竞赛中，经过对报名的运动员进行资格审核后，需对竞赛报名进行全方位的统计，具体见表16–15到表16–18。

（1）代表队名单。代表队名单（表16–15）主要涵盖该参赛单位的大致信息，包括参赛单位的名称、领队姓名、教练员姓名、医生姓名、男运动员的姓名和项目以及女运动员的姓名和项目。

表16–15　代表队名单

队名：
领队：
教练：
医生：
男运动员：001 姓名：×××110米栏、400米栏　002姓名：×××铅球、铁饼　003……
女运动员：001 姓名：××× 100米、200米　002姓名：×××100米栏、400米栏　003……

（2）各单位参加人数统计表。各单位参赛人数统计表（表16–16）是按照参赛单位进行分类，统计本次赛事中各单位的参赛运动员数量与工作人员数量，包括单位编号、单位名称、运动员数量、工作人员数量、人员总和等信息。

表16–16　各单位参赛人数统计表

单位编号	单位	运动员起止号码	运动员人数			工作人员数				总计
			男	女	小计	领队	教练员	医生	小计	

（3）各项参加人数统计表。各项参加人数统计表（表16–17）是对各个项目的比赛分组和竞赛时间进行编排的重要依据，主要信息包括组别信息、项目类别、具体项目、参赛单位、参赛单位的项目报名人数、总计等。

表16-17　各项参加人数统计表

组别：

参赛项目		参赛单位			总计
		北京队	上海队	……	
径赛	100米				
	200米				
	……				
田赛	跳高				
	跳远				
	……				
……					

（4）统计运动员兼项的情况表。填写兼项统计表（表16-18）的目的在于保证兼项运动员有充足的休息时间来恢复和应对比赛带来的运动疲劳，为编排竞赛日程提供依据，主要信息包括组别信息、项目信息、兼项统计等。

表16-18　兼项统计表

组别：

项目	兼项						
	100米	200米	…	跳高	跳远	…	…
100米	×						
200米		×					
……			×				
跳高				×			
跳远					×		
……						×	
……							×

2. 竞赛项目的记录卡片

田径竞赛的记录卡片可以在比赛中准确记录运动员的成绩、排名和数据，帮助确保比赛结果的公正性和准确性。依据比赛项目的类型，主要可以分为径赛成绩记录卡、田赛成绩记录卡、全能成绩记录卡。

（1）径赛。径赛成绩记录卡片（表16-19）是专门应用于径赛，记录运动员在不同阶段比赛中的成绩，包括运动员的基本信息，各轮次的组别、道次、比赛成绩、决定成绩、名次以及全国纪录等。

表16-19　径赛成绩记录卡片

男/女	项目：					
号码	姓名		单位	报名成绩		全国纪录
赛次	组别	道次	比赛成绩	决定成绩	名次	备注
预赛						
次赛						
复赛						
决赛						
径赛裁判长：		计时主裁判：		计时员：		月　　日

（2）田赛。田赛成绩记录卡没有比赛轮次，而是依照赛前抽签次序填写，主要包括参赛运动员的姓名、所属参赛单位、成绩、名次等。具体可见表16–20。

表16-20　田径远度成绩记录表

项目：			组别：											
号码	姓名	单位	前三次成绩			前三次最好成绩	后三次成绩			比赛最好成绩	失败成绩	成绩	名次	备注
			一	二	三		四	五	六					

名次	号码	姓名	单位	成绩	备注	签字
1						田径裁判长：
2						主裁判：
3						技术官员：
4						记录员：
5						

（3）全能。参加全能比赛的运动员只需填写一张全能成绩记录卡，表上信息主要包括运动员的号码、姓名、所属参赛单位、各个项目的成绩等。七项全能成绩记录卡片样式见表16–21、表16–22。

表16-21　七项全能成绩记录表片（正面）

号码		姓名	单位		报名成绩（总分）			全国纪录
日期	项目							
第一日	100米栏							
	跳高							
	铅球							
	200米							
第二日	跳远							
	标枪							
	800米							
全能裁判长：			全能裁判员：			月　日		

表16-22　七项全能各单项竞赛成绩记录表片（背面）

号码	姓名	单位	报名成绩	全国纪录

3. 径赛项目的分组表

合理的分组可以提高径赛的竞赛效果和精彩对抗。

（1）径赛分组和录取名额计划表。径赛分组和录取名额计划表（表16–23）主要用于记录和管理径赛分组、参赛运动员数量及比赛时间。该表的内容主要包括该组别不同项目的参赛运动员数量以及各比赛轮次的组数、每组人数、每组时间、共计时间、录取人数安排等。

表16-23　径赛分组和录取名额计划表

组别：																			
项目	参加人数	预赛					复赛					决赛					总时间	备注
		组数	每组人数	每组时间	共计时间	录取人数	组数	每组人数	每组时间	共计时间	录取人数	组数	每组人数	每组时间	共计时间	录取人数		
100米		4	8	5	20	16	2	8	5	10	8	1	8	5	5	8	35	
200米		4	8	5	20	16	2	8	5	10	8	1	8	5	5	8	35	
400米	…																…	
																	…	
																	…	
																	…	
总时间																		

注：时间单位为分钟。

（2）径赛检录表。径赛检录表（表16–24）包含每个跑道运动员的号码、姓名、所属参赛单位以及本轮比赛名次。

表16-24　径赛检录表

组别：		项目：		赛次：		组次：		
道次	一	二	三	四	五	六	七	八
号码								
姓名								
单位								
名次								
检录员：					月　　日			

（3）径赛分组表。径赛分组表（表16–25）依据径赛分组编排的原则和方法编排。该表不仅包括运动员的所属道次、号码、姓名、所属参赛单位，还应在表上注明组别、项目、赛次、人数、组数、本轮比赛的录取人数以及比赛时间等。

表16-25　径赛分组表

组别	项目	赛次	人数	组数	录取人数	比赛时间	
第1组							
道次	1	2	3	4	5	6	7	8
号码	…	…	…	…	…	…	…	…
姓名	×××	×××	×××	×××	×××	×××	×××	×××
单位	……	……	……	……	……	……	……	……
第2组								
……								
全国纪录：								
亚洲纪录：								

4. 竞赛日程的编排表

（1）各项目竞赛时间的估算参照表。对于竞赛日程的编排，应先估算各项比赛所需的时间。因此，需要制定各项目竞赛时间估算参照表（表16–26）。

表16-26　各项目竞赛时间估算参照表

径赛	每组需要时间 / 分钟	田赛	每组需要时间 / 分钟
100米、200米、400米	4～5	跳高	8×总人数
800米	6～8	撑竿跳高	14×总人数
1500米	8～10	跳远	3×（总人数+8）
3000米、3000米障碍	15～20	三级跳远	3×（总人数+8）
5000 米	20～25	推铅球	3×（总人数+8）
10000米	40～50	掷铁饼	4×（总人数+8）
各项栏（不包括摆、撤栏）	5	掷标枪	5×（总人数+8）
		掷链球	6×（总人数+8）
各项接力	8～10		
马拉松	200～210		
10000米竞走	70～75		
10公里竞走	70～75		
20公里竞走	120～130		
50 公里竞走	310～320		

（2）各项目竞赛时间估算参照表。此类表格样式见表16–27。

表16-27　各项目竞赛时间估算参照表

时段	月　日（星期　）		月　日（星期　）		月　日（星期　）		……	
	径赛	田赛	径赛	田赛	径赛	田赛		
上午								
下午								

（3）各项检录时间表。此类表格样式见表16-28。

表16-28　各项检录时间表

第　　单元					月　　日			
顺序	项目	赛次	组数	检录时间	入场时间	比赛时间	检录员	备注
1	男子100米	预赛						
2	女子100米	预赛						
…								

（二）赛中调整

田径竞赛的赛中调整工作，主要包括竞赛成绩的公示、获奖名单的统计等。

1. 竞赛成绩的公示

（1）田赛与径赛的成绩公告。在径赛每轮比赛结束后或田赛每项及格赛结束后，都要及时将成绩公告出来。成绩公告的信息包括比赛的组别、竞赛项目、比赛轮次、出场次序以及运动员的序号、姓名、所属参赛单位、成绩等。田径成绩公告表样式见表16-29。

表16-29　田径成绩公告表

组别：	项目：		赛次：		
顺序	号码	姓名	单位	成绩	备注
编排主裁判：			记录员：		月　日

（2）全能的成绩公告。全能项目的每个单项比赛结束后，应填写“全能成绩记录表”并及时公告。本书以女子七项全能成绩记录表为例，其中包括运动员的序号、姓名、所属参赛单位、各个项目的成绩、累积积分、总分、名次等信息。样式见表16-30。

表16-30　女子七项全能成绩记录表

号码	姓名	单位	项目　成绩　得分　累计分												总分	名次	备注
			100米栏	跳高	累计分	铅球	累计分	200米	累计分	跳远	累计分	标枪	累计分	800米			
全能裁判长：				技术官员：				记录员：									月　日

2. 创纪录、奖牌、总分的统计

田径竞赛中的创纪录、奖牌、总分的统计主要包括三个表格，分别是创纪录统计表、男/女奖牌统计表、男/女团体总分表。

（1）创纪录统计表。创纪录统计表（表16–31）主要统计本次比赛中是否存在创纪录的情况，如有创纪录的情况出现，则会统计创纪录的项目，原纪录、纪录的缔造者、所属参赛单位，创纪录的成绩、场次和轮次、创纪录的时间等信息。

表16–31 创纪录统计表

项目	原纪录						备注
		创造者	单位	成绩	赛/轮次	时间	
100米							
跳远							
…							

（2）男/女奖牌统计表。男/女奖牌统计表（表16–32）主要统计所有参赛单位各个项目的金、银、铜的获奖情况和各奖牌的获奖总和。

表16–32 男/女奖牌统计表

单位	100米			200米			…	合计			备注
	金牌	银牌	铜牌	金牌	银牌	铜牌		金牌	银牌	铜牌	
…											
…											

（3）男/女团体总分表。男/女团体总分表（表16–33）有助于赛事主办方对所有参赛单位整体成绩进行汇总与排名，参赛单位也可以根据该表对比赛成绩进行了解与核对。

表16–33 男/女团体总分表

单位	第一单元			第二单元			…	总分	备注
	100米	…	小计	100米栏	…	小计			
…									
…									

（三）赛后汇总

田径竞赛的赛后汇总工作，除了一般的赛后汇总程序外，最重要的就是为创纪录或达到运动员等级标准的运动员出具相关的成绩证明。田径比赛成绩证明表（表16–34）包括运动员的姓名、基本信息、获奖项目、成绩、所属参赛单位；赛事方的比赛名称、时间、地点、等级；裁判的执行裁判信息和裁判长审核。

表16-34　田径比赛成绩证明表

姓名		性别		出生年月日		民族		身高	
体重		项目			成绩		风速		
籍贯		所在单位							
竞赛名称						运动等级			
竞赛时间						竞赛地点			
创造成绩时场地器材等情况									
执行裁判									
裁判长审核									

◎ 复习题

1. 竞赛编排原则是什么？
2. 双淘汰制如何进行场数、轮数的计算？
3. 佩奇制的使用场景是什么？
4. 循环赛制的编排方法是什么？

第十七章

体育赛事的专项管理

本章概要

- 体育赛事的人力资源管理
- 体育赛事的财务管理
- 体育赛事的后勤管理
- 体育赛事的媒体管理

教学目标

- 了解体育赛事人力资源的人员组成
- 了解体育赛事财务管理的原则与方法
- 熟知体育赛事筹资管理的流程
- 了解体育赛事医疗管理的主要内容

相关网站

- 国家体育总局经济司（https://sport.gov.cn/jjs/）
- 国家体育总局人力资源开发中心（https://www.tyrc.org.cn）

推荐书目

- 祁社生．运动竞赛组织与实践[M]．上海：上海科学技术文献出版社，2013.
- 王化成，刘俊彦，荆新．财务管理学[M]．9版．北京：中国人民大学出版社，2021.
- 德斯勒．人力资源管理[M]．刘昕，译．北京：中国人民大学出版社，2024.

体育赛事的专项管理是指体育赛事的筹办与管理方通过一定的方式整合体育赛事资源，实现体育赛事管理目标的活动过程。随着人们对体育赛事科学管理的重视程度不断提升、对赛事的高效率运作的不断追求，需要综合运用专项管理的方法对人力资源、财务、媒体与后勤进行统筹规划。

第一节 体育赛事人力资源管理

体育人力资源是体育赛事核心资产的重要构成。本节重点介绍体育赛事人力资源的概念内涵、相关类型，进而详述体育赛事人力资源管理的基本流程，并专门论述体育赛事志愿者管理的相关问题。

一、体育赛事人力资源管理的内涵概述

（一）人力资源概念界定

1954年，彼得·德鲁克的《管理的实践》（*The Practice of Management*）出版面世，历史上首次提出“人力资源”的概念，引起学者前赴后继围绕“人力资源”这一重要生产要素展开研究[1]。“人力资源”是在国家、地区抑或组织团队中用来提供产品或者服务、创造价值、达成既定目标的所有人口资源的能力总和，具有灵活性、社会性、创新性和时效性的特性。对于组织而言，人力资源是保障组织正常运作的能量基础，有效地开发组织人力资源有利于充分调动员工积极性、提高工作效率，最终表现为组织文化、组织凝聚力等软性竞争力的持续提升。

（二）体育赛事人力资源管理的概述

“体育赛事人力资源管理”是人力资源理论在赛事管理领域的实践融合产物，是指在赛事总体策划和实施方案的引领下，系统设置赛事运营的任务目标，进而对岗位需求进行科学归纳，形成对岗位匹配员工素养的具体要求，并进行合理组织、调配、培训、管控的管理过程。

[1] 德鲁克，齐若兰.《管理的实践》[J]. 当代电力文化，2014（4）：96.

（三）体育赛事人力资源的角色类型

1. 专业稀缺型人力资源

本文的专业稀缺型人力资源是指在体育赛事领域内拥有一项或多项专长的专业技术人员，一般是指具有相对较高专项技能水平的参赛运动员。不论是群众性体育赛事，还是国际大型体育赛事，高水平运动员均是赛事活动的重要资产，孵化或吸引更多高IP价值的运动员资源直接意味着赛事IP的价值增长。从某种程度来看，运动员常年经历专业技能训练、通过大量比赛积累竞赛经验，都是决定运动员成为专业稀缺型人力资源的关键。另外，教练员承担运动员培养的重要任务，是运动员能否科学训练、能否释放自身运动天赋潜力、能否有效提升运动竞技水平的关键。教练员带训经验也是赛事的一种间接资源，因此教练员也可以视为赛事的一类专业稀缺型人力资源。

2. 创意设计型人力资源

赛事策划是高质量管控、运营赛事的前提，要在现有的政策、社会、市场空间下精准定位赛事举办的主题、意义与价值，并有效设计赛事运作管理的分工协作框架，保证后期赛事实施过程中能够有效衔接各方利益主体，并有效整合各方的资源基础。为此，赛事策划环节极需“创意设计型”人力资源，这类人才需对体育赛事运作领域内的政策导向、社会关系、资源布局等极为熟悉，能够敏锐捕捉办赛的公共需求与市场需求，积极组建团队构思、凝练赛事主题，并有效沟通办赛的核心利益主体形成合作关系，共同策划赛事实施方案。

3. 组织协调型人力资源

赛事规模越大涉及相关利益群体的类型越复杂，协调内、外部组织部门的工作也相应变得更为复杂。为此，在赛事总体策划方案下，需围绕赛事各环节设置纵横衔接的组织协调型人力资源。例如，单一赛事需设置专门的协调部门——赛事组委会，组委会成员是典型的组织协调型人力资源，负责协调赛事各环节、各任务间的时间、空间、物料等关系；另外，赛事局部环节也需设置相应的组织协调人员，以向上积极沟通组委会、向下动员下属员工，并协调与其他赛事中级部门关系。例如赛事竞赛环节需要由体育社会组织（协会）安排裁判长调动裁判队伍、志愿者队伍，根据竞赛日程、规程协调各参赛队领队等。

4. 市场运营型人力资源

全球发展趋势下，单纯依赖政府公共财政支撑的办赛方式已难以为继，中西方体育赛事均不同程度走上市场化道路。因此，围绕单一赛事的竞赛环节进行市场化运营是赛事盈利的关键。实践中，需要招募相应的市场运营型人力资源，重点聚焦赛前品牌设计与宣发，强化赛中竞赛转播过程中的媒体拓展，挖掘举办地文旅体资源的市场潜力，持续关注赛后市场开发等都需要长期培养市场运营型人才。

5. 后勤保障型人力资源

不论是政府主导的赛事活动还是市场主导的赛事活动，后勤保障型人力资源均是赛事实施的基础，涉及赛事住宿、交通、餐饮、接待、医疗、卫生、安保等众多工作。因此，每一项赛事后勤保障任务都需要相应的专业人才支撑，不同后勤任务的专业人才被统称为后勤保障型人力资源。

二、体育赛事人力资源管理的基本流程

基于体育赛事人力资源的特殊属性，体育赛事人力资源管理同样可以以流程化的阶段进行划分，大致包括需求规划、岗位招聘、员工培训和人员管控四个环节。其中，四大环节前后存在重叠部分，本书为详细说明而进行了边界明显的区分。

（一）体育赛事人力资源的需求规划

体育赛事人力资源需求规划是指依据赛事规模、性质和目标，系统性展开办赛人力资源需求分析，进而对赛前、赛中、赛后各阶段的关键岗位所需的人力资源类型、数量、性质进行安排。基于体育赛事活动属性，赛事管理任务一般划分为策划、后勤和执行三大板块。其中，“策划任务”涉及的岗位往往需要创意设计型人力资源，“后勤任务”涉及的岗位则更多需要交通、住宿、通信等后勤保障的专门性人力资源，另外“执行任务”更多涉及赛事的专业稀缺性人力资源，覆盖单项竞赛的组织实施过程，需要整合赛事播报员、裁判员、运动员等稀缺性人力资源。为此，体育赛事运作管理者需要根据办赛的任务要求，针对不同分工板块空缺岗位的实际需求，确定所要招聘岗位人员的具体数量和应聘人员的基本标准。

（二）体育赛事人力资源的岗位招聘

体育赛事人力资源招聘是指人力资源部门根据体育赛事举办过程中出现的空缺岗位需求，向体育赛事体系内、外部环境发布招聘信息，并对应聘者进行选拔、评估、录用直至上岗的全过程。实质上，应聘者选拔、评估和录用过程本身也是体育赛事运作管理者全面比较、分析应聘者求职信息的动态决策过程。

1. 体育赛事招聘的基本程序

体育赛事招聘的基本程序包括四个环节：岗位需求、发布信息、评估筛选、录用决策（图17-1）。其中，岗位需求与第（一）部分的人力资源需求规划存在较高联系，是赛事发展到特定阶段后围绕空缺岗位的具体任务进行的更加具体的人力资源需求分析。

（1）岗位需求。相比需求规划，岗位需求则更加具体，是在赛事特定发展阶段根据空缺岗位的实际任务需要制定的更加具体的岗位招聘需求，包括人力资源属性和数量，并结合赛事预算给出聘用的薪酬标准和工作要求。

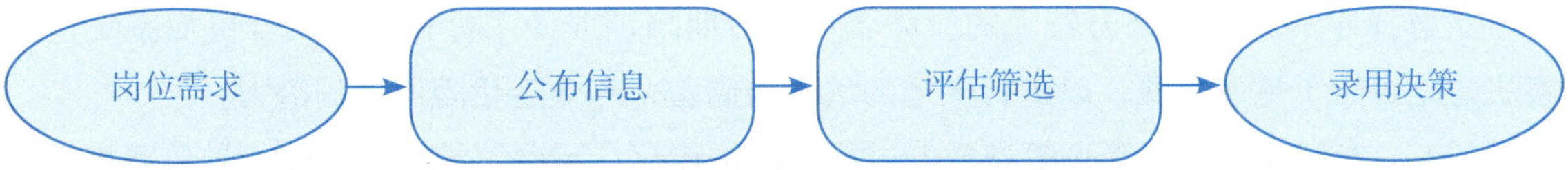

图17-1　体育赛事人力资源招聘流程

(2) 发布信息。岗位需求拟定后，体育赛事运作管理者需选择合适渠道面向全社会公布招聘信息，内容包括招聘人员数量、应聘者专业、招聘程序、工作要求等。

(3) 评估筛选。不同赛事类型的主办方往往会采取不同的筛选方式，也会根据办赛实际需要设置具体的筛选方案，一般包括笔试、面试、技能测试及心理测试等。

(4) 录用决策。经过评估筛选后，体育赛事运作管理者结合岗位需求，对比分析不同应聘者的优势和劣势做出录用决策，并与应聘者签订聘用合同。

2. 体育赛事招聘的关键要点

体育赛事运作管理过程中，人力资源管理部门根据不同的工作要求选择合适的招聘方式，用最低成本招募适合的人力资源进入体育赛事体系，确保体育赛事能够正常运转。归纳来看，体育赛事岗位招聘过程需全面考虑以下关键要素。

(1) 招聘时机。体育赛事运作过程存在一定的不确定性，除了体育赛事规划中涉及的岗位任务及所需人力资源之外，还可能因相关工作需要或体育赛事意外事件，产生更多规划外的人力资源需求。为此，体育赛事运作管理者既需要根据规划程序在正常时间节点进行招聘，也需要在赛事筹备、举办期间针对新的人力资源需求启动招聘程序。

(2) 招聘方式。体育赛事运作管理过程中，由于体育赛事类型不同且不同岗位人力资源需求参差不齐，体育赛事运作管理者需要选择不同的招聘方式。目前，我国体育赛事类型多样，人力资源招聘方式差别较大，包括校园招聘、中介公司招聘、网络媒体招聘、专业报刊广告招聘等。体育赛事运作管理者需选择适合的方式发布招聘信息。

(3) 招聘范围。招聘信息中包含着报名条件，对应聘者的资质、技能等提出明确要求。标准的高低对于招聘范围大小有着重要影响，标准较低往往导致入围人员过多，虽能够扩大面试选拔的可选择范围，但也一定程度提高了招聘成本，甚至给“走关系”“走后门”留下空间。标准过高则大大缩小了招聘范围，虽能够提高招聘效率，但却缩小了入围人员数量，不利于最优员工的选拔。

3. 岗位招聘的基本原则

(1) 任务达成原则。体育赛事人力资源招聘首先应当遵循“任务达成导向”的首要原则，即基于当前乃至下一阶段办赛实际需要而展开。因此，招聘员工首先遵循“即招即用”的基本原则。招聘员工能够高效率完成赛事策划、后勤乃至执行的合同任务，方能说明招聘决策的有效性。

(2) 潜力孵化原则。在任务达成原则得到满足的基础上，体育赛事运作管理者需更加长久地考察所聘用人员是否拥有培养潜力。在应聘者条件相近的情况下，体育赛事运作管理者尽量选择年龄较小、潜力较大的应聘者。在后期培训或使用过程中，结合更加系统地考察决定是否给予更多资源，以进行人才的培养与储备，有效孵化聘用者的潜力。

（3）一专多能原则。赛事筹备举办过程中，往往存在不确定的调整变化，导致赛事管理的不同部门间产生人员的转移和调动。在这种情况下，按照规划需求招聘员工往往可能还需要更多元的能力储备或技能储备。为此，体育赛事运作管理者在招聘过程中，除了要切实考虑应聘者的特定专长，还应将是否具备其他技能也作为考虑因素。

（三）体育赛事人力资源的员工培训

体育赛事人力资源的员工培训是指：基于招聘员工基本素养和岗位工作需求的实际差距，有计划地组织安排员工开展入职后的学习培训，帮助员工有效提升素养并尽快适应工作岗位。

1. 体育赛事人力资源的培训内容

人员录用后将面临体育赛事岗位的工作实践。体育赛事人力资源的培训工作首先是帮助聘用员工深刻理解体育赛事的主题、定位和运行体制机制，进而围绕体育赛事举办展开有针对性地员工培训，包括以下工作内容。

（1）体育赛事基本知识培训。系统归纳体育赛事举办地相关知识、体育赛事岗位的具体实践应用知识等，并划分为“通用型知识”和“专门型知识”两个培训板块，在既定培训计划内传授给聘用员工。

（2）体育赛事专门技能培训。在体育赛事运作管理过程中，各员工履行相关岗位职责，需围绕体育赛事实际进行专门技能培训。例如，在体育赛事转播过程中，由于体育比赛项目及其场景各不相同，拍摄运动员特写、拍摄运动精彩瞬间的机位、视角、手法等也不尽相同，以及不同单项还会配备专门的体育赛事摄影摄像设备，因此需要经过专门技能培训帮助摄像师提高技能。

（3）岗位认同。体育赛事培训需要加强员工认同感的培养，进而改善员工的工作态度，提升员工对岗位工作的忠诚度。

2. 体育赛事人力资源的培训原则

由于体育赛事相对其他类型社会组织、公司企业具有特殊性，因此，体育赛事人力资源的员工培训还需要遵循以下几方面原则。

（1）岗位实践原则。体育赛事运作管理往往贴合体育赛事策划、体育赛事后勤、体育赛事执行等相关实践，虽然同样需要理论指导，但是更强调在特定的体育赛事运作实践情境下对相关知识、能力、技术的运用，因此，体育赛事人力资源的培训过程更应当强调相关知识、技能的应用，切记不能进行简单的知识灌输。

（2）逐层渐进原则。人力资源管理部门需针对不同层次的员工展开逐层渐进地培训，以适应下一阶段更高、更难的任务需求。

（3）轮岗培养原则。遵守体育赛事人力资源的“一专多能”需求，应在适当时机为员工提供多岗位的培训，引导员工在“一专”发展的基础上提升“多能”的应用能力。

（四）体育赛事人力资源的人员管控

人力资源配置到相应岗位后，需要持续跟踪与评估各岗位员工的实际工作效果，以进一步激发员工的潜力、提升员工赛事运作管理实践的相关技能，推动赛事管理各相关任务目标的达成。为此，体育赛事人力资源的人员管控包括绩效考核、激励罚则两大部分。

1. 体育赛事人力资源的绩效考核

体育赛事运作管理过程中，运作管理者需依照体育赛事岗位规范和任务说明统筹设计不同岗位的“绩效考核指标体系”，通过指标考核考察入职后员工的工作成效等。目前，体育赛事管理领域的员工绩效考核方式大致可以归纳为态度考核型、行动考核型和结果考核型三大类，不同考核类型的考察评价观测视角略有不同。首先，态度考核型侧重考察员工在推动体育赛事管理相关过程中呈现的精神风貌和态度观念，及时发现员工懈怠等不良的工作情绪；其次，行动考核型侧重考察员工是否能够运用科学的方式、合理的技能、系统性的程序处理赛事运转过程中的相关工作；最后，结果考核型则强调以工作结果为导向，以岗位服务对象的满意度测评为绩效评价的唯一指标。通过全面系统的绩效评价，体育赛事运作管理者能够掌握员工的工作实际状况，为后续的工作改进提供依据。

2. 体育赛事人力资源的激励罚则

围绕体育赛事人力资源绩效考核的结果，体育赛事运作管理者需要对参评员工施加有效的管理举措，纠正员工工作过程中存在的问题。因此，针对高绩效员工一般采取激励性管控举措，针对低绩效员工一般采取罚则性管控举措。

（1）激励管控举措。针对高绩效员工采取适度的激励措施，能够给予高绩效员工优异工作表现的正向反馈，有利于进一步强化员工对体育赛事管理组织的工作认同。激励的划分方式有多种。

①按照激励主体可划分为内部激励与外部激励。内部激励往往是在体育赛事组织内部，由体育赛事管理的主体（如组委会等）进行的内部激励；外部激励主要是在体育赛事组织外部，由体育赛事外部的利益相关主体（如政府机构、媒体等）对高绩效员工进行的外部激励。

②按照激励内容可划分为物质激励与精神激励两类。物质激励往往与员工薪酬、补贴、奖金等挂钩，高绩效员工能够获得更多的物质收入，另外员工在体育赛事管理体系中“职务职级”晋升也可以视为物质性激励方式。精神激励则强调获得各方认可过程中产生的内在精神愉悦，进而提升组织认同感、团队归属感和工作责任感。

（2）罚则管控举措。体育赛事管理的低绩效员工存在工作态度不端正、工作能力不充分等问题。为此，体育赛事运作管理者需要对无法完成工作任务、影响体育赛事团队凝聚力等低绩效员工加以罚则。例如，通过降职、降薪或者通报批评等方式督促员工认识自身不足并加以改进，为日后提升工作绩效提供支持。

三、体育赛事志愿者管理概述

体育赛事志愿者是赛事人力资源的重要类型。在各层级、各类体育赛事中，志愿者队伍招募与建设都是决定办赛质量的重要因素。与体育赛事其他人力资源相比，体育赛事志愿者管理具有很多相近之处，但是也具有一定程度的特殊性，因此本书专门单列出来进行论述。

（一）体育赛事志愿者的内涵

“志愿者”概念最早起源于欧洲，对应的英文表达为“volunteer”，是指不以物质利益回报为目的，自愿为社会、组织、团体以及个人提供帮助的人力资源。实际上，国际、国内很多行业都不同程度地采用志愿服务制度支撑特定行业、事业、领域的可持续运转与发展。其中，体育是高频使用“志愿者”这一特殊人力资源的突出领域。2006年,《日本体育白皮书》专门对体育志愿者下定义，即：体育志愿者是指为推进社会、社区、个人及团体体育发展，且不以换取报酬为目的而付出个人劳动和时间的个体[1]。而体育赛事志愿者则是体育志愿者的下位概念，是体育志愿者在体育赛事管理实践领域的具体表现。1992年巴塞罗那奥组委曾公开赞扬奥运会志愿者：“青年志愿者是在奥运会举办过程中，通过个人的无私奉献、团队的通力合作，全力以赴地达成各项奥运管理任务而不图任何回报的一批年轻人。”综合来看，本书认为体育赛事志愿者可以界定为：在体育赛事开展过程中，自愿奉献自身时间与技能支撑体育赛事运转的一种具有公益性的人力资源类型。

（二）体育赛事志愿者工作分类与特征

1. 体育赛事志愿者分类

目前，体育赛事志愿者大致可以按照志愿者承担的任务属性进行划分。

（1）专业志愿者。国际成熟的志愿者队伍往往与单项运动的特定文化、规范高度契合。由于单项运动具有高度特殊性，比赛规范、场景、习惯以及专业化的术语表达等往往约定俗成，因此办赛过程中需要一批相对稳定、能够有所传承的志愿者队伍，对于单项比赛的运转流程、裁判法、权责结构等高度熟悉，专业地应对很多体育赛事现实难题。例如，很多国际比赛需要征调大批翻译人员作为志愿者，但普通翻译者往往不熟悉体育赛事专用术语与习惯用语，为此需要单项体育协会培养专门的翻译队伍，满足国际体育赛事的办赛需要。

[1] 从宁丽. 析日本体育志愿者的培养体系及实施现状[J]. 成都体育学院学报，2002（1）：43-46.

(2) 通用志愿者。不同于专业志愿者，通用志愿者往往不需要掌握过多的专项知识，运用普通技能便能够完成志愿服务工作，能够在大型体育赛事、单项体育赛事乃至各个部门承担相关志愿服务任务。

2. 体育赛事志愿者的特征

(1) 功能性。在体育赛事志愿者招募过程中，体育赛事运作管理者需充分了解体育赛事运转的相关岗位需求和招募志愿者的功能价值。招募的志愿者应当对应岗位招聘提出的岗位需求，掌握一定专业知识与技能。具体来说，招募培训的志愿者需要以岗位属性来确定自身志愿服务的基本功能，更加专业化地向裁判员、媒体、运动员、观众、医护人员、安保人员等提供高质量服务。

(2) 随机性。大量体育赛事由于竞技性和不确定性，往往产生大量不确定性事件。例如，马拉松赛事中，跑者并未按照预先计划到物资领取站点，可能大部分时段人流水平较低，但是在特定时段突然聚集大量人群致使物资发放服务的混乱与崩盘，体现出志愿服务工作存在着大量不确定性。

(3) 组织性。志愿者与体育赛事和其他类型人力资源一样，需要接受系统性的组织管理。目前，我国体育赛事志愿者队伍建设仍处初级阶段，许多体育赛事招募志愿者完成服务工作后随即遣散，导致志愿者工作缺乏组织性，难以传承发展。国际上，志愿者组织管理文化经历较长周期的沉淀，与体育迷文化、社会体育工作等范畴高度融合，且配套设置有成熟的认证、培训、激励体系，体现出体育赛事志愿者队伍的组织型特征。

（三）体育赛事志愿者管理的专项说明

(1) 重视体育赛事志愿者的权益保障。体育赛事志愿者是体育赛事运作管理的重要人力资源类型，虽然无偿提供公益性服务，但是依然需要依法依规保障志愿者的基本权益。1999年,《广东省青年志愿者服务条例》出台，这是国内首部关于志愿服务的地方性法规。2017年9月6日国务院颁布的《志愿服务条例》是在国家层面首次出台志愿者服务的政策法规，标志着我国志愿者服务的法律政策逐步成熟，为广大赛事志愿者、志愿服务组织及服务对象的合法权益提供充分的法律保障。

(2) 权责关系。体育赛事志愿者基于“契约精神”参与赛事的运作管理过程，但依然需要与赛事主办方签订合同协议，明确赛事主办方与志愿者之间的责权关系，并对绩效考核方式、补贴激励措施等予以说明。

【案例17-1】

北京冬奥打造志愿者"最美名片"

北京冬奥会前，为让约1.9万名赛会志愿者能够顺利合格上岗，北京冬奥组委设计了四个阶段的培训体系，由志愿者部整合线上和线下资源，指导高校和场馆，对志愿者进行了系统性强、特色鲜明的培训。值得一提，他们还培养一支志愿者培训师队伍，在打造"最美名片"同时，为北京冬奥会增添一笔宝贵财富。

1. 设计建立培训体系

北京冬奥组委通过顶层设计，建立了通用培训、专业培训、场馆培训和岗位培训的四阶段培训体系，由北京冬奥组委志愿者部统筹负责，并面向志愿者经理、冬奥志愿者培训师和骨干志愿者等重点人群进行系列专题培训，还创新开展了志愿者培训工作的督导评估。

2. 培训灵活多样

专业志愿者是赛时重要的服务力量，对他们进行专项培训必不可少。在志愿者部的统筹下，颁奖礼仪领域志愿者进行为期50余天封闭强化训练；奥林匹克大家庭、国家和地区奥委会、反兴奋剂领域的志愿者在学校内接受了线下培训；技术、体育、医疗服务等业务领域志愿者的培训结合测试活动，发挥各场馆业务领域经理的作用，以讲授与演练相结合的方式进行；媒体运行、语言服务等业务领域志愿者则通过在线的方式接受专项培训。

3. 志愿者培训师成为"火种"

据介绍，志愿者部在制发《赛会志愿者培训工作方案》基础上，针对各阶段、各专项培训工作特点，先后制发《赛会志愿者通用培训实施方案》《赛会志愿者专业培训工作方案》《赛会志愿者疫情防控专项培训工作方案》《关于加强赛会志愿者扶残助残专项培训工作的意见》和《赛会志愿者培训督导评估工作实施方案》等文件，使赛会志愿者培训政策体系更加完善，保障了志愿者培训工作的顺利进行。

[节选自：李晓洁. 北京冬奥打造志愿者"最美名片"[N]. 中国体育报，2022-01-25（3）.]

思考题：

结合我国特色，如何推动新时代志体育赛事志愿服务体系建设？

第二节
体育赛事财务管理

财务管理（financial management）的概念最早由埃里克·赫尔弗特提出，被视为企业管理的重要构成，包括资产购置、资本融通和经营中现金流量、利润分配等内容。伴随体育商业化转型进程加快，越来越多商业性赛事井喷爆发，背后的赛事公司需要不断加强财务管理来有效支撑赛事的开发与运营。其中，体育赛事的财务管理大致可划分为四大部分：预算管理、成本收益、筹资管理和财务控制。

一、体育赛事的预算管理

（一）体育赛事预算管理的定义

体育赛事预算管理是指赛事运作管理者对赛事财务的统筹规划，通过预算协调各赛事部门关系，精准锁定赛事盈利点，保障“成本—收益”均衡，有效规划控制赛事运转方向、促进赛事可持续运营与发展的管理。

（二）体育赛事制定预算的流程

体育赛事的预算管理大致包括四个基本环节：预算目标设计、预算方案编制、预算方案落地和预算方案考核。

1. 预算目标设计

体育赛事启动之初，便需围绕赛事筹备规划设计的总体目标制定赛事运营管理的“预算目标”。“预算目标”包括筹资、盈利两个基本目标，需要综合考虑赛事规模、预期收益及市场需求等因素制定预算目标。

2. 预算方案编制

预算方案编制是实施预算管理的前提基础，体育赛事运作管理者需针对预算的筹资目标、盈利目标，协调各部门共同制定收入预算和支出预算。收入预算包括财政预算、资金补助预算和赞助费；支出预算由财务部门统筹汇总各体育赛事部门的部门预算支出而成，体育赛事规模越大则预算支出规模越大。另外，体育赛事财务部门及各中层部门负责人要逐层加强预算方案编制的监管与审批，提升预算方案的准确性。

3. 预算方案落地

体育赛事财务预算方案得到批复后，体育赛事各部门则需按照既定计划落实预算方案，并将预算指标分解到各环节，形成全方位的预算执行责任体系。当预算执行部门在执行中由于经营条件、市场环境、政策法规等发生重大变化时，应进行适当预算调整。体育赛事财务预算调整决策要求经济利益最大化、符合赛事整体规划，但也应重点关注非正常性差异。

4. 预算方案考核

体育赛事运作管理者需对预算执行情况进行审计，考察体育赛事各执行部门实际的收益、支出情况，以及收益支出与预算目标间的差距，并以此为依据对体育赛事财务的总体现状以及各执行部门的财务状况进行考核评价，为下一轮赛事财务计划的制订提供依据。

二、体育赛事的成本收益

预算方案落实过程也是体育赛事运作管理者持续调控成本收益关系的过程。围绕预算方案，运作管理者需要针对体育赛事运转的预算目标，全面开展成本控制与收益管理，确保赛事运营合理。

（一）体育赛事的成本控制

成本是指为实施特定社会活动而付出的经济代价。依此推演，体育赛事成本控制是指为保证体育赛事有序、平稳运营而进行系统性规划、监督和优化资源消耗的过程。一般情况下，体育赛事财务管理过程中需要从以下四个环节做好成本控制。

1. 生命周期视角下的赛事成本构成

赛事生命周期大致可划分为启动阶段、策划阶段、执行阶段和收尾阶段。赛事在不同的生命周期环节内，会产生不同类型的赛事成本。

（1）启动阶段的成本。在体育赛事启动阶段，体育赛事运作管理者需要充分做好市场调研，并组建专家团队编制体育赛事可行性报告。背景调查与市场分析是体育赛事启动阶段重要的成本支出项。

（2）策划阶段的成本。在体育赛事策划阶段，体育赛事运作管理者需要统筹盘点体育赛事举办过程中所需的人力、物资，并围绕存量资源做好计划，主要包括体育赛事的申办成本、场地修缮翻新租赁费用、运动员（队）出场费用、行政协调费用等。

（3）执行阶段的体育赛事实施成本。执行阶段，体育赛事运作管理者按照既定计划切实推动体育赛事的实施运作，包括赛场费用（体育赛事官员、裁判员、运动员住宿餐饮交通/医护安保费用/资格审查注册费用/清洁医护费用等）、体育赛事组织管理费用（开闭幕式组织/服装费用/通讯印刷费用等）、体育赛事营销费用（广告/媒体/宣传费用）等。

（4）收尾阶段的体育赛事规整成本。体育赛事结束后，体育赛事运作管理者需要全面规整场馆设施设备，并对体育赛事作出全方位的总结报告，也需支出相应的费用。

2. 生产要素视角下的体育赛事成本构成

生产要素视角下，体育赛事的成本构成大致包括办赛资格成本、场地基础设施成本、器材设备成本、赛事人工成本四个方面。

（1）办赛资格成本。赛事承办方向赛事IP的所有权方申请办赛资格，需要支付一定的办赛资质许可经营费用。

（2）场地基础设施成本。场地基础设施的新建、维护、翻新等需支付较高的费用，是赛事举办的一笔较为重要的成本构成。

（3）器材设备成本，即体育赛事运作管理者需按照竞赛规则、规程购置、租赁符合赛事标准的器材设备。

（4）赛事人工成本。赛事管理实施过程中，需要招募招聘相关人力资源支撑，包括薪酬工资、奖金津贴、保险费用等都属于赛事人工成本。

（二）体育赛事的收益管理

不论是大型还是小型体育赛事，获得相应的市场收益是可持续办赛的关键。为此，体育赛事财务管理的另外一项重要任务便是收益管理。收益是指体育赛事主办方通过提供体育赛事产品、服务或资产使用权而获得的资金流入。体育赛事领域中，体育赛事运营收益大致包括体育赛事票务收入、体育赛事赞助收入、体育赛事媒体转播收入、体育赛事政策性补贴或优惠等。为此，体育赛事财务管理过程中需要充分地对赛事市场进行系统而全面的分析。

1. 体育赛事票务市场分析

票务收入是体育赛事收益构成的重要部分，尤其在举办大中型商业性体育赛事过程中，主办方需要深入调研举办地体育赛事的票务市场，统筹预估具有较高观赛意愿、具备一定体育消费能力人群的规模，为制定票价策略提供依据，当然也是收入预算制定的重要依据。

2. 体育赛事赞助市场分析

赞助是体育赛事收入的重要来源，因此体育赛事运作管理者需要对与赛事品牌相关的赞助企业进行全面考察，并基于考察结果与潜在赞助商议价。由于我国赛事市场发展尚不成熟，赞助市场相应地发展无力，大量企业尚未与成熟体育赛事形成稳定合作关系。伴随着我国赛事市场不断发展，体育赛事运作管理者需要充分围绕自身赛事品牌遴选与文化契合度较高的企业，并不断通过赛事品牌帮助赞助企业拓展品牌知名度、扩张销售渠道。当赛事影响力能够切实帮助赞助商实现可持续发展时，意味着赛事赞助市场容量扩张，赞助收益水平也相应得到提高。

3. 体育赛事媒体转播分析

近年来，网络直播行业迅猛发展，体育赛事线上转播带来的网络流量具有极高的经济价值，逐步成为体育赛事收入的又一重要来源。为此，体育赛事运作管理者需要充分考察体育赛事媒体转播的潜在价值，充分考察同类体育赛事线上直播产生的流量水平和变现效果，并精准预判体育赛事线上转播过程中产生的收益。

4. 体育赛事收益的政策分析

国家和政府给予体育赛事运营的政策支持力度直接影响着体育赛事运营方盈利的效果。政府能够为比赛举办提供充分的政策支持，包括水、电、气等资源消耗的优惠政策，抑或是一定的政府补贴或税收减免都能够大大提高赛事运营的收益。

三、体育赛事的筹资管理

体育赛事筹资管理是指体育赛事主办方遵照法律法规，按照特定的经济核算方法为体育赛事举办筹集资金及其他类型资源的过程，是体育赛事财务管理的重要构成。现代体育赛事的规模越来越大，耗资也越来越多，筹集资金对于成功办赛至关重要。概括来看，体育赛事筹资管理的方式主要包括以下几点。

（一）政府财政支持

“公共财政支持”是公共管理范畴的重要概念，一般是指由政府行政管理机构按照某种方式（拨款、补贴、基金引导、政府购买等）向执行单位拨付一定比例经费款项，保证相关公共服务项目的建设与运转。体育赛事属于典型的混合公共服务项目，依然需要政府公共财政的大力支持。目前，国内国际的绝大部分大型体育赛事以及不在少数的中小型体育赛事都是由政府出资支持。不论政府在办赛过程中承担怎样的角色，不论选择怎样的资金转移交付方式，政府公共财政都是体育赛事筹资的重要来源。

（二）社会捐赠

1999年颁布的《中华人民共和国公益事业捐赠法》规定，捐赠是指法人、自然人或者其他组织自愿无偿地为公益事业提供财产。体育赛事办赛过程中，社会体育组织能够根据需要，通过社会捐赠方式获得办赛所需资金，是体育赛事筹资的重要方式。体育赛事组委会获得社会捐赠资金时，需要根据捐赠金额的多少为捐赠团体或个人举办捐赠仪式，并按照规定颁发捐赠荣誉证书。社会捐赠是体育赛事筹资的重要构成，据统计，第三届全国城市运动会共计获得社会捐赠5158.17万元，占总收入的30.8%。另外需要说明的是，社会捐赠额度大小受到国家税收政策的影响，2010年发布的《关于加快发展体育产业的指导意见》中指出“鼓励社会捐赠体育事业，对企业、个人和其他社会力量向公益性体育事业的捐赠，符合税法有关规定的部分，可在计算企业所得税应纳税所得额时扣除”，为扩展体育赛事筹资的社会捐赠渠道提供支撑。

（三）赞助

赞助是在市场经济基础上进行商业性体育赛事筹资的重要方式，是指赞助商围绕体育赛事的相关主题，以赞助体育赛事获得宣传平台为目的，以借助体育赛事平台提升企业品牌影响力为诉求而产生的一种特殊的商业行为。赞助商和被赞助赛事之间形成了互惠互利、互通有无的共生关系，赞助商为体育赛事举办提供经费、设备、技术、劳务等资源，而体育赛事平台则以体育赛事冠名权、广告等权利作为回报。

（四）融资

伴随体育赛事市场不断发展壮大，融资成为体育赛事通过市场手段获取资金的重要渠道。体育赛事大致可以划分出三种具体的融资方式。

1. 体育彩票公益金

体育彩票公益金是目前我国很多赛事筹资的重要资金来源，具有筹资成本低、无须还本付息的特点，且回报率也相对较高。我国政府高度把控体育彩票的发售，彩票池资金除少部分用于彩票奖金外，大部分按照规定分配比例投入体育事业，其中举办体育赛事是资金使用的重要领域。

2. 体育赛事租赁

有别于融资，体育赛事租赁是通过“融物”的方式获取整合外部体育硬件资源，强调体育赛事是承租人，体育赛事运作管理者以支付租金的方式在一定时期内租赁体育赛事举办所需的场馆、设施，获得场馆设施的使用权，相比投入资金收购、新建场地，具有手续简便、租约灵活、成本可控的优势。

3. 体育赛事基金

伴随赛事经济不断发展、赛事市场不断成熟，体育赛事基金的新融资方式逐步进入赛事管理领域。体育赛事基金有别于其他融资方式，是面向社会公众和企事业单位发行的一种基金受益凭证，不能上市且不会加剧赛事资金的供给不足，也能够有效避免投机炒作风险，能够有效促进体育赛事“存量”资产的盘活，激发体育赛事资本运营的效率。

四、体育赛事的财务控制

体育赛事活动是一项高度复杂的特殊事件，内外部环境处在持续变化的状态之下，导致体育赛事管理体系需要不断顺应内、外部环境变化而持续优化与调整。为此，在体育赛事运作管理过程中，既定的预算方案需要根据体育赛事管理体制、机制的变化而进行柔性化调整，这是财务控制的核心内容，用来保证体育赛事系统平稳运转。

（一）体育赛事财务控制的内涵

1. 体育赛事财务控制的概念界定

体育赛事财务控制是指体育赛事执行过程中，为更好地提升资金使用效率、最大限度降低财务风险，体育赛事运作管理者会以预算方案作为依据，对体育赛事总体乃至各中层部门的资金使用情况（包括收入、支出、占用和耗费）进行核算，保证体育赛事财务目标达成。

2. 体育赛事财务控制的对象

（1）控制运营成本。体育赛事运作过程中的成本控制是从费用视角对申办、筹备、举办各环节进行总体规划与计划安排的过程，并基于总体费用计划进行部门支出费用的额度范围划分，以便后期能够系统性跟踪费用使用情况，保证预算成本控制在预期范围之内，减少成本的过度损耗。

（2）控制流动现金。体育赛事运作过程中会产生一定额度的流动现金，在实际运作过程中表现为库存资金、银行本票等形式。由于体育赛事存在大量的临时性、突发性事件，需要调动大量资源应对计划之外的临时性事件。体育赛事运作管理者需要加强控制，以保证在体育赛事运作过程中持有最佳的流动现金量，现金强大的变现能力有助于帮助体育赛事快速调动相关资源应对不确定性情况、解决临时性突发问题。实践过程中，常采用成本分析法和随机模式法来判断体育赛事运作管理者最佳的流动现金持有量。

（3）控制利润分配。体育赛事具有典型的非基本公共服务特征，相关利益主体围绕赛事IP建设均投入了自身的资源或资产，并共享一定份额的体育赛事产权。为此，赛事财务管理过程中需要制定科学合理的利润分配制度，精准计算各方利益主体投入的资源占比，充分兼顾各方利益，按照“谁投资、谁受益”的原则把利润分配始终保持在合理范围，避免因利益纠纷引发体育赛事管理矛盾。

（二）体育赛事财务控制的原则

1. 平衡优先原则

体育赛事财务管理过程中，首先需要确保体育赛事成本与支出能够在数量、时间的维度上维持动态平衡的状态。具体来说，体育赛事运作整体或中层部门的资金使用需遵循动态平衡的基本原则，即资金的现有金额和收入与支出之间存在的差额预期保持动态平衡。

2. 弹性优化原则

体育赛事运作管理过程中，需要通过各类财务管理的技术性手段实现收支平衡并略有结余。尤其在体育赛事运作管理者编制财务计划时，应尽量预留出一定流动资金，保证特殊情况时能够应对突然增长的资金需求，将财务风险控制在正常范围。

（三）体育赛事财务控制的方法

1. 体育赛事财务报告

体育赛事运作管理者每年年底应按照惯例制定本年度的体育赛事财务报告，系统归纳梳理体育赛事经营状况，为体育赛事举办的利益相关主体提供必要的会计信息。结合我国体育赛事运营实践，体育赛事财务报告可分为两个专项报告：盈利和亏损报告、资产负债报告。

（1）盈利和亏损报告。盈利和亏损报告包含体育赛事运营机构名称、报告类型、时间范围、现金交易和贷款交易，显示体育赛事运营机构在一段周期内的收入、支出和利润之间的关系，能够展现出体育赛事的利润水平和体育赛事的组织管理水平。

（2）资产负债报告。资产负债报告显示体育赛事运作管理者在特定时间内的财务状况，包含资产、债务、物主产权等信息，在财务控制实践中能够帮助体育赛事运作管理者甄别现金过度损耗的内在原因，确保现金能够切实用于体育赛事运营。

2. 体育赛事财务比例分析

体育赛事财务比例分析是基于财务报告对体育赛事运营状况和财务状况进行监管的重要分析方法，主要指标包括以下几个。

（1）流动性比率。流动性比率是“流动资产”除以“流动债务”的结果，能够揭示体育赛事运营过程中流动资金水平以及资金流动状态。

（2）流动比率。流动比率是“流动资产”与“存货”的差值除以流动负债的结果，是衡量短期偿债能力的核心指标。

（3）边际利润率。边际利润率是“净利润”除以“净销售”的结果，揭示体育赛事相关销售活动产生的利润比例。

（4）资产周转率。资产周转率是“净销售”除以“总资产”的结果，表明利润占总资产的比例。

（5）资产回报率。资产回报率也叫资产收益率，是“净利润”除以“总产权”的结果，表明投资方获得收益的水平。

第三节 大型体育赛事的媒体管理

媒体管理是扩大体育赛事影响力的重要手段。当前电视依然是全球体育赛事传播的重要方式，与网络转播方式并存。其中，大型体育赛事新闻信息服务是体育赛事媒体管理的主要内容。

一、大型体育赛事的电视转播

大型体育赛事依然对电视转播存在依赖，大型体育赛事的电视转播是体育赛事媒体管理的重要内容。目前，我国很多大型体育赛事转播任务多由组委会委托给第三方机构或公司代理承担。委托代理的电视转播任务内容包括主转播服务、媒体运行服务、主媒体中心建设、媒体设施建设等。

（一）大型体育赛事电视转播的负责主体

体育赛事运行过程中，组委会一般会设置体育赛事项目管理机构，并授权主转播机构与项目管理机构一同推动大型体育赛事的电视转播项目规划与实施。

1. 体育赛事项目管理机构

由于大型体育赛事组委会由多方利益主体在特定周期、在特定举办地临时组建而成。组委会面对体育赛事统筹的巨大压力，无法集中精力承担项目管理实施。为此，组委会一般选择成立体育赛事项目管理机构，协助组委会建立规范的项目管理流程，监督各方合规合法履行合同。

2. 体育赛事的主转播机构（HB）

大型体育赛事电视媒体运行主要依托主转播机构。主转播机构是指负责设计、策划、组织、执行大型体育赛事直播报道的电视转播机构，一般会由组委会遴选经验丰富、能力突出的专业电视媒体机构或组织担任。主转播机构全面负责广播中心运行、承担电视广播信号的制作任务，并为持权转播商提供服务。

（二）体育赛事的电视转播项目规划与实施

主转播机构与项目管理机构充分协同合作，根据举办体育赛事的特殊属性对体育赛事电视转播项目进行全盘规划，编制电视转播项目总体预算、设计管理协调体制、确定服务期限等，并最终敲定主转播服务的采购方式。项目规划完成后，主转播机构需配合相关管理机构围绕规划启动电视转播实施，这一工作大致包括赛前、赛时两个环节。

1. 赛前重点工作

赛前阶段，主转播机构需要承担场馆踏勘规划、设备安装调试、前期演练准备三个方面的工作。

（1）场馆踏勘规划。大型体育赛事电视转播规划总体设计完成后，主转播机构将启动规划的实施程序，与项目管理机构一同对场馆进行实地踏勘，在单项运动主管部门的协助、建议、参与下，对不同场馆比赛转播的摄像机机位布置、摄像平台搭建、特种设备安装、评论员席安排、评论席控制室建设等提出具体建设要求。

（2）设备安装调试。主转播机构的另一项重要工作是电视广播信号的制作与传输。主转播机构需设置体育赛事转播的广播电视信号中心，按照国家相关规定与政策要求制定体育赛事转播信号的制作与传输技术方案，对信号制作、质量监测、信号调度、内容审核、信号传输等环节进行规定。项目管理机构要充分参与技术方案制定，并对电视转播系统设备安装和调试过程的进度、质量、安全等方面进行监督与管理。

（3）前期演练准备。主转播机构与项目管理机构安装调试完转播设备后，需要进行前期的演练准备，重点围绕体育赛事开、闭幕式等综合活动展开拍摄转播的预演，也需要事先组织测试赛进行电视转播系统的试运行。

2. 赛时重点工作

大型体育赛事开赛后，电视转播系统进入正式赛时转播阶段。项目管理机构要更加突出“监督”职能，全过程性监督主转播机构实施竞赛开、闭幕式，各项竞赛的电视转播工作，并协助主转播机构解决电视转播的突发事件，确保赛时信号制作与传输的平稳正常。

二、大型体育赛事的新闻信息服务

大型体育赛事需要设置专门的新闻信息服务机构。新闻信息服务是奥运会重要的宣传推广方式，国际奥委会专门组织相关机构负责新闻信息服务堪称典范。此后，各国举办大型体育赛事时均效仿奥运会开展新闻信息服务。体育赛事的新闻信息服务是指通过新闻信息服务平台整合体育赛事新闻信息，并向组委会、各代表团、注册媒体以及其他注册团体提供全面、快捷、公正、客观的体育赛事信息的过程。

（一）新闻信息服务平台

组委会将构建体育赛事的专用信息系统，是全面搜集整理赛会信息的工作平台，体育赛事组织的相关部门、机构能够通过登录赛会设置的固定新闻信息服务终端，或通过网络账号登录专用信息系统，向信息服务平台传输汇总赛会的最新信息数据，且查阅实时的赛会信息。

（二）新闻信息服务的主要内容

大型体育赛事新闻信息服务的主要内容同样可以划分为赛前信息、赛时新闻、成绩公报三个板块。

（1）赛前信息。赛前的新闻信息内容包括参加运动会的运动员、教练、运动队的基本信息，也包含运动会所设项目的竞赛方式和规则等，赛前信息主要是以往相关信息的汇总与介绍。

（2）赛时新闻。赛时的新闻信息内容包括赛会各单项竞赛的新闻发布会摘要、媒体通告、综合新闻、短视频稿件等。

（3）成绩公报。新闻信息服务平台实时汇总赛时各单项竞赛成绩并及时发布。

三、大型体育赛事的媒体服务与运行

（一）体育赛事媒体的服务模式

大型体育赛事举办期间，组委会会设置主新闻中心、场馆媒体中心，以便为各家注册媒体提供优质服务。其中，主新闻中心是所有注册媒体的赛时集中工作区与大本营，由组委会提供办公空间与基础设施，全方位支撑媒体体育赛事报道的24小时办公需求，还为媒体工作者提供基本的生活服务。另外，场馆媒体中心是在各单项竞赛场馆内开辟的媒体工作空间，为注册媒体的单项赛事的报道、采访、办公乃至休息等提供办公场所。

（二）体育赛事媒体的运行方式

赛时期间，各注册媒体需保持高效运行，以率先获取体育赛事的第一手信息资讯，大致包括两个重要运行方式。

（1）影音摄像。媒体为更好地捕获体育赛事精彩瞬间，需提前与组委会的媒体主管机构协调，在场馆适合位置设置摄像机位，谋求最优的摄像角度进行比赛拍摄。

（2）媒体支撑。组委会会提前编制一套媒体接待程序（包括媒体注册、媒体抵离、交通物流、信息技术等事项），编制《媒体指南》，为媒体做好指引与衔接。

第四节 体育赛事后勤管理

体育赛事后勤管理是保障赛事正常运作的基础，需要体育赛事运作管理者结合竞赛规程、日程进行系统设计并统筹管理。结合体育赛事管理实际，体育赛事后勤管理内容大致可以划分为接待管理、安全管理、物资管理和医疗管理四个方面。

一、体育赛事的接待管理

（一）体育赛事接待管理概述

体育赛事接待工作是指为体育赛事的参与者、观众及各类相关人员提供一系列周到、细致、专业服务的过程，如餐饮、住宿、交通等。接待对象主要包括运动员、教练员、裁判员、政府官员、赞助商代表、媒体记者、观众以及赛事工作人员等。

（二）体育赛事接待工作的特点

体育赛事接待管理是一项综合性强、任务繁重的工作，主要有以下特点。

1. 量化指标需要清晰

体育赛事接待服务工作中存在许多量化指标，包括接待人数、服务时长、住宿餐饮标准、住宿房间数量和规格、车辆数量等。量化接待管理的具体工作内容，有助于主办方制订合理的服务计划，最大限度提升接待服务质量。

2. 接待对象需求多样

体育赛事接待管理面向多种类型的接待对象，不同类型的接待对象需求参差不齐，为接待工作带来不小压力。如何在相对统一的接待标准之上尽可能实现接待工作的“个性化”“精细化”改进，依然需要科学设计和灵活实施。

3. 接待对象规模巨大

体育赛事涉及大量参赛者、观众及工作人员，特别是大型体育赛事接待服务的对象规模尤为庞大，并且是在短时间内到达聚集赛会。面对瞬时规模暴增且存在高度不确定性的聚合人群，体育赛事主办方如何做好对大规模参赛、观赛人群的接待服务，十分具有挑战性。

4. 媒体接待工作影响体育赛事品牌塑造

体育赛事宣传推广对于赛事品牌塑造、赛事IP培育具有重要意义。众多媒体是体育赛事宣传推广的重要主体。因此，体育赛事媒体接待工作是整个接待工作的重中之重。能够切实顺应各家媒体的相关诉求，为媒体提供最优的接待服务，有助于促进体育赛事品牌影响力的提升。

5. 观赛者接待工作影响体育赛事口碑

观众是体育赛事服务的最终受众，体育赛事主办方提供的接待服务决定了观赛者的体验。购票服务、入场服务、导览服务等相关内容均是观赛者接待的构成部分，直接影响到体育赛事口碑，进而间接影响体育赛事的IP价值。

（三）体育赛事接待工作主要流程

1. 制定接待方案

根据体育赛事活动的规模、类型和接待对象，制定相应的接待策划方案和工作计划，包括接待方案、接待人员人数和分工、接待物资准备等，确保各项资源的充分调配和利用。实践过程中，还应提前做好接待人员培训、制定接待规范和流程、配备专业的接待工具和设备、建立接待台和信息点等，为接待对象提供便利与服务。

2. 需求沟通改进

尽量满足接待对象的需求，如果情况不允许或无法满足，要尽早与接待对象沟通。接待人员要具备熟练的接待和沟通能力，确保对每一位选手、观众和嘉宾都能提供礼貌、周到的服务。体育赛事的接待对象大多有过参与体育赛事的经历，常常会将各类、各次体育赛事的接待服务进行比较。因此，体育赛事主办方对接待对象的期望值要有大概的预知，并根据实际情况动态调整接待工作。

3. 协调沟通服务

在体育赛事的筹办过程中，部门间的沟通与协调是确保体育赛事活动顺利进行的关键。对接待对象需求的变化也要及时做出响应，对接待工作中出现的问题快速疏导和解决（比如在团体比赛项目运动队的离赛日程可能会因为比赛成绩而产生变动，随之而来的则有住宿、餐饮、票务等一系列的变动）。

4. 赛后评估总结

体育赛事结束后，后勤保障部门应及时进行工作总结，并定期组织团队建设和活动，增强团队凝聚力和归属感，做好团队激励和奖励，激发团队工作热情和创造力，为下一轮办赛积累经验。

（四）体育赛事接待工作的基本内容

1. 赛场布置与接待流程规划

赛场布置与接待流程规划是体育赛事接待服务的基础。主办方需要统筹布置场地并围绕场馆布局设计接待流程。其中，赛场布置包括搭建比赛设施、设置观众席、设置指示牌、选手报到、观众入场、活动安排等。场馆布置需充分考虑场馆空间使用率与安全性，并且全面考虑接待流程，通过整体规划为参赛选手、赛会官员、观赛观众等人群提供赛场接待指引，帮助相关主体在舒适、安全的环境中进行竞赛、观赛乃至开展赛事的筹备组织工作，确保各项比赛能有序进行并减少混乱、延误的发生。

2. 迎送指引工作

体育赛事规模越大、结构越复杂，则越强调体育赛事对相关参赛运动员、教练员、裁判员、赛会工作人员的迎送指引工作。组委会需要在体育赛事重要区域设置志愿者，按照接待流程规划做好充分准备，为不同人士做好迎送指引工作。

（1）迎送工作。体育赛事开幕后，各单项开赛并不是统一时间，而是在赛中的不同时间节点陆续启动。因此，体育赛事的迎送工作也保持着连续不断的特征。赛会工作人员及志愿者要提前掌握重要的赛会工作人员、裁判员、运动代表队的行程安排，提前安排专人专车在机场、车站等候迎接，并在运动会单项比赛结束后及时收集工作人员的离赛信息，制定送行方案。

（2）指引工作。参赛人员入住酒店后，组委会需要建立多元化的沟通机制，为参赛者提供活动时间、地点、通行路径等指引活动。

3. 参赛者、工作人员的住宿、餐饮服务

体育赛事筹备组织过程中，主办方为参赛运动员、教练员、裁判员、赛会官员、工作人员提供住宿、餐饮服务，是接待工作的重要内容。体育赛事主办方要提前掌握到会人员的规模、身份规格、行程安排、餐饮需求等，并结合赛程安排、赛场规划统筹设计安排接待对象的接待方案，合法、合规地为接待对象提供价格合理、品质优良、时间与赛会安排充分衔接的住宿餐饮服务。例如，马拉松赛事举办时，马拉松指定或协议酒店为跑者提供早餐的时间应当提前2～3个小时，保证跑者拥有不少于2个小时的消化时间，帮助跑者保持最优的跑步状态。

4. 交通服务

体育赛事主办方需根据接待流程，针对接待对象规格、数量与行程，决定使用接待送行车辆的具体规格与类型（例如，接送重要的赛事官员往往选择小型汽车单独送行，接送某体育代表团则会选择大中型客车），遴选适合通行的线路为接待对象提供交通服务，确保接待对象安全、准时到达目的地。交通团队需要提前检查好车辆状况，确保安全无误，并在比赛期间随时待命，快速提供必要的交通支持和应急响应。

5. 语言性服务与解说

由于大型的竞技体育赛事会有不同国家和地区的参赛选手和观众，因此语言服务也是接待服务中不可或缺的一部分。主办方则需要提供多语种服务（包括翻译、口译等），以满足不同人员的语言需求。此项工作也有助于提升体育赛事的国际化水平。

6. 卫生监督保障

体育赛事接待工作的首要目的在于为接待对象提供舒适、安全的参赛环境，为此，确保环境卫生是接待工作得体到位的重要内容。体育赛事主办方应严格体育赛事场馆、住宿设施、饭店、交通工具等场所的卫生监督和消毒工作，重点加强饮食卫生管理，并且与体育赛事的餐饮、住宿服务供应商签订卫生管理责任书，进行全过程监控，减少食物中毒发生概率。

二、体育赛事的安全管理

（一）体育赛事安全管理的内涵

体育赛事安全管理是指体育赛事主办方应充分做好意外防护预案，采取系列措施和策略（如加强安检、疏导交通及应急消防等），确保体育赛事期间场地设施安全、人员有序，最大程度排查和消除安全隐患。体育赛事安全管理高度复杂，需要体育赛事主办方多方着手，整合安全防护的多方力量共同排查安全隐患、协同处理意外事故危机。因此，体育赛事主办方首先需要建立起体育赛事安全管理的专门机构，编制安全管理手册与指南，系统加强场地安全设施建设，全面落实办赛人员安全管理素养及技能培训，协同公安部门普及安全教育，持续更新体育赛事风险评估，保障参赛者安全权益。

（二）体育赛事安全管理的基本流程

1. 场地安全设施检查

场地安全设施检查是竞技体育赛事安全管控的首要任务。在体育赛事筹备阶段，安保人员需对比赛场地进行全面细致的安全设施检查，确保比赛场地符合安全标准（包括场地结构稳定性、电气设施安全性、安全标识是否清晰、消防设备是否齐备等），确保场地符合安全标准，为比赛提供坚实的物质基础。同时，体育赛事主办方还需要对场地进行定期维护检查，确保场地处于良好运行状态。

2. 参赛人员身份核查与观众入场安全检查

体育赛事安保人员需对所有参赛选手进行严格的身份验证和背景审查，确保身份的真实合法，符合参赛资格要求。通过身份核查，可以有效防止非法参赛和潜在的安全隐患。观众入场安全检查至关重要，安保人员需对其进行安全检查，尤其禁止携带危险物品进入场地。同时，现场工作人员和志愿者还需引导观众有序入场，确保观众有序进入并就座，避免拥挤踩踏。

3. 完善安全监控、预警、应对机制

安全监控与预警是及时发现和应对安全隐患的重要手段。体育赛事期间，安保人员通常采用安全监控设备和系统，对比赛现场进行全天候、全方位的监控。同时，体育赛事主

办方还需要建立预警机制，预测评估可能的安全风险，为预防临时性意外事故做好提前准备，这些工作包括设立应急指挥中心、配备专业应急队伍设备、明确突发事件应对流程和对应责任人等。其中，观众的紧急疏散预案是大型体育赛事最为常见的风险防范预案（预案应包括疏散路线、疏散信号、疏散指挥等方面的内容），确保在紧急情况下能够迅速有效地疏散人员，最大程度保护群众生命安全。

4. 协同公安部门加强安全教育

体育赛事主办方应积极与举办地公安行政部门建立常态化联系沟通机制，共同制定安保方案。在赛事期间，公安部门会提供必要的安全保障和支持，协助赛事组织者应对各类安全问题。赛事组织者可以通过各种途径（如宣传栏、广播、网络等）向参赛选手、观众和工作人员普及安全知识，提高主体安全意识和自我保护能力，减少安全事故的发生。

5. 赛后持续改善提升

持续改进提升是竞技体育赛事安全管控的永恒主题。赛事组织者需要不断总结经验教训，随着时间和情况变化调整方案，各类方案制定完成后，并不代表这些方案是固定的，发现方案存在不足和问题，并采取有效措施进行改进优化。伴随赛事安全保卫工作的逐步深入、赛事内外部环境的变化、社会安全形势的发展和变化、新的安全技术和理念，以此不断引进和应用先进的安保管理手段和方法，提升安保管理的水平和效果。

三、体育赛事的物资管理

体育赛事物资管理涉及运动竞赛器材、辅助器材、运动员装备、竞赛裁判用具等物资采购与运输配送，及赛事筹备过程中赛事组委会需要安排必要空间保管物资。具体来说，体育赛事物资管理包括以下内容。

（一）体育赛事物资采购

体育赛事主管部门在体育赛事筹备阶段，应明确体育赛事所需物资的种类、数量，并制定合理的物资预算，进而按照规范启动采购程序。

（1）体育赛事组委会的各职能部门发起采购，各体育赛事职能部门拟定本部门所需的物资采购计划书，然后提交给体育赛事后勤保障部门进行汇总，并编写《体育赛事汇总物资采购计划书》。

（2）将计划书提交至财务部门进行采购资金的财务审核，审核通过后向上提交给组委会报批。

（3）后勤部门牵头、财务部门和相关职能部门制定各项物资的具体采购方案，并通过招标等方式选择供应商签订物资采购合同。

（4）后勤部门与各职能部门按照程序接收采购物资，并进行验收。

（二）体育赛事物资验收

供应商交付物资产品后，需要赛事后勤部门对交付物资进行验收。因此，组委会需综合后勤部门及相关职能部门负责人组建物资产品的验收工作部，工作部按照协议技术和合同严格验收物资，对交付物资的质量规格、合同手续进行检查，并出具验收报告并存档。对验收质量不合格物资，需要按合同规定做退货处理，并向组委会提交不合格物资验收报告单进行情况说明。

（三）体育赛事物资的入库仓储

验收后赛事采购物资抵库，赛事所有仓库的仓库管理员需按核准后的《送货单》或订单等相关手续办理物资的入库，并仔细检查赛事物资的品名、规格、型号等。入库后，仓库管理员需要按照物资属性进行分类置放和安全存放，做好物资放置的标记标签，定期根据出入库凭单及时登记核算并盘点货物存量，并与财务部门对账。尤其比赛结束后，大量设施设备需要放归仓库，需要再全面盘查登记并做好存放、保管。

（四）体育赛事物资的出库发放

体育赛事各职能部门需要使用相关采购物资时，需要填写《物资使用领取单》提交给后勤部门审核办理物资的领取手续。仓库管理员根据领取手续的相关证明为申请物资部门办理物资出库的签收手续，并做好物资出库的登记记录。需要注意的是，比赛筹备阶段很多新采购物资（如竞赛器材、场地器材等）不需要经过出入库程序，一般由供应商直接委托物流公司运输至比赛的场馆场地，验收后办理相关手续并直接安装。另外，赞助物资与采购物资需要有所区别，一般由体育赛事市场开发部办理赞助物资交付的相关手续，后期再移交给体育赛事后勤部门进行统筹安排。

四、体育赛事的医疗管理

（一）体育赛事医疗管理的内涵

体育赛事医疗管理是指在体育赛事运转过程中，主办方为运动员等参赛主体系统规划并有效提供医疗服务的制度性保障，旨在保障运动员等主体在参赛过程中的身体健康与生命安全。通过制定合理的医疗服务流程和规范，确保体育赛事运行期间能够及时、高效地为运动员和观众提供医疗服务，是对运动员和观众生命健康的尊重与关怀。

（二）体育赛事医疗管理的主要内容

1. 体育赛事医疗部门及团队组建

专业医疗团队和部门的组建保证了体育赛事医疗服务的专业性和质量。专业团队需要具有丰富经验的急救医生、护士和卫生监督、疾病防控等方面的专业人员。在组建过程中，持续培养团队成员的专业素养和协作能力，即使在紧急情况下也能够迅速、有效地进行救治。根据体育赛事的情况可将部门按职能进行分工，设立医疗救护急救处、卫生监督保障处、疾病预防控制处、保健宣传教育处等。

2. 医疗物资储备

医疗资源储备是赛事开展医疗服务的前提条件。赛会主办方需要提前评估赛事规模、参赛人数、场馆分布等因素，合理规划医疗资源数量和配置结构，提前做好医疗设施、药品、器械等物资的储备和调配。同时，组委会还需提前建立有效的调度机制，能够根据赛事进展和实际情况，灵活调配医疗资源，保证医疗服务及时有效。

3. 建立紧急救援机制

组委会建立紧急医疗救援体系机制，制定紧急救援预案，建立快速响应的急救体系、设立足够的急救站点、预先配置确保急救车辆、配备专业急救人员等。另外，也需在赛事现场设立醒目标识，规划救护人员轮班制，提前做好充分的准备，对可能发生的赛事意外状况进行规划与准备。

4. 完善医疗救护模式

医疗救护包括现场急救与医院救治。体育赛事举行期间，医疗救护团队需熟练掌握急救技能并随时待命，对出现意外伤害的运动员或观众等人员进行及时救治和快速处理。同时，医疗救护团队要与赛场周边医院紧密合作，在出现意外伤害时能够紧急护送伤者到医院就医。

5. 疾病预防与卫生控制

体育赛事开始前，先和当地政府或者社区部门做好辖区范围内的环境综合整治工作，做好防疫的常规工作以及药品和器械的准备工作。在赛事期间，医疗团队需加强对传染性疾病的监测和预警，制定好应急预案和防控措施，如《赛事传染病预防控制方案》《赛事除害防病方案》《赛事期间宾馆、饭店发生食物中毒、传染病和饮水污染事故应急处理预案》等，做好防疫工作的常规报告。当发现疫情时，能及时根据提前制定好的防控措施采取有效行动，把疫情范围控制到最小的程度，防止疾病的传播和流行。同时，通过健康教育宣传，提高参赛人员和观众的疾病预防意识，共同维护赛事期间的公共卫生安全。

◎ 复习题

1. 什么是体育赛事预赛管理？
2. 简述体育赛事安全管理的基本流程。
3. 简述体育赛事接待工作的主要内容。
4. 什么是体育赛事医疗管理？其主要内容有哪些？